刑事法律
实务实训教程

董 琳 / 主 编

李 冬 邢春宇 / 副主编

中国民主法制出版社

图书在版编目（CIP）数据

刑事法律实务实训教程／董琳主编;李冬，邢春宇

副主编． -- 北京：中国民主法制出版社，2024.11.

ISBN 978-7-5162-3775-5

Ⅰ．D924

中国国家版本馆 CIP 数据核字第 2024W7T284 号

图书出品人：刘海涛
责 任 编 辑：许泽荣

书　　名／刑事法律实务实训教程
作　　者／董　琳　主编　李　冬　邢春宇　副主编

出版·发行／中国民主法制出版社
地址／北京市丰台区右安门外玉林里 7 号（100069）
电话／（010）63055259（总编室）　63058068　63057714（营销中心）
传真／（010）63055259
http:∥www. npcpub. com
E-mail：mzfz@ npcpub. com
经销／新华书店
开本／16 开　710 毫米×1000 毫米
印张／24　字数／365 千字
版本／2025 年 1 月第 1 版　2025 年 1 月第 1 次印刷
印刷／北京建宏印刷有限公司

书号／ISBN 978-7-5162-3775-5
定价／88.00 元

目 录

第一章 刑事法律实务实训课程概述 ················· 1

第一节 刑事法律实务实训课程的概念及作用 ················· 1

第二节 刑事法律实务实训课程的教学内容及教学目标 ·········· 5

第三节 刑事法律实务实训课程的教学方法 ················· 10

第二章 刑事侦查法律实务实训 ····················· 19

第一节 侦查讯问 ······························· 19

第二节 逮捕适用程序 ··························· 36

第三节 侦查终结 ······························· 51

第三章 刑事公诉法律实务实训 ····················· 68

第一节 公诉阅卷 ······························· 68

第二节 审查起诉 ······························· 112

第三节 不起诉 ······························· 136

第四章 刑事辩护法律实务实训 ····················· 154

第一节 接待委托人 ··························· 154

第二节 会见犯罪嫌疑人、被告人 ················· 169

第三节 律师阅卷 ······························· 185

第四节 辩护意见的形成 ························· 197

第五章　刑事审判法律实务实训 ································· 212

　第一节　第一审程序 ··································· 212

　第二节　第二审程序 ··································· 267

　第三节　死刑复核程序 ································· 293

　第四节　审判监督程序 ································· 327

第六章　涉外刑事诉讼程序与刑事司法协助实训 ·············· 345

　第一节　涉外刑事诉讼程序 ····························· 345

　第二节　刑事司法协助 ································· 360

第一章

刑事法律实务实训课程概述

刑事法律实务实训课程是以培养法科研究生和法科高年级本科生的刑事法律实践能力和独立动手能力为教学目标的课程。我国目前的刑事法律教育普遍存在"重理论、轻实践"的情况。虽然扎实的理论知识对于法科学生来说非常重要，但只注重理论教学而忽视实践应用会导致学生实践能力的缺失，学生在步入社会后无法有效地将专业知识综合运用。为了改变这种现状，弥补我国法学教育中学生实践应用能力的不足，刑事法律实务实训课程应运而生。它通过对学生侦查、起诉、辩护、审判等刑事职业能力的培养，要求学生像法律职业人一样思考和做事，从而使得学生在巩固刑事理论知识的同时，学习和提高基本的职业技能。随着我国法学教育的不断深入和发展，刑事法律实务实训课程必然成为我国法学教育的重要组成部分。

第一节　刑事法律实务实训课程的概念及作用

一、刑事法律实务实训课程的概念

刑事法律实务实训课程是以培养法科学生刑事职业能力为目标，由教师指导，学生亲自参加和体验的实践训练教学活动。它是在课堂教学的基础上对学生进行的实践性教育，目的在于检验课堂教学效果，培养学生实际操作能力，从而进一步提高学生的刑事法学专业知识和职业能力。刑事法律实务实训课程是法学专业进行实践性教学的一个重要组成部分，这种教学活动具有以下不同于其他教学方式的特点。

（一）刑事法律实务实训课程突出理论教学与实践教学的有机结合

我国传统的法学教育较为重视理论教学，教学模式以教师的课堂讲授为主，但法学学科具有较强的实践性，只有将理论教学和实践教学结合起来才能真正达到法学教育的目的。刑事法律实务实训课程正是理论教学和实践教学的结合，学生在教师的指导下，体验法官、检察官、律师、侦查人员等职业法律人的工作过程，掌握在不同诉讼阶段处理案件的诉讼技巧，从而将理论知识和实务经验紧密结合在一起。更重要的是，学生在实训中处于一个非控制的场景，他们必须自己动手检索法律，共同讨论分析案情。这种教学方式也许不会像在课堂上那样，让学生可以在短时间内获得大量的法律知识，但在培养学生运用理论知识分析案情和解决实际问题的能力方面则是传统的课堂教学形式所不能比及的。学生在设身处地地思考问题、解决问题的过程中，充分提高了自己分析问题和解决问题的能力。

（二）刑事法律实务实训课程突出学生综合职业能力的培养

刑事法律实务实训课程相对于传统的理论教学而言，更加注重学生综合职业能力的培养。通过实训活动，学生对事实和法律的判断能力、分析能力、逻辑推理能力以及书面和口头的表达能力都能得到极大的提高。实训教学将静态的、枯燥的法律条文通过动态的、形象的方式展现给学生，促进理论化、体系化的书本知识转化为具有实用性、可操作性的知识，使书本中的理论在实践工作中得到检验。学生通过角色分配参与到实训中，参与者将实体法知识与程序法知识运用于具体案件，经过诉讼的每一环节，学生会了解和掌握处理案件过程中所应用的法律知识，并能够在众多法律知识中鉴别出有用的知识，去粗取精，去伪存真，找出法律要素之间的冲突，从而启发学生的创造意识，促使他们进行创造性思考。学生通过讨论案情、制作法律文书、模拟讯问、主持庭审等过程，实务操作的能力得到切实提高，同时使学生了解和掌握处理案件的方法和技巧，锻炼他们的理论知识应用能力、创造思维能力、事实认证辨析能力、案例分析能力、应变能力、语言表达能力、协作应变能力、现代化办公设施操作能力、社会交际能力、鉴别能力、随机应变能力等。

（三）刑事法律实务实训课程突出强调学生的主动性思维

我国传统法学教育的基础是被动式学习，学生主要以记录和记忆的方式学习。而刑事法律实务实训课程是让学生主动思考，表达自己的观点。在上课的过程中，学生要从法律职业人的角度思考问题，并不是以一种是非曲直的标准来判断，这样就要求学生具体问题具体分析，将所学的法律知识同案情实际结合在一起，从当事人的利益出发，寻找解决问题的最佳途径。学生在教师的引导下，通过独立思考，获得知识，并运用所学知识分析问题和解决问题。学生在学习的过程中表现出来的独立发现问题的问题意识；独立地从多种角度思考问题的求异意识；敢于发表不同见解，敢于坚持自己意见，敢于评判同学、教师、专家和周围事物的独立评价意识都是学生主动思维的充分体现。

二、刑事法律实务实训课程在法学教学中的作用

刑事法律实务实训课程是对学生学习法学各科知识时加强实践应用的一种非常重要的形式，是教学上理论与实践相结合的最佳途径。随着法学教育实践性改革的深入，刑事法律实务实训课程也必然在法学教学中发挥越来越重要的作用，这些作用可以从以下三个方面来概括。

（一）刑事法律实务实训课程对于诉讼程序的操作和实体法律知识的运用具有示范作用

实体法律知识和程序法律知识是法学专业的学生在日常课堂学习中首先必须掌握的。但是，法学是一门实践操作性很强的社会科学，学生学习法律的主要目的是能运用法律知识来对相应的法律事实进行评价以实现社会正义。刑事法律实务实训课程恰好能提供这样一种实践性训练的平台。学生通过参与实训活动，在教师的指导下，学习运用实体法律知识分析案情，学习运用程序法律知识操作诉讼程序，这些都能够使学生更加熟练掌握程序操作和实

体法律知识的运用。但是，并不是所有法学知识的传授都能够通过一般的课堂教学活动来进行，在法律知识的传授过程中，有很多知识是以个人经验的形式存在的，是无法用语言来传授的，这时就需要借助一种"学徒式"的教学方法。而刑事法律实务实训课程就是采取"学徒式"方法，教师手把手地教，学生亲身体验，教师的一些关于法学精神的领悟及教学实践的经验通过这种过程传授给学生。

（二）刑事法律实务实训课程能够对学生所学的程序法律知识和实体法律知识进行检验

在课堂教学中，学生学到了一些法律知识，但是学生对于所学的程序和实体法律知识是否领会和掌握，就要通过对这些知识的运用来加以检验，而实训教学就是一种最佳的检验方法。在实训课程中，学生要运用所学的程序法和实体法知识来对案情进行分析，要运用证据法的知识来调查证据，要适用法律，要按照程序法的要求操作诉讼程序。在学生运用所学的程序法和实体法知识来解决个案的时候，教师能够很清楚地指出错误并予以改正。通过实训活动，学生能够检验并认识到自己在课堂上学到的程序法和实体法知识是否领会和掌握，并对未领会和掌握的知识点和技能进行进一步学习。

（三）刑事法律实务实训课程帮助学生掌握法律实务工作的基本技巧，培养学生创造性思维

刑事法律实务实训课程给学生提供了一个模拟的场所，学生能够在教学过程中体验法官、检察官、律师、侦查人员等诉讼人员的工作状态。学生在实训中必须从提供的零散案件材料入手，进行分析、归纳、筛选，找出有关的法律要点、寻找适用的法律规范、形成自己的法律意见。在此过程中，学生不仅能将书本上所学的知识运用到诉讼中，还能够进一步加深对书本知识的理解。同时，学生熟悉了侦查、起诉、辩护、审判的诉讼程序，掌握了讯问、阅卷、取证、举证、质证、辩论的诉讼技巧，其动手能力也大大增强。通过实训教学活动，学生的创造性思维得到培养，学生的综合能力得到进一步提高。

第二节　刑事法律实务实训课程的
教学内容及教学目标

一、刑事法律实务实训课程的教学内容

近年来，刑事法律实务实训课程已引起我国刑事法学教育界的高度关注，但是客观来说，我国刑事法律实务实训课程的建设还远远不能满足实际教学需求，存在的问题较多。第一，对刑事法律实务实训课程的教学理论、教学方法缺乏系统的研究，课程中涉及的具体教学活动的重要因素和环节缺少关注。第二，教学内容偏重于熟悉诉讼的运作程序，忽视实体法的具体运用，有重程序、轻实体的问题。第三，教学中采用的案例大多是网络或者已经出版的案例汇编，资料不够具体、全面，无法真正锻炼学生。基于以上问题，结合刑事法律实务实训课程的开展情况，本书认为，刑事法律实务实训课程的教学内容可以进行在以下三个方面予以侧重。

（一）强化学生的法律职业意识

法律职业意识的教育是以职业伦理道德知识的传授为基础，通过运用不同于一般知识传授的教育方式，将职业道德教育知识内化为学生的道德自觉。法律职业意识的教育不是要求学生记忆法律职业道德原则与规范的内容，而是要将法律职业道德的内容内化为法律人的品德，内化为法律人的自觉意识，只有这样，法律人才会有稳定的行为，做到言行一致。但是这种法律职业意识的内化不可能通过教师的说教来实现，大量的职业道德规范需要法律从业人员通过亲身经历而形成。法律职业意识教育的这种独特性决定了法学教育必须为学生提供情感体验的场所，使学生将道德认知内化为判断和推理能力，并最终促进学生道德人格的养成。只有将受教育者置于真实的法律职业活动中，在特定的情境中，学生才能全身心感悟法律职业的价值、意义和法律职业道德的力量。

目前，我国高等院校的法学教育尚未体现出对法律职业意识教育的高度重视，法律职业意识教育教学方法僵化、滞后，传统教学仅仅停留在空洞机械的说教上。而刑事法律实务实训课程在一定程度上，可以弥补传统法学教育中法律职业道德教育的不足。刑事法律实务实训课程将法律职业道德教育与实践教学环节相结合，通过为学生提供角色体验的机会，使其领悟法律职业中的伦理关系，从而形成完备的法律职业道德品格。

（二）强化法律知识的系统化、实用化，突出专项诉讼技能的训练

刑事法律实务实训课程的教学目标包括培养学生的程序操作能力、用实体法分析案件的能力、证据运用能力、庭审语言表达能力、法律文书的写作能力等。但是，从目前已经开设刑事法律实务实训课程的院校来看，刑事法律实务实训课程是一门课时比较少的课程，授课教师往往选择一个完整、详尽的案例，由教师进行角色分配，学生进行角色扮演的授课方法，这种演练固然对学生的综合能力、组织协调能力、应变能力等起到帮助和促进作用，但受场地和时间的限制，演练的次数不可能太多，受益范围往往局限于少数学生，学生参与的积极性会受到影响，更重要的是，对学生专业技能训练的针对性不强，学生诉讼技能的训练重点无法突出。

各项诉讼专项技能的理解和掌握程度决定了学生在实训中的水平，甚至决定了学生未来的法律职业能力，重视诉讼专项技能的训练是刑事法律实务实训课程中无法回避的重点之一。一般认为，影响学生的职业能力的专项技能主要包括：证据的收集与分析能力、法律信息的检索能力、分析与论证能力、法庭举证与质证能力、法庭询问能力、法律文书的写作能力、庭审抗辩能力、法律语言的表述能力等。在专项技能训练的基础上，从不同的学习小组中选择学生扮演不同的模拟角色，进行完整的、系统的、综合的训练，这样做的好处是不仅能够吸引更多学生参与法律的技能训练，激发学生之间竞争意识，同时能够将只注重综合技能的培养转化为专项技能的训练与综合能力培养并重，突出专项技能的培养和训练。

（三）注重实体法与程序法的融会贯通，打破部门法之间的隔阂

现有的刑事法律实务实训课程往往过多地关注诉讼中的程序问题，忽视

对实体法的运用以及实体法的具体适用，引发重程序、轻实体的现象，从而使刑事法律实务实训课程沦为程序化的表演。事实上，刑事法律实务实训课程是一种系统的、全过程的技能训练，学生必须从提供的零散案件材料入手，经历分析事实情况、找出有关的法律要点、寻找适用的法律依据、形成自己的辩护或者代理意见、书写有关的法律文书、出庭辩护等全部环节。因此，学生能够了解案件进展的全过程，并通过亲身参与，在一定程度上把握案件的进程和结局，打破了传统法学课程设置以部门法为标准所划分的"人为障碍"，要求学生同时对实体法和程序法进行综合考虑。努力地打破实体法与诉讼程序法的界限，既强调程序的运作和技巧的锻炼，又注重实体法律的解读、运用。锻炼学生分析解决法律问题的能力，努力实现刑事法律实务实训课程的多元化目标。

二、刑事法律实务实训课程的教学目标

刑事法律实务实训课程的教学目标就是通过实训教学活动，培养学生的刑事职业技能。本课程教学是将法学通识教育与法律职业教育相结合的有效手段，在实现培养基础扎实、知识深厚、具有创新精神和实践能力的新型法律人才的高等法学教育目标中起到十分重要的作用。具体来说，刑事法律实务实训课程的教学目标包括三方面：知识目标、能力目标、情感目标。

（一）刑事法律实务实训课程的知识目标

刑事法律实务实训课程的知识目标是融合专业知识，强化法律知识的理解和运用，提升学生的综合能力。

首先，从认知目标来看，通过实训教学让学生掌握一些其他专业课程中没有涉及的，或者在法律实务中广为运用的内容，这些知识内容虽然比较零散，但是具有很强的实践性，让学生掌握这些实务知识，对将来从事法律实务至关重要。学生通过参与实训教学活动，可以亲身经历侦查程序、起诉程序及审判程序，使之对刑事诉讼过程的理解显性化、感性化，从而达到巩固所学知识的目的。

刑事法律实务实训课程的主要目的之一就是通过理论与实践的结合，对法学理论知识进行必要的验证，加深学生对所学知识的理解和掌握，便于今后工作中灵活运用。实训课程为学生提供了一个模拟的法律实践场所，让学生走出其原已熟悉的格式化法律条文和理论知识圈，在模拟的诉讼环境中熟悉、掌握具体的诉讼过程，比较直接地面对法律实践问题的考验，促进理论化、系统化的书本知识转化为具有可感性、实用性、可操作性的知识，使书本中的理念在实践工作中得到检验。让学生从分析真实个案入手，从中发掘和了解法律的基本理念，巩固学生所学的法学知识和理论，启发学生将所学的法学理论知识运用于司法实践，扩大学生的知识面，实现法学理论同司法实践的紧密结合。

其次，从技能目标的培养来看，通过刑事法律实务实训课程培养学生综合的实务操作能力，提高学生的法律综合能力。法律综合能力包括：1. 正确理解法律法规的能力。一般来说，法律规定都比较抽象，而案件则是形形色色、纷繁复杂的。正确理解法律法规是将其正确适用于案件的前提。2. 运用法学原理分析案件的能力。该能力既包括运用理论分析案件的能力，也包括从案件中归纳理论的能力。3. 收集、判断、运用证据的能力。任何案件处理的基础是认定案件事实，而认定案件事实的基础是确实充分的证据，因此，证据的收集、分析能力是法律业务素养的重要内容。4. 归纳概括案件事实的能力。任何一个案件的事实可以说都是无穷无尽的，哪些事实是案件的核心事实，需要法律人认真归纳分析。5. 法庭应变能力、口头表达能力、法律文书制作能力等。

通过刑事法律实务实训课程的教学，学生的法律语言表达、文书写作、阅卷等基本法律技能都能得到大幅提高，这些都是其他法学课程无法达到的效果。刑事法律实务实训课程注重学生综合能力的培养，并将这种综合能力的培养贯穿于实训教学的全过程，从而真正实现了变应试教育为素质教育，将学生培养成为复合型人才。

（二）刑事法律实务实训课程的能力目标

刑事法律实务实训课程的能力目标是培养和锻炼学生的法律思维能力。

法律思维是人们运用法律概念、法律判断、法律推理思考问题、表达和阐释法和法律现象的复杂的心理过程。法律思维能力主要包括：探知法律事实过程中的观察、发现和认知能力；证据的收集、分析、判断和采信能力；归纳、概括案件争执焦点的能力；确定案件性质和认定案件事实的能力；正确阐释法理和适用法律的能力；严谨的法律推理和论证能力。

法学教育是一项通过传授法律知识、训练法律思维，以培养合格"法律人"为目标的教育活动，法学教育所传授的知识不仅包括结构化的系统法律知识，更应当包括法律思维能力。法律思维的培养是一项系统工程，训练学生按照法律的思维规则、推理技术来观察、思考并解决问题，并非在短时间内可以成就。但是，法律思维方式的培养是法学教育过程最重要的一环，因此，刑事法律实务实训课程的一项重要任务就是法律思维能力的训练和养成。通过实训教学，学生在接受法律的系统知识、原理和制度的基础上，获得法律职业者必备的技能和素质，从而形成法律职业者所特有的批判性和创新性的法律思维。

（三）刑事法律实务实训课程的情感目标

刑事法律实务实训课程的情感目标是树立法律信仰，培育学生的法律意识。

刑事法律实务实训课程将学生置于一定的情境中，让学生自己面对实际问题，实际运用法学知识和理论来分析、解决问题以获得对概念和原理的更深认识，从而训练和培养学生解决实际问题的能力。课堂教学的重点由教给学生法律知识或者法律理论，转变为让学生体验如何使用法律，培养职业兴趣和素质，接受职业道德和社会责任。

法律信仰是社会主休通过对法律现象的感受而形成的内心对法律价值的认同。对法律的坚定信念和尊重，是公众自觉守法的升华。学生通过案例的演练把握法律职业伦理，确立自己作为职业法律人所应有的行为操守，培养学生具备法治信念和法律精神，具有法律信仰和法律人格。认同法律，树立法律至上的权威，以法律权威塑造法律信仰。增强以法律为行为准则，将法的价值及对法的尊重和信仰自然地转化为内心的认同感，帮助学生塑造良好的人格，提高法律职业素养。不仅要让学生基于法律本身的严谨、冷峻、威严自觉自发地产生崇敬的情感，基于外在的强制、制裁而产生畏惧、服从的情感，而且要让学生基于对法律的价值、作用的信任、信心、认同而产生发自内心的真诚尊重。这样，法律才能内化为学生精神品格的一部分，获得真正的、有普遍社会感召力的权威性，融入血液里，落实到行动中。

第三节　刑事法律实务实训课程的教学方法

在刑事法律实务实训教学活动中，学生既是教学的对象，也是学习的主体。教师不仅要发挥在教学工作中的主导作用，还必须尊重学生在教学活动中的主体地位，积极引导学生进行主动学习。学生在教学活动中也不再是消极被动地接受，而是积极主动地参与，并以自己的知识经验和兴趣动机为基础来获取知识，使之转化为自己的认知结构。刑事法律实务实训课程应当突出强调教学方法的多样性，有意识地培养与鼓励学生掌握跨学科知识，培养学生的发散性思维，激发学生的创造力。

一、课堂讲授教学法

课堂讲授教学法是教师在课堂教学中运用学生能够接受的简明、生动的口头语言，通过叙述、描述事实，解释、论证概念和规律等，向学生系统地传授知识、发展学生智力和培养创造性思维能力的方法。

课堂讲授法作为一种历史悠久的传统教学方法，它应当是学校课堂教学中既经济又可靠，而且最常用的一种有效方法。课堂讲授教学法的特点是能够直接向学生呈现教学内容，根据学生的接受能力控制教学进度，并能结合学生具体学习和掌握的程度给予必要的学习指导，有助于学生形成解决问题的正确思路和自学能力，在法学实践教学中具有不可替代的功能与价值，是教师向学生传授知识的重要手段。

课堂讲授法要求教师运用语言向学生系统而连贯地传授法律知识和实务技能，教学语言的好坏同讲授效果有十分密切的关系，生动丰富的教学语言可以使讲授如虎添翼，使课堂充满生命活力，因此，教师需要提高自己的语言表达能力。这就要求教师充分掌握语言的艺术，能把复杂的东西条理化，把深奥的东西简单化，把抽象的东西具体化，把理性的东西情感化，同时在讲授过程中要具有感染力，讲课时充满感情和激情，能充分调动学生的生活经验，使枯燥的理论知识在学生的想象中活起来。

刑事法律实务实训课程的核心宗旨是培养学生的实践能力和创新能力，但是，实践能力的培养与提升离不开法学基础知识的学习与储备，课堂讲授法之所以是最基本的教学方法，处于主导地位，是由于传授知识的特点所决定的。在实训教学过程中会涉及许多知识的传递和理论的讲解，由于学生学习能力和时间的限制，不可能或不容易抓住本质的、核心的内容，完全靠学生自己探讨要花费大量的时间和精力，往往事倍功半。因此，刑事法律实务实训课程中的知识介绍、理论讲解、具体实务技能的剖析等都离不开课堂讲授教学法。

二、观摩式教学法

观摩式教学法是由教师组织学生到法院参加庭审旁听，或者在模拟法庭、角色扮演以及真实案件代理中充当观察员，目的是通过对真实诉讼过程的观察，熟悉诉讼程序的具体内容，学会观察，学会记录，学会评价，从而完善知识体系，提升实践技能。

观摩式教学法要求学生在观察、观摩过程中快速、客观地记录观察的内容。常见的做法有两种：一是清单标记法；二是自主记录法。

清单标记法是教师在观摩前根据教学内容的要求，将观摩案件中所涉及的各种要素制作一份较为详尽的清单，引导学生在观摩过程中，依照清单的要求逐项记录。

自主记录法要求学生将记录本制作成三栏：第一栏记录学生在观摩中值得肯定、学习和借鉴的内容；第二栏记录有待完善、提高和改进的内容；第三栏是自己事后思考和总结的内容。

教师在运用观摩教学法时，除了紧密结合教学内容，对观摩的案例进行精心选择以外，还要细心布置每名学生的具体任务。具体如下：

1. 要求学生选择好具体的观察对象。

2. 要求学生选择好具体的观察环节。

3. 要求学生及时地反馈、交流、评价。

三、角色扮演教学法

角色扮演教学法是教师事先选取真实案件的片段，并预定演练目标，通过不同角色的扮演，使学生置身于相关角色，将自己的思维、动作乃至表情等整个身心置于角色中，实现角色交替，体会各种角色的感受，训练法律技能，解决法律问题，实现预定目标的一种教学方法。在学生接触真实的案件，为真实当事人代理案件之前，往往需要通过多次的角色演练，来学习掌握不同的策略、方法与技巧，并将这些技巧运用于具体的实践中。

（一）角色扮演基本材料的选择

1. 角色扮演所选用的素材应当与教学目的相一致。

2. 角色扮演所选用的素材应当考虑现实性与客观性，一般应当从真实案件中选择某些片段。

3. 角色扮演所选用的素材应当突出实用性，即学生能够通过角色扮演，置身于角色氛围，体验角色的感受。

（二）运用角色扮演教学法应注意的问题

1. 观察、如实记录学生在角色演练中的真实表现，并即时作出评价。

2. 角色扮演中教师是学习的引导者、模拟演练活动的主持人和设计者，教师要把角色演练过程中所涉及的专业知识和法律技能组合在一起让学生学习。

3. 角色扮演教学法的关键是学生的演练。要增强学生的学习意识，让学生意识到角色扮演是一种学习方法，教师说服学生置身于角色氛围，遵从角色要求，体验自身角色活动内涵，洞察对方角色心理，帮助学生克服为表演而表演的应付心态。

四、反馈评价教学法

反馈评价教学法要求学生按照教师发布的实训素材进行准备，模拟诉讼场景，及时向教师和其他学生汇报自己在实际操作过程中的体会和所遇到的问题，并和全体同学一起讨论解决问题的方案。在反馈评价过程中，学生能够充分发表自己的意见和观点，教师及时给予评价与反馈，学生通过教师对自己的点评，检验和反思自己的学习能力。

互动反馈是反馈评价教学法的最主要特点，包括学生向教师的反馈和教师向学生的反馈。师生通过讨论交谈，进行信息传递，从中找到自己的不足及产生错误的原因，从而加以改进，达到互相学习、取长补短、开阔眼界、拓宽思路、提高教师教学能力、促进学生学习能力的效果。反馈评价教学法广泛运用于案件策略的拟定、事实发现和证据的分析与运用等教学环节。

（一）反馈评价教学法的实施步骤

1. 学生汇报反馈阶段。反馈主要是对学生为实训素材所进行的准备、模拟诉讼过程进行的反馈。反馈可采用不同的形式，既可与一个学生进行个别反馈，也可在一定时间内与参与模拟演练的所有学生进行集中反馈。一般来说，集中反馈在教学中运用较为广泛。

2. 讨论和评价阶段。评价是对学生的反馈进行的评判或衡量。评价的主体包括教师、提供汇报的学生、其他学生等。评价的对象主要是学生通过实际操作所获得的技能以及为获得这些技能而进行的思考。评价的方法是互动性的，包括：教师对学生的评价、学生的自我评价、学生之间的评价等。评价的方式既可以是口头的，也可以是书面的。评价的标准以学生对出现的问题的思考及其质量作为评价标准。反馈评价教学法不仅作出总结性论断，更侧重于建设性意见，评价的目的是通过评价学习，将评价融入学习之中，使评价这种方式在学习过程中真正发挥作用。指导教师在讨论和评价之前，必须拟定讨论和评价的规则，这些相关规则可以由教师事先拟定，也可以由教师与学生共同商讨并确定。评价规则一般包括学生有积极参与讨论和评价的义务；学生应当公平地分享发言的权利；发表评价意见应当客观、真诚；遇有观点分歧时，应当尊重他人意见；等等。讨论和评价过程应当保持开放的气氛，让学生共同归纳、形成最终思考的结果而非教师指导的内容，在讨论和评价过程中，指导教师可以进行积极、适时的干预和引导。

（二）运用反馈评价教学法应注意的问题

1. 学会积极倾听。倾听意味着教学的开端，师生的谈话在教师的启发中开始、在学生的述说中进行、在教师的点评中升华。作为督导，他们在实际的教育教学生活中与学生交流时，不但要听懂学生通过言语表达出来的意思，还要看懂学生的肢体言语，听出学生在交谈中省略或者没有表达出来的内容。比较正确有效的倾听状态应该是这样的：教师在与学生交流时，必须高度集中注意力，用眼睛看着学生，细心注意学生的一言一行，尤其是要注意学生在谈论时使用的词语、表达自己想法的方式、谈论别人时的态度、陈述一个事件时所带的感情色彩。

2. 学会掌握和运用评价的方法。反馈评价教学法的核心在于对学生反馈信息的评价。学生对实训素材演练的反馈信息，既为教师提供调整教学的信息，又为学生提供调整学习的信息。对于学生的反馈信息，教师要及时组织评价，积极地反馈给学生，使学生改进实际操作能力。对反馈的评价应特别注意三点：一要及时；二要准确；三要有重点。

3. 引发学生参与讨论和评价的积极性。教师积极鼓励每名学生参与，给予学生充分的信任，特别是鼓励性格内向的学生积极发表意见。保持讨论自由与开放的良好氛围，有技巧地处理少数过多发言的情形，防止少数学生垄断发言权，鼓励每名学生积极参与讨论。

4. 控制讨论和评价的方向，保证评价不偏离主题。一要及时捕捉学生的反馈信息；二要迅速、准确地把握学生反馈信息的含义，指导教师应当作出判断，确认信息的真实含义；三要对反馈作出积极评价。

五、录像回放教学法

录像回放教学法是教师对相关录像进行编辑，选取某些录像资料的片段，学生通过观看录像片段，借鉴、模仿他人的成功经验，或者反思他们的行为，从而帮助学生掌握法律技能的一种教学方法。录像回放教学法根据录像的内容可以分为影像教学法与录像反思反馈法。

影像教学法主要是指通过多媒体手段为学生展示、播放法律专业类的电教片或影视资料。相较于枯燥的课堂授课，影像教学方法深受学生的欢迎。这些影视资料在法学实践教学中的主要作用是对传统教学法的丰富和延伸，能够带来视觉和听觉上的冲击，学生通过多重感官的配合，更容易理解和记忆所接受的知识，从而提高实践教学的有效性。

录像反思反馈法是将学生会见当事人的场景、出庭辩论的情境以及学生出庭前的演练准备等情况利用录像设备录制下来，经过适当的剪辑，作为学生自我反思和课堂反馈的依据。学生通过回顾自身的表现影像，观看自己的表现，有助于摒弃对自身的错误认识，并形成客观评价。从实际的运用效果来看，录像反思反馈法对学生庭辩能力的提高有很好的促进作用。

（一）录像回放教学法的实施步骤

1. 教师精心选择影像资料，把握演练所涉及的相关法律技能。录像回放是法学实践教学的一种教学方法，而非教学本身，它必须服务于教学内容和教学目的。这要求教师在授课前须知晓和把握影视资料所涉及的时间、地点、当事人、纠纷性质、争议焦点、证人证言、鉴定结论、相关的法律规定等诸多情况，围绕教学目标，突出重点。影视资料的剪辑应当简明扼要、主题突出，一般以 3~5 分钟为佳。

2. 设计观看录像片段后需要讨论的主题。讨论内容选取的原则应着眼于学生的知识、阅历和能力；以有效引导学生的积极探索、激发学生学习的欲望为目的；讨论的主题应当直接来自录像片段，既可以是录像所反映的值得学生学习和借鉴的法律技能，也可以是录像所反映的需要改进或者提高的内容。

3. 播放录像片段。播放事先准备好的录像片段，可以围绕某一主题，完整地播放录像片段，也可以将相关主题的几个录像片段对比播放。

4. 讨论与点评。录像回放教学法的关键在于在学生观看录像片段后的反思与评价，一般要求学生先对相关录像片段所反映的法律问题发表自己的观点和想法，然后再由教师对学生的观点思路进行点评。教师的指导和建议应当具体而翔实，能够为训练学生的实践能力提供最直接、真实、有效的机会。

（二）运用录像回放教学法应注意的问题

1. 积极记录、提前预判。教师在采用录像回放前，应当结合案件事实，预测学生在观看录像片段后可能发表的观点和存在的问题，找出相应的解决方法和应对措施。在学生对录像内容进行点评时，教师应当尽可能完整地记录学生的主要观点，为准确、有效地点评准备素材。

2. 及时、有效地点评。教师的指导和建议应当具体而翔实，能够为训练和提高学生们的实践能力提供直接、真实、有效的机会。

3. 及时地回放。对于学生在演练中表现的重要内容或争议点，教师应原封不动地加以重复表现，进而更好地理解和体会教师的建议和意见。

4. 建立录像资料库，纵向反思与横向反思相结合。当录像资料积累到一定程度时，教师应该建立一个相对完整的学生录像资料库。录像资料库建立后，录像反思教学法还可以有进一步的发展，即进行纵向反思和横向反思。纵向反思是指学生将自己在不同时期、不同阶段的录像都剪辑出来，一起播放，进行研究与反思，其目的是原来发现的问题，现在是否已经得到了解决，反思自己的法律实践能力是否提高。教师让学生经常进行纵向录像反思，有助于学生发现自己的进步，确立自信心。横向录像反思是指将不同年级、不同班级的学生进行同一主题演练的录像予以剪辑，一起播放，通过录像比较，进行反思，其目的是发现别人的优点，借鉴、学习他人的长处，弥补自身的不足。

六、头脑风暴教学法

头脑风暴教学法又称智力激励法、脑力激荡法，它通过会议形式，让所有参加者在自由愉快、畅所欲言的气氛中，毫无顾虑地提出自己的各种想法，让各种思想火花自由碰撞。头脑风暴教学法简单易行，对环境也没有特殊要求，最重要的还在于头脑风暴教学法能够使学生通过交流信息，相互启发，产生思维共振，起到集思广益的作用。正因为如此，在刑事法律实务实训课程中，头脑风暴被广泛运用于需要集体智慧、群策群力的教学环节中，如证据的分析与运用、案件策略的筹划等。

在采用头脑风暴教学法时一般需要按照以下五个步骤操作：

（一）准备阶段

1. 教师事先对所讨论问题展开研究，弄清问题的实质，找到问题的关键,设定所要达成的目标。

2. 确定参与学生的数量,一般以 8 ~ 12 人为宜。会议人数太少不利于交流信息,激发思维;相反,会议人数太多则不容易掌握,并且每个人发言的机会相对减少,也会影响现场气氛。

3. 将时间、地点、所要解决的问题、可供参考的资料以及需要达到的目的等事宜一并提前通知学生,让学生做好准备,以便其了解议题的背景和外界动态。

4. 布置现场,圆桌式的环境往往比教室式的环境更有利。

（二）热身阶段

该阶段的目的是创造一种自由、宽松、祥和的环境,以便活跃气氛,使学生得以放松,进入一种无拘无束的状态,促进思维。教师应首先说明讨论的规则,然后提出一些有趣的问题,让学生的思维处于轻松和活跃的状态。

（三）明确问题

教师简要介绍有待解决的问题。介绍时须简洁明确,不可过分周全,否则过多的信息会限制人的思维,干扰学生的思维创新力和想象力。

（四）畅谈阶段

畅谈是头脑风暴法的创意阶段,为了使大家能够畅所欲言,教师要制定一些规则。教师首先要向学生宣布这些规则,如果时间允许,可以让每名学生先就所要解决的问题独立思考 10 分钟左右,然后引导学生自由发言、自由想象,使彼此相互启发、相互补充,真正做到知无不言,言无不尽。也可以按顺序轮流发言,如轮到的人当时无新构想,可以跳到下一个。在如此循环下,新想法便一一出现,与会人员每讲出一个主意、方案,记录员随即记录在黑板上,使每位与会人员都可以看见,以利于激发出新的方案。经过一段时间的讨论后,学生对问题已经有了较深的理解,为了使学生对问题的表述能够具有新角度、新思维,教师应对发言记录进行归纳,整理出富有创意的见解以及具有启发性的表述,供下一步头脑风暴参考。

（五）评选阶段

通过组织头脑风暴畅谈,往往能获得大量与议题有关的设想,但任务至此只完成了一半，更重要的是对已获得的设想进行整理、分析，以便选出最有价值的创造性设想来进行开发实施，即设想处理。设想处理的方式有两种：一种是专家评审，可以聘请富有实践经验的其他教师及学员代表若干人承担这项工作；另一种是二次会议评审，即所有与会学生集体进行设想的评价处理工作，通过评审将大家的想法整理成若干方案，再经过多次反复比较，最后确定三个最佳方案。

第二章

刑事侦查法律实务实训

第一节　侦查讯问

一、实训目标

通过本节课程的学习，学生了解侦查机关讯问犯罪嫌疑人的含义及法律意义，掌握侦查机关讯问犯罪嫌疑人的组织流程、策略方法及讯问语言的运用，学会讯问计划和讯问笔录的制作。

二、实训素材

案例一

2008 年 8 月 28 日 8 时 40 分左右，沈阳市某血栓医院门口，因人力三轮车停车一事，医院保卫科工作人员代某同人力三轮车驾驶者贾某发生口角，之后双方撕打在一起。后经法医鉴定，贾某脾挫伤，腹腔积液，左侧第十肋骨骨折。

证据材料：

1. 被害人贾某陈述：血栓医院保卫科代某往我肚子上狠踹了几脚。

2. 开小康人力车的胡某证实：看见保卫科小代用脚往贾某的身上踹，踹在贾某的肚子上。

3. 血栓医院收发室的夏某证实：看见保卫科小代踢贾某的肚子，没看见贾某有什么外伤，但是他一直喊肚子疼。

4. 医院彩色超声检查报告显示：贾某脾挫伤，腹腔积液；放射影像学透视报告显示：贾某左侧第十肋骨骨折。

根据以上证据材料，侦查人员应如何对代某进行讯问？

案例二

刘某因故意伤害罪潜逃，侦查人员王某在执行其他公务活动时，偶然撞见了刘某并将其拘留，下面是侦查人员王某讯问刘某的一段笔录：

王：被告人刘某，你要老实交代你的罪行。

刘：我没罪。

王：你有什么证据说明你无罪？

刘：我要请律师，让我的律师跟你们说话。

王：你现在无权请律师，律师不能介入侦查活动。

刘：我没罪。

王：你要是老实交代你的罪行，我们很快就会放你出去的。你要是不配合我们的工作，多判个三五年不算什么。

思考：如何看待本次讯问行为？

三、实训准备

（一）教师指定学生阅读《中华人民共和国刑事诉讼法》（以下简称《刑事诉讼法》）教材中关于讯问犯罪嫌疑人的内容，要求学生查阅《刑事诉讼法》《最高人民法院关于适用〈中华人民共和国刑事诉讼法〉的解释》《公安机关办理刑事案件程序规定》《人民检察院刑事诉讼规则》等法律法规中关于侦查机关讯问犯罪嫌疑人的有关规定。

（二）教师课前将实训素材传发给学生，要求学生检索有关程序法和实体法方面的法律依据，根据具体实训案例结合实体法的内容明确案件中当事人的刑事责任。学生自主学习后，要求提交书面形式的报告。

（三）教师将学生每4人分成一组，小组成员分别扮演侦查人员、记录员及犯罪嫌疑人。

四、实训要点

（一）侦查讯问的组织实施流程

1. 讯问地点

讯问已被羁押的犯罪嫌疑人，应当在看守所讯问室进行。讯问完毕，立即交给看守所值班民警收押。在讯问过程中，不得将犯罪嫌疑人单独留在讯问场所；在犯罪嫌疑人吃饭、休息时，应由办案人员看守，不得仅由协勤人员看守。

对不需要逮捕、拘留的犯罪嫌疑人，可以传唤到犯罪嫌疑人所在市、县内的指定地点或者到他的住处进行讯问，但是应当出示人民检察院或者公安机关的证明文件，不得在办公场所或者宾馆、酒店等其他场所进行讯问。

对在现场发现的犯罪嫌疑人，经出示工作证件，可以口头传唤，但应当在讯问笔录中注明对于患有严重疾病或者残疾、行动不便及正在怀孕的犯罪嫌疑人，可以到犯罪嫌疑人住处或者就诊的医疗机构进行讯问。

讯问室等办案场所不得设置在二楼以上，并和办公场所分离。办案场所必须安装安全防范装置和报警、监控装置。相关的过道、窗户、楼梯、卫生间等必须安装防护栏等设施。

2. 讯问时间

传唤持续的时间不得超过 12 小时。案情特别重大、复杂，需要采取拘留、逮捕强制措施的，经办案部门负责人批准，可以延长到 24 小时。不得以连续传唤的方式变相拘禁犯罪嫌疑人。传唤期满，未作出其他强制措施决定的，应当立即结束传唤。

传唤、拘传和讯问犯罪嫌疑人，应当保证犯罪嫌疑人的饮食和必要的休息时间，并记录在案。

3. 讯问准备

讯问准备工作是侦查人员实施讯问前所采取的各项准备措施的综合。讯问的各项准备工作是完成讯问任务，达成讯问目标的根本保证。在开展讯问工作之前，应做好以下准备工作：

（1）选定侦查讯问人员。由于侦查人员和案件性质的个体差异以及讯问工作的复杂性，不是每一个侦查人员都能够胜任任何一个刑事案件，因此，在确定侦查讯问人员时，应综合考虑案件的性质和复杂程度、犯罪嫌疑人的个性特征、案情的发展趋势等因素。讯问时由一人主审，一人记录，必要时可增加人员协助讯问。讯问前，参加讯问的侦查人员必须分工明确。

（2）了解、研究案件材料。了解、研究案件材料，熟悉案件情况，是讯问工作的基础和前提。参加讯问的侦查人员只有对案件材料认真分析研究，才能明确讯问目标，确定正确的讯问策略和方法。一般来说，侦查人员需要研究的案件基本情况主要包括犯罪时间、犯罪现场、犯罪后果和被害人情况。需要研究的侦查破案情况主要包括案情分析的依据及结论、采取措施开展侦查的情况、证据获取方法及线索来源。需要研究的犯罪嫌疑人情况主要包括犯罪嫌疑人个人及家庭的基本情况、犯罪嫌疑人的经历、犯罪嫌疑人的社会关系及社会交往情况、犯罪嫌疑人的个人性格、品质、案件发生前后的表现。对案件的其他材料需要研究的主要包括已收集的证据材料和其他材料，弄清哪些犯罪事实、情节有证据证实、与案件具有内在的联系；哪些没有证据证实；哪些事实还有疑点、矛盾；有无查清案件的疑点；等等。

（3）制定讯问计划。讯问计划是侦查讯问人员在全面了解研究案情的基础上制定的指导讯问工作的具体目标和实现目标的工作安排。在讯问工作中，只有制订详细周密的讯问计划，侦查人员才能掌握侦查讯问的主动权，做到有备无患。

一般来说，讯问计划的内容包括：①简要案情；②讯问目的和要求；③讯问的步骤和策略方法；④调取证据的要求和须解决的问题；⑤其他侦查措施的要求；⑥讯问中和侦查、看守所等部门配合的问题；⑦讯问中紧急情况的处理方法。

制定讯问计划一般要求制作成书面形式，对于需要紧急讯问的案件，来不及制订详细的讯问计划，可以先编制讯问提纲。讯问计划不是一成不变的，应根据讯问工作的进展和调查取得的材料不断发展和完善。

（4）通知法定代理人到场。讯问未成年人，除有碍侦查或者无法通知的情形外，应当开具《未成年犯罪嫌疑人法定代理人到场通知书》，通知未成年犯罪嫌疑人的家长、监护人或者教师到场。

（5）翻译人员到场。讯问聋、哑犯罪嫌疑人，应当有通晓聋、哑手势的人参与，并在《讯问笔录》上注明犯罪嫌疑人的聋哑情况以及翻译人员的姓名、工作单位和职业。讯问不通晓当地语言文字的犯罪嫌疑人，应当配备翻译人员。

（6）准备录音、录像设备。讯问犯罪嫌疑人应当全程录音、录像。

（7）进行安全检查。对传唤、拘传的犯罪嫌疑人，应当进行安全检查。

4. 第一次讯问

第一次讯问是侦查部门对犯罪嫌疑人采取强制措施后的第一次直接接触，是讯问工作的开始。在这一阶段，侦查人员应当结合犯罪嫌疑人的心理表现和案件的实施情况，制定讯问策略，完成讯问工作。

（1）讯问犯罪嫌疑人，必须由侦查人员进行。讯问的时候，侦查人员不得少于2人。

（2）问明犯罪嫌疑人的基本情况。讯问时应当问明犯罪嫌疑人的姓名、别名、曾用名、绰号、性别、出生日期等个人情况，是否受过刑事处罚、行政处罚，是否为人大代表、政协委员等情况。

（3）告知权利义务。应当向犯罪嫌疑人宣读《犯罪嫌疑人诉讼权利义务告知书》或者交其阅读，告知其享有的权利和承担的义务，如实供述自己罪行可以从宽处理和认罪认罚的法律规定，问明其是否申请回避、聘请律师，并在《讯问笔录》中注明。

（4）讯问案件的情况。讯问犯罪嫌疑人时，应当首先讯问犯罪嫌疑人是否有犯罪行为，让其陈述有罪的情节或者进行无罪辩解，然后向其提出问题。犯罪嫌疑人对侦查人员的提问，应当如实回答。但是，对与本案无关的问题，有拒绝回答的权利。对犯罪事实、动机、目的、手段、与犯罪有关的时间、地点、涉及的人、事、物等都应当问清楚。

（5）听取供述和辩解。讯问的时候应当认真听取犯罪嫌疑人的供述和辩解，对犯罪嫌疑人供述的犯罪事实、申辩和反证，侦查机关都应该认真核实，依法处理。

（6）分别讯问。讯问共同犯罪的犯罪嫌疑人，应当分别进行。

5. 侦查讯问的推进

犯罪嫌疑人在接受讯问的过程中，有一个从不如实供述到如实供述的心理转变过程。讯问人员需要通过多次艰苦的续审，才能突破犯罪嫌疑人的供述障碍，抓住犯罪嫌疑人的供述特征，促使其承认犯罪。

在进一步推进讯问中，侦查人员应消除外界的干扰，注意犯罪嫌疑人前后供述内容的衔接，把握犯罪嫌疑人的态度，及时调整讯问策略，果断促使犯罪嫌疑人对案件的实质问题作出如实回答。

6. 结束审

结束审是将犯罪嫌疑人移送至人民检察院公诉部门审查起诉前的最后一次讯问。结束审时，意味着讯问工作乃至整个侦查工作正式进入终结阶段，所以它必须具备侦查终结的前提条件。

（二）选择讯问突破口

要使犯罪嫌疑人如实供述，正确选择讯问突破口是关键。讯问突破口是指犯罪嫌疑人针对讯问建立的防御体系中易于突破且对突破全案具有关键意义的薄弱环节。讯问突破口的选择和实施，适用于对所有案件的讯问，也适用于讯问的各个阶段。

1. 从案件事实和情节选择突破口。讯问人员应当认真分析研究案件情况和掌握的证据材料，从案件事实或情节中选择突破口。选择条件是：（1）证据比较确实、充分的；（2）与主要犯罪事实有关联，突破后有利于查明有关联的主要犯罪事实或其他犯罪事实的；（3）较为公开暴露的犯罪事实或情节，犯罪嫌疑人难以掩盖的；（4）犯罪嫌疑人认为与犯罪事实无直接联系，其实有密切的内在联系，不加防范或疏于防范的事实或情节；（5）犯罪嫌疑人认为很隐蔽，不能被侦查人员发现的事实或情节。

2. 从犯罪嫌疑人的心理弱点选择突破口。犯罪嫌疑人到案后，受到各种限制，普遍存在紧张、恐惧、忧虑、烦乱的心理，忧虑自己的前途，猜测自己的结局。侦查人员要使犯罪嫌疑人如实供述，可以分析其心理动向，选择其较为担心、焦虑的内容作为讯问突破口。

3. 从共同犯罪嫌疑人选择突破口。对共同犯罪嫌疑人进行讯问，应从全案的实际情况出发，选择易于突破的对象，集中力量从其身上打开缺口，以推动全案讯问工作的进展。具备下面条件的共同犯罪嫌疑人可选择作为突破口：（1）掌握犯罪证据较为确实、充分的；（2）与主犯或其他共犯有利害冲突的；（3）思想中毒不深、容易动摇、性格脆弱，或者有悔改和立功赎罪愿望的；（4）具有心理弱点易于实施突破的。

最后应当指出的是，一起案件的讯问突破口可能有一个，也可能有多个，应从案件的具体情况出发，根据讯问目标、讯问重点、必须查明的问题的先后缓急，择优选用。

（三）侦查讯问策略

侦查讯问策略是指侦查讯问的计策和谋略，是根据讯问目标和态势决定的斗争方式和行动方法。它是讯问人员为实现讯问目标而筹划的计策谋略，对全盘讯问计划具有重要的指导作用，讯问中所采取的步骤、方式、方法及其运用时机等，均受讯问策略的指导和制约。讯问策略的目的是使讯问人员以最少的付出，高效地突破犯罪嫌疑人的供述障碍，取得如实供述，并达到最佳的讯问效果。常见的讯问策略主要有攻心型讯问策略、震慑型讯问策略、迷惑型讯问策略和利用型讯问策略四大类。

1. 攻心型讯问策略

讯问是侦查人员与犯罪嫌疑人进行攻心斗智的活动，攻心的成败，直接关系讯问工作的成败。攻心型讯问策略是指侦查讯问人员运用政治、法律、政策、形势、前途、亲情、道德、良知等对犯罪嫌疑人的心理施加影响从而改变其认识，转变其观念，转化其情感，瓦解其意志，促使其如实供述案情的侦查讯问策略。攻心型讯问策略主要包括政治攻心、思想攻心、法律政策攻心等几种常用的讯问策略。该策略的适用对象是犯罪嫌疑人有易于攻破的心理弱点，包括认知上、情感上、意志上和个性上的弱点。

2. 震慑型讯问策略

震慑型讯问策略是指讯问人员发出能产生强烈效应刺激的信息，使犯罪嫌疑人慑于国家专政机关的威力，深感自己无力与国家法律抗衡，从而削弱或消除其对抗的意志，如实交代罪行。常用的策略有敲山震虎、先发制人、攻其不备、引而不发等。

3. 迷惑型讯问策略

迷惑型讯问策略是指通过一定的形式，分散转移犯罪人的注意力，使其在关键问题上失去警觉或产生错误判断，然后乘其不备予以攻击的谋略。

4. 利用型讯问策略

利用型讯问策略是指调动和利用犯罪嫌疑人的弱点，使其如实供述的策略。

（四）侦查讯问的方法

侦查讯问方法是在讯问过程中直接作用于犯罪嫌疑人以达到特定讯问目的的战术手段。讯问方法具有直接性和具体性的特点，在讯问方法的综合运用中体现了讯问策略的意图。

1. 说服劝导

说服劝导是指在讯问活动中，侦查人员针对犯罪嫌疑人的拒供心理，运用政策法律和道德规范，说服劝导其转变态度、如实供述的讯问方法。说服劝导具有较强的政策性和思想性，是侦查讯问中最基本、使用最广泛的一种讯问方法，贯穿于讯问活动的始终。

2. 使用证据

讯问人员在讯问过程中，依照一定的原则选择合适的时机，采用有效的方式，向犯罪嫌疑人出示证据，从而击垮其对抗讯问的心理基础。

3. 情感影响

讯问人员在讯问过程中，应引导和发挥犯罪嫌疑人在侦查讯问中的积极情感体验的作用，同时排除消极情感的不良影响，推动犯罪嫌疑人如实供述。犯罪嫌疑人在侦查讯问中的情感体验对其陈述案件真相具有十分重要的动机作用。讯问人员在使用情感影响方法要注意尊重犯罪嫌疑人的人格，在法律、制度规定的范围内适当满足犯罪嫌疑人的需要，同时与说服教育相结合。

4. 利用矛盾

侦查讯问人员利用犯罪嫌疑人因编造谎言使口供出现的矛盾或同案犯罪嫌疑人之间在利害关系上的矛盾，戳穿其谎言和狡辩或离间同案犯罪嫌疑人之间的关系，促使其如实供述罪行。讯问中利用的矛盾主要有犯罪嫌疑人因编造谎言而使口供中出现的矛盾和同案犯罪嫌疑人之间在利害关系上的矛盾。侦查人员在利用矛盾进行讯问时要注意揭露矛盾与使用证据相结合，揭露矛盾与说服教育相结合原则。

（五）讯问笔录的制作

讯问笔录通常将讯问双方的对话以一问一答的方式完整地记录下来，回答应用第一人称。无论是有罪的供述或无罪的辩解，都要如实记录。

讯问笔录一般由概况、问答、结尾三部分组成。概况部分主要是用填表形式填写案由、讯问次数、讯问起止时间、讯问地点、讯问参加人员的姓名和职务、被讯问人的姓名等情况。问答部分是笔录的核心部分，是把讯问双方的问答对话完整、真实、清楚地记录在案。首次讯问时，讯问人员应告知被讯问人相关权利和法律规定。讯问笔录除了记录有声语言外，还应当记录被讯问者表现出的沉默、摇头、叹气、冷笑、哭泣、手势等无声语言，结尾部分主要是讯问双方的签名、盖章或指印；若被讯问人拒绝签字或捺指印，讯问人员应在笔录上注明。讯问结束时，讯问人员应将笔录交给被讯问人核对；没有阅读能力的，讯问人员应当向他们宣读。经核对无误的，让被讯问人在笔录末页上写明"以上笔录我已看过（或向我宣读过），与我说的相符"，并逐页签名、捺指印。倘若笔录中有差错或有遗漏，需要更正或补充的，则应在更正或补充处由被讯问人捺指印。

讯问笔录最后能否作为法院定案的根据，还要看讯问笔录是否符合法院审判中对讯问笔录的认证标准。因此，侦查人员对讯问笔录还应对照法院定案的标准进行合法性与真实性的自我审查。同时，还应审查讯问笔录是否存在瑕疵，包括：第一，讯问笔录填写的讯问时间、讯问人、记录人、法定代理人等是否有误或者存在矛盾；第二，讯问人是否签名；第三，首次讯问时是否告知犯罪嫌疑人相关权利和法律规定，犯罪嫌疑人是否核对确认。如果讯问笔录存在瑕疵，应当依法补正。

讯问结果的真实性审查应当着重审查被讯问人的供述是否前后一致，有无反复及出现反复的原因；被讯问人的所有供述和辩解是否均已记录在案；被讯问人的辩解内容是否符合案情和常理，有无矛盾；被讯问人的供述和辩解与同案其他犯罪嫌疑人的供述和辩解及其他证据能否相互印证，有无矛盾。必要时，可以调取讯问过程的录音录像、被讯问人进出看守所的健康检查记录、笔录，并结合录音录像、记录、笔录对上述内容进行审查。

五、实训过程

（一）组织形式

1. 学术沙龙：以小组为单位召开学术座谈会，小组成员围绕课前发布的案例进行自由讨论，由一人主持，一人记录，其他人自由发言，对案件中的焦点问题进行系统、深层次的讨论。教师积极引导并总结发言，鼓励和指导学生对相关问题进行深入理论研究。

2. 角色扮演：每个小组就案例一的内容进行模拟演练。

（二）具体流程

1. 教师介绍侦查人员讯问犯罪嫌疑人的基本原理。

2. 教师将课前发布的实训素材以 PPT 的形式在课堂展示。

3. 每组选出代表，对本组观点进行陈述。

4. 每组学生根据案例进行角色扮演。

5. 教师根据学生的表现进行点评。

六、实训点评

案例一

讯问笔录　第 1 次

讯问时间：2008 年 8 月 28 日 10 时 40 分至 11 时 15 分

讯问地点：××公安局××分局××派出所

讯问人：周××、王××，工作单位××公安局××分局××派出所

被讯问人：代某，性别：男，出生日期：1972 年 10 月 23 日，文化程度：初中

户籍所在地：沈阳市××区××路 57 号 2 - 4 - 3

现住址：沈阳市××区××路 57 号 2 - 4 - 3

工作单位：沈阳市××血栓医院保卫科

被讯问人身份证号码：×××××××××××

问：我们是××公安局××分局××派出所的民警，现依法对你进行审查和讯问，你要如实回答。对与本案无关的问题，你有拒绝回答的权利，你

听清楚了吗？

答：听清楚了。

问：你是否需要申请办案民警回避？

答：不需要。

问：你今天为什么来××公安局××分局××派出所？

答：因为打架的事。

问：是什么时间的事？

答：2008 年 8 月 28 日 8 时 40 分左右。

问：什么地点？

答：沈阳市××血栓医院门口。

问：你把当时的情况详细地说一遍。

答：2008 年 8 月 28 日 8 时 40 分左右，贾某把人力三轮车停在我们医院门口，影响了我们医院患者和家属的出入，我们医院收发室的工作人员上前制止，贾某不听，收发室的工作人员向我汇报此事，我下楼让贾某赶快离开，可贾某不听，还上来打了我一拳，打在我脸上了，我就和他撕打在一起了。

问：你有没有踢贾某的肚子？

答：记不清了，当时和他打蒙了，也记不清往哪儿打的。

问：还有什么需要补充的吗？

答：没有了。

问：你以上说的是否属实？

答：属实。

问：现在向你宣读笔录，你听一下与你讲的是否相符？

答：记录向我宣读过，与我讲的相符。

以上记录已向我宣读过，和我讲的一样。

代×（捺指印）

2008 年 8 月 28 日

案例二

1. 王某对刘某的讯问发生在侦查阶段，此时刘某的身份是犯罪嫌疑人，因此王某称刘某为被告人是错误的。

2.《刑事诉讼法》规定，侦查人员在讯问犯罪嫌疑人的时候，应当首先讯问犯罪嫌疑人是否有犯罪行为，让他陈述有罪的情节或者无罪的辩解，然后向他提出问题。侦查人员在讯问中直接要求刘某交代罪行是错误的。

3. 刑事案件中，由控诉方承担举证责任，犯罪嫌疑人、被告人不需要承担证明自己无罪的责任。

4. 根据《刑事诉讼法》的规定，犯罪嫌疑人在被侦查机关第一次讯问后或者采取强制措施之日起，就可以聘请辩护律师。因此，刘某可以要求聘请律师为其提供法律服务。

5. 王某在讯问中说："你要是老实交代你的罪行，我们很快就会放你出去的。"是用引诱的方式来套取刘某的口供。而王某说："你要是不配合我们的工作，多判个三五年不算什么。"是在威胁犯罪嫌疑人。定罪量刑是法院的工作，侦查人员是没有权力对裁判结果进行承诺的。

七、实训拓展

2014 年 2 月 7 日晚，某超市老板石某被人用啤酒瓶砸伤后抢走现金 5300 元。经初步侦查，确定犯罪嫌疑人为宋某，将其抓获。现掌握如下情况：（1）石某证实，犯罪嫌疑人身高 1.75 米左右，蒙面入室，翻钱柜被发现后，用啤酒瓶猛击石某头部，石某用啤酒瓶还击，双方都有伤。（2）现场提取了血衣、破碎酒瓶，鉴定血衣上有 A 型血（石某）和犯罪嫌疑人 O 型血。瓶上有犯罪嫌疑人左手指纹和掌纹。（3）调查发现宋某头部受伤并包扎着，几天未上班。

根据以上证据材料制定讯问计划。模拟对犯罪嫌疑人宋某的讯问。

八、实训文书

（一）提讯证

××××公安局

提讯证

（看守所公章）

犯罪嫌疑人		性别		年龄		代号	

续表

提讯时间	事　由		办案人员签名	收监或回所时间	看守员签名
羁押期限		发证日期	年　月　日		
提讯证编号		侦查员姓名			
年　月　日 时　分					
年　月　日 时　分					
年　月　日 时　分					
年　月　日 时　分					
年　月　日 时　分					
年　月　日 时　分					

　　依法延长、重新计算羁押期限的，拘留转逮捕的，案件改变管辖的，更换侦查人员的，应当重新办理《提讯证》。超过办案期限的，原《提讯证》作废。提讯时侦查员不得少于二人。提解犯罪嫌疑人出所的，应当同时出具县级以上公安机关负责人批示的报告，并制作《在押人员体表检查表》。

　　"事由"栏根据情况填写"讯问""出所辨认""出所起赃"等。

附：在押人员体表检查表

<table>
<tr><td colspan="8" align="center">××看守所
在押人员体表检查表</td></tr>
<tr><td colspan="2">在押人员姓名</td><td>性别</td><td></td><td>年龄</td><td></td><td>代号</td><td></td></tr>
<tr><td colspan="2">办案部门</td><td></td><td colspan="2">侦查员姓名</td><td colspan="3"></td></tr>
<tr><td rowspan="2">出所</td><td>时间</td><td colspan="6">年　月　日　时　分</td></tr>
<tr><td colspan="7">体表检查结果：

看守所检查民警签字
侦 查 员 签 字
在 押 人 员 签 字</td></tr>
<tr><td rowspan="2">回所</td><td>时间</td><td colspan="6">年　月　日　时　分</td></tr>
<tr><td colspan="7">体表检查结果：

看守所检查民警签字
侦 查 员 签 字
在 押 人 员 签 字</td></tr>
</table>

注：此表在提解在押人员出所辨认、起赃及回所时使用。

（二）犯罪嫌疑人诉讼权利义务告知书

犯罪嫌疑人诉讼权利义务告知书

根据《中华人民共和国刑事诉讼法》的规定，在公安机关对案件进行侦查期间，犯罪嫌疑人有如下诉讼权利和义务：

1. 不通晓当地通用的语言文字时有权要求配备翻译人员，有权用本民族语言文字进行诉讼。

2. 对于公安机关及其侦查人员侵犯其诉讼权利和人身侮辱的行为，有权提出申诉或者控告。

3. 对于侦查人员、鉴定人、记录人、翻译人员有下列情形之一的，有权申请他们回避：

（1）是本案的当事人或者是当事人的近亲属的。

（2）本人或者他的近亲属和本案有利害关系的。

（3）担任过本案的证人、鉴定人、辩护人、诉讼代理人的。

（4）与本案当事人有其他关系，可能影响公正处理案件的。对于驳回申请回避的决定，可以申请复议一次。

4. 自接受第一次讯问或者被采取强制措施之日起，有权委托律师作为辩护人。经济困难或者有其他原因没有委托辩护人的，可以向法律援助机构提出申请。

5. 在接受传唤、拘传、讯问时，有权要求饮食和必要的休息时间。

6. 对于采取强制措施超过法定期限的，有权要求解除强制措施。

7. 对于侦查人员的提问，应当如实回答。但是，对与本案无关的问题，有拒绝回答的权利。接受讯问时有权为自己辩解。如实供述自己罪行的，可以从轻处罚；因如实供述自己罪行，避免特别严重后果发生的，可以减轻处罚。

8. 核对讯问笔录的权利，笔录记载有遗漏或者差错，可以提出补充或者改正。

续表

> 9. 未满 18 周岁的犯罪嫌疑人在接受讯问时有要求通知其法定代理人到场的权利。
>
> 10. 聋、哑的犯罪嫌疑人在讯问时有要求通晓聋、哑手势的人参加的权利。
>
> 11. 依法接受拘传、取保候审、监视居住、拘留、逮捕等强制措施和人身检查、搜查、扣押、鉴定等侦查措施。
>
> 12. 公安机关送达的各种法律文书经确认无误后，应当签名、捺指印。
>
> 13. 有权知道用作证据的鉴定意见的内容，可以申请补充鉴定或重新鉴定。

此告知书在第一次讯问犯罪嫌疑人或对其采取强制措施之日交犯罪嫌疑人，并在第一次讯问笔录中记明或责令犯罪嫌疑人在强制措施文书附卷联中签注。

（三）侦查机关讯问笔录

讯问笔录（第一次）

时间_____年____月____日____时____分至_____年____月____日____时____分

地点_____

侦查人员姓名、单位_____

记录员_____单位

犯罪嫌疑人_____

问：_____

_____

续表

讯问笔录（第二次）
时间_____年___月___日___时___分至_____年___月___日___时___分
地点_____
侦查人员姓名、单位_____
记录员_____单位_____
犯罪嫌疑人_____
问：_____

从第二次开始至若干次称"持续讯问笔录"。

讯问笔录（第×次）
时间_____年___月___日___时___分至_____年___月___日___时___分
地点_____
侦查人员姓名、单位_____
记录员_____单位_____
犯罪嫌疑人_____
问：_____

（四）未成年犯罪嫌疑人法定代理人到场通知书

××公安局 未成年犯罪嫌疑人法定代理人到场通知书
字 ［ ］ 号
_____：
我局定于_____年___月___日___时在_____对犯罪嫌疑人
_____进行讯问。因该犯罪嫌疑人系未成年人，根据《中华人民共和

续表

国刑事诉讼法》第×条规定，通知你届时到场。 　　　　　　　　　　　　　　　　　（公安局印） 　　　　　　　　　　　　　　　　年　　月　　日 本通知书已收到 　　未成年犯罪嫌疑人法定代理人 　　年　　月　　日

九、实训法规

1.《中华人民共和国刑事诉讼法》第118—123条

2.《公安机关办理刑事案件程序规定》第198—209条

3.《人民检察院刑事诉讼规则》第182—190条

详见

第二节　逮捕适用程序

一、实训目标

通过本节课程的学习，学生了解逮捕的权限，掌握逮捕的条件、批准程序和执行程序，准确规范地制作和填写相关法律文书。

二、实训素材

犯罪嫌疑人欧阳×，男，1963年5月26日出生，身份证号码×××××××××××，汉族，高中文化，无职业，居住××市××区××街××号。

2007 年 9 月 12 日 16 时许，被害人刘××骑电动自行车行经沈阳市大东区×××街时与另一骑自行车男子因剐碰发生争执，该男子遂与犯罪嫌疑人欧阳×及多名不明身份男子对被害人刘××进行殴打。经辽宁××司法鉴定所鉴定，刘××右眼钝挫伤瞳孔散大为轻伤；鼻骨骨折、头皮挫伤为轻伤。公安机关对此立案侦查，2008 年 2 月 6 日将犯罪嫌疑人欧阳×抓获。

侦查机关收集到的证据如下：

（1）被害人刘××陈述：2007 年 9 月 12 日 16 时许，我骑电动车经过×××街时和对面一个穿浅色衣服的男人骑车相互挤了一下，他就骂我，我争辩几句，他上来就把我打倒在地，这时和他一起的那些人也上来对我拳打脚踢，我女友高×就上去拦他们，他们就不打了。我刚站起来，对面打我那一伙人中的一个男子又过来打我面部好几拳，主要打在右眼和鼻子上，当时就出血了。我上去想抓住他，我俩都摔倒在地。后来他站起来想跑，我女朋友就拽住他，我也拽着他，这期间，我女友打 110 报警，一会儿警察来了。警察登记时，他自称叫欧阳×。

（2）证人郑××的证言，2007 年 9 月 12 日 16 时许，我到×××街去买东西，我看见我右前方一个由东往西骑红色电动车的男子与对面一个骑自行车的男子双方可能互相剐了一下就争吵了几句，那个骑自行车的男子就下车和骑电动车的男子撕扯在一起。

这两个男子刚撕扯在一起，和那个骑自行车的男子一起的有好几个男子上来帮忙，将骑自行车的男子刘××打倒在地，踢刘××的后背、大腿。一会儿那伙打他的人停手了，刘××就站起来了。刘××站起来后，打他一伙人中的一名男子站在他对面，刘××就上前去拽那名男子，这名男子就用拳猛击刘××的面部好几下。这时刘××的脸上一下子就出血了，刘××还是抓住了这名男子，两个人就撕扯在一起，后来都摔倒在地。刘××也用拳打了那名男子几下，还咬了那名男子眉毛处一口，后来两个人都没劲了。警察到现场进行登记时，我才知道打刘××的男子叫欧阳×。

（3）证人海××的证言：2007 年 9 月 12 日 16 时许，我在×××街卖货，就在我摊床旁边有一个骑电动车的男人和一个骑自行车的男人发生口角。不一会儿两人就打在一起，和骑自行车的男子一起的有好几个人，可能是他朋友，也上来帮他打骑电动车的那个人，不知是谁打在骑电动车男子的肚子上了，他就倒在地上。骑自行车一伙人就一起踢打骑电动车男子的后背、大腿。后来民警出警登记时才知骑电动车的人叫刘××。那伙人打刘××时，看他没反抗就停手了。和刘××一起的女人可能是他对象，就扶刘××起来，这时刘××身上有些脏。

刘××站起来以后看见打他那伙人中一名男子站在他对面，就过去拽那名男子，这名男子就打了刘××脸上几拳，这时刘××的脸上就出血了。但刘××还是抓住了这名男子，两个人就撕扯在一起。后来都摔倒在地。这名男子还继续打刘××，刘××也打了这名男子脸上几拳，还咬了这名男子前额一口，这名男子脸上也见血了。后来两个人都没劲了不打了。警察出警登记时，那名打刘××的男子说自己叫欧阳×。

（4）证人高×的证言：2007 年 9 月 12 日 16 时许，我和我男朋友刘××在×××街散步，我正往前逛，刘××在路口等我。后来我发现有很多人往刘××方向跑，我过去后看见好几个人正在打刘××，当时刘××倒在地上，我就挡在刘××身前，不让他们再打刘××。刘××就站起来了，跟对方解释几句，这时过来一个男子，上来给我男朋友脸上几拳，都打脸上了。这时我报警了，他们一看我报警了，就都跑了。只有那个打我男友的人被我男友拽住。他没跑了。他俩一直撕扯在一起。一会儿，警车就来了，我们就一起到派出所处理。到派出所之后才知道他叫欧阳×。

（5）鉴定意见：××司法鉴定所鉴定书及司法鉴定意见书证明被害人伤情为轻伤，伤残等级为九级。

三、实训准备

1. 教师指定学生阅读《刑事诉讼法》教材中关于逮捕犯罪嫌疑人、被告人的内容，要求学生查阅《刑事诉讼法》《最高人民法院关于适用〈中华人民共和国刑事诉讼法〉的解释》《公安机关办理刑事案件程序规定》《人民检察院刑事诉讼规则》等法律法规中关于刑事逮捕的有关规定。

2. 教师课前将实训素材的基本案情资料传发给学生，要求检索有关程序法和实体法方面的法律依据，根据具体实训案例结合实体法的内容明确案件中当事人的刑事责任。在学生自主学习后，要求提交书面形式的报告。

3. 学生分小组进行案例讨论。

四、实训要点

逮捕是公安机关、人民检察院、人民法院为防止犯罪嫌疑人、被告人逃避侦查、起诉和审判，进行妨碍刑事诉讼的行为，或者发生社会危险性而依法剥夺其人身自由、予以羁押的一种强制方法。

逮捕是刑事诉讼强制措施中最严厉的一种，犯罪嫌疑人、被告人一旦被宣布逮捕，除非发现有不应追究刑事责任和符合变更强制措施的情形外，否则犯罪嫌疑人和被告人都要被羁押到法院裁判生效为止。正确、及时地适用逮捕措施，有利于达到惩罚犯罪的刑罚目的，但错捕滥捕是对公民权利的极大侵害，也有损公安司法机关的尊严和权威。因此，我们在审查批准逮捕的过程中，必须坚持"少捕""慎捕"的刑事政策。

（一）逮捕的权限

我国刑事逮捕的批准权、决定权和执行权是分开的。逮捕的批准权主体是检察机关，公安机关认为应当逮捕犯罪嫌疑人时，要向人民检察院提请审查批准；人民法院是逮捕的决定权主体，可以针对在庭审过程中需要采取逮捕的情形而决定对被告人逮捕。无论由哪一个机关批准或者决定，其执行都由公安机关进行。

（二）逮捕的条件

我国逮捕的条件主要有三个：一是证据条件；二是罪责条件；三是社会危险性条件。逮捕犯罪嫌疑人、被告人的这三个条件相互联系、缺一不可。犯罪嫌疑人、被告人只有同时具备这三个条件，才能对其逮捕。只有严格掌握逮捕条件，才能够防止错捕和滥捕现象的发生。

1. 证据条件

逮捕的证据条件是有证据证明有犯罪事实。所谓"有证据证明有犯罪事实"是指有证据证明发生了犯罪事实；有证据证明犯罪事实是犯罪嫌疑人实施的；证明犯罪嫌疑人实施犯罪行为的证据已经查证属实。此外，如果犯罪嫌疑人犯有数罪，只要有一个犯罪事实有证据证明，就可以逮捕。

2. 罪责条件

逮捕的罪责条件是可能判处有期徒刑以上刑罚。这主要指根据已有证据证明的案件事实，可能判处 10 年有期徒刑以上刑罚的，或者有证据证明有犯罪事实，可能判处徒刑以上刑罚，曾经故意犯罪或者身份不明的，应当提请批准逮捕。司法实践中，对于那些可能判处有期徒刑缓刑的犯罪嫌疑人或被告人，一般不采用逮捕。

3. 社会危险性条件

逮捕的社会危险性条件是采取取保候审尚不足以防止发生社会危险性而有逮捕必要。这主要包括五种情况：

第一，可能实施新的犯罪的。包括案发前或者案发后正在策划、组织或者预备实施新的犯罪的；扬言实施新的犯罪的；多次作案、连续作案、流窜作案的；一年内曾因故意实施同类违法行为受到行政处罚的；以犯罪所得为主要生活来源的；有吸毒、赌博等恶习的；其他可能实施新的犯罪的情形。

第二，有危害国家安全、公共安全或者社会秩序的现实危险的。包括案发前或者案发后正在积极策划、组织或者预备实施危害国家安全、公共安全或者社会秩序的重大违法犯罪行为的；曾因危害国家安全、公共安全或者社会秩序受到刑事处罚或者行政处罚的；在危害国家安全、黑恶势力、恐怖活动、毒品犯罪中起组织、策划、指挥作用或者积极参加的；其他有危害国家安全、公共安全或者社会秩序的现实危险的情形。

第三，可能毁灭、伪造证据，干扰证人作证或者串供的。包括曾经或者企图毁灭、伪造、隐匿、转移证据的；曾经或者企图威逼、恐吓、利诱、收买证人，干扰证人作证的；有同案犯罪嫌疑人或者与其在事实上存在密切关联犯罪的犯罪嫌疑人在逃，重要证据尚未收集到位的；其他可能毁灭、伪造证据，干扰证人作证或者串供的情形。

第四，可能对被害人、举报人、控告人实施打击报复的。包括扬言或者准备、策划对被害人、举报人、控告人实施打击报复的；曾经对被害人、举报人、控告人实施打击、要挟、迫害等行为的；采取其他方式滋扰被害人、举报人、控告人的正常生活、工作的；其他可能对被害人、举报人、控告人实施打击报复的情形。

第五，企图自杀或者逃跑的。包括着手准备自杀、自残或者逃跑的；曾经自杀、自残或者逃跑的；有自杀、自残或者逃跑的意思表示的；曾经以暴力、威胁手段抗拒抓捕的；其他企图自杀或者逃跑的情形。

（三）公安机关逮捕犯罪嫌疑人的程序

1. 提请人民检察院批准逮捕

公安机关办案人员填写《提请批准逮捕书》，报县级以上公安机关负责人签署后连同案卷材料和证据一并移送同级人民检察院。犯罪嫌疑人自愿认罪认罚的，应当记录在案，并在提请批准逮捕书中写明有关情况。

2. 人民检察院审查

（1）审查部门：侦查监督部门。

（2）办案人员审阅案卷材料和证据，询问证人等诉讼参与人。

（3）听取犯罪嫌疑人意见。在审查逮捕中对被拘留的犯罪嫌疑人不予讯问的，送达听取犯罪嫌疑人意见书，由犯罪嫌疑人填写后及时收回审查并附卷。

（4）讯问犯罪嫌疑人。下列情形应当讯问犯罪嫌疑人：①对是否符合逮捕条件有疑问的；②犯罪嫌疑人要求向检察人员当面陈述的；③侦查活动可能有重大违法行为的；④案情重大疑难复杂的；⑤犯罪嫌疑人认罪认罚的；⑥犯罪嫌疑人系未成年人的；⑦犯罪嫌疑人是盲、聋、哑人或者尚未完全丧失辨认或者控制自己行为能力的精神病人的。

（5）听取辩护律师意见。辩护律师提出要求的，应当听取辩护律师的意见并制作笔录附卷。

（6）制作审查逮捕意见书，提出批准意见经部门负责人审核后报请检察长批准，重大案件报经检察委员会讨论决定。

3. 批准逮捕

（1）期限。公安机关提请批准逮捕，犯罪嫌疑人已被拘留的，人民检察院应当在收到提请批准逮捕书后的 7 日以内作出决定；未被拘留的应当在 15 日以内作出决定，重大、复杂案件不超过 20 日。

（2）对符合条件的案件作出批准逮捕决定，连同案卷材料送达公安机关执行，并可以对收集证据、适用法律提出意见。

4. 执行逮捕

（1）县级以上公安机关负责人签发逮捕证，立即执行，并在执行完毕后3日以内将执行回执送达作出批准逮捕决定的人民检察院。如果未能执行，也应当将回执送达人民检察院，并写明未能执行的原因。

（2）执行。由两名侦查人员执行逮捕，先向被逮捕人出示逮捕证，责令被逮捕人在逮捕证上签名、捺指印，拒绝签名、捺指印的应当注明。

（3）逮捕后立即将被逮捕人送看守所羁押，执行逮捕的侦查人员不得少于2人。

（4）通知家属。除无法通知的情形以外，在逮捕后24小时内制作逮捕通知书，写明逮捕原因和羁押处所送达被逮捕人的家属。

（5）讯问被逮捕人。在逮捕后的24小时以内讯问被逮捕人，不应当逮捕的制作释放通知书，送看守所和原批准逮捕的人民检察院，看守所凭释放通知书立即释放被逮捕人，并发给释放证明书。

5. 羁押必要性审查

犯罪嫌疑人、被告人被逮捕后，人民检察院仍应当对羁押的必要性进行审查。

（1）审查部门。人民检察院依法开展羁押必要性审查，由捕诉部门负责。负责刑事执行、控告申诉、案件管理、检察技术的部门应当予以配合。

（2）启动方式：①当事人申请审查。犯罪嫌疑人、被告人及其法定代理人、近亲属或者辩护人可以申请人民检察院进行羁押必要性审查，申请时应当说明不需要继续羁押的，并提供相关证据或者其他材料；②人民检察院在办案过程中可以依职权主动进行羁押必要性审查；③看守所根据在押人员身体状况，可以书面建议人民检察院进行羁押必要性审查。

（3）审查方式。人民检察院可以采取以下方式进行审查：①审查犯罪嫌疑人、被告人不需要继续羁押的理由和证明材料；②听取犯罪嫌疑人、被告人及其法定代理人、辩护人的意见；③听取被害人及其法定代理人、诉讼代理人的意见，了解是否达成和解协议；④听取办案机关的意见；⑤调查核实犯罪嫌疑人、被告人的身体健康状况；⑥需要采取的其他方式。必要时，可以依照有关规定进行公开审查。

（4）提出书面变更建议。人民检察院发现犯罪嫌疑人、被告人具有下列情形之一的，应当向办案机关提出释放或者变更强制措施的建议：①案件证据发生重大变化，没有证据证明有犯罪事实或者犯罪行为系犯罪嫌疑人、被告人所为的；②案件事实或者情节发生变化，犯罪嫌疑人、被告人可能被判处拘役、管制、独立适用附加刑、免予刑事处罚或者判决无罪的；③继续羁押犯罪嫌疑人、被告人，羁押期限将超过依法可能判处的刑期的；④案件事实基本查清，证据已经收集固定，符合取保候审或者监视居住条件的。

人民检察院发现犯罪嫌疑人、被告人具有下列情形之一，且具有悔罪表现，不予羁押不致发生社会危险性的，可以向办案机关提出释放或者变更强制措施的建议：预备犯或者中止犯；共同犯罪中的从犯或者胁从犯；过失犯罪的；防卫过当或者避险过当的；主观恶性较小的初犯；系未成年人或者已满75周岁的人；与被害方依法自愿达成和解协议，且已经履行或者提供担保的；认罪认罚的；患有严重疾病、生活不能自理的；怀孕或者正在哺乳自己婴儿的妇女；系生活不能自理的人或未成年人的唯一扶养人；可能被判处1年以下有期徒刑或者宣告缓刑的；其他不需要继续羁押的情形。

五、实训过程

1. 教师讲解刑事逮捕的基本原理。

2. 通过投影仪，教师与学生共同回顾实训素材的基本案情。

3. 以小组为单位讨论是否可以对犯罪嫌疑人欧阳×批准逮捕，并由学生代表发言。

4. 根据案情设计公安机关报请批准逮捕的程序以及人民检察院审查批准逮捕的程序，并完成相关文书制作。

5. 教师对学生的表现进行点评。

六、实训点评

（一）教师点评

虽然犯罪嫌疑人欧阳×没有供述犯罪事实，但从已掌握的情况来看，证人证言和被害人的陈述基本吻合能够说明欧阳×实施伤害行为的经过，而且从司法鉴定的结果来看，被害人的伤残结果已经符合故意伤害罪的伤害程度，所以，可以对其进行逮捕。

（二）相关文书示范

1. 提请批准逮捕书

×××××公安局

提请批准逮捕书

×××提捕字〔2008〕××号

犯罪嫌疑人欧阳×，男，1963年5月26日出生，身份证号码×××××××××××××××××，汉族，高中文化，无职业，居住××市××区××街××号。因涉嫌故意伤害犯罪于2008年2月6日被刑事拘留。

犯罪嫌疑人涉嫌故意伤害一案，由我××公安局于2007年9月12日受理报案，我局于××日立案侦查。犯罪嫌疑人于2008年2月6日在其家中被抓获，并于当日被我局刑事拘留。

经依法侦查查明：

2007年9月12日16时许，被害人刘××骑电动自行车行经沈阳市大东区×××街时与另一骑自行车男子因刮碰发生争执，该男子遂与犯罪嫌疑人欧阳×及多名不明身份男子对被害人刘××进行殴打。经辽宁××司法鉴定所鉴定，刘××右眼钝挫伤瞳孔散大为轻伤；鼻骨骨折、头皮挫伤为轻微伤。案发后经过侦查，将犯罪嫌疑人欧阳×在家中抓获。

认定上述事实的证据如下：被害人刘××的陈述、证人郑××、海××、高×的证言、辽宁××司法鉴定所出具的司法鉴定意见书。

续表

综上所述，犯罪嫌疑人欧阳×的行为已经触犯了《中华人民共和国刑法》第二百三十四条第一款、第三十六条第一款之规定，涉嫌故意伤害罪，有逮捕的必要，依据《中华人民共和国刑事诉讼法》第七十九条、第八十五条之规定，特提请批准逮捕。

此致

××人民检察院

局长（印）

（公安局印）

年　月　日

附：1. 本案卷宗×卷×页

2. 犯罪嫌疑人羁押处所

2. 批准逮捕决定书

××××人民检察院

批准逮捕决定书

×检×批捕［2008］×号

××公安机关：

你局于××年××月××日以××提捕字［2008］××号提请批准逮捕书提请批准逮捕犯罪嫌疑人欧阳×，经本院审查认为，该犯罪嫌疑人涉嫌故意伤害罪，符合《中华人民共和国刑事诉讼法》第七十九条规定的逮捕条件，决定批准逮捕犯罪嫌疑人欧阳×。请依法立即执行，并将执行情况3日内通知本院。

××年××月××日

（院印）

七、实训拓展

刘某，28岁，汉族，××省××市人。文化程度为大专，无前科，系×

×市××机床厂工人，住××市××区××街××号。刘某于2013年8月18日上午9时因涉嫌盗窃被拘传。

公安机关掌握的证据如下：

（1）××机床厂财会室保险柜于8月17日0点至1点被撬开，盗走现金23 000元。当日上午刑侦部门勘查现场，在保险柜门上侧，提取指纹一枚，经比对鉴定，系刘某左手食指指纹，但何时所留不能肯定。

（2）××机床厂工人王××、李××和张×证实：2013年8月16日晚7点至8月17日0点，刘某和他们三人一起在王××家打麻将。当晚12：10分左右，刘某说回家，从王××家出来。

（3）刘某的妻子证实：2013年8月17日凌晨1点左右，刘某回家。

（4）侦查实验：从刘某家到王××家经过××机床厂厂门，用时20分钟左右。

（5）××机床厂值班员齐×证实：2013年8月17日晚12：45分左右，在值班室透过玻璃窗看到一人从财会室后窗临街的小胡同走过，从房头灯光下看很像刘某，但未看清脸庞，只是着装和走路姿势大致相似。

思考：根据以上证据材料，是否可以决定逮捕刘某？请说明理由。

八、实训文书

（一）提请批准逮捕书

×××× 公安局

提请批准逮捕书

字 〔 〕 号

犯罪嫌疑人_____：姓名（别名、曾用名、绰号等），性别，出生年月日，出生地，身份证号码，民族，文化程度，职业或工作单位及职务，住址，政治面貌，违法犯罪经历及因本案被采取强制措施的情况（案件有多名犯罪嫌疑人的，应逐一写明）。

续表

犯罪嫌疑人涉嫌_____一案，由_____举报（控告、移送）至我局。简要写明案件侦查过程的各个法律程序开始的时间，如接受案件、立案的时间。具体写明犯罪嫌疑人归案情况。

经依法侦查查明：_____（概括叙述经侦查认定的犯罪事实。应根据具体案件情况，围绕刑事诉讼法规定的逮捕条件，简明扼要叙述）。

（对于只有一个犯罪嫌疑人的案件，犯罪嫌疑人实施多次犯罪的犯罪事实应逐一列举；同时触犯数个罪名的犯罪嫌疑人的犯罪事实应该按照主次顺序分别列举；

对于共同犯罪的案件，写明犯罪嫌疑人的共同犯罪事实及各自在共同犯罪中的地位和作用后，按照犯罪嫌疑人的主次顺序，分别叙述各个犯罪嫌疑人的单独犯罪事实。）

认定上述事实的证据如下：

_____（分列相关证据）

综上所述，犯罪嫌疑人_____（根据犯罪构成简要说明罪状），其行为已触犯《中华人民共和国刑法》第_____条之规定，涉嫌_____罪，有逮捕必要。依照《中华人民共和国刑事诉讼法》第××条、第××条之规定，特提请批准逮捕。

此致

××××人民检察院

局长（印）

××年××月××日

（公安局印）

附：1. 本案卷宗×卷×页。

　　2. 犯罪嫌疑人羁押处所。

（二）批准逮捕决定书

×××人民检察院
批准逮捕决定书

检 批捕〔 〕 号

_____：

你局于_____年___月___日以_____号提请批准逮捕书提请批准逮捕犯罪嫌疑人_____，经本院审查认为，该犯罪嫌疑人涉嫌_____犯罪，符合《中华人民共和国刑事诉讼法》第××条规定的逮捕条件，决定批准逮捕犯罪嫌疑人_____。请依法立即执行，并将执行情况在3日以内通知本院。

××年××月××日
（检察院印）

（三）不予批准逮捕决定书

×××人民检察院
不予批准逮捕决定书

检 不捕〔 〕 号

_____：

你_____于_____年___月___日，以___号文书提请批准捕罪嫌疑人_____，经本院审查认为：_____，决定不予逮捕犯罪嫌疑人_____。

根据《中华人民共和国刑事诉讼法》第××条的规定，决定不批准逮捕犯罪嫌疑人_____。请依法立即执行，并在3日以内将执行情况通知本院。

××年××月××日
（检察院印）

（四）羁押必要性审查建议书

××××人民检察院
羁押必要性审查建议书

检　羁审建〔　〕　号

_____：

　　我院根据《中华人民共和国刑事诉讼法》第××条的规定，依法对逮捕后羁押于看守所的犯罪嫌疑人/被告人_____的羁押必要性进行了审查。经审查，我院认为不需要继续羁押犯罪嫌疑人/被告人_____，理由是：_____。上述事实有以下证据予以证明：_____。

　　根据《中华人民共和国刑事诉讼法》第××条的规定，建议你×对犯罪嫌疑人/被告人_____予以释放/变更强制措施。请你×将处理情况10日以内通知我院。未采纳我院建议的，请说明理由和依据。

××年××月××日

（检察院印）

（五）逮捕证

××××公安局
逮捕证

字〔　〕　号

　　根据《中华人民共和国刑事诉讼法》第____条____款之规定，经_____批准/决定，兹决定由我局侦查人员_____对涉嫌_____罪的犯罪嫌疑人_____（性别_____，年龄_____，住址_____）执行逮捕，送_____看守所羁押。

局长（印）

（公安局印）

××年××月××日

续表

> 本证已于＿＿＿＿年＿＿月＿＿日＿＿时向我宣布。
>
> 被逮捕人
>
> 本证副本已收到，被逮捕人＿＿＿＿已由我所收押。
>
> 接收民警
>
> （看守所印）
>
> ××年××月××日

（六）逮捕通知书

> ××××公安机关
>
> **逮捕通知书**
>
> ＿＿＿＿＿＿字〔　　〕　号
>
> ＿＿＿＿＿＿：
>
> 犯罪嫌疑人＿＿＿＿＿＿因涉嫌＿＿＿＿＿＿犯罪，经＿＿＿＿＿＿批准，于＿＿＿＿年＿＿月＿＿日＿＿时由我局执行逮捕，现羁押于＿＿＿＿＿＿看守所。
>
> （公安局印）
>
> ××年××月××日
>
> 被逮捕人家属＿＿＿＿＿＿
>
> 地址＿＿＿＿＿＿＿＿＿＿＿＿
>
> 本通知书已收到。
>
> 被逮捕人家属（签名）
>
> 如未在逮捕后24小时内通知被逮捕人家属，请注明原因：
>
> 办案人
>
> ＿＿＿＿年＿＿月＿＿日＿＿时

九、实训法规

1.《中华人民共和国刑事诉讼法》第87—100条

2.《公安机关办理刑事案件程序规定》第133—168条

3.《人民检察院刑事诉讼规则》第128—155条

详见

第三节　侦查终结

一、实训目标

通过本节课程的实训，学生掌握侦查终结的条件，能够根据案例制作起诉意见书。

二、实训素材

任××以危险方法危害公共安全案件，本案证据材料如下：

1. 犯罪嫌疑人任××的供述

2010年11月27日晚20：30许，我开着朋友冯××的辽Ａ×××××黑色别克轿车行驶到××街××路距离交通岗20米处时，直接越过黄实线掉头，快到交通岗时，一辆警车停在我车的旁边，下来三个警察，一个警察到我车的左侧，让我出示《驾驶证》，我没吱声，就合计怎么跑，我看见右侧人行道车能卜夫，但我前后左右全是车，我就撞向停在我后边的一台黑车，撞开后我又向前撞开警车绕到人行道上往新华路方向开，开到新盛酒店胡同时我因为车速太快，把路边停的一辆绿色出租车给撞到人行道上，我也没停下来，继续跑，开出10多米时，又刮了一台红色出租车，后来开到胜利大厦附近一个死胡同时车就熄火了，我把车锁好，在旁边待了一会儿就到车站坐车回家了，28日中午，我和父亲到交警大队投案。

2. 被害人陈述

（1）周××（浙 GHR×××黑色本田吉普车车主）：2010 年 11 月 27 日晚 21 时许，我在新华路交通岗等信号灯，看见一辆警车开过来，停在前面一辆别克轿车的右前方，下来一个交警，走到别克车前面驾驶室位置，这时别克车突然倒车，我感觉我的车一动，我刚想下车看看，前面的车又突然向前开把警车给撞了，然后跑了，到路口就不见了。

（2）温××（辽 AEB×××出租车车主）：2010 年 11 月 27 日晚 21 时许，我驾驶辽 AEB×××出租车行驶到新盛饭店旁边时，车突然坏了，我把车停到人行道上等修理工，突然我的车后面被撞了一下，我的车向前冲出去 1 米多，把前面的一根信号杆给撞弯了，我没看见撞我的车，有个不认识的行人告诉我，是一辆黑色的别克轿车。

（3）钱××（辽 AM×××出租车车主）：2010 年 11 月 27 日晚 21 时许，我开车行驶到××街附近时，我车右后部被撞了一下，我本能地向左打轮，让出个车位，撞我的车就飞快地向北开了。我马上开车去追，追了一会儿，我的前面突然出现一辆电动自行车，把我别停了，撞我的那辆黑色别克车在路口闯红灯左转，向西开了。我看见撞我的黑色别克轿车的车牌是辽 A×××××。

3. 证人证言

（1）王某（沈阳市××交警大队交警）：2010 年 11 月 27 日 21 时许，我驾驶车牌为辽 A××××警的警车巡逻至××街消防队时，看见一辆黑色别克轿车，车牌是辽 A×××××，这辆车由南向北行驶至消防队门前时，越压双黄实线掉头，改为由北向南行驶，行驶至××路交通岗等信号时，我驾驶警车跟上去停在别克车旁边，我用扩音器告知他我们是交警，要求他下车接受处罚，车上的另一名民警于×和两名协勤赵×、张×也先后下车，张×走到别克车左侧驾驶位旁，赵×和于×一前一后站在别克车右侧，但别克车司机不但不下车接受处罚，还直接倒车将停在后面等信号的一辆本田吉普车的保险杠撞坏了，紧接着他又向右侧打轮强行逃跑，将我驾驶的警车的前保险杠给撞坏了，别克车强行驶上人行道逃离现场，到中华路口后右转弯沿××路向西逃窜。

（2）于某（沈阳市××交警大队交警）：2010年11月27日21时许。我和民警王××、协勤赵×和张×一起巡逻，当我们行驶到××街消防队门前时，看到一辆由南向北行驶的黑色别克轿车在消防队门前越压双黄实线违法掉头，于是王××开车跟了上去，到中华岗等信号时，王××将警车停在车牌辽A××××黑色别克轿车的西侧前面一点，王××用喇叭喊司机下车出示《驾驶证》，还向对方打手势（交警专用手势），协勤人员张×和赵×先下的车，我随后也跟着下车，赵×站在别克车的右前方，张×到驾驶室左侧，并让司机出示《驾驶证》及行车执照，可是这台车的司机不但不停车，还倒车逃跑，并将停在他后面的一辆黑色本田吉普车给撞坏了。然后这辆车又向前跑，将我们警车的前保险杠给剐了一下，保险杠、前脸都掉下来了，之后这台车又向右转直接开上人行道，沿着人行道跑了。

（3）赵某（沈阳市××交警大队协勤）证实：2010年11月27日晚21时许，我和交警王××、于×、协勤张×一块巡逻执勤，王××开车，当警车由北向南行驶到××街消防队门前时，看到一辆由南向北行驶的黑色别克轿车在消防队门前越压双黄实线违法掉头。于是，交警王××开车就跟了上去，到交通岗等信号时，交警王××就用喇叭喊司机下车接受处罚，可是该车司机不吱声，我和张×、于×下车，我站在他车的左前方，张×让他出示《驾驶证》，他挂挡就倒车逃跑，并撞上了后面一辆黑色本田吉普车，当我准备上前制止时，这辆车又向前行驶，将我们乘坐的警车的左前保险杠给剐了一下，之后这台车右转沿着人行道跑了。

（4）张某（沈阳市××交警大队协勤）证实：2010年11月27日晚21时许，我和协勤赵×、交警于×和王××一起巡逻执勤。当警车由北向南行驶到××街消防队门前时，看到一辆由南向北行驶的黑色别克轿车在消防队门前越压双黄实线违法掉头。于是，交警王××开车就跟了上去，到交通岗等信号时，我们的车就靠他右边停下，交警王××就用喇叭喊司机下车，可该车司机不吱声，我和赵×、于×就下车了，赵×站在他车的左前方，我过去让他出示《驾驶证》、行车证，可他马上就倒车逃跑，并将后面一辆黑色本田吉普车的保险杠给撞坏了，然后又向前行驶，绕过警车前面右转拐上人行道，逃跑时，把我们警车的左前保险杠给撞了。

（5）冯××（肇事车辽A×××××的车主）证实：2010年11月27日下午4点30分左右，任××给我打电话要借我的车用一下，我就把车借给他了。27日晚上10点左右，交警大队给我打电话，我才知道车出事了。我在交警大队给任××打电话，打通了但被他挂了，然后就关机了。第二天早上，交警大队告诉我车找到了，后来任××的爸爸打电话告诉我说找到任××了，并说带他去投案。

4. 鉴定意见

沈阳市××价格认证中心价格鉴定结论书：三辆被撞汽车及信号杆的维修价值共计5190元。

5. 书证

（1）周××、温××和钱××在交警队所作的道路交通事故当事人陈述材料，内容与警方提取的证人证言相符。

（2）任××在交警大队作的违法行为人陈述材料，内容与警方提取的犯罪嫌疑人陈述相符。

（3）任××、周××、温××和钱××《驾驶证》复印件。

（4）车辆照片及说明。

（5）现场照片及交通事故现场图。

（6）任××的户籍复印件，证明任××已经年满18周岁。

三、实训准备

1. 教师指定学生阅读《刑事诉讼法》教材中关于侦查终结的内容，要求学生查阅《刑事诉讼法》《公安机关办理刑事案件程序规定》《人民检察院刑事诉讼规则》等法律法规中关于侦查终结的有关规定。

2. 教师课前将进行实训的案情资料传发给学生，要求检索有关程序法和实体法方面的法律依据，根据具体实训案例结合实体法的内容明确案件中当事人的刑事责任。在学生自主学习后，要求提交书面形式的报告。

3. 教师将学生分成小组，以小组为单位对将要实训的案件进行讨论。

四、实训要点

侦查终结是公安机关对于立案侦查的刑事案件，经过侦查，认为犯罪事实清楚，证据确实、充分，已无继续侦查的必要，依法移送人民检察院审查起诉，从而结束侦查的诉讼活动。侦查终结是侦查机关办理刑事案件的最后一道工序。

（一）侦查终结的条件

1. 案件事实清楚

犯罪嫌疑人的身份已经查清，确有犯罪行为存在且该行为的确是犯罪嫌疑人所为，犯罪嫌疑人实施犯罪行为的动机、目的已经查明，实施犯罪行为的时间、地点、手段、后果以及其他情节已经查清。对于共同犯罪的案件，已查清了犯罪嫌疑人的责任以及和其他同案犯的关系，犯罪嫌疑人有无法定从重、从轻、减轻处罚以及免除处罚的情节已经查清，其他与案件有关的事实已经查清。

2. 证据确实、充分

证据确实是指证明犯罪事实的每一个证据均已经过查证属实，这些证据不仅能够相互印证，而且与案件事实之间具有客观联系。证据充分是指证据已达到一定数量，并形成一个完整的证据体系，足以证实犯罪的事实、情节，完全可以排除其他可能性。

3. 犯罪性质和罪名认定正确

认定犯罪嫌疑人犯了某种罪或者某几种罪的性质和罪名正确。

4. 法律手续完备

从受案直至侦查终结全过程中依法形成的各种文书和履行的法律手续齐全和完整。尤其重要的是，采取专门调查工作和有关强制措施的各种法律文书及其手续齐全、完整并符合法律法规的要求。

5. 依法应当追究刑事责任

根据已查明的案件事实和刑法规定，只有对犯罪嫌疑人应当追究刑事责任的，侦查机关才能作出移送人民检察院审查起诉的决定；如果发现对犯罪嫌疑人不应当追究刑事责任的，则应作出撤销案件的决定。

（二）侦查终结对案件的处理

公安机关侦查终结的案件，由县级以上公安机关负责人批准，重大、复杂、疑难的案件应当经过集体讨论决定。侦查终结案件的处理，应视不同情况而定。

1. 移送起诉

对于犯罪事实清楚，证据确实、充分，犯罪性质和罪名认定准确，法律手续完备，依法应当追究刑事责任的案件，制作《起诉意见书》，经县级以上公安机关负责人批准后，连同案卷材料、证据一并移送同级人民检察院审查决定，同时将案件移送情况告知犯罪嫌疑人及其辩护律师。

2. 撤销案件

在侦查过程中，发现不应对犯罪嫌疑人追究刑事责任的，应当撤销案件。所谓不应对犯罪嫌疑人追究刑事责任，是指犯罪嫌疑人的行为缺乏犯罪构成要件不构成犯罪、本案根本不存在犯罪事实或者有《刑事诉讼法》第16条规定的六种情形之一，而不追究刑事责任。侦查机关经过侦查，发现不应对犯罪嫌疑人追究刑事责任时，应当作出撤销案件决定，并制作撤销案件决定书。犯罪嫌疑人已被逮捕的，应当立即释放，发给释放证明并且通知原批准逮捕的人民检察院。对犯罪人已采取取保候审、监视居住的也应当立即撤销，对不够刑事处罚但需要行政处理的，应当依法给予行政处理。需要指出的是，如果经侦查证实本案有犯罪事实但非犯罪嫌疑人所为，则一方面应撤销对该犯罪嫌疑人的立案，另一方面应继续侦查以查获真正的犯罪分子。

（三）《起诉意见书》的撰写要求

《起诉意见书》是侦查机关对案件侦查终结后，认为犯罪事实清楚，证据确实、充分，应当依法追究犯罪嫌疑人的刑事责任，向同级人民检察院或本院公诉部门移送审查起诉时制作的一种法律文书。起诉意见书是刑事司法实践中广泛运用的法律文书，任何一个刑事案件自侦查终结时都必须制作此文书。一般是一案一份，对于共同犯罪案件，需要提请起诉数名犯罪嫌疑人的，合写一份文书，按照主犯、从犯、胁从犯的顺序制作。对共同犯罪中不需要起诉的犯罪嫌疑人，仍应当将共同犯罪的事实说清楚，并注明对未起诉的犯罪嫌疑人的处理情况。

起诉意见书由以下三部分内容组成。

1. 首部

依次写明下列内容：

（1）标题：在文书顶端正中，由"制作机关名称＋文种"组成，分两行书写。

（2）编号：在标题右下方，由公安机关代称、程序及文书简称、年度、案件排列序码号等组成。

（3）犯罪嫌疑人的基本情况及违法犯罪经历等内容：依次写明犯罪嫌疑人的姓名、性别、出生年月日、民族、籍贯、文化程度、工作单位、职业及住址，以及是否受过刑事处罚、有无被劳动教养及其时间和事由、是否在押，如在押，应分别写明被拘留、逮捕的时间和羁押的处所。当共同犯罪案件有多个犯罪嫌疑人应当追究刑事责任时，犯罪嫌疑人的违法犯罪经历要分别叙述，按照首犯、主犯、从犯、协从犯的顺序排列。单位犯罪的，应当写明单位的名称、所在地址、法定代表人的姓名、性别和职务。

（4）过渡语：在以上内容完成后，另起一行写明如下一段固定用语："经我局侦查终结，证实犯罪嫌疑人×××有下列犯罪事实。"

2. 正文

写清楚犯罪事实和提出起诉意见的理由及法律依据。

（1）犯罪事实：对犯罪嫌疑人犯罪事实的叙述要列出已经查明犯罪嫌疑人的全部犯罪经过，包括何时、何地、何动机、何目的、何方法手段、何犯罪行为、何结果、何证据证明等。其内容必须是属于本次要求起诉范围的事实，划清罪与非罪界限，不能将非罪材料混入其中。若为共同犯罪，要写明共同犯罪的性质、目的、作案时间、地点、成员数目以及每一个犯罪嫌疑人在案件中各自所处的地位、发挥的作用及应负的具体法律责任。总之，要做到既不漏写犯罪嫌疑人，不漏写犯罪事实，也不张冠李戴。对于认定犯罪事实的主要犯罪证据的表述要求写明基本的或主要的证据。引述要具体、准确、客观、真实，既要与案件有密切的关联性，又要反映证据的连续性。一般先写犯罪事实,后列举证据。也可以寓证据于事实之中,以增强事实的可靠程度。

(2) 提出起诉的理由和法律根据:根据犯罪事实和相应的法律规定,写明犯罪嫌疑人的犯罪性质,即触犯了我国《刑法》的具体条款,同时写明根据我国《刑事诉讼法》第 162 条规定,特将本案移送审查,依法起诉。如果起诉共同犯罪案件中的数名犯罪嫌疑人,可合写一份起诉意见书,分别提出起诉意见。

3. 尾部

首先写明受文机关名称,然后由县级以上公安局局长签发并于文书尾部写明职务、姓名、印章。局长签名之下注明制作文书的年月日,并在日期上加盖公安局公章。最后,在左下角分条写明附项。例如,犯罪嫌疑人现羁押处所;本案预审卷宗页数、证物、赃物名称、数量及存放地点;证人的姓名、职业、住址;鉴定人的姓名、职务、单位、住址等。

在撰写起诉意见书时犯罪事实的叙述要绝对和案件真相吻合。写入起诉意见书的必须是经过侦查确认的犯罪事实,只有口供而没有旁证材料证实的事实,或使用间接证据无法合理推出行为存在的事实,不能写入。同时,犯罪事实的撰写应清楚、明了,详略得当、重点突出。

严格区分罪与非罪的界限,所写犯罪事实必须是触犯我国《刑法》并应追究刑事责任的事实。凡属道德、品质、思想、作风等方面存在的问题及一般违纪行为不应写入。被告人历史上的犯罪,已受过处罚的,不再写入。

起诉的理由要有理、有据,引用法律条文要准确无误。

起诉意见书的表达集各种表达方式于一体。介绍犯罪嫌疑人的基本情况时用说明性语言,要干净、简洁、利索;介绍案情、交代犯罪事实时用叙述性语言,要客观、全面、主次分明、详略得当、条理清晰;处理意见要用议论性的语言,要言之有理,持之有据,具有无可辩驳的说服力。

起诉意见书一式三份,其中两份随侦查卷和证据材料一并移送同级人民检察院供审查用,另一份存入侦查工作卷(副卷)。

五、实训过程

1. 教师介绍侦查终结的基本原理。

2. 通过投影仪，教师与学生共同回顾实训素材的基本案情。

3. 以小组为单位讨论实训素材中的案例，并由学生代表发言。

4. 根据案情设计完成相关文书制作。

5. 教师根据学生的表现进行点评。

六、实训点评

（一）总体点评

从侦查机关收集的证据情况来看，犯罪嫌疑人任××已经年满18周岁，达到法定刑事责任年龄，犯罪嫌疑人的供述和被害人的陈述及证人证言之间相吻合，交警大队提供的证明材料和公安机关提取的证据完全相符，因此，我们认定本案已经满足事实清楚，证据确实充分的条件，可以终结。

（二）起诉意见书范本

沈阳市公安局××分局
起诉意见书

沈公×刑诉字［2011］××号

犯罪嫌疑人任××，男，××××年×月×日出生，身份证号码：×××××××××××××××××，汉族，高中文化，辽宁省沈阳市人，捕前住沈阳市××区××路××巷××号，无业。

犯罪嫌疑人任××因涉嫌以危险方法危害公共安全罪，于2010年11月29日被我局刑事拘留。经沈阳市××区人民检察院批准，同年12月14日被依法执行逮捕。

经本局侦查终结，证明犯罪嫌疑人任××有下列犯罪事实：2010年11月27日21时许，犯罪嫌疑人任××驾驶黑色别克轿车（辽A×××××）行驶至沈阳市和平区××街附近时违章掉头，当执勤民警在沈阳市和平区××街交通岗附近欲对其依法盘查时，犯罪嫌疑人任××拒不配合民警工作，在明知无法正常通行的情况下，为逃避处罚，强行驾车撞击后面的车辆（浙GHR×××）及旁边的警车（辽A××××警）后加速

驶入人行道逃窜。在逃窜过程中,犯罪嫌疑人任××不顾道路交通安全,在沈阳市××区新盛饭店附近又对停在路边的出租车(辽 AEB×××)进行撞击,致该车及路边的交通信号杆损毁,犯罪嫌疑人仍没有停车继续高速行驶,又与行驶中的出租车(辽 AM××××)发生碰撞后,加速逃窜。

经鉴定,上述车辆及交通信号杆损失合计人民币 5190 元。

上述犯罪事实清楚,证据确实充分,犯罪嫌疑人任××供认不讳。

综上所述,犯罪嫌疑人任××的行为,触犯了《中华人民共和国刑法》第一百一十四条之规定,涉嫌以危险方法危害公共安全罪。根据《中华人民共和国刑事诉讼法》第一百二十九条之规定,特将本案移请审查,依法提起公诉,予以惩处。

此致

沈阳市××区人民检察院

局长:(印)

×××× 年 ×× 月 ×× 日

(沈阳市公安局 ×× 分局印)

注:1. 附案件卷宗壹册

2. 犯罪嫌疑人任 ×× 现羁押于沈阳市 ×× 区看守所

(三)学生作业

沈阳市公安局
起诉意见书

沈公沈刑诉字〔2011〕××号

犯罪嫌疑人任××,男,×××× 年 × 月 × 日出生,身份证号码:×××××××××××××××××××,汉族,高中文化,辽宁省沈阳市人,捕前住沈阳市 ×× 区 ×× 路 ×× 巷 ×× 号,无业。

犯罪嫌疑人任××因涉嫌以危险方法危害公共安全罪，于 2010 年 11 月 29 日被我局刑事拘留。经沈阳市××区人民检察院批准，同年 12 月 14 日被依法执行逮捕。

经本局侦查终结，证明犯罪嫌疑人任××有下列犯罪事实：2010 年 11 月 27 日 21 时许，犯罪嫌疑人任××驾驶黑色别克轿车行驶至和平区 ××街交通岗 20 米处时，直接压过黄实线违法掉头，在××路交通岗等红灯时，交警王××将驾驶的警车停在他的车的旁边，民警于×和两名协勤赵×、张×下车让任××出示《驾驶证》，任××没吱声，直接撞向停在他后边的一台黑色轿车，撞开后又向前撞开警车绕到人行道上开走，开到新盛酒店胡同时把路边停的一辆绿色出租车给撞到人行道上，并致路边的交通信号杆损毁。犯罪嫌疑人任××没有停车继续跑，开出 10 多米时，又剐了一台红色出租车后继续逃匿。

上述犯罪事实清楚，证据确实充分，犯罪嫌疑人任××供认不讳。

综上所述，犯罪嫌疑人任××的行为，触犯了《中华人民共和国刑法》第一百一十四条之规定，涉嫌以危险方法危害公共安全罪。根据《中华人民共和国刑事诉讼法》第一百二十九条之规定，特将本案移请审查，依法提起公诉，予以惩处。

此致

沈阳市××区人民检察院

局长：（印）

××××年××月××日

（沈阳市公安局××分局印）

注：1. 附案件卷宗壹册

　　2. 犯罪嫌疑人任××现羁押于沈阳市××区看守所

（四）教师点评

学生在制作起诉意见书的时候，容易出现以下问题：

1. 起诉意见书的制作单位不清楚。起诉意见书是公安机关向检察院递送的法律文书，由承办案件的公安机关制作，根据级别管辖和对地域管辖，每一起刑事案件均由具有管辖权的公安机关负责侦查。但是，有些学生对案件的管辖权搞不清楚，所以在制作单位的书写上出现错误。

2. 起诉意见书的编号需要填写制作案单位的简称，但学生缺乏实务经验，不清楚办案单位的简称，这需要教师在授课时予以指导。

3. 起诉意见书中要将案件事实介绍清楚，本案犯罪嫌疑人实施的是以危险驾驶的方式危害公共安全的行为，肇事及损坏的车辆多达 5 辆。在描述案件事实时，应将每一辆涉案车辆的车牌介绍清楚，这样检察机关才能对每一辆涉案车辆予以审查。但是，很多学生在书写时，并未对车辆的车牌予以介绍。

4. 起诉意见书要求在对案件事实进行描述时，应以简明扼要的语言归纳出案件事实的经过，但是很多学生缺乏归纳能力，将案件中所涉及的事实细节都予以介绍，过于拖沓。

5. 起诉意见书是公安机关向检察机关呈报的法律文书，公安机关应向同级别、同地域的检察机关进行报送。但是有些学生并未考虑管辖一致的问题，从而出现越级报送或跨地域报送的情况。

七、实训拓展

犯罪嫌疑人任××，男，1979 年 6 月 6 日出生于山东省××县，汉族，大专文化，农民，住××县××镇××村。

（一）犯罪嫌疑人任××的供述

2011 年 2 月 26 日下午 4 时许，我带着我儿子骑电动车在我村北配电室十字路口向南拐弯，正遇到我村邻居能××也骑车从西向东来向南拐弯，他离我很远的时候就对我破口大骂，把我小孩吓得直哭，我没说什么骑车就走了。我把孩子送回家后，觉得需要回去找能××问问他为什么骂我，我就拿了木棍和铁锨到他家门口喊："能××，你给我出来。"能××从家里一出来，我就拿棍子和铁锨往他身上打了几下，他没防备，头被我打破了，我就想出出气，吓唬吓唬他，没想真打他。

（二）被害人能××的陈述

2011年2月26日下午4点多钟，我骑电动车回家，在本村配电室北边十字路口处，当时我往南拐弯，任××骑电动车带着孩子从东边来也往南拐弯，他把我别到了路西边，吓了我一跳，我就说"你眼瞎呀"，他说："你想死，你等着"，我们互相骂了几句就走了。我刚到家，我就听见任××在门口骂我，我就出去看看是怎么回事。我一伸头，看见任××一手拿着铁锹一手拿着木棍，就想往回跑，任××看见我出来了，拿着木棍就打在我左胳膊上，紧接着用铁锹砍我的头，我媳妇和我妈听见动静就出来抱着任××，不让他打我，可任××还往我头上砍了几下。后来，警察来了把任××带走了。

（三）证人证言

1. 赵×（能××之妻）证实：2011年2月26日下午4点多，邻居任××拿着铁锹和木棍子在我家门口骂俺男人，任××看见俺男人出来后，拿着棍子和铁锹就往俺男人的头上和身上打。我和婆婆赶紧去拉架，可我们俩拉不住他。俺男人的头被打破了，我想得赶快报警，就回屋打电话，还没有打通电话就听见外面嗷嗷地喊，我又跑出来，见俺男人头上直淌血，在地上坐着。任××站在门口，手里还端着铁锹。我很生气，就朝任××骂，后来公安人员来了，把任××带走了。

2. 徐××（能××母亲）证实：2011年2月26日下午4点多，邻居任××拿着铁锹和木棍子在我家门口让我儿子出来。我儿子出来后，任××拿棍子和铁锹就往我儿子的头上打。我和儿媳妇赶紧拦住任××，可我们两个女人根本拉不住他，我儿子的头被任××打出血了。

3. 刘××（××村村民）证实：2011年2月下旬一天下午4点钟，我正在家里干活，我听见我村的任××在西门小巷里喊"能××，你出来"，喊了有三四声，我一听声音像是打仗的，我就出了家门看看。在能××家门口我看见任××拿着棍子和铁锹往能××的头上使劲打，能××的头直淌血。后来，警察来了把任××带走了。

4. 彭×（××村村民）证实：2011年2月26日下午4点多钟，我在家里听到任××在外面骂人。我就跑出来看看，在能××家门口我看见任××手里拿着木棍和铁锹骂了能××，不一会儿能××出来就和任××打起来了。我没看清他们俩是怎么打的，只看见能××的脑袋一下就出血了，我觉得挺吓人的，就赶紧回家了。

（四）鉴定意见

1. （×）公（伤）鉴（法）字〔2011〕××号法医学人体损伤程度鉴定书证实：能××头左颞顶部有长约 9 厘米的伤口，系头皮裂伤，构成轻伤。

2. ××法医司法鉴定所〔2011〕×鉴字第××号关于能××伤情评定等事项的鉴定意见证实：能××的头皮损伤是具有边棱特征的钝性物作用形成，其损伤程度构成轻伤。

（五）物证

现场提取木棍一根，铁锹一把及照片，××县公安局××派出所出具的提取证明一份。

（六）辨认笔录

能××于 2011 年 3 月 5 日对公安机关依法扣押的作案工具木棍一根、铁锹一把进行辨认，证实木棍和铁锹是任××带到作案现场，并对其殴打的工具。

（七）书证

1. ×县公安局治安大队出具的抓获经过证实：2011 年 2 月 26 日下午 5 时许，××县××镇××村任××与本村能××在村北十字路口发生争执，后任××持木棍和铁锹到能××的家门口滋事，将能××打成轻伤。2011 年 2 月 28 日，××县公安局治安大队工作人员在任××家中将其抓获。

2. ××县人民医院出具的被害人能××的诊断证明书。

3. 户籍证明证实：犯罪嫌疑人任××出生于 1979 年 6 月 6 日，案发时已达到法定刑事责任年龄。

思考：（1）根据公安机关掌握的证据材料，本案是否符合侦查终结的条件？

（2）请制作相关法律文书。

八、实训文书

(一) 公安机关撤销案件决定书

××××公安局
撤销案件决定书

字 [　] 号

犯罪嫌疑人：＿＿＿＿＿＿，性别＿＿＿＿＿，年龄＿＿＿＿＿，住址＿＿＿＿＿＿，单位及职业＿＿＿＿＿。

我局办理的＿＿＿＿＿案，因＿＿＿＿＿，根据《中华人民共和国刑事诉讼法》第＿＿＿＿＿条之规定，决定撤销此案。

（公安局印）

年　月　日

本决定书副本已收到。

原案件犯罪嫌疑人或家属

年　月　日

(二) 呈请侦查终结报告书

领导批示	
审核意见	

呈请侦查终结报告书

一、犯罪嫌疑人情况：依次写明犯罪嫌疑人的姓名、性别、年龄、身份证号码、籍贯、民族、文化程度、职业、住址、简历、违法犯罪经历和因本案被采取强制措施的情况等。

二、案件来源及侦破经过：应写明发案、侦查破案、查获犯罪嫌疑人的情况。包括案件发生的时间、地点和侦查部门介绍案件、立案的情况；破案的方式、方法和经过等。

三、案件的事实和证据：首先，写明经侦查认定的犯罪嫌疑人有罪或无罪、罪重或罪轻的案件事实。如果认定犯罪嫌疑人有罪，就应写明其犯

续表

罪的时间、地点、动机、目的、工具、手段、情节、后果等关键内容；如果认定犯罪嫌疑人没有犯罪，就应说明依据和理由。如果犯罪嫌疑人的行为具有法定从重、从轻或加重、减轻处罚的，也要交代清楚。其次，着重写明已查证属实的认定和否认犯罪嫌疑人犯罪的证据。

四、法律依据和处理意见。应对案件的全部事实情况进行综合归纳，并援引相应的《中华人民共和国刑法》和《中华人民共和国刑事诉讼法》的相关条款，依法提出对案件的处理意见，包括拟决定移送起诉、撤销案件和对扣押、调取物品、文件的处理意见。

五、尾部在正文后另起一行写明请领导审批的结束语，如"妥否，请批示"，然后写明办案单位、案件承办人姓名和成文日期。

（三）起诉意见书

×××公安局

起诉意见书

字 〔 〕 号

犯罪嫌疑人×××（别名、曾用名、绰号等），性别×，××××年××月××日生，出生地××省××市，身份证号码：××××××× ×××××××，民族×，文化程度××，职业××，住××市××县××镇××街××号。

××××年××月，因××事被××；××年××月，因××事被××；××年××月××日因涉嫌××犯罪，被依法逮捕。

犯罪嫌疑人×××涉嫌××一案，由×××举报（控告、移送）至我局。我局于××月××日立案侦查，并已将犯罪嫌疑人×××抓捕归案。犯罪嫌疑人×××涉嫌××案，现已侦查终结。

经依法侦查查明，犯罪嫌疑人×××有下列犯罪事实：

认定上述事实的证据如下：

续表

上述犯罪事实清楚，证据确实、充分，足以认定。

犯罪嫌疑人×××系（累犯、立功、自首等），应当（加重、从轻、减轻）处罚。

综上所述，犯罪嫌疑人×××的行为触犯了《中华人民共和国刑法》第××条××款，涉嫌犯××罪，根据《中华人民共和国刑事诉讼法》第××条之规定，特将本案移送审查，依法起诉。

此致

××××人民检察院

局长（印）

（公安局印）

××年××月××日

附件：

（1）本案卷宗×卷×页；

（2）犯罪嫌疑人×××现在×××处所；

（3）随案移交物品×件。

九、实训法规

1.《中华人民共和国刑事诉讼法》第156—168条

2.《公安机关办理刑事案件程序规定》第283—297条

3.《人民检察院刑事诉讼规则》第237—254条

 详见

第三章

刑事公诉法律实务实训

第一节　公诉阅卷

一、实训目标

通过本节实训，学生了解公诉阅卷的含义、定位，掌握公诉阅卷的时序、内容及基本方法，能够在实际阅卷中对阅卷的方法予以运用。

二、实训素材

案例一：宋甲故意伤害案

2010年7月5日晚6时许，宋甲在某汽车电器修理部修完汽车准备离去时，朱甲站到该车右踏板上向其索要该车之前的维修水箱的费用。宋甲不付钱并强行开车前行。朱甲从行驶的车上摔下，头颅内血肿，出血量超过20毫升，经法医鉴定为重伤。

认定上述事实的证据主要有：

1. 犯罪嫌疑人宋甲的供述

2010年7月5日下午2点半左右，我开着东风翻斗车和另一个司机宋乙去修起动机，一直到晚上6点多才修完，我付完钱正准备走，这时从另一个门市走过来一个人拦住我们，有20多岁，说要把修水箱的钱给结了。我说水箱不是我修的，我回去和老板说说，然后就上车准备回家。这人就站到驾驶室右边的脚踏板上不让走，我就继续开车。当车行驶到310国道时，那人从车上栽到地上了。当时时速有 20 千米左右，车已经行驶了 30 多米。

2. 证人证言

（1）姚某的证言证实：2010 年 7 月 5 日晚 6 时许，我一直没见我的徒弟朱甲回来，我就到他叔叔朱乙的门市去找他。朱乙说他没回去，于是我就和朱乙一块去找朱甲。我们走到 310 国道时，朱乙看到朱甲在地上趴着，我们两个人就赶紧叫车把朱甲送到了医院。

（2）宋乙的证言证实：2010 年 7 月 5 日晚 6 时许，宋甲和我一块到修车门市修车。宋甲准备开车要走时，一个年轻人过来向宋甲要修水箱的钱，宋甲说我们是出力的人，你要钱去找老板，说完宋甲就上车准备走。那个男孩就扒到宋甲的车右侧车门，宋甲的车行驶到 310 国道上，我骑着摩托车在东风车后面跟着，那个男孩在车门上扒着还用脚踢车门，宋甲行驶了大概 30 米，那个男孩就从车上掉下来了。

3. 鉴定意见

刑事技术鉴定书证明，朱甲所受损伤致颅内血肿，出血量超过 20 毫升，符合《人体重伤鉴定标准》第 44 条规定，构成重伤。

4. 书证

朱甲的诊断证明书及诊断病历，证明其病情和具体受伤情况。

5. 勘验、检查笔录

2010 年 7 月 6 日下午 4 时许，某派出所提取到长和宽各 4 厘米、厚 0.4 厘米的头盖骨一块。

6. 物证

伤情照片、场图及现场照片，证明被害人受伤情况和案发现场情况。

根据以上案件情况，分析本案的阅卷思路，说明理由。

案例二：陈某、董某、吴某故意伤害案

2012 年 8 月 14 日晚，项某与女青年江某在歌厅搭讪，二人互留电话号码并相约次日再聚。9 月 12 日，项某多次打电话给江某，江某怕引起男友陈某不满而未回复。当晚，江某趁与陈某、吴某、董某（17 周岁）吃饭的间隙，打电话给项某。项某告知江某自己在饭店与人吃饭，让江某快来。陈某见状，询问江某是谁打来的电话，江某以实情告之，陈某遂要求江某对项某说清楚其已经有男朋友了，并要与江某一同去找项某。

陈某和吴某、董某一同与江某乘出租车去找项某。项某正站在饭店门口等候。陈某让江某下车与项某讲清楚。江某下车后，项某上前搂其腰，陈某见状指使董某下车看看情况。董某下车后抓住项某就进行殴打，吴某也随即下车加入。与项某一同吃饭的王某、姜某等人闻声冲出饭店，围追董、吴二人。互殴中，董某先行逃离现场；吴某拔出随身携带的匕首刺中项某左肩部一刀、刺中姜某右侧腋下一刀后逃离现场。王某等人在现场将陈某抓住后一同将姜某送往县人民医院。姜某经抢救无效，于2012年9月12日晚10时许死亡。经法医鉴定：姜某系肝破裂致血气胸死亡；项某左肩部属轻微伤。陈某、吴某、董某后被警方抓获。

认定上述事实的犯罪证据有：

1. 被害人项某的陈述

我看见江某下车后，就迎上前问她有没有付车费。这时从副驾驶下来一个穿黑色西装的人，后来知道是董某，冲过来并朝我太阳穴打了两拳，我问他是怎么回事，他不回答就朝我一直打，我就还手。这时有一位身高1.75米，身材魁梧的男人，后来知道是吴某，从我右边过来抓住我的右手，穿黑色西装的人就趁机拿砖头砸我，我就倒在了地上。后来看见那个身材魁梧的男人用刀在空中直挥，我看见有四五个人去抓他，其中就有姜某，我倒在地上时神志不清，没有看见姜某被刺。

2. 证人证言

（1）江某证实：陈某因不满我与项某的交往而要求同去找项某，在出租车上我很害怕，怕陈某等人与项某打起来。在现场没有看见陈某拉架。

（2）与项某一同吃饭的张某证实：项某和我们吃饭过程中下了楼，不一会儿就听服务员喊下面打起来了，两个打一个。我第一个跑下去，看见两个人打项某一个人，边上还有一个人站着，我上前抓其中一个人，那人一看就跑了。我没追几步，回头看见另一个人从腰里拔出一把刀，朝我刺了两下，我躲开了，那人又朝项某身上刺，好像刺到肩上了。这时姜某站在边上，那人又朝姜某腰部捅了一刀，然后就跑了。

（3）与项某一同吃饭的王某证实：我看见一个男人拿刀追项某，姜某上去拉架，后来那人打一辆夏利车跑了，姜某说他被刺了。

（4）饭店服务员赵某证实：我看见从车上下来的人挥拳打从饭店出去的人，被打的人就跑，从车上下来的人捡砖头砸，我就喊打架了。在楼上一起吃饭的人下来了，跑向打架的地方，我没看见有人被刺伤。

3. 物证

公安机关抓获吴某后，根据吴某的交代，从吴某的躲藏地点搜到了吴某刺姜某、项某的匕首一把，匕首的刀刃宽度与姜某的伤口直径相吻合。

4. 鉴定意见

刑事科学技术鉴定证实姜某系肝破裂致血气胸死亡，项某的左肩部属于轻微伤。

5. 书证

公安机关的情况说明证实陈某、董某主动投案的事实。

6. 勘验、检查笔录

现场勘查笔录和照片证实现场发生流血事件。

7. 犯罪嫌疑人的供述与辩解

（1）犯罪嫌疑人吴某供述：我看见有人在追赶董某，并听到董某喊我，我就跑过去问什么事，对方讲"你是一伙的呀"并向我追来，我从右裤口袋拔出一把刀乱舞，刀子肯定划到人了，但划到什么人、什么部位不晓得。

（2）犯罪嫌疑人陈某供述：叫吴某、董某陪我找项某时，吴某问去干什么，我说陪江某去处理点事。打的到饭店后自己叫董某下车去看看，还对董某说不要搞他，看见董某和对方打起来后，我赶忙下车说不要打，在一边拉架。

（3）犯罪嫌疑人董某供述：陈某叫我和吴某帮他办件事，但当时没说办什么事。到饭店后，陈某看到江某和对方一个男的拉拉扯扯，就叫我下去看看。我走到那男的旁边，伸手准备向那人脸上打的时候，就和那个男的打起来了。陈某没有叫我不要打架。

根据案情，分析本案的阅卷思路，说明理由。

案例三：吴某、杨某、周某抢劫案

2010 年 1 月 2 日，吴某、杨某、周某因打工工资未拿到，便商量一起去抢点钱回老家。吴某提出曾与他一起打过牌的蒋某某比较有钱，并将蒋某某的相貌特征和打牌后回家的必经路线告诉了杨、周二人，三人一起去买了两把水果刀、一卷封口胶，伺机抢劫。当晚 7 时许，吴某来到茶馆与蒋某某一起打牌，并用短信告知蒋某某人在。杨、周二人便携带作案工具在蒋某某回家的必经之路等候。晚 12 时许，吴某又短信告知杨、周二人牌已打完，蒋某某已出门。不久，杨、周二人见蒋某某一个人走到其等候地点，便迎面持刀上前威胁其交出身上财物，并由杨某将蒋某某按倒在地搜身，由周某用封口胶封嘴，挣扎中，蒋某某右胸部被刀刺伤。恰巧此时有车辆经过，杨、周二人因害怕被抓，遂在没搜到钱的情况下，乘坐吴某租来的车逃离现场。

认定上述事实的证据如下：

1. 犯罪嫌疑人的供述

吴某、杨某、周某对上述抢劫事实供认不讳。但吴某辩解只是帮杨、周二人抢劫提供便利，并事先说好不分钱只帮忙，应属从犯。杨某辩解自己没有伤害蒋某某的故意，是蒋某某自己在挣扎中撞到刀的。周某辩解自己只抢钱，不应对蒋某某受伤负责。

2. 被害人蒋某某的陈述

2010 年 1 月 2 日晚，我在打完牌回家的道上，被两个不明身份的男子持刀抢劫。我在反抗过程中，咬伤了一名男子的手，但被其中一名男子的刀刺中，钱没有被抢走。

3. 证人证言

（1）龚某某，男，系吴某的朋友：在蒋某某被抢前十几天，我曾听吴某说过要去抢劫。抢劫发生后，吴某曾打电话向我打听蒋某某的伤情。不久，吴某便消失了。

（2）陈某某，女，系和吴某、蒋某某一起打牌的朋友：我怀疑当晚和蒋某某一起打牌的小吴可疑，因为蒋某某出事后，其他几个一起打牌的人都到派出所说明当天情况，只有小吴没有踪影，电话也打不通，人也没有消息了。

（3）谢某某，男，系杨某的房东：2010 年 1 月 10 日左右，杨某突然打电话来要求退房，说他的小孩得了大病，需要钱治疗。退房手续是杨某妻子的妹妹办理的，杨某并没有出面。之后，我就一直没看见过杨某。

（4）刘某某，男，系报案人，证实内容与报案记录一致。

4. 书证、物证

（1）接受刑事案件登记表：报案人刘某某，男。2010 年 1 月 3 日凌晨 20 分许，他开车经过案发地点时，见一男子从现场迅速逃跑，另一男子倒在血泊之中，其马上打电话报警。

（2）抓获经过：2010 年 4 月 4 日，公安机关在××区将犯罪嫌疑人吴某抓获。2010 年 4 月 7 日根据犯罪嫌疑人吴某交代，警方将网上逃犯杨某抓获。后在杨某的指认带领下，警方于当天 16 时将周某抓获。

（3）现场勘验检查笔录：包括现场示意图、现场提取的血迹、足迹及打斗等痕迹、现场物品登记表（散落的钱、封口胶等）。

（4）案发现场照片。

（5）辨认笔录。三同案犯辨认作案地点及相互辨认。

（6）被害人蒋某某的病历表。

（7）伤情鉴定书。被害人蒋某某胸肌刺断，右肺叶刺伤，左肋骨刺断一根，右心室心包刺伤，损伤程度为重伤，八级伤残。

根据以上证据材料，分析阅卷思路。

三、实训准备

1. 教师要求学生阅读有关公诉阅卷的基础理论知识，熟练掌握《刑事诉讼法》、《最高人民法院关于适用〈中华人民共和国刑事诉讼法〉若干问题的意见》、《人民检察院刑事诉讼规则》、《中华人民共和国人民检察院组织法》（以下简称《人民检察院组织法》）、《中华人民共和国检察官法》（以下简称《检察官法》）、《中华人民共和国监狱法》（以下简称《监狱法》）等规范性文件。

2. 教师将全班学生分成若干讨论小组，每组 5～8 名同学。

3. 教师实训前将实训素材的基本案情资料发给学生，要求学生以小组为单位对实训素材中的基本案情进行分析解读。

四、实训要点

(一) 公诉阅卷的含义与定位

公诉阅卷是指在公诉过程中，检察机关的公诉人员对侦查机关移送起诉案件的相关材料进行审阅，以此判断该案诉与不诉以及如何公诉。

公诉阅卷是公诉活动的重要组成部分，阅卷的过程，其实就是办案的过程，案卷看完，公诉人员的思路也明确了，然后通过反复的验证和比对，最终得出审查起诉的结论。随着案卷在公诉机关逐层逐步地审阅，一个案件的诉与不诉，诉什么，怎么诉也就水到渠成。认真阅卷、善于阅卷是一名人民检察官的基本业务素质。人民检察官，尤其承担公诉业务的公诉人必须对阅卷工作高度重视，认真把握阅卷的重点、方法和基本规律。而做到这些要求的基本起点，就是要深刻认识到阅卷工作的含义及其定位，即必须明确公诉阅卷的内在本质特征以及外在功能展现。

1. 公诉阅卷的要素

(1) 公诉阅卷的主体

公诉阅卷必须由公诉人员主导和进行。而非审查批捕、侦查监督科室的人员。公诉人是公诉阅卷的当然主体，检察机关的其他工作人员在检察工作中也会涉及阅卷工作，但他们的阅卷或为批捕阅卷，或为监督阅卷，而不能混同于公诉阅卷，更不能由他们越俎代庖。

(2) 公诉阅卷的时间

公诉阅卷是在公诉阶段的阅卷。公诉，只是一个概称，体现的是一种职能，而公诉职能的发挥，主要依赖于案件的审查起诉过程。因此，严格来说，公诉阅卷只是审查起诉的一个环节，而且是贯彻于审查起诉始终的一个环节：一个案件，一旦侦查终结完毕，侦查机关认为该案符合起诉条件，就会将案子移送到检察机关公诉部门。至此，公诉阅卷工作展开，直至审查起诉结论的形成。具体而言，公诉人员是通过初步的阅卷来了解案情，并以此为审查起诉的着手点，同时，又必须通过讯问、询问等措施来对阅卷阶段形成的初步认识进行验证最终形成自己的审查结论。

（3）公诉阅卷的内容

公诉阅卷的内涵非常丰富。根据法定办案流程，公诉办案人员接到案件后，应当及时审查公安机关或者刑事侦查部门移送的案件材料是否齐备，具体而言，这些材料包括两大部分：一是案件的相关诉讼文书；二是该案的证据材料。

以普通刑事案件为例，常见的材料大致包括：

诉讼文书类：①立案决定书；②拘留证；③拘留通知书；④延长拘留通知书；⑤取保候审通知书；⑥收取保证金通知书；⑦批准逮捕决定书；⑧逮捕证；⑨逮捕通知书；⑩公安机关行政处罚决定书；⑪公安机关行政处罚告知笔录；⑫行政处罚收据；⑬调取证据通知书；⑭鉴定委托书；⑮鉴定意见通知书；⑯起诉意见书。

证据材料：①犯罪嫌疑人基本情况；②接受刑事案件登记表；③破案报告书；④抓获经过；⑤情况说明；⑥诉讼权利义务告知书及其供述辩解；⑦犯罪嫌疑人指认犯罪现场的辨认笔录、现场示意图、现场照片；⑧犯罪嫌疑人指认作案工具；⑨证人证言；⑩鉴定意见；⑪被害人陈述；⑫物证、书证；⑬勘验检查笔录；⑭视听资料；⑮询问笔录；⑯电子证据。

当然，不同性质的案件，乃至同类案件的不同个案都会有所区别，这就需要公诉人员具体问题具体分析。但是必须强调的是，一定要坚持实事求是，该有哪些材料，就要阅读哪些材料，不得少阅、漏阅。

（4）阅卷的方法

公诉阅卷的方法大体可以进行如下分类：一是按照阅卷程序分为形式审阅和实质审阅，即对案卷材料的形式规范审查和实质要素审查；二是按照审阅的对象，分为诉讼文书卷审阅和证据卷审阅。同时，基于办案人员的个人经验，在法定的限度内公诉人员也会形成自己的办案风格，例如有人习惯从口供着手分析，有人则喜欢从侦查机关的起诉意见书着手，或者在不同案件中综合应用各种阅卷方法，只要合法而且合乎情理，我们都应当加以肯定，对于一些优秀的经验，我们更应该积极推广。总之，不同的审阅程序、不同的审阅对象，对公诉人员的阅卷要求都有所不同，对此，办案人员既要恪守法定程序，又要有区别地灵活处理。

2. 公诉阅卷的定位

公诉阅卷是公诉人员进行公诉活动特别是审查起诉工作的前提基础和先决要件。很多办案经验丰富的公诉人认为公诉阅卷的过程，实质就是公诉工作的过程，案卷看完了，案子也就水落石出了，这形象地说明公诉阅卷的重要性和复杂性，但也有夸张之嫌。一方面，过分夸大了阅卷本身在审查起诉及公诉工作中的作用；另一方面，也容易混淆公诉阅卷与公诉、公诉阅卷与审查起诉的关系。

公诉阅卷，从名称上强调的是其功能和作用，即为了公诉工作而进行的阅卷。其目的是完成公诉任务。但是从时间段来看，公诉阅卷总体上包含在审查起诉环节，案件一经移送到公诉机关，公诉机关受理后便开始审查起诉工作，而这些工作的展开，首先要对所移送的诉讼文书和证据卷进行解读，分析案情以展开进一步的审查工作。而审查起诉本身又是公诉活动的关键程序。由此可见，审查起诉乃是公诉活动的核心和关键，而公诉阅卷又是审查起诉工作的基础和前提。诉与不诉、怎么诉，取决于审查起诉的结论；而审查什么、怎么审查，又依托于对所移送案卷的阅读。

（二）公诉案件阅卷的顺序

根据案件类型的不同和检察官个体办案习惯的差异，公诉案件在具体阅卷顺序上会呈现出不同的情形，检察官可以根据案件类型、案件情况以及检察官的个人习惯进行灵活的变动。目前，检察官审查案卷的顺序主要包括从口供入手和从起诉书入手两种。

1. 从口供入手

从口供入手，是指公诉人在拿到案卷时为了尽快了解案情而选择以犯罪嫌疑人的口供为突破口，审查口供与其他证据是否相互印证成为完整的证据链，最后达成阅卷目的的一种路径。该方法一般针对案情比较简单的案件。检察官选择首先从犯罪嫌疑人口供开始阅卷，其主要原因如下：一是通过阅读犯罪嫌疑人的口供，可以迅速了解整个案情。即使犯罪嫌疑人所供述的内容不完全真实、可信，但经过侦查环节的筛选，通常具有相当的证明力；二是通过阅读犯罪嫌疑人的口供可以把其他证据联系起来，建立完整的案件证据体系，形成证据链，便于从宏观上把握案件事实；三是通过审查口供，与其他证据进行相互印证，特别是书证等非言词证据往往要与口供相结合才能与待证事实之间建立联系，否则难以单独发挥书证的证明力。

从程序规定来看，我国口供生成的法定侦查方法是讯问。讯问的主体、地点、时间、程序以及律师介入，都在我国《刑事诉讼法》第二编第二章第二节"讯问犯罪嫌疑人"作了专门规定。目前，我国法律规定的三种法定讯问方式如下：

一是"到案讯问"。如果把警方传唤、拘传、拘留、留置盘问犯罪嫌疑人都视为针对犯罪嫌疑人的一种到案措施，那么在犯罪嫌疑人到案以后，原则上都要对犯罪嫌疑人进行第一次讯问。

二是"逮捕讯问"。在犯罪嫌疑人到案以后，对有证据证明有犯罪事实，可能判处徒刑以上刑罚的犯罪嫌疑人、被告人，采取取保候审尚不足以防止发生社会危险性的，应当予以逮捕。

三是"审查起诉讯问"。在刑事案件侦查终结、移送审查起诉以后，公诉人员必须查明案件的实体法事实与程序法事实。讯问犯罪嫌疑人是公诉人员审查起诉刑事案件的法定办法。

（1）具体审查路线

从口供入手，就是对口供的合法性和真实性进行审查，而这些都必须结合证据材料进行对比、核验。所以，该审查路径其实是先对口供进行初步审查，然后进行有区分的深度审查。在全部审查过程中，口供始终是一条审查主线，以其为比对基准，对其进行验证。

所谓初步审查，是指对口供内容进行初步的审查，只要存在合理怀疑的就判定为有争议的口供，其余的归为无争议的口供。初步审查主要包括：对讯问笔录进行形式审查，时间、地点、讯问人员身份、签字、指印等；对一份讯问笔录的内容进行前后比对，是否存在矛盾、逻辑错误之处；对多份讯问笔录进行前后比对，当存在"一人多份"或者"多人多份"口供时，对于同一嫌疑人的多份口供内容要进行对比，不同嫌疑人对同一事实的描述也要进行对比。

在对这三个方面进行初步审查之后，根据公诉人对口供的合法性和真实性是否存在怀疑，可以将口供分为有争议口供和无争议口供。至此，审查路径分为两个方向：

有争议口供。所谓有争议口供，是指对其取得的合法性及内容的真实性存在怀疑的口供。对此必须对其合法性和真实性进行审查予以确认，前者主要通过对程序性文书的审查，看有无缺失、有无违法的地方；后者主要通过对其他证据进行审查，看是否能够建立相互印证的证据链。

无争议口供。所谓无争议口供，是指犯罪嫌疑人对公安机关制作的口供内容进行确认，证明真实无误、不存在非法逼供的事实，其中包括对一份口供的全部确认以及对于口供部分内容的确认，但无论是哪种，该无争议的内容为无争议的口供。对于无争议的口供也需要与相关证人证言印证，以及和其他证据材料进行确认。

如果口供中存在对整体事实认定或法律认定的争议，并且通过其他证据不能印证而影响起诉效果的，公诉人可以要求公安机关说明情况或者退回补充侦查。

（2）缺陷

从犯罪嫌疑人口供开始阅卷的方式存在两大缺陷：一是口供虚假性较大；二是易形成先入为主的印象，从而影响公诉人对案件作出正确判断。

对于前者需要排除口供中虚假部分，侦查机关的侦查活动就是要查明案件事实，到最后侦查终结移送案卷到检察院时，基本上能够做到事实清楚，这时犯罪嫌疑人口供的真实性相对较大，但仍然不能完全排除其部分虚假的可能性。因此必须通过其他证据进行印证，形成证据链，这对于解决先入为主的问题同等重要。

公诉人通过其他证据相互印证犯罪嫌疑人口供的真实性，可以判明其口供的真伪。特别是阅读关键证人的证言，可以有效地印证犯罪嫌疑人口供的真实性，如果相关证人证言不能印证犯罪嫌疑人的供述，就会动摇检察官的内心确信。事实上，就大多数检察官而言，阅卷行为的中心就是对犯罪嫌疑人口供反复审查、核实、相互印证的过程，通过这样一种阅卷活动，能梳理出其中可能的疑点，初步形成案件处理意见。

2. 从起诉意见书入手

对于案情比较复杂的案件，存在一人多供以及多人多供的情况，也就是说，同一人在不同时间作出多份口供，或者在共同犯罪、团伙作案的案件中存在多个人的口供，如果从口供着手，反而不能清楚了解案情。这时起诉意见书就起到了关键作用，不少公诉人对于案情复杂的案件通常选择从起诉意见书入手。

与从口供入手相比，从起诉意见书入手存在以下优势：一是起诉意见书用语更加规范，通过侦查机关的调查，犯罪过程更加清晰、具有逻辑性；二是对于犯罪嫌疑人的行为触犯了何种法律，涉嫌何种罪名，公安机关都已经列明，便于公诉人了解其定性；三是起诉意见书尾部包含对犯罪嫌疑人采取法定强制措施和同案情况，便于公诉人更加全面了解整个案情。

从起诉意见书入手，对其具体内容进行审查，应着重从犯罪嫌疑人的身份情况、违法犯罪经历、被采取法定强制措施的情况、审查认定的犯罪事实、法律依据这五个方面进行审查：

第一，对犯罪嫌疑人的身份情况进行确认，应结合其身份证、医院出生证明以及移送的其他证据材料一并进行审查，其审查重点在于年龄以及精神状态，在某些身份犯罪的案件中也应当着重审查其具体职务等。

第二，审查违法犯罪经历，主要是对犯罪嫌疑人的前科情况以及受到治安处罚的情况进行审查，应当结合相应的证据材料进行审查，如公安行政处罚决定书、当场处罚决定书等，应着重审查其真实性。

第三，对于犯罪嫌疑人已被采取强制措施的，应当附有相应的文书，如逮捕证、拘留证、取保候审决定书等。对具体文书进行审查不仅可以证明强制措施的存在，而且可以证明其合法性。例如，公安机关执行拘留后，应当立即将被拘留人送看守所羁押，至迟不得超过 24 小时。除无法通知或者涉嫌危害国家安全犯罪、恐怖活动犯罪，通知可能有碍侦查的情形以外，应当在拘留后 24 小时以内，通知被拘留人的家属。有碍侦查的情形消失以后，应当立即通知被拘留人的家属。

第四，对犯罪事实的审查乃是重中之重，其实质是对能够证明犯罪事实的证据材料进行审查，这时必须对犯罪嫌疑人的供述、证人证言、物证等全部证据材料进行综合考证，看其是否存在统一指向，是否存在矛盾之处。

第五，法律依据部分主要是审查其定性是否准确，也就是将犯罪嫌疑人的案件事实与我国法律条文进行比对，来确定其性质与罪名。

由于起诉意见书的制作机关为公安机关或检察院侦查部门，起诉意见书的内容是有利于公诉方、有利于起诉定罪的，无论是其审查认定的犯罪事实还是最后适用的法律、涉嫌的罪名都只是侦查机关自己的观点，其客观性与公正性容易受到质疑。其中最大的问题就在于对犯罪嫌疑人有利的证据上，侦查机关是否收集此类证据、是否随案移送、对犯罪事实是否存在合理怀疑等，而我国在取证上存在的困难，使得这一情况并未得到改善。因此，公诉人从起诉意见书入手，会过度依赖侦查机关的意见。

要想解决这个问题，就必须对各类证据材料进行更详细的审查与分析，特别是以下两种情况：一是犯罪嫌疑人态度强硬，坚决不认罪；二是口供与证据存在明显出入的。这时应细致分析其原因，并比对口供与口供之间是否有细微差别、证据与证据之间是否有矛盾之处、口供与证据之间显著的不同之处。当然，公诉人在阅卷审查过程中不能排除疑虑的，可以讯问犯罪嫌疑人，要求侦查机关补充侦查、说明理由等。

（三）公诉阅卷的审查内容

1. 形式审查

所谓形式审查，就是从形式上对案卷进行审查，对于那些违反形式审查的文书，将产生以下几种效果：一是排除其效力，承认其违法性；二是要侦查机关补充说明原因。对案卷的形式审查，可以初步发现程序违法行为。形式审查主要包括对文书本身缺失的审查、对文书必备内容部分缺失的审查，以及文书内容相互矛盾的审查三种。

（1）文书本身缺失的形式审查

文书本身缺失的形式审查，是指应当移送检察院的文书，侦查机关没有移送的情况，具体包括以下几种：

必备诉讼文书是否随案移送，主要指立案决定书和起诉意见书。

采取强制措施的，是否移送相关文书，如拘留证、拘留通知书、逮捕证、提请批准逮捕书、逮捕通知书、取保候审决定书、取保候审保证书。

羁押期限超过法定时限的，需要审查是否有延长羁押期限的文书，如延长拘留期限通知书、提请批准延长侦查羁押期限意见书、呈请延长侦查羁押期限报告书、呈请延长拘留期限报告书等。

侦查取证文书，如果在侦查阶段采取了取证措施的，也应审查是否随案移送，如搜查证、呈请鉴定报告书、鉴定聘请书、鉴定意见通知书等。

采取强制措施的，是否移送相关文书，如拘传证、呈请拘传报告书等。

（2）文书必备内容缺失的形式审查

文书必备内容缺失的形式审查，是指审查具体文书中应当具备的内容明显缺失，不符合文书制作要求的情形，具体包括：

签字。签字这一程序是文书都要求的，其作用在于确认文书内容，如果没有签字，则不产生法定效力。如现场勘验笔录需要有见证人签字、讯问笔录需要两个讯问人员的签字、拘留证需要犯罪嫌疑人签字等。

盖章。盖章主要是针对侦查机关内侦查人员办案程序的批准与确认，没有盖章，则表明该文书无效。

指印。对签字的一种补充，主要运用在证人证言和讯问笔录中，前者需要证人的指印，后者需要犯罪嫌疑人的指印。

日期。每个文书中都会有日期的存在，某些还精确到了时，甚至分，如拘留证与现场勘验笔录要求精确到时，讯问笔录与搜查证要求精确到分，因此，审查日期时不仅要审查其是否缺失，还要审查其是否符合要求。

另外，要注意文书编号。

（3）文书内容相互矛盾的形式审查

文书内容相互矛盾的形式审查，并不是字面意思那样广泛，凡是内容矛盾都要审查，受制于形式审查的方式，对其实质内容的审查是被排除在外的，此处所指的文书内容相互矛盾的形式审查主要包括对姓名和日期的审查。

姓名，如犯罪嫌疑人姓名在不同文书上或者在同一文书上存在不一致，应当要求公安机关说明情况，是曾用名还是什么。

日期，如逮捕发生在拘留之后，而在文书上拘留证的日期却在前，或者逮捕通知书的日期与逮捕证上的日期相差很多天，根本不是在 24 小时内通知其家属、明显违反程序，另外，还包括起诉意见书陈述的日期与实际采取侦查措施的日期不一致的。

2. 定罪审查

所谓定罪审查，就是对刑法传统的四个构成要件的分析，不仅对嫌疑人的犯罪事实进行审查，同时也对法律适用问题进行确认。因为分析刑法构成要件实质上是将犯罪事实与刑法罪名进行比对，从而对号入座、最后达成法律适用的过程。定罪审查是公诉人阅卷审查的核心之所在，也是决定不起诉、补充侦查抑或提起公诉的关键。另外，通过对证据材料的审查，发现可能存在漏罪的，也就是侦查机关不认为或没有发现某些事实属于犯罪，检察机关认为构成犯罪的，也应当一并进行定罪审查予以确认。

（1）主体的审查

犯罪主体即实施了严重危害社会的行为、依法应负刑事责任的人。审查的主要问题是犯罪嫌疑人的年龄以及精神状况。当然，是否是盲人、又聋又哑的人以及是否是孕妇等同样重要，但在量刑情节上会比较具体地提出，在此不作说明。

年龄。根据我国《刑法》的规定，不满 14 周岁的自然人为完全无刑事责任能力人；14 周岁以上不满 16 周岁的仅对《刑法》明文规定的八种犯罪负刑事责任；16 周岁以上的为完全负刑事责任能力人；其中未满 18 岁的，应当从轻或减轻，且不能适用死刑；已满 75 周岁故意犯罪的可以从轻或减轻，过失犯罪的应当从轻或减轻，不能适用死刑，但手段特别残忍致人死亡的除外。所以，14、16、18、75 为公诉人阅卷时对年龄审查的四个点。在阅卷审查过程中，主要是通过身份证复印件以及《犯罪嫌疑人的基本情况》来证明。如果对年龄争议较大的，根据最高人民检察院规定，应考察户籍登记、医院出生证明以及其他证据，如接生婆、邻居的证人证言等。

精神状况。我国《刑法》规定，精神病人在不能辨认或者不能控制自己行为的时候造成的危害结果，经法定程序鉴定确认的，不负刑事责任；间歇性的精神病人在精神正常时犯罪，应当负刑事责任；尚未完全丧失辨认或控制自己行为能力的精神病人犯罪，可以从轻或减轻。所以，精神病人在实施犯罪行为时的精神状态就是审查重点。在阅卷审查中，涉及的主要文书包括

《鉴定委托书》《鉴定聘请书》《鉴定意见通知书》《鉴定意见》等，着重审查鉴定机关是否具有鉴定资质。

（2）主观方面的审查

犯罪主观方面，是指犯罪主体对其实施的危害行为及其危害结果所持的心理态度，包括故意、过失以及犯罪目的、动机等。犯罪主观方面是犯罪的重要构成要件，是区分罪与非罪、此罪与彼罪的界限。人在实施犯罪时的心理状态是十分复杂的，主观的必然是内心的、隐藏在深层的、让人无法直接予以认定的物质，因此犯罪的主观方面较难认定。在司法实务中，犯罪的主观方面因素严重影响了办案效率，退回公安机关补充侦查的很多案件，都是因为犯罪嫌疑人的主观心理态度查不清，从而拖延了审理时限，增加了诉讼成本。

要了解犯罪嫌疑人的主观方面，可以从以下方面进行综合审查与分析。首先，可以从犯罪嫌疑人供述入手，口供会显示出其犯罪意图与目的，能较清晰地表明犯罪嫌疑人的主观方面，但口供的部分虚假性决定了其不完全依赖即不能仅仅通过犯罪嫌疑人口供就此决定其主观方面；其次，从其他证人证言进行验证，犯罪目击者和其他知情人的证言能部分还原犯罪现场，对于犯罪主观方面是故意还是过失、杀人还是伤害等，有一定的验证能力；再次，其他对犯罪嫌疑人平常表现、与被害人之间关系等的证人证言能够对犯罪动机的认定进行补足；最后，从现场勘验情况来看，包括现场遗留的痕迹、物品及现场环境，这些都能部分反映犯罪主观方面。对这些情况进行综合评估，就能从这些片段性的证据上提炼出犯罪嫌疑人的主观方面。

（3）客体的审查

犯罪客体即我国《刑法》所保护的、为犯罪行为所侵犯的社会关系。确定了犯罪客体，在很大程度上就能确定犯罪嫌疑人实施的是什么犯罪及其危害程度。如果行为人侵犯的不是刑事法律所保护的社会关系，而是民事法律或行政法律保护的社会关系，行为人不负刑事责任，而负民事责任或行政责任。

对犯罪客体的认定，实务上一般没有特别注重的，只是在某些特殊罪行中会有所区别。例如，贪污罪侵犯的是复杂客体、双重客体，它既侵犯了公共财产的所有权，也侵犯了国家工作人员职务的廉洁性，其犯罪对象仅限于公共财产。这时对犯罪嫌疑人的身份进行确认，能够反映犯罪客体。

（4）客观方面的审查

犯罪客观方面，是指《刑法》所规定的、说明行为对《刑法》所保护的社会关系造成侵犯的客观外在的事实特征，包括危害行为、危害结果、行为时间、地点等。

危害行为的有无是决定犯罪成立与否的标志，无行为则无犯罪。而且，对于某些犯罪来讲，危害结果及特定的犯罪方法、时间、地点的有无也是区分罪与非罪的重要标准。比如，过失犯罪以具备特定危害结果为要件，如果没有发生法律所规定的危害结果，过失犯罪就不能认定。因此，犯罪的客观方面是一切违法犯罪活动的核心，同样也是定罪量刑的核心。

在审查过程中，应当结合所有证据进行全面审查。主要包括三个方面：

其一，确实发生了危害行为，回答何时、何地、发生何事，一般通过犯罪嫌疑人供述、证人证言和现场勘验进行审查。

其二，确实产生了危害结果，一般需要审查医院病历、伤害程度鉴定、尸体解剖、经济损失评估等。

其三，危害行为与危害结果存在因果关系，这是最重要也最难的部分，需要综合各种证据材料，证明两者之间存在因果关系，且介入因素不足以阻断该关系。

3. 量刑审查

所谓量刑审查，是指对涉及量刑情节的全部事实进行审查。量刑情节既包括法律明文规定的应当或可以从重、加重处罚、从轻或者减轻处罚、减轻或免除处罚的法定情节，也包括法律未明文规定的犯罪动机、行为人犯罪前后的表现以及悔罪表现等酌定情节。这实际上考察的是犯罪嫌疑人的社会危害性或人身危险性。无论是法定情节还是酌定情节均表现为一种事实状态，对于这种事实的认定绝不能无根据地任意裁量，仍需通过证据审查。

（1）法定从宽情节

法定从宽情节，是指我国《刑法》明文规定的对行为人有利的量刑情节，具体包括从轻处罚、减轻处罚、免除处罚三种。本节着眼于公诉阅卷审查内容，对于法律的具体规定不加详述，仅对阅卷重点加以关注。

其一，主体方面。主体方面主要包括犯罪嫌疑人是又聋又哑的人、盲人、已满 14 周岁不满 18 周岁的人、已满 75 周岁的人、尚未完全丧失辨认或者控制自己行为能力的精神病人等。其中，关于年龄和精神病人的审查在前文中已经有了比较详细的论述，在此不再赘述。确认犯罪嫌疑人是否为聋哑人或盲人，应当依据残疾状况鉴定意见或医学证明进行认定。确认女性犯罪嫌疑人是否怀孕，应当依据县级以上人民医院出具的妊娠情况证明进行认定。

其二，自首。自首是指犯罪后自动投案，向公安、司法机关或其他有关机关如实供述自己罪行的行为。被采取强制措施的犯罪嫌疑人、被告人和已宣判的罪犯，如实供述司法机关尚未掌握的罪行，与司法机关已掌握的或者判决确定的罪行属不同种罪行的，以自首论。

其三，立功。对于认定犯罪嫌疑人具有立功或重大立功情节的，必须有相应的证据予以证明，达到基本事实清楚，基本证据确实充分的程度。仅有侦查机关出具的证明材料或犯罪嫌疑人的检举揭发材料，没有其他证据予以印证的，不能予以认定。

其四，防卫过当与避险过当。防卫过当，是指防卫人为使公共利益、本人或者他人的人身和其他权利免受正在进行的不法侵害，在实施防卫行为时超过正当防卫的必要限度，给不法侵害人造成不应有的危害行为。避险过当，是指避险人在实施避险行为时，避险行为超过必要限度，造成不应有的危害行为，即避险行为超出了所损害的利益比所保全的利益较小的避险限度，而使损害等于或大于所要保护的利益，从而使行为从合法转化为违法应受处罚的行为。

其五，犯罪停止形态。犯罪停止形态包括犯罪的完成形态和犯罪的未完成形态，是在直接故意犯罪过程中由于某些主、客观原因使犯罪行为停下来，不再发展的形态。

其六，从犯和胁从犯。在共同犯罪中起次要或辅助作用的是从犯，被迫参加犯罪或者在犯罪中起次要或辅助作用的是胁从犯。

（2）法定从严情节

其一，教唆不满 18 周岁的人犯罪的。

教唆犯，是指以劝说、利诱、授意、怂恿、收买、威胁等方法，将自己的犯罪意图灌输给本来没有犯罪意图的人，致使其按教唆人的犯罪意图实施犯罪的人。教唆犯罪的特征是教唆人并不亲自实施犯罪，而是教唆其他人去实施自己的犯罪意图。

教唆不满 18 周岁的人犯罪的，则是教唆犯的特殊情况，其审查重点应是：审查被教唆人年龄是否未满 18 周岁，其中未满 14 周岁的，教唆犯单独成罪，不构成共同犯罪；被教唆人是否实施了犯罪行为，这实际上是对构罪问题的审查，其危害行为是否符合刑法犯罪构成；被教唆人是否是因为教唆行为才产生了犯罪故意的，这是审查的重点与关键，也是难点所在，对此应以犯罪嫌疑人供述以及客观犯罪行为与教唆内容之间的关系进行审定；必须具有教唆他人犯罪的故意，即明知自己的教唆行为会引起他人产生犯罪的意图，进而实施犯罪，并且希望或者放任他人去犯罪。如果由于言词不慎，无意间说的一些话，引起了他人的犯罪意图，导致犯罪的发生，不能认为是教唆犯。

其二，累犯。

累犯分为一般累犯和特殊累犯。一般累犯的构成条件是：前后罪都是故意犯罪，前后罪都是或应当是有期徒刑以上刑罚的犯罪，后罪发生在前罪的刑罚执行完毕或者赦免以后的 5 年之内。特别累犯，是指前后罪均为危害国家安全犯罪，并且在刑罚执行完毕或者赦免之后再犯罪的，没有刑种条件和时间条件的限制。

审查累犯要注意以下几点：审查前罪的犯罪类型与刑期，通常有判决书为证；审查前罪是否执行完毕或者是否被赦免，对于判决后逃跑或假释考验期间犯罪的以及前罪判决缓刑的，均不属于累犯；审查前罪执行完毕与后罪发生的时间差，当然，对于特殊累犯则无须审查；审查后罪是否为应当被判处有期徒刑以上刑罚的犯罪，根据后罪的事实以及《刑法》规定，应当判处有期徒刑以上刑罚。后罪刑罚是尚未被实际判处的，只是一种估计，如果后罪没有被实际判处有期徒刑以上的刑罚，犯罪人不能构成累犯。

（3）酌定量刑情节

酌定量刑情节一般都体现在犯罪行为中，在对犯罪行为进行定罪审查时，同时也是对酌定量刑情节的考量，具体审查内容如下：

其一，犯罪的手段。特定的手段作为犯罪构成要件时，不是量刑情节，这里的犯罪手段是指不属于构成要件内容的手段。犯罪的手段残忍程度，直接说明罪行的轻重程度，因而影响量刑。例如，杀人、伤害的手段是否残忍，就对量刑起影响作用。

其二，犯罪的时空及环境条件。犯罪的时间、地点、环境条件不同，也能说明罪行的轻重程度不同，因而是影响量刑的因素。

其三，犯罪的对象。在《刑法》中没有将特定对象规定为构成要件的情况下，犯罪对象的具体差别，反映罪行的轻重程度，因而是量刑时需要考虑的情节。

其四，犯罪造成的危害结果。当危害结果不是犯罪构成要件要素时，危害结果的轻重对说明罪行的轻重起重要作用，因而成为量刑时应斟酌考虑的重要情节。

其五，犯罪的动机。犯罪动机不同，直接说明行为人的罪过程度不同，因而是量刑时必须考虑的因素。同是故意杀人，有的出于义愤杀人，有的因情杀人，其所反映的可谴责性程度就有差别，量刑时也应有所差别。

其六，犯罪后的态度。犯罪后的态度，反映行为人的人身危险程度，因而在量刑时应当予以考虑。有的人犯罪后坦白悔罪，积极退赃，主动赔偿损失，有的人犯罪后负隅顽抗，隐匿赃物，要挟被害人，这反映出行为人的人身危险程度不同，改造的难易程度不同，在量刑时必须区别对待。

其七，行为人的一贯表现。行为人的一贯表现既不是定罪的根据，也不是量刑的主要依据，但与犯罪行为有密切联系的一贯表现，却是量刑时应当考虑的因素，因为这种因素也反映行为人的人身危险程度。

（四）公诉阅卷的方法

阅卷的方式多种多样，因案件性质或证据材料收集情况的不同而不同，在公诉实践中，公诉人主要采用以下几种阅卷方式。

1. 比较分析法

（1）比较分析法的概念和作用

比较分析法是常规的一种认识方法，在公诉阅卷中同样适用。比较分析法是指对所阅的卷宗中包含的内容、形式等进行分析，确认某一证据或者流程是否符合相关法律、法规规定；通过相关证据比较确认相似或者相矛盾的证据中，哪一个为真，哪一个适用本卷所指向的案件。比较分析法是公诉阅卷的首选程序，在整个阅卷流程中是基础的思维方法，需要严谨地使用，为后续流程做好保障。比较分析法主要分为两个阶段：首先，归纳比较阶段。归纳比较程序信息，观察、吸收证据信息。通过阅卷，阅卷人吸取关于案件的零星、局部的信息。其次，分析阶段。即判断信息材料本身的客观性、合法性、证明内容等。当然，单一的信息从逻辑上无法判别其真伪，但单一证据中往往蕴含着复杂的信息，它们之间以一定状态共生共存，可作为判断单一证据自身真伪的依据。

比较分析法在公诉阅卷中具有以下作用。

首先，它确保程序上的公正。我国公诉阅卷对象主要为诉讼文书卷和证据文书卷。诉讼文书的作用即确保公权力机关在调查案件、提供证据等方面依法定流程进行，最大限度地保障犯罪嫌疑人的合法权益。运用比较分析法首先要对诉讼文书卷进行审核，确保侦查机关提交的证据及方式符合《刑事诉讼法》《人民检察院组织法》《人民法院组织法》《监狱法》《检察官法》等相关法律法规规定。若侦查机关提交的卷宗在形式上已经违反相关规定，可以直接认定该卷不适格。我国逐步重视程序法的适用，一旦发生流程不被遵守的情况，则其他实质内容可以不予考虑。在实务中，公安机关或检察院自侦机构对卷宗提供的流程并不完善，公诉阅卷人在审阅卷宗时第一步即要确保诉讼文书卷确实依法按流程提供，是符合法律规定的卷宗。

其次，它可以对材料进行筛选、确认。公诉阅卷人需要对材料进行筛选。公安机关或检察机关自侦部门仅负责侦查等工作，其工作重心在"查"而非在"清"，其提交的公诉案件卷宗并不能直接完美反映案件事实真相，可能存在与案件无关的材料。公诉阅卷工作要将卷宗中无用的材料剔除，确保所得材料"有用"。犯罪嫌疑人若承认犯罪事实，公诉阅卷人则仅需提炼出口供所指的信息再辅以其他信息补充，进而确定该口供真伪；犯罪嫌疑人若不承认犯罪事实，则需从口供中获得对案件有用的相关信息，再寻找证据对口供进行印证，以确认口供真伪，即在查阅口供的时候需要剔除无关信息，将有用信息加以规整。我国当前依旧是口供导向型的案件调查方法，阅卷人在审阅卷宗时提取的信息对后面的诉讼流程具有指导作用。

最后，它可以提高阅卷效率。提高阅卷效率可以说是运用比较分析法的预期结果。比较分析法是做基础性整理及整合卷宗的工作，正确地使用可以缩小阅卷人查阅范围、明确各种证据作用，使阅卷人在进行下一步工作时，能够有据可循，整个阅卷流程会更加顺畅。

（2）运用比较分析法的要求

首先，具有完整的知识储备。比较分析法中的比较涉及两方面：一方面是需要以现行法律、法规之规定衡量所阅之卷的流程或者内容是否符合要求；另一方面则是对相似材料等进行比较，判断哪些证据对说明案情有帮助，哪些与案件无关，相似证据证明力强弱等。这些都要求阅卷人首先必须掌握法律、法规等对卷宗文书的要求，保证公权力机关所提供的卷宗的流程是符合规定的；同时熟悉我国《刑法》、《刑事诉讼法》、证据法及其相关司法解释等，方能在阅卷中判断公权力机关获得证据的方式及证据内容是否符合法律、法规规定，才能就这些证据的证据能力及证明力进行判断与比较，最后形成完整的逻辑链条，为下一步的阅卷工作做准备。

其次，具有丰富的阅卷经验。比较分析法是阅卷思维方法中的基本方法，高效运用这一方法要求阅卷人具备相应的经验，这里的经验甚至包括生活经验。我国法律对公权力机关提供的卷宗无论是流程还是内容均细致要求，这也让卷宗体现出一定程度的相似性，即公诉阅卷人所得某种类型案件的卷宗及其包含的诉讼文书、证据卷等内容也具有一定的相似性。具有丰富的阅卷经验可以直接作出判断，对所得的内容进行区分和有机组合。

最后，对案情有清晰、独立的判断。比较分析法运用的阶段虽然还没有到给案件定性的阶段，但是如果公诉阅卷人对案件没有一个独立的判断，则无法对卷宗的流程作出评价，判断其是否符合某一罪名下的程序；同时没有对案情清晰、独立的认识也很容易出现阅卷人被卷中证据导向的情形，即阅卷人无法针对案情作出该证据是否具有证明该案件事实的能力及程度的判断。公诉阅卷人在运用比较分析法的时候，必须公正地评价所阅之卷的程序及证据是否有效，是否达到查清案情的标准。

（3）运用比较分析法的方法

其一，比较程序。对卷宗提交程序进行比较、审核是比较分析法简单有效的运用，公诉阅卷人明确法律、法规规定的卷宗提交程序及卷宗应有形态即可以对所阅之卷进行判断。审阅的卷宗提供程序不合法律、法规规定，则阅卷人可以在这时作出判断，此卷宗不适格，可以退回并说明；若卷宗形式不合法律、法规规定，则阅卷人需要判断其违规程度，如果涉及非法证据、瑕疵证据，阅卷人应当作出或排除或退回或补强的决定，实现对证据的筛选。这一方法运用是最基础的两相对比，但却要求公诉阅卷人首先确定法律、法规等对卷宗提供的流程、形式及证据的相关规定。

其二，优化材料。通过前一阶段对卷宗流程及证据的比较筛选后，应当进一步对所得材料进行优化，一般而言，需要进行证据分类及构建证据链。理论上对证据的分类颇多，实务中侦查机关已经先进行初步区分，公诉阅卷人需要将证据加以归纳，确保方便加以适用，与侦查机关不同，阅卷人更着重区分证据为直接或是间接、合法还是非法等。

其三，有机整合证据。经过材料优化程序后，流程已经相对合理，证据也相应集中，公诉阅卷人需将证据重新整合，以构筑一个完整的逻辑链从而继续后续步骤。在这一过程中，公诉阅卷人需要分析所得证据及相关材料，将有联系且指向同一事实的证据整理出来，以主要证据为核心，次要证据辅助形成一个完整的证据链。

2. 逻辑逆推法

（1）逻辑逆推法的概念和作用

逻辑逆推法是公诉阅卷思维的一种，它是指人们在分析问题、寻找解决方法时，有意识地从相反方面去考虑的思维方法。这种思维方法通俗化解读可以认为是"由果索因"法。逻辑逆推法也有其基本流程，首先，假定结果，即由少量、部分证据初步认定某些事实、情节。有限的证据往往仅能证明事实的局部环节。而犯罪事实作为人类行为事实的一部分，必定是丰富、细致、完整地存在着。这些事实总充满一个时段，并与特定空间一一对应，内容又总是主观意志支配之下的各类行为。因此，在以部分证据初步、逐步认定罪事实的时候，必然同时对事实、情节、行为及其环境条件进行假设，用这些假设来连接明确认定的情节，构成可以理解的行为与事实过程。其次，由"果"索"因"。对于某些假定的事实、情节，一定要有证据来证明，所以在阅卷过程中，阅卷人要带着标的去寻找、搜索。这一过程可能是在审查新的证据进行，也可能是在已经审查过的证据中多次发掘。

逻辑逆推法在阅卷中有重要作用，公诉阅卷在很大程度上是一个逆推的逻辑过程，阅卷人所做的工作即是从所阅的卷中寻找与案情相符合的证据或流程，由此推知事情真相以期达到公诉阅卷人内心确认的证明程度，最终确定诉与不诉，如何来诉。如果依据马克思主义哲学原理又可以概括地以因果联系加以说明，即有此结果必有其原因。公诉阅卷人整个工作过程即是由结果推导原因的过程。已经成卷的证据总是由各种原因引起的，逻辑逆推法的主要作用即是使公诉阅卷人有意识地对阅卷时查阅所得的内容进行积极思考，根据所阅卷的结果推断形成原因。公诉人在阅卷过程中可以通过阅卷判断出整个案件的轮廓，得出案件结果的原因及过程，衡量卷宗程序合法、证据确实充分，从而作出提起公诉的决定，反之，则会将卷宗退回侦查机关，由其补充侦查或直接作不起诉处理。逻辑逆推法在整个阅卷过程中是全局性的思维方法，该方法贯穿阅卷全过程，看似违背常规常理，但实质上是思维角度、习惯的改变和思维方式的重新组合，这是作为公诉阅卷人应该具备的基础思维方法之一。

（2）运用逻辑逆推法的要求

其一，逆向推论的逻辑习惯。阅卷工作在提起公诉阶段之前，是必不可少且重要的流程之一。在我国案件基数大，通过阅卷对案件进行筛选，确定是否提起公诉，以何种方法提起公诉能够极大地提高公诉效率。公诉人一旦开始阅卷工作，就需要阅卷人在方向上形成逆向推论的逻辑思维。阅卷所得内容或形式均是为了推导原因而服务。这里的原因必须定位为引发结果可能的情形或事件。

其二，丰富的经验及联想能力。逻辑逆推法不同于一般的逻辑思维，尤其是应用于公诉阅卷中，单一的由 A 推知 B 发生的公式在案情较为复杂的刑事卷宗中难以直观反映。有经验的公诉阅卷人在接触卷宗时会第一时间思考，由材料进行判断是什么情况引发所得结果。这第一步的主观判断虽然不准确，但是经过其他方法加以验证即可获得较为准确的评价。公诉阅卷不是遵循理想化的公平正义原则，而是阅卷人在坚持公正的情况下尽可能地获得内心确认的过程，进而引导整个诉讼流程进入下一步。公诉人面对的仅是文字或图片表述的卷宗，依据这些便需要推知案件事实显然需要阅卷人具有一定的判断能力。这一能力是在现实材料基础上，根据平时办案经验作出的较为科学的判断。

（3）运用逻辑逆推法的方法

其一，选择用以逻辑逆推的材料。逻辑逆推首先面临的问题是如何掌握能够用以逆推的证据材料，侦查机关提交的公诉卷宗是其中最重要的方面，它能够表明案件事实的一些情况。办案人员要善于发现卷宗中的证据疑点，除了凭借经验外，还要运用比较分析、情景分析等方法对材料进行筛选、选择。

其二，组合材料形成证据链。侦查机关提供材料经筛选后并无法自动对情况进行说明，而是需要阅卷人自行将其组建成有机结合的材料链，形成系统的逻辑体系。在刑事案件中，诉讼文书卷必须保证流程合法正当，证据卷宗要求更高，需要事实清楚、证据确实充分。若对阅卷所得材料进行有机结合形成完整的逻辑体系，能清晰明确地证明案件发生原因及情形，则会使公诉阅卷人达到内心确认进而提起公诉。若所得材料无法形成严密的逻辑体系，或有证据证明犯罪嫌疑人为无罪的，则会促使公诉阅卷人作出不起诉或退回卷宗的决定。

其三，由"果"推"因"。阅卷结果不能直接确定为"果"，此处仅为形象说明，逻辑逆推法的思路即是因为 A 所以 B，现在可以由 B 推知 A，即 B 发生之原因。在收集足够材料使阅卷人达到内心确认后即可。由"果"推"因"是一句概括性的方法描述，达到这一目的必须满足上文所述的几点要求。同时由"果"推"因"并不是简单地由 B 推知 A，事实上，一个结果可能由多种原因导致，所以推论出来的原因也不相同，甚至出现相矛盾的情形，这就需要公诉阅卷人进行下一步的工作。

3. 情境代入法

（1）情境代入法的概念和作用

情境代入法是证据调查研究方法中的一种，即将所得证据代入假想情境中，阅卷人依自由心证来判断假想情境是否会实现，实现即可确认该证据为具有证据力之证据，反之，则排除。情境代入具有相当的主观性，在确认"卷"中证据是否适格时，存在偏颇的可能性。因此，情境代入法不可以单独适用，必然需要在确认部分证据或案情的前提下，结合其他阅卷方法对部分证据卷进行判断。一般而言，情境代入法的路径首先为假定起因与环境；其次为存疑，对于证据、情节、事实中存在的与办案人判定内容相违背、与证据相矛盾的部分或者情节的空白，应当存疑于心，在以后的审查中求得合理的解释、排除；最后进行解惑，运用证据解决疑问：排除矛盾、解释矛盾、消除空白。这一过程因原案证据的限制，可能进行补充侦查，有时只经过重新讯问犯罪嫌疑人即可解决问题。

情境代入法在公诉阅卷中具有如下作用。

首先，检验证据的证据力。逻辑逆推法得出的事件或结果即案件开展或者证据形成原因。情境代入法即以事件的原因为起点，结合所得证据推导出案件发展流程，将前述方法确定下来的证据植入案件不同阶段。事物发展是具有因果联系的，同时又因为事物发展具有偶然性与必然性，某一原因可能引发的结果也会局限在一定范围内，情境代入法的运用可以在根据前一证据的代入推导出后续可能发生的情境，如果其他证据实际推论或合理的发展过程中仍未出现该证据，公诉阅卷人应当考虑该证据的合理性，并进一步确认该证据是否合法，即由事件 A 仅能导致 B 或 C 或 D 种情形，但卷宗中出现的却是 E，则公诉阅卷人必须考虑 E 出现的原因及可能性，并考量之前证据的合理及合法性。

其次，发现新证据。情境代入法不是机械地将各个证据依时间推移放入事件发展流程进行检验，而是需要结合案情将各证据选择性地代入，一旦出现事件发展有违一般流程，阅卷人即需要加以反思及检验。一般而言，出现上述情况的无非是证据代入点错误、证据不适格、另有其他证据等几个原因，根据不同情形进行分析可以找出原因。如果出现证据明显空白而导致整个事件推论无法进行下去时，必然需要阅卷人检阅卷宗以期发现能够补充的证据，如卷宗中没有，即需要考虑退回卷宗告知侦查机关补充侦查。另外，使用情境代入法亦可以促使证据之间相互印证，使阅卷人发现此证和彼证的联系与区别。常见的是犯罪嫌疑人口供前后不一致，甚至出现以口供为线索找到的证据证明口供为虚假口供，进而再进行证据调查发现新证据。

（2）运用情境代入法的要求

其一，丰富的社会经验。情境代入法不同于前两种方法，需要阅卷人具有一定的社会经验，结合当地实际情况判断事件发展的可能情况。情境代入法既然名为情境，当然需要考虑案件发生地的社会环境及风俗习惯等，这个在判断作案动机及情节方面作用尤其明显。从另一层面来说，丰富的社会经验可以使公诉阅卷人推己及人，更了解犯罪嫌疑人的作案心理及想法。当面对相同案件卷宗时，社会经验丰富的阅卷人更能有效地对案情进行设想。

其二，丰富的办案经验。仅有社会经验不足以支持公诉阅卷人高效完成情境假设并推进整个情境，还需要阅卷人具有相应的办案经验，在逻辑逆推法应用中，一般都会根据不同的证据形成不同的推论结果，这需要公诉阅卷人依据办案经验判断哪种结论更贴近案情。另外，在使用情境代入法时，办案经验会影响公诉阅卷人对该案结论的判定。

（3）运用情境代入法的方法

其一，筛选推导所得原因。情境代入法因为具有较大的主观性不能单一运用，必须以经过比较分析、逻辑逆推所得出的结论为基础。必须注意的是，由逻辑逆推法得出的结论可能不止一个，甚至结论之间是相互矛盾的，这也是需要情境代入法进行检验并确认的原因。故而，情境代入法对前置程序要求较严，运用此方法首先需要保证的是经过前述方法得到的案件发生、发展原因具有客观严密性，保证案件起始原因推导的客观及严密性，这样才有进行情境代入检验推测的必要。实践中，并不是各个案件的阅卷工作都需要进行情境代入，如果在前述两种方法中已经能够做到证据确实充分，事实清楚等要求则确定完成阅卷工作并作出是否起诉、以何种形式起诉的决定。判断哪种推导所得原因更加接近真相，值得进行情境代入法，需要阅卷人根据自身知识及对所得原因作出判断。

其二，选定案件原因按事件发展流程代入。这一步是情境代入法的基础，也是主要部分，在经过筛选，确定可能的原因，将此原因确定为事件发生原因，然后结合手头掌握的材料按照事件一般流程进行代入。

其三，对不符合事件发展规律情形的证据处理。运用情境代入法检验证据会得到不同的结果：第一种情况是代入所设定的情境中能使事件发展顺畅进行下去，且不会与其他证据发生冲突，在此种情况下，一般可以对该证据加以认定，并进行下一步推论；第二种情况则是将证据代入后明显阻碍事件发展，与前置程序得出的结论不相符，则需要考虑该证据是否适格，或者前置程序推出的结论是否正确；第三种情况是该证据代入后，虽能支持事件发展，但是却因为程序要求或者证据本身不足以完整支持该流程，则需要进一步完善证据，形成完整的证据链，达到法律对于证据的要求。

此外，审查阅卷中还有以下七种常用的阅卷方法。

（1）列表式阅卷法，即根据案件情况先设计制作表格，然后将事实及证据情况分项填入表格并注明案卷页码。此种方式多适用于盗窃、诈骗、贪污、挪用等侵财刑犯罪案件。采取列表式阅卷，能够使卷内证据一目了然，便于对照和补充。

（2）分类式阅卷法，多用于共同犯罪或数罪并罚的犯罪案件，即根据所犯罪行的性质分类，分别列出案件中收集的证据，如办理团伙犯罪或一人多种犯罪等。分类式阅卷能够准确把握犯罪性质，便于掌握全案的各种证据。

（3）对比式阅卷法，即将犯罪嫌疑人与被害人、证人与犯罪嫌疑人、被害人之间的证明同一案件事实的内容，分别摘录进行对比，找出共同点和差异，排除矛盾，形成统一。此类方式多用于强奸、抢劫等侵犯公民人身权利和民主权利的犯罪案件。对比式阅卷便于发现矛盾，能够及时有效地排除矛盾。

（4）摘录式阅卷法，即将案卷中犯罪嫌疑人、被害人、证人的多次不同或相同陈述的主要部分进行摘录，纵向比对犯罪嫌疑人口供是否稳定，证人及被害人陈述内容前后是否一致。此类方式多用于犯罪嫌疑人翻供或串供以及证人作伪证或被害人作虚假陈述的案件。摘录式阅卷便于分析犯罪嫌疑人、证人及被害人心理，并从各自前后不一的陈述中找出漏洞，各个击破，击溃其顽抗的心理防线。

（5）概括式阅卷法，即将案卷中出现的材料进行概括记录。此类方式多用于审查程序性诉讼材料，概括式阅卷便于发现侦查机关收集、调取证据的程序是否合法以及卷内诉讼文书是否符合法律的要求，有无缺失或遗漏。

（6）归纳式阅卷法，即将案件中证明同一事实的证言进行归纳，多用于同类证据和间接证据。归纳式阅卷便于将案卷内繁杂的证据归纳整理，使证据体系主次分明，有效地节省阅卷时间和精力。

（7）对照式阅卷法，即将起诉意见书中认定的犯罪事实与证据进行对照，审查认定事实与证据之间是否一致，证据是否确实、充分，认定的理由是否充足。将犯罪嫌疑人的口供与被害人陈述、证人证言相对照，审查犯罪嫌疑人、被害人及证人之间的关系以及其供述和陈述与案件事实有无关联性。将案卷中收集的各类言词证据与物证、书证、鉴定意见相对照，审查证据之间是否协调统一，有无矛盾，证据体系是否完整严密，能否达到确实充分的证明标准。

五、实训过程

（一）组织形式

本节实训课程采用小组辩论的方式展开，具体表现形式为：教师课前将全班学生分为若干讨论小组，以小组为单位围绕课前发布的案例进行自由讨论，由一人主持，一人记录，其他人自由发言，对案件中的焦点问题进行系统、深层次的讨论。教师积极引导并总结发言，鼓励和指导学生对相关问题进行深入理论研究。

（二）具体流程

1. 由教师介绍公诉阅卷的含义、顺序及方法等基本理论内容。这一部分内容教师采用 PPT 的形式进行简要介绍，以节省课堂板书的环节，为后面学生模拟练习以及师生反馈总结留出充裕的时间。

2. 教师将课前发布的案例以 PPT 的形式在课堂展示，并由学生对案情进行总结。

3. 每组选出代表，对本组观点进行陈述。

4. 教师根据学生的表现进行点评。

六、实训点评

案例一

该案件为典型的故意伤害案，案情简单，犯罪嫌疑人对其伤害行为也供认不讳，可以直接从口供入手阅卷。

从犯罪嫌疑人的供述我们可以看出犯罪嫌疑人和被害人确实发生过争执，被害人的伤害结果和犯罪嫌疑人的驾驶行为之间的确存在因果关系。

证人证言也证实确实发生了伤害事实，并产生一定的伤害结果，而医生的诊断报告可以证实被害人的伤害情况和伤害事实之间的因果关系。

案例二

该案件涉及多名犯罪嫌疑人，并且包括未成年人，总的来说相对复杂，如果从犯罪嫌疑人口供入手，肯定错综复杂，理不出头绪。因此，从起诉意见书入手，更能迅速地了解案情始末。

案例三

1. 形式审查

首先应当对案卷内容进行形式审查，审查立案决定书、拘留证、逮捕证、起诉意见书等诉讼文书是否齐全且规范，相关证据材料是否完备，书写是否规范。

2. 实质审查

由于本案犯罪嫌疑人人数众多，相关证据材料也较为繁多，因此，公诉人可以先从起诉意见书入手，先通过起诉意见书中的描述获得大致案情，进而展开进一步阅卷。

（1）定罪审查。侦查机关在起诉意见书中要求对犯罪嫌疑人以抢劫罪进行公诉，因此，我们可以按照抢劫罪的刑法构成要件即事实构成进行定罪审查：首先，审查犯罪嫌疑人是否具备主体资格，具备犯罪主观意图。身份证明材料证明三犯罪嫌疑人均具备完全刑事责任能力。其次，审查犯罪嫌疑人的犯罪行为是否符合抢劫罪的构成要件。

（2）量刑审查。通过吴某的交代，警方抓获了杨某，又在杨某带领下抓获周某，可考虑立功情节。

（3）侦查程序审查。审查侦查机关是否有程序违法行为。

七、实训拓展

犯罪嫌疑人黄某某，男，24 岁。2008 年底至 2010 年 9 月间，黄某某在某市采取撬门或翻窗入室的方式，先后进入该区 7 户居民家中，共窃取现金

49 000 余元，黄金项链 1 条、黄金耳钉 1 副、金戒指 1 枚。同时，黄某某还先后 6 次在该区域的多个小区内，采取撬锁的方式，盗窃电瓶车 6 辆。2010 年 9 月 21 日，黄某某在一次入室盗窃过程中被当场抓获。

认定上述事实的相关证据如下。

（一）诉讼文书卷

具体包括如下：

（1）立案决定书。

（2）拘留证、拘留通知书、延长拘留期限通知书。

（3）批准逮捕决定书。

（4）批准逮捕决定书、逮捕证及逮捕通知书。

（5）指纹鉴定书 2 份。①证明吴某二楼被盗提取的手印，检材指印与送的黄某某的右手拇指指印样本是同一人所留。②证明王某某住宅东北面卧室单人床上的钱罐提取的现场手印，检材指印与送检的黄某某的左手食指指印样本是同一人所留。

（6）价格鉴定意见书 3 份。内容：①张某某被盗的红色"安尔达"电瓶车价格鉴定为 1562 元。②冯某被盗银色电瓶车价格鉴定为 1280 元。③王某某被盗窃的黄金耳钉价格鉴定为 685.95 元，黄金戒指价格鉴定为 645.15 元，共计 1331.1 元。

（7）鉴定意见（共 13 份）。

（二）证据材料卷

具体包括如下：

（1）接受刑事案件登记表。

（2）抓获经过。

（3）刑事判决书 2 份。证明黄某某在 2005 年 8 月因犯抢夺罪被判处有期徒刑 1 年；2007 年 5 月因犯盗窃罪被判处有期徒刑 1 年，并处罚金 1000 元。

（4）户籍登记表。

（5）情况说明 4 份。内容：①王某某被盗窃的黄金项链，物价局不能做出价格鉴定。②廖某某被盗的助力摩托车以及林某、任某某、温某某、冯某被盗电瓶车不能作价。③未找到黄某某所交代的购买电瓶车的销赃人。④电瓶车、黄金项链、戒指等均未追回。

（6）犯罪嫌疑人黄某某的讯问笔录（共9次）：供述其盗窃作案23起（其中有10起公安机关未找到被害人，故未认定。但对起诉意见书认定的4起是先供后翻）。

（7）被害人的询问笔录（共15份）：包括冯某、王某、任某某、马某某等13人陈述，证明其家里财物或者摩托车被盗的时间、丢失财物的数量、价值等情况。

（8）王某某提供的购买黄金戒指及耳针的发票、保修卡。

（9）证人证言2份。内容：①尹某某（某金店老板）证明2009年夏天的一天，黄某某曾同一男子一起到金店门市要求其帮忙称一下1条黄金项链和1枚黄金戒指的重量，他帮他们称了之后，那两人就走了，并没有将东西卖给店里。②袁某某（因开设赌场被羁押在某区看守所）的讯问笔录证实，黄某某曾两次到其赌场赌博，具体输赢记不清楚了。

（10）辨认笔录及照片。

（11）现场示意图13份。

（12）现场勘查笔录9份、现场照片9组。

根据以上证据材料，确定阅卷思路。

八、实训文书

（一）诉讼文书卷

1. 立案决定书

×××公安局
立案决定书

字〔　〕　号

根据《中华人民共和国刑事诉讼法》第_____条之规定，决定对_____案立案侦查。

（公安局印）

年　　月　　日

---

2. 起诉意见书

×××公安局
起诉意见书

字 [ ] 号

犯罪嫌疑人×××（别名、曾用名、绰号等），性别×，19××年×× 月××日生，出生地××省××市，身份证号码××××××××× ×××××，民族×，文化程度××，职业××，住××市××县××镇 ××街××号。

××年××月，因××事被××；××年××月，因××事被××； ××年××月××日因涉嫌××犯罪，被依法逮捕。

犯罪嫌疑人×××涉嫌××一案，由×××举报（控告、移送）至 我局。我局于××月××日立案侦查，并已将犯罪嫌疑人×××抓捕归 案。犯罪嫌疑人×××涉嫌××案，现已侦查终结。

经依法侦查查明，犯罪嫌疑人×××有下列犯罪事实：

认定上述事实的证据如下：

上述犯罪事实清楚，证据确实、充分，足以认定。

犯罪嫌疑人×××系（累犯、立功、自首等），应当（加重、从轻、 减轻）处罚。

综上所述，犯罪嫌疑人×××的行为触犯了《中华人民共和国刑法》 第××条××款，涉嫌犯××罪，根据《中华人民共和国刑事诉讼法》 第××条之规定，特将本案移送审查，依法起诉。

此致

××××人民检察院

局长（印）

（公安局印）

年 月 日

附件：

（1）本案卷宗×卷×页；

（2）犯罪嫌疑人×××现在×××处；

（3）随案移交物品×件。

3. 拘留证

×××公安局

拘留证

字［　　］　　号

根据《中华人民共和国刑事诉讼法》第××之规定，兹决定由我局侦查人员_____对犯罪嫌疑人_____（性别____，年龄____，住址_____）执行拘留，送_____看守所羁押。

局长（印）

（公安局印）

年　　月　　日

本证已于_____年____月____日____时向我宣布。

被拘留人

本证副本已收到，被拘留人_____已由我所收押。

接收民警

（看守所印）

年　　月　　日

4. 拘留通知书

×××公安局

拘留通知书

字［　　］　　号

_____：

根据《中华人民共和国刑事诉讼法》第××条之规定，我局已于

_____年___月___日___时将涉嫌_____的_____刑事拘留，现羁押在_____看守所。

（公安局印）

年　　月　　日

被拘留人家属_____

地址_____

本通知书已收到。

被拘留人家属（签名）

如未在拘留后 24 小时内通知被拘留人家属或单位，请注明原因：

办案人

_____年___月___日___时

5. 逮捕证

××××公安局

逮捕证

字 [　　] 号

根据《中华人民共和国刑事诉讼法》第 ×× 条之规定，经_____批准/决定，兹派我局侦查人员_____对涉嫌_____罪的_____（性别：_____年龄：_____住址：_____）执行逮捕，送_____看守所羁押。

局长（印）

（公安局印）

年　　月　　日

6. 取保候审决定书

×××公安局

取保候审决定书

字〔　　〕　　号

我局正在侦查_____案，因犯罪嫌疑人_____，根据《中华人民共和国刑事诉讼法》第_____条第_____款之规定，决定对其取保候审。期限从_____年____月____日起算，犯罪嫌疑人应当接受保证人_____的监督或者交纳保证金_____元。

犯罪嫌疑人在取保候审期间应当遵守下列规定：

一、未经执行机关批准不得离开所居住的市、县；

二、住址、工作单位和联系方式发生变动的，在二十四小时内向执行机关报告；

三、在传讯的时候及时到案；

四、不得以任何形式干扰证人作证；

五、不得毁灭、伪造证据或者串供。

犯罪嫌疑人在取保候审期间违反上述规定，已交纳保证金的，没收部分或者全部保证金，并且区别情况，责令犯罪嫌疑人具结悔过，重新交纳保证金、提出保证人或者监视居住、予以逮捕。

（公安机关印）

年　　月　　日

7. 取保候审保证书

取保候审保证书

我叫_____，性别____，年龄____，现住_____，身份证件名称_____，号码_____，单位及职业_____，联系方式_____，与犯罪嫌疑人_____是_____关系。

续表

我自愿向_____公安局作如下保证：

监督犯罪嫌疑人_____在取保候审期间遵守下列规定：一、未经执行机关批准不得离开所居住的市、县；二、住址、工作单位和联系方式发生变动的，在二十四小时内向执行机关报告；三、在传讯的时候及时到案；四、不得以任何形式干扰证人作证；五、不得毁灭、伪造证据或者串供。

如发现犯罪嫌疑人可能发生或者已经发生违反上述规定的行为，我即设法制止并及时向公安机关报告，如有违反，愿承担法律责任。

此致

公安局

保证人

年　月　日

8. 延长拘留期限通知书

×××公安局
延长拘留期限通知书

字〔　〕　号

_____看守所：

因_____，根据《中华人民共和国刑事诉讼法》第_____条第_____款之规定，决定延长对犯罪嫌疑人_____（性别____，年龄____，于_____年____月____日被执行拘留）的期限，时间从_____年____月____日至_____年____月____日。

局长（印）

（公安局印）

年　月　日

9. 提请批准延长侦查羁押期限意见书

×××公安局

提请批准延长侦查羁押期限意见书

字〔　　〕号

_____检察院：

你院于_____年___月___日以___号决定书批准逮捕的犯罪嫌疑人___已于_____年___月___日被执行逮捕，因_____，羁押期限届满不能侦查终结，根据《中华人民共和国刑事诉讼法》第___条之规定，特提请批准对其延长羁押期限___个月。

局长（印）

（公安局印）

年　　月　　日

本意见书已收到。

检察院收件人

年　　月　　日

10. 延长侦查羁押期限通知书

×××公安局

延长侦查羁押期限通知书

字〔　　〕号

_____看守所：

我局于_____年___月___日对犯罪嫌疑人___执行逮捕，因____，羁押期限届满不能侦查终结，根据《中华人民共和国刑事诉讼法》第___条之规定，经____批准，决定延长侦查羁押期限___个月，自_____年___月___日___至_____年___月___日。

（公安局印）

年　　月　　日

11. 拘传证

×××公安局

拘传证

字 〔 〕 号

_____根据《中华人民共和国刑事诉讼法》第××条之规定，兹派我局侦查人员_____对_____（性别____，年龄____，住址_____）执行拘传。

局长（印）

（公安局印）

年 月 日

本证已于_____年___月___日___时向我宣布。

被拘传人

拘传到案时间_____年___月___日___时。

被拘传人

讯问结束时间_____年___月___日___时。

被拘传人

12. 传唤通知书

×××公安局

传唤通知书

字 〔 〕 号

_____：

根据《中华人民共和国刑事诉讼法》第××条第×款之规定，现传唤你于_____年___月___日___时到_____接受讯问。

（公安局印）

年 月 日

13. 搜查证

×××公安局

搜查证

字〔 〕 号

根据《中华人民共和国刑事诉讼法》第××条之规定，兹派侦查人员_____对_____进行搜查。

局长（印）

（公安局印）

年   月   日

14. 补充侦查报告书

×××公安局

补充侦查报告书

字〔 〕 号

_____：

你院于_____年___月___日以____号补充侦查决定书退回的_____一案，已经补充侦查完毕。结果如下：

1.

2.

现将该案预审卷宗×卷×页及补充查证材料×卷×页附后，请审查。

公安局（印）

年   月   日

15. 移送案件通知书

×××公安局

移送案件通知书

字 [ ] 号

_____:

经对犯罪嫌疑人_____涉嫌的_____

进行审查,认为_____,根据《中华人民共和国刑事诉讼

法》第××条第×款之规定,决定将该案移送_____

管辖。

(公安局印)

年 月 日

附:案件材料共 卷 页。

×××公安局

移送案件通知书

(回执)

字 [ ] 号

_____公安局:

你局于_____年____月____日以____号移送案件通知移送我单位的

_____案已收到。

(送往单位印)

年 月 日

（二）证据卷

1. 接受刑事案件登记表

报案人	姓名		性别		年龄		住址	
	单位			电话				
案件来源								
移送单位			承办人		电话			
报案单位（发案时间、地点、简要经过、涉案人基本情况、受害情况等）								
领导批示								
处理结果								
接警单位			接警地点					
接警人员			接警时间					

2. 破案报告

关于×××（犯罪嫌疑人姓名）

××（案件性质）案的破案报告

字〔 〕 号

一、案情概况

二、案情分析

三、破案经过

四、处理意见

以上报告妥否，请批示。

承办单位（印）

承办人

年   月   日

3. 扣押物品、文件清单

编号	物品名称	数量	特征	备注
1	×××公司合同专用章	壹枚	（记录刻章的字样）	
2	×××公司财务章	壹枚	（记录刻章的字样）	
3	人民币	60万	百元面值	待鉴定
4	美元	3万	百元面值	待鉴定

物品、文件持有人　　　　　　见证人　　　　　　　　办案单位

×××　　　　　　　　　　　×××　　　　　　　　办案×××

年　　月　　日　　　　　年　　月　　日　　　　年　　月　　日

4. 证人证言

证人证言

　　我叫_____，性别____，年龄____，工作单位_____，住址_____，电话号码_____。与原告的关系是_____，与被告的关系是_____。

　　就_____一案，现向_____提供以下证明：

　　（事情经过叙述，主要描述时间、地点、事情发生的过程、看到的结果。）

证人：（签字、指引）

年　　月　　日

附：证人身份证复印件

5. 讯问笔录

讯问笔录（第　　次）

时间_____年___月___日___时___分至_____年___月___日___时___分

地点_____

侦查人员姓名、单位_____

记录员_____单位_____

犯罪嫌疑人_____

问：_____

_____

_____

_____

---

6. 现场勘验笔录

现场勘验笔录

发现/报案时间：

现场保护人姓名、单位：

现场保护人到达时间：

勘验时间：

指挥人姓名：

其他勘验人员姓名、单位、职务：

见证人姓名、住址、单位：

现场条件：

勘验过程及结果：

现场勘验指挥人：

现场勘验人：

见证人：

记录人：

　　　　　　　　　　　　　　　年　　　月　　　日　　　时

九、实训法规

1. 《中华人民共和国刑事诉讼法》第 169—175 条
2. 《人民检察院刑事诉讼规则》第 156—162 条

详见

第二节 审查起诉

一、实训目标

通过本节课程的学习，学生了解检察机关审查起诉以及提起公诉的程序，掌握审查起诉以及提起公诉的基本步骤和方法，学会制作起诉书。

二、实训素材

2010 年 1 月 15 日 13 时许，沈阳市某派出所接到沈阳市××货运有限公司经理赵××的报案，赵某称其公司负责托运的手机在铁西区肇工北街××号沈阳××货运有限公司货场被盗。接警后，民警迅速展开调查，并很快查明：2009 年 12 月 9 日和 12 月 25 日，沈阳市××货运有限公司负责给辽阳客户李××托运的货物中分别有 10 部手机在肇工北街××号公司货场被盗。第一次被盗的 10 部手机为步步高牌 K118 新手机，单价为 1200 元；第二次被盗的手机为步步高牌 i6 新手机，单价为 1650 元，合计损失 28 500 元。民警经过技术手段将被盗的手机定位，查明被盗手机在刘××手中。经调查，刘××是沈阳××货运有限公司辽阳专线货物承包人杨××雇用的码车工。2010 年 2 月 24 日，派出所民警将嫌疑人刘××抓获。

本案证据情况如下：

（1）犯罪嫌疑人刘××供述：2009 年 12 月上旬的一天 22 时左右，我给沈阳××货运有限公司发往辽阳的货车装货，装货时我看到一个纸壳箱上印有"步步高"三个字，我当时以为是步步高产品，就偷偷将纸壳箱包在大衣里放在货车上。装完车，我将纸壳箱裹在大衣里，下班回我在于洪乡××村出租房里。回家后，我打开纸壳箱发现里面是 10 部步步高手机，我就把 10 部手机埋在卫工街七马路和八马路之间的一个工地里。过了 10 多天，一天晚上装货的时候，我用同样的方法又偷了 10 部手机。这次偷的是 10 部步步高 i6 手机。第二次偷的 10 部手机，放在我宿舍的箱子里。我又把埋在工地里的 10 部手机拿回来，放在宿舍的箱子里。过了几天，我害怕出事，就不在货运站干了。

我在离开铁西物流中心之前，我女朋友王××到我宿舍发现我的包里有手机，就问我手机是从哪里来的，我告诉她是顶工资的，并让她帮我联系买主将手机卖掉。王××帮我找了一个男的，那个男的让她把手机的串码发给他，王××就把 10 部手机的串码都发给了他。之后，我和王××回我凌源的老家研究结婚的事。我和王××带了 2 部 i6 手机，1 部 K118 手机。回凌源后我把那部 K118 手机给了我姑父乔××，另外 2 部手机我俩在用。之后，我和王××回沈阳，在新华商场和王××联系的那个男的见了面。那个男的说这 10 部手机有问题，是某个货运站丢的货，卖不了。回家的路上，王××问我手机是不是偷的，我没有承认。后来我和王××带了 2 部 K118 手机到南站附近的手机店，卖了不到 300 元，又到铁西百货附近的一家手机店卖了一部手机，价格为 120 元，王××卖了一部手机，多少钱我不知道。后来我又回老家，将一部 i6 手机卖给一个叫"大庆"的男的，价格为 650 元，但他没给我钱。卖给乔××一部 i6 手机，价格为 600 元，也没给我钱，卖给方××一部手机，只给我 300 元，卖给宋××两部 K118 手机，也没有给钱。其他的我给了王××姐姐一部 K118 手机，给王××弟弟一部 i6 手机，给我父亲一部 i6 手机，我自己用一部 i6 和一部 K118 手机，王××用一部 i6 手机，还有四部没开封的 i6 手机在我老家。卖手机的钱都被我和王××花光了。

（2）犯罪嫌疑人王××供述：2009 年 12 月，我在刘××的宿舍里看到他手提包里有好几个手机，我问他是从哪里来的，他说是顶工资的，并让我帮他联系买主将手机卖掉。我就找了我前男友陶××让他帮忙。过了三四天，陶××让我把手机的串码发给他，我就给他发了10部手机的。后来陶××约我在新华商场见面时告诉我手机是货运站丢的，不能收。我回去问刘××手机是不是偷的，他说你就别管了，这时我才知道手机是他偷的。

（3）证人陶××证实：王××是我前女友，2009年9月，王××找到我说她手里有几部步步高手机要卖，让我帮她联系一下买主。她说手机是一个开手机店的朋友欠她钱顶账的。我正好有个朋友陈××是步步高公司的业务员，我和他联系后，他说要手机的串码，查一下手机来源。我告诉王××后，她给我发过来了10部手机的串码。我转发给陈××后，陈××告诉我这10部手机是货站丢的，经销商收不了。我和王××还有一个男的在新华商场见面时我把这个情况告诉他们了。我不知道那个男的叫什么名字，见面时王××没有说手机来源，我也没有进一步问她。

（4）证人陈××证实：我所在公司代理的是步步高产品，我是手机部的业务员。大概一个月前，我接到陶××的电话，问我们公司回收步步高手机不，我问他手机是从哪里来的，他说是顶账的，大概有10部，i6型的5部、K118型的5部。我让陶××把手机串码发过来，好查查手机有没有问题。过几天，他把10部手机的串码发了过来，我在公司查完串码后发现这10部手机是步步高公司发给辽阳代理商的，我觉得这手机有问题，就给辽阳代理商打了电话。辽阳代理商告诉我这批手机是在货运站托运时丢失的。我把这个情况和陶××说了，告诉他手机收不了。

（5）2010年2月14日，××公安分局根据犯罪嫌疑人刘××的供述，在刘××家里查获5部步步高i6手机，2部步步高K118手机，在邵×的见证下将7部手机扣押。

（6）2010年2月26日，王××的弟弟将刘××给他的i6手机送到××派出所，民警询问情况属实，在邵×的见证下将手机扣押。

（7）2010年2月24日，××公安分局根据犯罪嫌疑人刘××的供述找到方××，经询问情况属实，在邵×的见证下将手机扣押。

（8）2010年2月24日，××公安分局根据犯罪嫌疑人刘××的供述找到王××的姐姐，经询问情况属实，在邵×的见证下将手机扣押。

（9）2010年2月24日，××公安分局根据犯罪嫌疑人刘××的供述来到凌源市找到"大庆"、乔××，宋××及刘××的父亲，经询问情况属实，在邵×的见证下将5部手机扣押。

（10）沈阳市××价格认定中心出具的价格鉴定结论书表明：步步高手机K118型价格为1200元，步步高手机i6型价格为1650元，涉案物品共计28 500元。

三、实训准备

1. 教师指定学生阅读《刑事诉讼法》教材中关于检察机关提起公诉的内容，要求学生查阅《刑事诉讼法》《最高人民法院关于适用〈中华人民共和国刑事诉讼法〉的解释》《公安机关办理刑事案件程序规定》《人民检察院刑事诉讼规则》等法律法规中关于提起公诉的有关规定。

2. 教师课前将实训素材的基本案情资料传发给学生，要求检索有关程序法和实体法方面的法律依据，根据具体实训案例结合实体法的内容明确案件中当事人的刑事责任。学生自主学习后，要求提交书面形式的报告。

3. 教师将学生分成小组进行讨论。

四、实训要点

审查起诉，是指人民检察院依照《刑事诉讼法》规定的管辖和职能权限，在收到侦查机关侦查终结移送人民检察院审查是否提起公诉的刑事案件后，为了确定侦查终结后刑事案件是否应当提起公诉而对侦查机关确定的犯罪事实和证据、犯罪性质和罪名进行审查核实，并作出处理决定的一项诉讼活动。它是人民检察院公诉职能的一项最基本权利，也是人民检察院对侦查活动实行监督的一项重要手段。除最高人民检察院另有规定外，需要审查起诉的案件，一律由公诉部门审理。

（一）审查起诉的内容

1. 对犯罪事实和情节的审查

（1）审查犯罪事实、情节是否清楚，证据是否确实、充分，犯罪性质和罪名认定是否正确。犯罪是以事实和情节为基础的，犯罪事实指的是犯罪行为，犯罪情节虽然也属于事实，但比事实更具体，它包括与事实相联系的情节。例如，抢劫案中被告人的抢劫行为就是犯罪事实，而抢劫的时间、地点、手段、是否致被害人伤害或死亡、有无抢劫到财物、行为人的动机如何等属于犯罪情节。在查明犯罪事实和取得确实、充分的证据的基础上，还应当就犯罪的性质和罪名的认定是否恰当进行鉴别。犯罪的性质与罪名互相联系，如果只认定犯罪性质而不认定具体的罪名，性质也难以定准。在同一性质的犯罪中，法律又规定了若干罪名，所以，审查犯罪性质和审查具体的罪名应当同时进行。

（2）审查有无遗漏罪行和其他应当追究刑事责任的人。人民检察院指控犯罪应当客观、全面。审查中既要查清案件的全部犯罪事实和被告人所犯的全部罪行，又要在共同犯罪案件中，查清每个被告人在犯罪中所起的作用和占有的地位，分清主、从犯。同时要审查是否漏罪或漏诉，对遗漏罪行和其他应当追究刑事责任的人，应依法追诉，要使有罪的人都能受到法律的追究，做到不枉不纵。

（3）审查是否属于不应追究刑事责任的情形。《刑事诉讼法》第16条对不应追究刑事责任的情形作了明确规定，同时对犯罪情节轻微，依照《刑法》规定不需要判处刑罚或者免除刑罚的和证据不足不符合起诉条件的，法律均赋予检察机关不予起诉的权力，以保障无罪的人不受刑事追究。

（4）审查有无附带民事诉讼。《刑事诉讼法》第101条第1款规定："被害人由于被告人的犯罪行为而遭受物质损失的，在刑事诉讼过程中，有权提起附带民事诉讼。被害人死亡或者丧失行为能力的，被害人的法定代理人、近亲属有权提起附带民事诉讼。"该条第2款规定："如果是国家财产、集体财产遭受损失的，人民检察院提起公诉的时候，可以提起附带民事诉讼。"根据法律的这一规定，人民检察院在审查起诉时，首先，审查犯罪嫌疑人的犯罪行为是否给被害人造成了经济损失，被害人或其法定代理人、近亲属是否提起了附带民事诉讼。已提起的，要保护被害人的这项权利；没有提起的，应主动告知被害人有权提起。其次，查明国家、集体财产是否因犯罪而遭受损失，如果造成了损失，人民检察院可以在提起公诉时一并提起附带民事诉讼。

（5）审查侦查活动是否合法。人民检察院审查起诉的过程，也是对侦查工作进行法律监督的过程。审查时要注意审查侦查人员的侦查活动是否符合法定程序，法律手续是否完备，侦查人员在讯问和取证过程中有无刑讯逼供和以威胁、引诱、欺骗以及其他非法方法收集证据的情况。如果发现侦查活动中有违法行为，应当及时提出纠正意见，构成犯罪的应依法追究刑事责任。

（6）在司法实践中，人民检察院在审查起诉过程中，还应当注意审查以下内容：案件是否属于本院管辖；证据是否随案移送；与犯罪有关的财物及其孳息是否扣押、冻结并妥善保管，以供核查；对被害人合法财产的返还和对违禁品或不宜长期保存的物品的处理是否妥当，移送的证明文件是否完备；等等。

2. 对全案证据的审查

（1）审查证据的客观性。客观性是刑事证据最本质的特征，是刑事案件中客观存在的事实或人对于客观事实的真实反映。只有客观真实的证据，才能起到证明犯罪事实的作用。审查证据的客观性，通常采用以下两种方法：①纵向对比审查。一要审查每一个证据的来源是否清楚，在调取、收集移送过程中有无损毁、灭失或违法取证等现象。只有那些收集合法、保存得当的证据材料，才有可能成为证明案件真实情况的证据。二要审查每一个证据的内容，看其是否合理，自身有无矛盾，一般常用辨认、对质等方法进行审查。②横向对比审查。就是对案件中证明同一个案件事实的不同种类的证据，或者不同的诉讼参与人就同一个案件事实提供的言词证据作对比，看证据之间所反映的内容是否协调一致，有无矛盾。实践中通常采用此证与彼证、证言与口供、证言与证言、口供与口供、物证、书证与证言及口供之间相互比对的方法，判断证据是否客观。

（2）审查证据的关联性。审查证据内容所反映的事实与证明的案件事实之间是否存在某种客观的联系，属何种联系，其联系的形式、途径和方法是否明确，能否证明案件的真实性。

（3）审查证据的合法性。证据的合法性表现在两个方面：一是侦查人员收集证据的程序要合法；二是所收集的证据形式要符合法律规定，即程序合法和内容形式的合法。如果侦查人员是用刑讯逼供等非法方式取得的证据或证据在形式上不符合法律规定的要求，均不能作为定案的根据。

3. 准确认定犯罪性质和罪名

准确认定犯罪性质和罪名，既是审查起诉的重要任务，也是在司法实践中贯彻"罪刑法定"和"罪刑相适应"原则的具体体现。我国《刑法》根据这两条原则，明确规定了什么是犯罪及刑罚的刑种和各种量刑幅度。罪重的，法定刑就重；罪轻的，法定刑就轻。如果认定犯罪性质和罪名不准确，就会导致适用法律不当以及重罪轻判或轻罪重判，罚不当刑、罚不当罪，达不到刑罚的目的，损害了法律的严肃性。同时，正确认定犯罪性质和罪名，对于公诉人在法庭上指控犯罪、支持公诉也将起到重要作用。

从我国刑法分则的规定看，认定犯罪性质和罪名，主要是根据以下几个方面进行认定。

根据犯罪目的区分罪名。例如，危害国家安全罪，对行为人主观上要求是故意，即行为人主观上必须有危害国家安全的目的。否则，即使行为人有危害国家安全的行为，如果出于过失，也不能以危害国家安全罪论处。

根据犯罪手段区分罪名。例如，侵犯财产的犯罪，虽然目的相同，但犯罪手段不同，罪名也不同。秘密窃取财物的，构成盗窃罪；乘人不备，公然夺取财物的，构成抢夺罪；当场使用暴力、威胁或其他手段，将公私财物占为己有的，构成抢劫罪；虚构事实，骗取他人财物，构成诈骗罪等。但根据犯罪手段区分罪名时，应注意把握，只有在犯罪客体相同，犯罪手段不同时，才能根据犯罪手段认定罪名。如果犯罪客体不同，就不能简单地以犯罪手段认定罪名，而应根据其犯罪性质，结合犯罪构成要件加以认定。

根据犯罪对象区分罪名。犯罪手段相同，犯罪对象不同，认定的罪名也不同。犯罪对象是具体社会关系的表现，虽然犯罪手段相同，但侵犯了不同的社会关系，则罪名也不一样。例如，同样是秘密窃取的手段，窃取枪支的构成盗窃枪支罪；而窃取财物的，则构成盗窃罪。

根据犯罪主体区分罪名。有些犯罪，虽然犯罪的目的、手段相同，但行为人的主体身份不同，罪名也不同。例如，同是包庇犯罪分子，一般主体构成包庇罪，司法工作人员则构成徇私舞弊罪。同是利用职务非法占有公共财物，国家工作人员利用职务之便，采取侵吞、窃取、骗取或收入不入账等手段非法占有公共财物的，国家工作人员构成贪污犯罪，一般主体则构成职务侵占罪。

审查起诉中，在认定犯罪性质和罪名时经常遇到如下疑难问题：

犯罪性质与罪名相混淆。犯罪性质是行为所侵害的同类客体，定性定罪要依据犯罪所侵害的直接客体，把犯罪性质当作罪名，混淆了同类客体和直接客体的界限，是属概念代替种概念，犯了逻辑上的错误。例如，将重大责任事故罪的罪名定为危害公共安全罪；把玩忽职守罪的罪名定为渎职罪等。

混淆犯罪的动机、目的和行为后果之间的界限，简单地以行为后果作为定罪标准。例如，将故意杀人未遂定为故意伤害罪或者将伤害致死的行为定为故意杀人罪等。

混淆一罪同数罪的界限。将牵连犯罪、连续犯、结合犯等应一罪处罚的行为当作数罪认定，或将数罪当作一罪认定。例如，将绑架杀害人质的行为定为绑架罪和故意杀人罪，即是将本应定为绑架罪一罪的定为两罪；又如，将抢劫后杀人灭口的定为故意杀人罪，即是将本应定为抢劫罪、故意杀人罪两项数罪并罚的定为一罪。

混淆多人多罪的复杂情况，一律认定为共同犯罪。在一案多人多罪的情况下，其中既有共同犯罪，也有个人犯罪，有参与此罪而未参与彼罪的，也有参与彼罪而未参与此罪的。审查人员在审查中应根据案件情况具体分析，依据行为人在共同犯罪中所起的作用和所处的地位，准确认定每一个人的罪行和罪名，不能眉毛胡子一把抓，笼统地认定为共同犯罪而不作具体区分。

（二）审查起诉的步骤

1. 审阅案卷材料

审阅案卷材料，是人民检察院在办理刑事案件中为全面审查案件，更好地履行国家法律赋予的侦查监督和审查起诉而进行的一项必不可少的基础性工作。通过阅卷，监督公安机关的侦查活动是否合法，一方面，能够保证法律的正确实施，维护法律的尊严；另一方面，发现并纠正侦查机关在搜查、扣押、讯问犯罪嫌疑人、询问证人、现场勘查、检查、鉴定等环节中的违法违纪情况，使公民的人身权利、民主权利和其他各项权利得到切实有效的保障。通过阅卷，发现证据的矛盾和不足，提出具体的补充侦查意见或制订自行补充侦查方案，完善证据体系。通过阅卷，判断行为是否构成犯罪，正确区分犯罪性质和触犯罪名，作出准确认定。通过阅卷，对依法不应当追究刑事责任的和情节轻微、不需要追究刑事责任的或者证据不足不能认定为犯罪的应作出不起诉处理。只有这样，才能合法及时地追究犯罪人的刑事责任，使之受到应有的刑事处罚，保护国家和人民的利益以及被告人、被害人个人的合法权益，保障法律的正确实施。通过阅卷，全面掌握案件情况，为依法提起公诉，出庭支持公诉最终实现公诉权打下坚实的基础。

办案人员接到案件后，审查侦查机关移送的案件材料是否齐备，有无起诉意见书，侦查终结报告，立、破案报告材料及是否采取拘留、逮捕等强制措施和有无搜查、扣押、冻结等诉讼文件。要审查管辖是否符合《刑事诉讼法》的要求，对不属于本院管辖的案件应及时移交或移送有管辖权的机关受理。要认真阅读起诉意见书，了解犯罪嫌疑人的犯罪事实、情节、犯罪性质和罪名以及要求起诉的理由，详细审阅案卷中的证据材料，按照法定审查起诉的五项内容，逐项进行审查：犯罪事实、情节是否清楚，证据是否确实、充分，犯罪性质和罪名的认定是否正确；有无遗漏罪行和其他应当追究刑事责任的人；是否属于不应追究刑事责任的；有无附带民事诉讼；侦查活动是否合法。要审查犯罪嫌疑人的身份状况是否清楚，有无前科，采取的强制措施是否适当，有无鉴定或勘验。证据材料是否全部移送，不宜移送的证据清单、照片、复印件或其他证明文件是否随案移送，对案件涉及的物品处理或保管是否妥当，移送的证明文件是否充分等。要审查全案证据是否确实、充分，是否符合起诉条件，对证据的审查应从证据的客观性、关联性、合法性三个方面进行。

2. 讯问犯罪嫌疑人

讯问犯罪嫌疑人是审查起诉中必不可少的程序。这是人民检察院核实证据，正确认定案件事实，监督侦查活动是否合法必需的程序，必须认真加以对待。

（1）审查起诉阶段的讯问犯罪嫌疑人与侦查阶段的讯问犯罪嫌疑人的侧

重点不同。通过讯问，办案人员可以直接听取犯罪嫌疑人的供述与辩解，进一步核实口供和鉴别证据的可靠性，弄清犯罪的动机、目的、手段等具体情节。

（2）通过讯问，办案人员可以了解犯罪嫌疑人的精神状态和悔罪态度，为其提供辩护机会，倾听其辩解理由，以便正确认定犯罪性质和罪名。

（3）通过讯问，办案人员可以听取犯罪嫌疑人的辩解，可以发现侦查中存在的问题，及时采取措施加以纠正。对侦查人员混淆罪与非罪界限的，如将通奸认定为强奸等要及时作出不起诉决定，对犯罪嫌疑人因刑讯逼供而屈打成招的，要认真核实，防止错误追诉。

（4）通过讯问，办案人员可以查明有无翻供或串供。对照讯问所供述的内容与侦查机关讯问时供述是否一致，有无矛盾，能否合理排除矛盾，并将讯问与案件中的其他证据相结合，审查犯罪嫌疑人供述与其他证据是否协调一致，能否相互印证。

3. 听取被害人和犯罪嫌疑人、被害人委托人的意见

在司法实践中，有许多被害人、犯罪嫌疑人缺乏法律知识或受其文化水平限制，需要委托他人代为诉讼，以维护其正当的合法权益。因此，《刑事诉讼法》规定人民检察院审查案件，应当听取被害人、犯罪嫌疑人、被害人委托的人的意见。这样，有助于办案人员核实证据，查明案件事实。同时，询问重要证人并核实其他证据是否属实，取证程序及所取得的证据形式是否符合法律的要求，有无遗漏重要情节等。

4. 补充完善证据

补充、完善证据是审查起诉的一项重要内容，办案人员在审查起诉过程中，如果发现有事实不清、证据不足或者遗漏罪行或同案人，需要补充、完善证据。根据《刑事诉讼法》第175条第2款的规定，补充、完善证据的形式有两种：一是退回公安机关补充侦查。这种方式一般适用于主要犯罪事实不清，证据不足，或者遗漏了重要犯罪事实及应追究刑事责任的同案犯案件。对决定退查的案件，应制作《退回补充侦查决定书》，写明退查的理由和需要补充查明的具体事项及要求，连同案卷材料一并退回公安机关。二是检察机关决定自行侦查。这种方式一般适用于只有某些次要的犯罪事实、情节不

清，在认定事实和证据上与公安机关有较大分歧或者已经退查过，但仍未查清的案件。对检察机关自侦案件需要退查的，依法退回自侦部门补充侦查。

5. 作出决定

案件经承办人审查终结，对案件事实清楚，证据确实充分，依法应当追究刑事责任的，办案人员须制作《审查起诉终结报告》，经起诉部门负责审核后提交检察长或检察委员会讨论决定。对授权主诉检察官负责承办的案件，主诉检察官可自行决定起诉，对符合《刑事诉讼法》不起诉条件的，需要作不起诉处理的，应由承办人员及部门提出处理意见，报请检察长或检察委员会讨论决定。

（三）提起公诉的要求

根据《刑事诉讼法》第176条第1款的规定，检察机关在审查起诉中，认为犯罪嫌疑人的犯罪事实已经查清，证据确实充分，依法应当追究刑事责任的，应当作出起诉决定，按照审判管辖的规定，向人民法院提出公诉，并将案卷材料、证据移送人民法院。

1. 犯罪嫌疑人的犯罪事实已经查清

（1）能够确定犯罪嫌疑人实施的行为是犯罪，而不是一般违法行为。

（2）能够确定犯罪嫌疑人是否负刑事责任或者免除刑事责任的事实。例如，犯罪嫌疑人的主观状态、故意、过失及犯罪动机、目的、年龄、精神状态等。

（3）能够确定对犯罪嫌疑人应当从轻、减轻或者从重处罚的事实。

在司法实践中，由于形形色色的案件中犯罪嫌疑人作案的手段千差万别，涉及社会生活的各个方面，不可能查清案件的全部事实，只要符合以下要求，就可以确认案件事实已经查清。属于单一罪行的案件，定罪量刑的事实已经查清，不影响定罪量刑的事实无法查清的；属于数个罪行的案件，部分罪行已经查清并符合起诉条件，其他罪行无法查清的；无法查清作案工具、赃物去向，但有其他证据证明其犯罪，足以对被告人定罪量刑的；言词证据中主要情节一致，只有个别情节不一致且不影响定罪的。

2. 认定事实的证据必须达到确实、充分的证明标准

证据是认定犯罪事实的客观依据，检察机关指控犯罪，必须有确实、充

分的证据。证据确实是对证据质的要求，是指用以证明犯罪事实的每一个证据必须是客观存在的事实，同时又与犯罪事实有内在联系，能够证明案件的事实真相。证据充分是对证据量的要求，只要一定数量的证据足够证明犯罪事实，就达到了证据充分的要求。

证据确实与充分是相互联系、不可分割的两个方面，证据确实必须以证据充分为条件，如果证据不充分就谈不上证据确实；反之，如果证据不确实，即使有再充分的证据，也不能证明案件真实。因此，证据确实充分是提起公诉的一个必要条件。证据不仅要确实充分，而且要合法，如果取证的程序、方式或证据形式不合法，再好的证据也不能作为定案的根据。

3. 必须依法追究刑事责任

依照我国法律规定，犯罪嫌疑人实施了某一犯罪行为，并非一定要追究刑事责任。《刑法》《刑事诉讼法》中将免予追究刑事责任的情形作了明确规定，因此，决定对犯罪嫌疑人提起公诉时必须排除法定不予追究刑事责任的情形。只有对那些犯罪后果严重，手段恶劣，对社会造成较大危害的犯罪嫌疑人才依法追究其刑事责任。

（四）起诉书的格式与内容

1. 起诉书的格式

检察机关决定对被告人提起公诉时，必须制作起诉书。起诉书是人民检察院代表国家追究被告人刑事责任的法律文书，是将被告人交付人民法院进行审判的法律依据，也是法庭调查、辩论的基础。制作起诉书必须坚持以事实为根据，以法律为准绳的原则，如实写明已查清的全部犯罪事实，做到定性准确，引用法律条款适当，叙事简洁清楚，措辞准确、语句通顺、文字流畅精练。

（1）首部：写明制作文书的人民检察院名称、起诉书标题、文书编号。

（2）被告人基本情况：包括姓名（姓名、曾用名、绰号）、性别、出生年月日、民族、籍贯、身份证号、文化程度、职业、住址、曾否受过刑事处罚、采取强制措施的名称及时间。共同犯罪案件应逐个写明被告人的基本情况。

（3）案由和案件来源。案由是经人民检察院审查认定的案由；案件来源要写明立案侦查的机关：公安机关或国家安全机关侦查终结移送起诉的；检察机关自行侦查终结移送起诉的；上级检察机关交办的；下级检察院报送的。这部分要分别写明案件来源，移送时间及移送时认定罪名，退查、讯问被告人及听取被害人、被告人委托的代理人、辩护人等情况。

（4）犯罪事实和证据。这部分是起诉书的核心，简要地写明被告人犯罪的时间、地点、手段、动机、目的、所造成的后果等事实情节及认罪态度。特别是起诉书认定的每项事实，要列举足以证明被告人犯罪的各种证据并加以论证。共同犯罪案件，应综合写明被告人共同作案的事实情节，并分别指明各个被告人在共同犯罪中的地位、作用和各自应负的具体罪责等。提起刑事附带民事诉讼的，应简要写明诉讼要求及依据。

（5）起诉的理由和法律依据。这部分是在起诉书事实证据部分的基础上形成的，要求以准确、精练的语言，概括被告人的犯罪行为，触犯《刑法》的条款，构成什么犯罪；阐述保护的客体、提起公诉的目的及法律根据，写明被告人应负的法律责任及依法从轻、减轻或从重处罚的情节，并提出量刑建议。共同犯罪的案件应当分别写明被告人对犯罪所起的作用和各自应负的罪责。

（6）结尾。包括"此致××人民法院"及检察人员法律职务、姓名、制作时间、院印。

（7）附注。包括写明被告人住址或羁押处所、本案卷宗册数、起诉书副本份数、证据目录、主要证据复印件、证人名单及物证清单。

2. 制作起诉书时应注意的问题

（1）分清罪与非罪的界限。起诉书是检察机关代表国家对应当追究刑事责任的被告人提起公诉的正式司法文书。起诉书指控被告人的犯罪事实必须是法律规定构成犯罪的事实，对于没有构成犯罪的一般违法行为，违反党政纪律的行为，属于思想认识、缺点错误、生活作风、道德品质等问题以及超过法定追诉时效的犯罪行为等，都不能作为犯罪事实写入起诉书。对于共同犯罪案件中已经构成犯罪但不需要判处刑罚的人，也不能列为被告人写入起诉书。

（2）事实部分的叙述要突出重点，详略得当。起诉书中对犯罪事实的叙述要简要、概括，但又不能笼统、抽象。要重点突出，无论一个罪行中有一个或几个犯罪事实，都要将最能说明案件性质，证明被告人罪责的主要事实、情节和关键性问题加以详尽的叙述。而对于一些与构成犯罪事实关系不大或全无关系的材料，则应根据具体案情不叙或简叙，切忌平铺直叙，主次不分或过于冗长。起诉书叙述犯罪事实可以根据不同案件的特点，采取不同的写法：

第一，先总后分法。这种写法适用于多人多起的共同犯罪，即在起诉书指控犯罪事实部分先总写共同犯罪的总的事实，然后再分写每一起犯罪的事实及参与人员具体实施犯罪的情况。

第二，先分后总法。这种写法多用于一人犯数罪或一案多起犯罪案件，即先将被告人每一次犯罪的事实分别叙述，然后再概括叙述被告人或全案总的犯罪事实。

第三，因果联系法。这种写法多适用于杀人、伤害等因各种矛盾引起的犯罪，即先简要叙述被告人与被害人之间的关系、矛盾的起因、发展、变化等以作铺垫，然后重点写矛盾激化的原因、发展过程及后果，突出行为与结果之间的因果联系。

第四，时间推移法。这种写法多用于一人或多人一次犯罪，以及一人或多人数次犯罪触犯同一罪名的案件，即根据犯罪的时间先后顺序、详略得当地进行叙述。

第五，综合归纳法。这种写法多用于被告人多次作案的手段、情节大致相同，即将同类犯罪事实进行综合归纳，突出重点叙述。

第六，轻重排列法。这种写法常用于对多人数罪的团伙犯罪，即按先重罪后轻罪的顺序，将犯罪性质和事实由重到轻地排列，突出主犯和主要罪行，依次进行指控。

第七，罪行分类法。这种写法多用于一人或多人数罪并罚的犯罪，即将所犯的不同罪名分类进行指控，然后在各类指控罪名中，根据案件情节采取上述先分后总、先总后分、因果联系、时间推移等各种方法展开叙述。

（3）证据部分要专段论证。证据部分是起诉书的重要内容之一，是证明犯罪构成必不可少的要件。目前，司法实践中对起诉书证据部分的写法还存在一定分歧。有的主张对证据分项列举，将全案证据全部逐项罗列，据以支持起诉书指控的事实；有的则主张不仅要列举所有证据，还应将证据所证明的内容全部在起诉书中叙述出来；还有的主张证据不宜全部列出，只进行简要概括的叙述。证据既不能省略不写，也不能像判决书一样把所有证据都写上，而是要选择列举一些主要证据，即能够证明基本犯罪事实的证据。同时对所列举证据之间的关系、证明的问题及相互间能否相互印证，协调一致作出简要论证，对没有查实或未能全部查实的证据不能引用；对那些似是而非、模棱两可、互相矛盾的证据不能引用。总之，引用的证据既不能过细，又必须达到确实、充分的证明标准。

（4）引用法律依据必须完整、准确。起诉书认定是否犯罪，犯哪种罪，有无从轻、从重情节，都必须根据法律的有关规定，引用相应的法律条款。罪名要引用《刑法》或人大常委会决定中规定的罪名，引用的法律条款有款有项的，要既引条又引款或者项。要注意引用法律应遵守一定的顺序。数罪的，先引重罪条款，后引轻罪条款；具有法定从轻或者从重情节的，先引定罪条款，后引量刑条款等，最后还须引用检察机关据以起诉的条款。引用条款要以法律文本格式的大写，而不能用阿拉伯数字代替。

（5）起诉理由及量刑建议要客观、准确、适度。起诉理由及量刑建议要根据不同案件的特点去写，不能千篇一律地使用套话，也不能以构成犯罪的定义代替结论，即要根据案件的客观事实及从重从轻的情节准确提出，同时不能过于具体到量刑几年的程度。只建议在哪个量刑幅度内，能否从重、从轻或减轻处罚即可，过于具体，容易引起被动，影响法院审判活动的正常开展。

（6）起诉书结构要紧凑，用语应规范、严谨，简洁明了。起诉书是当庭宣读的书面文件，要根据其既有看的一面，又有读和听的一面的特殊性；既不能过于刻板、生硬，又不能过于松散、随便。使用法律术语力求准确无误，可适当使用形象、生动的方言俗语，但严禁使用带有夸张色彩的形容词。语法多用直言判断，明确、具体。句式多用四字句或四六短句，读起来铿锵有力。标点符号要正确使用，议论应简洁、精当。总之，起诉书既是对案件事实的叙述，又是对犯罪行为的刻画，同时又是对犯罪行为应受刑罚追诉的论证。虽然篇幅不长，但也要条理清楚，逻辑严密，文通字顺，一气呵成，具有相当高的制作要求。

五、实训过程

1. 教师对审查起诉的基础理论知识进行讲解。

2. 通过投影仪，教师与学生共同回顾实训素材的基本案情。

3. 小组讨论分析犯罪嫌疑人的刑事责任，根据审查起诉的要求对本案进行评价，并由学生代表发言。

4. 以上述讨论确认的刘××的刑事责任为基础，各小组制作《起诉书》，并由各个小组代表予以展示。

5. 对小组展示的起诉书文本进行评价。

六、实训总结

（一）教师总结

人民检察院接到公安机关移送的证据和起诉意见书后，应对其进行审查，以判断是否符合起诉的条件，并作出提起公诉与否的决定。本案中，根据公安机关提交的案卷材料，我们可以发现，犯罪嫌疑人的供述和其他证人证言之间相吻合，没有出现事实不清的情况，根据嫌疑人的供述，赃物全部追缴返还，可以说，本案事实清楚、证据确实充分，可以对犯罪嫌疑人刘××提起公诉。

（二）起诉书范本

辽宁省沈阳市××区人民检察院

起诉书

沈×检刑诉〔2010〕××号

被告人刘××，男，1981年10月29日出生，身份证号码××××××××，汉族，小学文化，无职业，住辽宁省凌源市×××乡××村××组3023号，因涉嫌盗窃罪于2010年2月26日被沈阳市××公安分局刑事拘留，经本院批准，于同年3月8日被沈阳市××公安分局依法逮捕。现羁押于沈阳市××区看守所。

续表

本案由沈阳市××公安分局侦查终结，以被告人刘××涉嫌盗窃罪，于2010年3月22日向本院移送审查起诉。本院受理后，依法告知了被告人有权委托辩护人并依法讯问了被告人，审查了全部案件材料。

经依法审查查明：2009年12月间，被告人刘××在沈阳市铁西区肇工北街××号沈阳××货运有限公司院内，趁装运货物之机，先后两次盗走沈阳四海货运有限公司托运给辽阳市客户的步步高K118型手机10部及步步高i6型手机10部，共价值人民币28 500元，部分赃物已追缴返还被害人。

认定上述事实的证据如下：1. 书证、物证、赃物照片，情况说明，起赃经过，扣押物品、文件清单，××货运单复印件，委托书，辽阳步步高电子有限公司缺货条码，步步高手机价格表，企业法人营业执照，刘××人口信息查询表一份；2. 证人陶××、陈××等的证人证言。

本院认为，被告人刘××目无国法，以秘密窃取手段盗窃私有财物，数额较大，其行为触犯了《中华人民共和国刑法》第二百六十四条之规定，犯罪事实清楚，证据确实、充分，应当以盗窃罪追究刑事责任。根据《中华人民共和国刑事诉讼法》第一百四十一条的规定，提起公诉，请依法判处。

此致

辽宁省沈阳市××区人民法院

检察员：××

二〇一〇年四月十二日

法院院印

七、实训拓展

（一）被害人陈述

1. 被害人陈××的陈述

2011年9月14日中午12点左右，我和工友徐××、金××在工地厂房休息。当时厂房里还有另外两个男的在喝酒，他二人说话声音很大，我由于前晚加班一宿没睡，就让他俩小声点。其中那个矮个子让我过去，我们两个人说了两句，随后，他就抓着我的脖领子，我让他撒手他不撒手，我就把他撂倒在地。紧接着，另外那个喝酒的人就踢我左腿一下。后来，被工友拉开。被我撂倒的那个人起来告诉我等着，他找人去了，然后他俩就走了。我们就回去休息了。大约过了半个小时，我们休息的厂房又进来十多个人，包括喝酒聊天的那两个。他们有的拿棒子，有的拿斧头，有的拿菜刀，我起身下地想和他们唠唠，刚才被我撂倒的那个男的指着我们休息的地方说："就是这几个。"接着一小伙一手抓着我的衣服一手拿着棒子朝我头上打，我用右手一挡，棒子打在我的右手腕上，当时我就被打倒在地，然后这个小伙又打了我左腿几棒子。之后怎么打架的我没看见，但是我听见被我撂倒的那个人说了句"打错人了"。事情经过就是这样。

2. 被害人徐××的陈述

2011 年 9 月 14 日中午 12 点左右，我和同事陈××、金××在工地厂房休息。当时厂房里还有另外两个男的在喝酒，他们二人边喝酒边唠嗑，陈××就让他俩小声点。喝酒的两个人中，体形消瘦个头稍矮的人叫号，就让陈××过去，陈××过去后，他们两个人说两句就吵起来了，随后，就打起来了，陈××将叫号的那个人撂倒在地。紧接着，另外那个喝酒的人也和陈××撕扯起来。我们就过去拉架。叫号那个男的告诉我们等着，然后他俩就走了。我们就回去休息了。大约过了半个小时，我听见好像有人打架，起来一看，喝酒那两个男的找人来打我们了。当时有个小胖子，个子不高，手里拿根棒球棒打了陈××腿几下。叫号那个男的在旁边喊："给我打，给我打！"我就上前拉住打陈××的人，往下抢他手里的棒子，结果我身后有人拿砖头往我头上打了几下，我就松手了，打陈××的那个人拿棒子打了我左腿几下。后来看见陈××倒在地上，金××头部也流血了，他们就不打了。突然间，打我那个小胖子又用棒子打了喝酒中较胖的那个人几下，他当时就倒在地上了，接着叫号那个男的说了一句"打错人了"就匆匆逃离现场。

3. 被害人金××的陈述

2011 年 9 月 14 日中午 12 点左右，我在工地厂房休息。旁边两个男的在喝酒，他们二人边喝酒边唠嗑，陈××就让他俩小声点。喝酒的那两个人中，体形稍瘦个头稍矮的人叫号，就让陈××过去，陈××过去后，他们两个人说两句就吵起来了，然后就打起来了。陈××将叫号的那个人撂倒在地，我们就过去拉架。我以为没事了就回去休息了。大约过了半个小时，我听见吵架声就起来了，看见一个小伙手拿棒球棒在厂房内吵吵："谁打我爹了。"叫号那个男的指着我们在地铺上休息的人说："就是他们，给我打，给我打!"拿棒球棒的那个小伙就直奔我旁边地铺上的陈××，打了陈××屁股两棒子，接着打陈××的那个小伙拿棒子打了我左腿一下、头部一下，后来的事情我就不知道了。

（二）证人证言

1. 证人陈××的证言

2011 年 9 月 14 日中午 12 点，我在厂房内休息，听见动静起来看见一起打混凝土的陈××倒在地上，用手捂着右肩膀，旁边的金××和徐××都用手捂着脑袋，两人头部都出血了，大伙就张罗去医院。这时旁边一个老头不知道被谁拿棒子还是啤酒瓶子给打倒在地，有人吵吵说打错了。

2. 证人霍××的证言

我是工地投资方，2011 年 9 月 14 日中午 12 点，我在工地大门口与工地项目经理陈××研究工地建设的事，这工夫看见一台深蓝色桑塔纳开到工地门口停下了，车上下来四五个人就进院了。其中一人与陈××认识，还说了几句话，还有一个小伙手里拎个棒球棒。当时我也没在意，又和陈××接着研究工地的事。几分钟后，工地厂房那边有人喊打架了，我和陈××就跑过去看见，一个人躺在地上，用手捂着右手腕，旁边那个小伙手拿棒球棒，陈××就问那个小伙干啥在工地打人，我也问。但是突然间那个小伙拿棒子打了旁边一个男的头部一下，当时那个男的头部流血，倒地不起。这时有人喊打错了。之后我们就张罗送人去医院了。

3. 证人陈××的证言

我是工地项目经理，2011 年 9 月 14 日中午 12 点，我在工地大门口与投资方研究工地建设的事，这工夫从外边进来四五个人就进院了。其中一人我认识说了几句话，然后我们接着研究工地的事。几分钟后，工地厂房那边有人喊打架了，我就跑过去看见，厂房一个打混凝土的工人躺在地上，用左手捂着右手腕，旁边地上还躺着一个头部流血的打混凝土的工人。一个小伙手拿棒球棒，几个人拉着他，我过去问他干啥打人。他说，没你事。但是突然间，那个小伙拿棒子打了旁边工地拌灰的工人的头部一下，当时就把他打倒在地，头部流血。这时有人喊打错了。之后我们就张罗送人去医院了。拿棒球棒那个小伙什么时候走的我没注意。事情经过就是这样的。

4. 证人王××的证言

我和我叔叔王××在工地承包粘砖和抹灰的活。2011 年 9 月 14 日中午12 点左右，我在工地厂房内地铺上休息，当时在厂房内休息的还有几个打混凝土的工人，我雇用的抹灰的张××还有其他两个人在旁边桌上喝酒，他们在喝酒过程中唠嗑的声音很大，这时在厂房内休息的一个打混凝土的工人提醒他们说话小声点。张××有点喝高了，就叫他过去，那个人就过去了。他过去后就和张××还有姓祁的那个人打起来了。我和另外一个打混凝土的人就将他们拉开。拉开后，我看到张××鼻子出血了，姓祁的和过去那个男的都没受伤。随后，张××和姓祁的那个男的就出去了。过了一会儿，又回来了，张××找我借手机，说是要找人打他们（指打混凝土的工人），我看见张××要找人打架就没借他手机。紧接着，张××又出去了，过了一会他又回来了并坐在那儿喝酒。大约 10 分钟后，从外边进来两三个男的，其中一个拿棒球棒的小伙进厂房就吵吵："谁打我爹了？"这时候，张××进来指着打混凝土那些工人说："就是他们。"这工夫，之前和张××、姓祁的撕打在一块儿的那个男的已经从地铺上起来了。拿棒球棒的那个小伙就过去朝那个男的头部打去，那男的用手一挡，棒球棒就打在他的右手腕，紧接着就倒在地上。然后，拿棒球棒的小伙又朝旁边地铺上的男子的头部打去，该男子当时头部就出血了。我和其他打混凝土的工人准备去拉架，和拿棒球棒那个小伙一起来的一人从腰里掏出一把斧头，朝我和其他人比划，还喊着谁也不许过去。之后我就出去给我叔叔王××打电话。等我回到厂房后，他们已经不打了。这时我看见姓祁的那个男的被工人从地上扶起来，头部出血了，被张××

等人扶出厂房要找车去医院。因为姓祁的和张××都是我叔叔和我雇用的工人，我们就跟着出去了。出去之后我问张××，打架的人是谁找的，他说是他找的。然后我又问他姓祁的是怎么受伤的，他说打错了。之后就送姓祁的去医院了。

（三）犯罪嫌疑人的供述

1. 犯罪嫌疑人张××的供述

被害人陈××先动手的，将自己鼻子和脸打伤，甚至将自己打倒在地。王××并没有借给他电话，他是从别人处借的电话把儿子叫来的。电话是自己媳妇刘××接的。至于是否有人拿斧头前去他不清楚。

2. 犯罪嫌疑人张×的供述

陪同他去工地的是同村的徐×、徐××、单×、刘××，但是除刘××外其他三人均未动手打人，蓝色桑塔纳轿车是徐×的。被害人陈××、金××、徐××、祁××均被其棒球棒打伤，打祁××是以为他跟陈××等人是一伙的了。张××也动手打人了，单×只是拿砖头威胁陈××等人不要动手，并没有真动手。

根据以上证据材料分析，犯罪嫌疑人张××、张×是否符合起诉条件，制作相应法律文书。

八、实训文书

（一）人民检察院起诉书

×××人民检察院

起诉书

检刑诉〔 〕 号

一、被告人基本情况

被告人（写明姓名、性别、出生年月日、身份证号码、民族、文化程度、职业或者工作单位及职务、住址、曾受到行政处罚、刑事处罚的情

续表

况和因本案采取强制措施的情况等。)

（如果是单位犯罪，应写明犯罪单位的名称，所在地址，法定代表人或代表人的姓名、性别、职务。如果还有应当负刑事责任的"直接负责的主管人员或其他直接责任人员"，应当按上述被告人基本情况内容叙写。)

辩护人基本情况：包括姓名、单位、通信地址。

二、案由和案件来源

本案由×××（侦查机关）侦查终结，以被告人×××涉嫌×××罪，于××××年××月××日向本院移送审查起诉。本院受理后，于××××年××月××日已告知被告人有权委托辩护人，××××年××月××日已告知被害人及其法定代理人（或者近亲属）、附带民事诉讼的当事人及其法定代理人有权委托诉讼代理人，依法讯问了被告人，听取了被害人的诉讼代理人×××和被告人的辩护人×××的意见，审查了全部案件材料（写明退回补充侦查、延长审查起诉期限等情况）。

（对于侦查机关移送审查起诉的需变更管辖权的案件，表述为："本案由×××（侦查机关）侦查终结，以被告人×××涉嫌×××罪，于××××年××月××日向×××人民检察院移送审查起诉。×××人民检察院于××××年××月××日转至本院审查起诉。本院受理后，于××××年××月××日已告知被告人有权……"

对于本院侦查终结并审查起诉的案件，表述为："被告人×××涉嫌×××罪一案，由本院侦查终结。本院于××××年××月××日已告知被告人有权……"

对于其他人民检察院侦查终结的需变更管辖权的案件，表述为："本案由×××人民检察院侦查终结，以被告人×××涉嫌××罪，于××××年××月××日向本院移送审查起诉。本院受理后，于××××年××月××日已告知被告人有权……"）

三、案件事实

经依法审查查明：……（写明经检察机关审查认定的犯罪事实包括

犯罪时间、地点、经过、手段、目的、动机、危害后果等与定罪有关的事实要素。应当根据具体案件情况，围绕刑法规定的该犯罪构成要件叙写。）

（对于只有一个被告人的案件，被告人实施多次犯罪的犯罪事实应逐一列举；同时触犯数个罪名的被告人的犯罪事实应该按照主次顺序分类列举。对于共同犯罪的案件，写明被告人的共同犯罪事实及各自在共同犯罪中的地位和作用后，按照被告人的主次顺序，分别叙明各个被告人的单独犯罪事实。）

认定上述事实的证据如下：……（针对上述犯罪事实，分列相关证据。）

四、起诉的根据和理由

本院认为：（概括论述被告人行为的性质、危害程度、情节轻重），其行为触犯了《中华人民共和国刑法》第××条（引用罪状、法定刑条款），犯罪事实清楚，证据确实充分，应当以×××罪追究其刑事责任。根据《中华人民共和国刑事诉讼法》第××条的规定，提起公诉，请依法判处。

此致

×××人民法院

检察员：×××

年　　月　　日

附：

1. 被告人现在处所。具体包括在押被告人的羁押场所和监视居住、取保候审的处所；

2. 证据目录、证人名单和主要证据复印件，并注明数量；

3. 涉案款物情况；

4. 被害人附带民事诉讼情况；

5. 其他需要附注的情况。

（二）人民检察院刑事附带民事诉讼起诉书

×××人民检察院
刑事附带民事起诉书
（附带民事诉讼案件适用）

检刑民诉 〔　　〕　　号

被告人（写明姓名、性别、出生年月日、身份证号码、民族、文化程度、职业或者工作单位及职务、住址、是否为刑事案件被告人等）（如果是单位犯罪，应写明犯罪单位的名称，所在地址，是否为刑事案件被告单位、法定代表人或代表人的姓名、性别、职务）

被告单位（写明单位名称、所有制性质、住所地、法定代表人姓名、职务等）

诉讼请求：（写明具体诉讼请求）

事实证据和理由：（写明检察机关审查认定的导致国家、集体财产损失的犯罪事实及有关证据）

本院认为：（根据叙述被告人应承担民事责任的理由），根据（引用被告人应承担民事责任的法律条款）的规定，应当承担赔偿责任，因被告人×××的上述行为构成×××罪，依法应当追究刑事责任，本院已于××××年×月×日以×××号起诉书向你院提起公诉。现根据《中华人民共和国刑事诉讼法》第××条第×款的规定，提起附带民事诉讼，请依法裁判。

此致

××人民法院

检察员：×××

年　　月　　日

附：

1. 刑事附带民事起诉书副本一本一式×份；

2. 主要证据复印件已移送；

3. 其他需要附注的事项。

九、实训法规

1. 《中华人民共和国刑事诉讼法》第 169—176 条
2. 《人民检察院刑事诉讼规则》第 355—364 条

详见

第三节　不起诉

一、实训目标

通过本节课程的学习，学生了解检察机关不提起公诉的程序，掌握检察机关不起诉的基本步骤和方法，学会根据案情制作不起诉决定书。

二、实训素材

案例一

白某某，女，汉族，小学文化，户籍所在地为甘肃省××市。

2014 年 4 月 25 日 17 时许，卢某某在中国工商银行××支行阳关中路的 ATM 柜员机存款时，将 6500 元现金放入柜员机存钞口时有急事未按存钞确认键离开，紧随其后取款的白某某发现 ATM 机存钞口的现金后，趁取款机周围无人，将 6500 元现金窃走，骑黄色电动车返回家中。案发后，白某某退赔了被害人卢某某的全部损失。

案例二

石某某，男，1996 年 6 月 12 日出生，苗族，高中文化，案发前系××高中学生，户籍所在地为贵州省铜仁市××苗族自治县，住××苗族自治县××镇××村××组。

肖某某，男，1996 年 8 月 21 日出生，汉族，高中文化，案发前系××高中学生，户籍所在地为贵州省铜仁市××苗族自治县，住××苗族自治县××镇××村××组。

2014 年 4 月 1 日凌晨 3 时许，肖某某、石某某窜至××苗族自治县××镇××网吧楼下，将杨某某的一辆红色吉瑞马牌助力摩托车盗走。经××苗族自治县价格认证中心估价，被盗摩托车价值人民币 4122 元。后被盗摩托车被公安机关追回并返还被害人，肖某某、石某某的家属赔偿了被害人 1000 元摩托车修理费并得到了被害人的谅解。2014 年 7 月 20 日，肖某某被××大学建筑工程学院建筑工程专业录取。2014 年 8 月 17 日，石某某被××大学建筑工程管理专业录取。

案例三

2012 年 8 月 9 日凌晨，在长沙市××区××大厦××楼××KTV 内，曹某某与徐某某的女朋友曾某因打麻将的事情发生争吵。在争吵过程中，徐某某动手殴打曹某某，并用手抓住曹某某的头往墙上撞，导致曹某某头部受伤。后经法医鉴定，曹某某的伤情为轻伤。2013 年 11 月 13 日，徐某某主动到长沙市公安局××分局××派出所投案。

曹某某面神经损伤致使部分面肌瘫痪影响面容及功能，其损伤程度评定为轻伤。但依照《人体损伤程度鉴定标准》第 5.2.3 条（P）项规定，面神经损伤致使一侧面肌部分瘫痪，需要造成"遗留眼睑闭合不全"或者"口角歪斜"（是指口唇中线偏离面部中线 0.7 厘米以上）的后果才构成轻伤。曹某某受伤后一侧面肌部分瘫痪事实清楚，未遗留眼睑闭合不全事实清楚，但是否属于"口角歪斜"，由于原鉴定意见和相关病历资料均未对曹某某口角歪斜的程度进行记载。

三、实训准备

1. 教师指定学生阅读《刑事诉讼法》教材中关于检察机关不起诉的内容，要求学生查阅《刑事诉讼法》《最高人民法院关于适用〈中华人民共和国刑事诉讼法〉的解释》《公安机关办理刑事案件程序规定》《人民检察院刑事诉讼规则》等法律法规中关于不起诉的有关规定。

2. 教师课前将实训素材的基本案情资料传发给学生，要求学生检索有关程序法和实体法方面的法律依据，根据具体实训案例结合实体法的内容明确案件中当事人的刑事责任。学生自主学习后，要求提交书面形式的报告。

3. 教师将学生分成小组学习。

四、实训要点

不起诉是指检察院对于侦查终结的案件审查后，依法不将案件移送法院进行审判，从而终止诉讼的活动。不起诉是检察机关对刑事案件进行起诉审查后所采取的一种法律处置方式。不起诉的根据在于案件不具备起诉条件或根据案件的实际情况不适宜提起诉讼。不起诉决定的法律效力在于不将案件交付法院审判而终止刑事诉讼。检察机关的不起诉决定具有确定的效力，如不具备法律要求的条件，不得改变已发生效力的不起诉决定再行提起公诉。

根据《刑事诉讼法》第 177 条的规定，检察机关在审查起诉过程中，应当或可以作出不起诉的种类有三种，即法定不起诉、酌定不起诉和存疑不起诉。

（一）法定不起诉及其条件

法定不起诉又称绝对不起诉，是指犯罪嫌疑人具有《刑事诉讼法》第 16 条规定的不追究刑事责任情形之一的，人民检察院应当作出不起诉决定没有自由裁量的余地。《刑事诉讼法》第 16 条规定的六种情形也就是作出法定不起诉的条件，具体如下：

（1）犯罪嫌疑人实施的行为情节显著轻微，危害不大，不认为是犯罪的；

（2）犯罪嫌疑人的犯罪已过追诉期限的；

（3）犯罪嫌疑人的犯罪经特赦令免除刑罚的；

（4）依照《刑法》告诉才处理的犯罪，没有告诉或者撤回告诉的；

（5）犯罪嫌疑人、被告人死亡的；

（6）其他法律规定免予刑事责任的。

（二）酌定不起诉

酌定不起诉也称相对不起诉，是指人民检察院认为犯罪嫌疑人的犯罪情节轻微，依照刑法规定不需要判处刑罚或者免除刑罚的案件，检察机关可以根据犯罪嫌疑人的年龄、犯罪动机和目的、手段、危害后果等情节，认为作出不起诉决定更有利于对犯罪嫌疑人的教育时，才可以酌情作出。酌定不起诉必须同时具备两个条件：

（1）犯罪嫌疑人实施的行为触犯了刑法，符合犯罪构成要件，已经构成犯罪。

（2）犯罪行为情节轻微，依照刑法规定不需要判处刑罚或者免除刑罚。刑法规定可以免除刑罚的情形主要有：①犯罪嫌疑人在中华人民共和国领域外犯罪，依照我国刑法规定应当负刑事责任，但在外国已经受过刑事处罚的。②犯罪嫌疑人又聋又哑，或者是盲人犯罪的。③犯罪嫌疑人因防卫过当或紧急避险超过必要限度，并造成不应有的危害而犯罪的。④是预备犯、中止犯、从犯或胁从犯的。⑤犯罪嫌疑人自首或者自首后有立功表现的。除具备法定的免除刑罚条件，检察机关应当作出不起诉决定外，对犯罪行为情节轻微，危害不大的，也可以酌定作出不起诉处理。

对于以下几种情况，检察机关不能适用酌定不起诉：

第一，犯罪嫌疑人虽然具有免除刑罚的情节，但所实施的犯罪性质严重的。根据《刑事诉讼法》第 177 条第 2 款"对于犯罪情节轻微，依照刑法规定不需要判处刑罚或者免除刑罚的，人民检察院可以作出不起诉决定"的分析，"犯罪情节轻微"与"依照刑法规定不需要判处刑罚或者免除刑罚"，是相对不起诉的两个必须同时具备的条件，缺一不可。其中，"犯罪情节轻微"又是"依照刑法规定不需要判处刑罚或者免除刑罚"的前提条件。因此，即使犯罪嫌疑人具有免除刑罚的情节，如果所实施的犯罪是重罪的，也不能适用相对不起诉。

第二，犯罪嫌疑人不具有法定的免除处罚情节。刑法规定的量刑情节有法定情节和酌定情节两种。其中，法定情节有从重、从轻、减轻和免除处罚四种；酌定情节只有从重、从轻和减轻处罚三种。如前所述，并没有酌定的免除处罚情节。因此，"依照刑法规定免除刑罚的"只能是法定的免除处罚情节，任何一级检察机关都不能在刑法规定之外，以主观标准来确定犯罪嫌疑人具有酌定的免除处罚情节而对其适用相对不起诉。

第三，犯罪嫌疑人虽然具有犯罪情节轻微，依照刑法规定免除刑罚的条件，但本人拒不认罪的。《刑事诉讼法》虽然规定被不起诉人对不起诉决定有申诉的权利，但是毕竟剥夺了犯罪嫌疑人认为自己无罪、要求法庭公正审判，并为自己辩护以及上诉的权利。因此，对于犯罪嫌疑人虽然具有犯罪情节轻微，依照刑法规定免除刑罚的条件，但本人拒不认罪的，检察机关应当起诉，以维护法律赋予公民的基本权利。

（三）存疑不起诉

存疑不起诉，又称证据不足的不起诉，是指检察机关对于经补充侦查的案件，仍然认为证据不足不符合起诉条件的，可以作出不起诉决定。作出存疑不起诉的条件是：

（1）据以定案的证据存在疑问，无法查证属实的。

（2）犯罪构成要件事实缺乏必要的证据予以证明的。

（3）证据之间的矛盾不能合理排除的。

（4）根据证据得出的结论具有其他可能性而无法排除的。

（5）案件经过两次补充侦查，证据仍然不符合起诉条件的。

作出存疑不起诉决定前应当根据案件情况在法律规定的范围内确定补充侦查的次数。有的案件经过一次补充侦查，或不经过补充侦查就能够得出证据不足，不符合起诉条件的结论，对这类案件经过一次补充侦查后就可以作出不起诉决定。有的案件经过一次补充侦查后，仍证据不足，但检察人员认为开展进一步的侦查工作，有可能使证据充分，符合起诉条件的，有必要经过二次补充侦查。如果最终仍然不能查清证据，不符合起诉条件的，才可以作出不起诉决定。适用存疑不起诉，要严格按法律规定的程序办理，尤其要严格执行《刑事诉讼法》第 173 条的规定，即人民检察院审查案件，应当讯问犯罪嫌疑人，听取辩护人、被害人及其诉讼代理人的意见，并记录在案。

适用存疑不起诉的案件，一般应交检委会讨论，以保证适用存疑不起诉的质量，达到良好的社会效果。在作出存疑不起诉前，要主动听取侦查部门的意见。作出存疑不起诉决定后，侦查机关要求复议的，审查起诉部门应当认真复查，对于有被害人的案件，作出存疑不起诉决定前，要充分听取被害人的意见。在制作《存疑不起诉决定书》时，语言要严谨，适用法律要正确。在适用存疑不起诉时，应注意附带民事诉讼案件的处理，尽量做好被害人的工作，求得圆满解决。

（四）附条件不起诉与特别不起诉

在三种典型不起诉制度之外，还存在附条件不起诉与特别不起诉两种特殊的不起诉制度。

1. 附条件不起诉

所谓附条件不起诉，是指检察机关对应当负刑事责任的未成年犯罪嫌疑人，认为可以不立即追究刑事责任时，给予设立一定考验期限，如果未成年犯罪嫌疑人在考验期内积极履行相关的社会义务，并完成与被害人及检察机关约定的相关义务，足以证实其有悔罪表现的，检察机关将依法作出不起诉决定的制度。但若是未成年犯罪嫌疑人在考验期内违反法律法规或者违反检察机关监督管理规定，检察机关则可以作出提起公诉的决定。

我国 2012 年修正的《刑事诉讼法》确立了附条件不起诉制度。这一制度的适用条件有以下三点：一是未成年人涉嫌实施刑法分则侵犯人身权利、侵犯财产权利以及妨害社会管理秩序的犯罪，可能被判处 1 年有期徒刑以下刑罚；二是未成年犯罪嫌疑人的行为符合起诉条件；三是未成年犯罪嫌疑人有悔罪表现。

根据我国《刑事诉讼法》的规定，附条件不起诉的考验期一般在 6 个月以上 1 年以下，从人民检察院作出不起诉决定之日起算。在考验期内，监察机关对未成年犯罪嫌疑人进行监督考察。未成年犯罪嫌疑人的监护人有义务对其加强管教，配合检察机关的工作。未成年犯罪嫌疑人在考验期内应当遵守以下义务：（1）遵守法律法规，服从监督；（2）按照考察机关的规定报告自己的活动情况；（3）离开所居住的市、县或者迁居，应当报经考察机关批准；（4）按照考察机关的要求接受矫治和教育。

考验期满后，检察机关应对未成年犯罪嫌疑人的表现进行评估，作出是否起诉的决定。刑事诉讼法规定，对于未成年犯罪嫌疑人存在以下两种情况的，应当撤销原来的附条件不起诉决定，向法院提起公诉：一是嫌疑人实施新的犯罪，或者发现在作出不起诉决定之前还有其他犯罪需要追诉的；二是嫌疑人违反治安管理的规定，或者违反考察机关有关附条件不起诉监督管理规定，情节严重的。而对于不存在上述两种情形的未成年犯罪嫌疑人，检察院经过评估之后，可以作出不起诉的决定。

2. 特别不起诉

特别不起诉是指犯罪嫌疑人如实供述涉嫌犯罪的事实，有重大立功或者案件涉及国家重大利益的，经最高人民检察院核准，公安机关可以撤销案件，人民检察院可以作出不起诉的决定，也可以对涉嫌数罪中的一项或者多项不起诉。人民检察院、公安机关应当及时对查封、扣押、冻结的财物及孳息作出处理。

特别不起诉需要具备以下三个条件：一是犯罪嫌疑人认罪认罚；二是犯罪嫌疑人有重大立功或者案件涉及国家重大利益；三是经过最高人民检察院核准。

（五）《不起诉决定书》的结构及内容

人民检察院决定不起诉的案件，应当制作《不起诉决定书》，《不起诉决定书》应包括以下内容：

1. 被不起诉人的基本情况，包括姓名、性别、出生年月日、出生地和户籍地、身份证号码、民族、文化程度、职业、工作单位及职务、住址、是否受过刑事处分、采取强制措施的情况以及羁押处所等；如果是单位犯罪，应当写明犯罪单位的名称和组织机构代码、所在地址、联系方式、法定代表人和诉讼代表人的姓名、职务、联系方式。

2. 案由和案件来源。

3. 案件事实，包括否定或者指控被不起诉人构成犯罪的事实以及作为不起诉决定根据的事实。

4. 不起诉的法律根据和理由。写明作出不起诉决定适用的法律条款；其中相对不起诉的，应表述为"本院认为，被不起诉人×××，实施了《中华人民共和国刑法》第×条规定的行为……"，不应出现"犯有××罪"的表述。

5. 查封、扣押、冻结的涉案款物的处理情况。

6. 有关告知事项。

公诉职能必须通过公诉法律文书体现出来，法律文书一经产生就会发生法律效力，具有法定的强制性，因此，对文书内容和形式的规范性要求特别高，甚至不能有丝毫差错，比如不慎把被告人的名字写错了，直接带来的后果就是指控错误，甚至还可能对其他人的名誉权造成侵犯。

对于文书的实体内容来说，实体内容直接承载了法律对案件的评判，具有法定的强制性，一经产生就具有法律效力，办案人必须吃透案情，因为文书的实体内容直接来源于案情，既不能夸大案情，更不能隐瞒案情。叙述案件事实的过程中，要重点突出犯罪构成要件或与定罪量刑有关的事实叙述，也要写明犯罪动机以及案发后被告人的归案和认罪情况，既要避免发生遗漏，也要避免将没有证据证明的或证据不足以及与定罪量刑无关的事项写入公诉法律文书。

五、实训过程

1. 教师讲解不起诉的基本原理。

2. 通过投影仪，教师与学生共同回顾实训素材的基本案情。

3. 小组讨论分析实训素材中犯罪嫌疑人的刑事责任，根据审查起诉条件对本案进行评价，并由学生代表发言。

4. 以讨论确认各个案例犯罪嫌疑人的刑事责任为基础，各小组制作《不起诉决定书》，并由各小组代表予以展示。

5. 教师对小组展示的《不起诉决定书》文本进行评价。

六、实训点评

（一）案例一《不起诉决定书》范本

××××人民检察院

不起诉决定书

×检公诉刑不诉〔2014〕××号

被不起诉人白某某，女，汉族，小学文化，户籍所在地为甘肃省××市，因涉嫌盗窃罪于 2014 年 5 月 8 日被××公安局取保候审。

本案由××公安局侦查终结，以被不起诉人白某某涉嫌盗窃罪，于 2014 年 6 月 26 日向本院移送审查起诉。本院于 2014 年 8 月 6 日第一次退回侦查机关补充侦查，侦查机关于 2014 年 8 月 28 日补查重报。本院于 2014 年 7 月 25 日延长审查起诉期限 15 日，现审查了全部案件材料。

经本院依法审查查明：

2014 年 4 月 25 日 17 时许，卢某某在中国工商银行××支行阳关中路的 ATM 柜员机存款时，将 6500 元现金放入柜员机存钞口时有急事未按存钞确认键离开，紧随其后取款的被不起诉人白某某发现 ATM 机存钞口的现金后，趁取款机周围无人，将 6500 元现金窃走，骑黄色电动车返回家中。案发后，被不起诉人白某某退赔了被害人卢某某的全部损失。

本院认为，白某某的上述行为，情节显著轻微、危害不大，不构成犯罪。依照《中华人民共和国刑事诉讼法》第十五条第（一）项和第一百七十三条第一款的规定，决定对白某某不起诉。

被不起诉人如不服本决定，可以自收到本决定书后七日内向本院申诉。

被害人如果不服本决定，可以自收到本决定书后七日内向××人民检察院申诉，请求提起公诉；也可以不经申诉，直接向××市人民法院提起自诉。

2014 年 9 月 23 日

（二）案例二《不起诉决定书》范本

××××人民检察院
不起诉决定书

×检公诉刑不诉〔2014〕××号

被不起诉人石某某，男，1996年6月12日出生，苗族，高中文化，案发前系××高中学生，户籍所在地为贵州省铜仁市××苗族自治县，住××苗族自治县××镇××村×组。因涉嫌盗窃罪，2014年4月18日被××苗族自治县公安局刑事拘留，2014年5月16日被××苗族自治县公安局取保候审。

被不起诉人肖某某，男，1996年8月21日出生，汉族，高中文化，案发前系××高中学生，户籍所在地为贵州省铜仁市××苗族自治县，住××苗族自治县××镇××村×组。因涉嫌盗窃罪，2014年4月18日被××苗族自治县公安局刑事拘留，2014年5月16日被××苗族自治县公安局取保候审。

本案由××苗族自治县公安局侦查终结，以被不起诉人石某某、肖某某涉嫌盗窃罪，于2014年6月20日向本院移送审查起诉。本院于2014年7月18日第一次退回侦查机关补充侦查，侦查机关于2014年8月15日补查重报。

经本院依法审查查明：

2014年4月1日凌晨3时许，被不起诉人肖某某、石某某窜至××苗族自治县××镇××网吧楼下，将被害人杨某某的一辆红色吉瑞马牌助力摩托车盗走。经××苗族自治县价格认证中心估价，被盗摩托车价值人民币4122元。后被盗摩托车被公安机关追回并返还被害人，二被不起诉人的家属赔偿了被害人1000元摩托车修理费并得到了被害人的谅解。2014年7月20日，被不起诉人肖某某被××大学建筑工程学院建筑工程专业录取。2014年8月17日，被不起诉人石某某被××大学建筑工程管理专业录取。

续表

本院认为，被不起诉人石某某、肖某某实施了《中华人民共和国刑法》第二百六十四条规定的行为，但二被不起诉人案发时系尚在读高三的学生，到案后能如实交代自己的犯罪事实，所盗的摩托车已返还失主，家属赔偿了失主 1000 元并得到谅解，经过高考，被高等院校录取。根据宽严相济的刑事司法政策，本着对正在就读学生进行教育、感化、挽救的原则，依据《中华人民共和国刑事诉讼法》第一百七十三条第二款的规定，决定对石某某、肖某某不起诉。

被不起诉人如不服本决定，可以自收到本决定书后七日内向本院申诉。

检察员：戴某某

二〇一四年九月十七日

（三）案例三《不起诉决定书》范本

××××人民检察院
不起诉决定书

×检刑不诉〔2014〕××号

被不起诉人徐某某，男，1955 年 6 月 12 日生，湖北省武汉市人，汉族，高中文化，长沙市××法律服务所法律服务工作者，户籍地为长沙市××区××街××号，住长沙市××区××街××号。因涉嫌故意伤害罪，2013 年 11 月 13 日被长沙市公安局××分局刑事拘留，2013 年 11 月 13 日被长沙市公安局××分局监视居住。

本案由长沙市公安局××分局侦查终结，以被不起诉人徐某某涉嫌故意伤害罪，于 2014 年 5 月 5 日向本院移送审查起诉。审查期间，本院将案件退回公安机关补充侦查两次、延长审查起诉期限一次。

长沙市公安局××分局移送审查起诉认定：

2012 年 8 月 9 日凌晨，在长沙市××区××大厦××楼××KTV 内，被害人曹某某与徐某某的女伴曾某因打麻将的事情发生争吵，在争吵过程中徐某某动手殴打曹某某，并用手抓住曹某某的头往墙上撞，导致曹某某头部受伤。后经法医鉴定，曹某某的伤情为轻伤。2013 年 11 月 13 日，徐某某主动到长沙市公安局××分局××派出所投案。

经本院审查并退回补充侦查，本院仍然认为长沙市公安局××分局认定的犯罪事实不清、证据不足。理由如下：

被不起诉人徐某某致被害人损伤的行为发生在 2012 年，2013 年经法医鉴定构成轻伤，公安机关于 2014 年 5 月 5 日将案件移送审查起诉，在此期间，《人体损伤程度鉴定标准》（以下简称《损伤标准》）于 2014 年 1 月 1 日开始施行。根据最高人民法院关于执行《损伤标准》第一条的规定：致人损伤行为发生在 2014 年 1 月 1 日之前，尚未审判或者正在审判的案件，需要进行损伤程度鉴定的，适用原鉴定标准。但按照《损伤标准》不构成损伤或者损伤程度较轻的，适用《损伤标准》。具体到本案，需要确定被害人的伤势程度按照《损伤标准》是否不构成损伤或比原鉴定的损伤程度轻。

原鉴定依据《人体轻伤鉴定标准（试行）》第十六条认为，被害人曹某某面神经损伤致使部分面肌瘫痪影响面容及功能，其损伤程度评定为轻伤。但依照《损伤标准》第 5.2.3 条（P）项规定，面神经损伤致使一侧面肌部分瘫痪，需造成"遗留眼睑闭合不全"或者"口角歪斜"（是指口唇中线偏离面部中线 0.7 厘米以上）的后果才构成轻伤。

曹某某受伤后一侧面肌部分瘫痪事实清楚，未遗留眼睑闭合不全事实清楚，但是否属于"口角歪斜"，由于原鉴定意见和相关病历资料均未对曹某某口角歪斜的程度进行记载，侦查机关未能收集到相应证据，相关事实不清、证据不足。因此，依照《损伤标准》的规定，被害人曹某某的伤势是否构成轻伤以上，是否不构成损伤或比原鉴定的损伤程度轻，事实不清、证据不足。

综上所述，本案不符合起诉条件，依照《中华人民共和国刑事诉讼法》第一百七十一条第四款的规定，决定对徐某某不起诉。

续表

被不起诉人如不服本决定，可以自收到本决定书后七日内向本院申诉。

被害人如不服本决定，可以自收到本决定书后七日内向湖南省长沙市人民检察院申诉，请求提起公诉；也可以不经申诉，直接向湖南省长沙市××区人民法院提起自诉。

2014 年 9 月 30 日

七、实训拓展

案例一

2008 年 8 月 28 日 8 时 40 分左右，沈阳市某血栓医院门口，因人力三轮车停车一事，血栓医院保卫科工作人员代某和于某同人力三轮车驾驶者贾某发生口角，之后双方撕打在一起。另一人力三轮车驾驶者金某帮忙拉架，也和保卫科工作人员撕打起来。后经法医鉴定，贾某脾挫伤，腹腔积液，左侧第十根肋骨骨折。

本案证据情况：

（1）被害人贾某 2008 年 8 月 29 日陈述：2008 年 8 月 28 日 8 时 40 分左右，我骑三轮摩托车在××区血栓医院门口等活，待了不一会儿，保卫科科长于某和保卫科干事代某就下来了，是门口值班的老头告诉于某的。于某来了之后，就往后推我的车并说你们太不像话了，给你们惯的，代某过来就往我肚子上踢了两脚，踢在肚子左侧。这时金某过来拉架，他和代某撕打在一起。具体过程我没有看清楚，就看见代某的鼻子被金某打出血了，我就过去和其他人拉架。代某和于某就回到了门口的值班室。金某说："小代，你不够意思，我好心帮你拉架，怕你出事，你还打我。"我过去就和金某说："老金，你别和他说话。"这时代某从门口的值班室出来直接朝我左侧的肋部踹了一脚，然后回到值班室，没再出来。之后，他们就报警了。

（2）被害人金某 2008 年 8 月 28 日陈述：2008 年 28 日 8 时 40 分左右，我在××区血栓医院门口骑"倒骑驴"等活。这时，血栓医院的门卫老头过来对第一辆小康车说你停得太靠前了，往后挪挪，这个小康车不挪，老头就走了。不一会儿，小康车走了，贾某的车在退的过程中，××区血栓医院保卫科科长于某和工作人员代某就来了，于某上来就踹贾某的车子，贾某就和于某吵起来了，两个人互相推了起来，小代打贾某前胸几拳，贾某就和小代打，于科长一看他俩打起来了，就帮小代，我赶紧过去拉架。小代就骂我："关你什么事。"上来就打我脸一拳，我挺生气，就和小代打了起来，他将我的脸打出血了，后来大伙将我们拉开。代某和于某回到了门口的值班室，我们也进了值班室。我问小代为什么打我，贾某让我别跟他说话，这时小代过来推了贾某几下，又在他肚子上踹了几脚。再后来，警察就来了。

（3）证人胡某2008年8月29日证实：2008年8月28日8点40分左右，我骑小康车回到××区血栓医院门口，看见血栓医院保卫科小代在打贾某，用脚往贾某身上踹，踹贾某肚子几脚，金某过去拉架，也和小代撕打在一起。我过去拉架，将小代拉开，后来我看见贾某捂着肚子说疼。之后就有人报案了。

（4）证人张某2008年8月29日证实：2008年8月28日8时40分左右，我在××区血栓医院门口等活，看见血栓医院保卫科小代在打贾某，用脚往贾某身上踹，踹贾某肚子几脚，金某过去拉架，也和小代撕打在一起，之后我看见贾某捂着肚子说疼，之后就报案了。

（5）证人马某2008年8月29日证实：2008年8月28日8点40分左右，我在××区血栓医院大门口开小康等活。这时，血栓医院的门卫老头过来对第一辆小康车说你停得太靠前了，往后挪一下，小康车不向后退。门卫的老头就走了。过了一会儿，第一辆小康车拉人走了，贾某是第二辆，贾某的车在退的过程中，××区血栓医院保卫科科长于×和工作人员代×就来了，于科长上来就踹贾某的车子，贾某就和于科长吵起来了，两个人互相推了起来，小代打贾某前胸几拳，贾某就和小代打，于科长一看他俩打起来了，就帮小代。我和金某就过来拉架，我将于科长拉开了，金某就拉小代，小代还打了金某几下，把金某的脸打破了。这时，小代就踹贾某的肚子，我又赶紧拉小代。再后来，警察就来了。我没看见贾某有什么外伤，但是他一直喊肚子疼。

（6）犯罪嫌疑人代某 2008 年 11 月 13 日接受讯问时的供述：2008 年 8 月 28 日 8 时 40 分左右，贾某骑着三轮摩托车到××区血栓医院门口，乘客下车，因为时间很长，大约 10 分钟，影响血栓医院看病家属车辆的正常出入，我们医院的收发室两位工作人员上前制止，贾某不听。收发室两位工作人员向我们科长于某汇报此事。于科长就派我去制止，让他赶快离开。结果贾某不听劝阻，这时我们科长于某就到了，让他赶紧离开。因为贾某的三轮车就停在我们医院的斑马线上，影响医院患者及车辆的通行。贾某不听，于科长就过去扒拉贾某三轮摩托车的车门，往后推贾某的车，贾某就朝于科长的胸部打了一拳，我立即上前制止，与贾某撕打在一起，往他身上踹了几下。这时金某过来拽我，我就打金某脸一拳。之后，金某拿摩托车头盔打我脸，我和金某被别人拉开，我和于科长就进了值班室。这时贾某和其他骑人力三轮车的人把值班室围住了，贾某拿了一根铁棍走进值班室，其他人也跟着进来，我就在门口不让他们进，贾某硬往里闯，我就阻止他们进入，后来警察就来了。

（7）犯罪嫌疑人于某 2008 年 8 月 29 日接受讯问时的供述：2008 年 8 月 28 日 8 时 40 分左右，贾某的小康摩托车停在我们单位门前，值班室的工作人员让他把车推走，他不听，值班的工作人员就向我汇报。我和代某就下来了，我让这个人把车向后退，我就往后推他的车，他不听并指着我的鼻子骂，骂什么我记不清了。贾某先打我前胸一拳，后来我们就撕打在一起。小代就过来帮忙，一个骑小康的男的（后知道该人是金某）上来打小代，小代就和这人打起来了，小代被这个人用头盔打在脸上，鼻子出血了。贾某被什么人踹的我没有看清楚。

（8）医院彩色超声检查报告显示：贾某脾挫伤，腹腔积液；放射影像学透视报告显示：贾某左侧第十根肋骨骨折。

根据以上证据情况，分析犯罪嫌疑人于某的刑事责任，是否可以适用不起诉？制定《不起诉决定书》。

案例二

犯罪嫌疑人宋某，1996 年 8 月 2 日出生，就读于沈阳市××中学高二年级。2012 年 3 月 17 日 21 时许，宋某从××网吧出来，途中看见女孩苏某，于是尾随到一住宅小区内。正当苏某准备开门时，宋某蹿上去用右手捂住其嘴巴，并迅速将其手提包抢走。后发现包内有 6 元钱和几张卡。案件移送沈阳××区人民检察院后，办理本案的黄检察官通过调查得知，宋某在校平时表现较好，学习成绩中等。案发后，宋某的父母上门向受害人苏某道歉，得到了对方的谅解。黄检察官认为本案虽然罪名较重，但是案情轻微，具有偶发性的未成年人犯罪的特点，可以考虑适用附条件不起诉，给宋某一个改过自新的机会。为慎重起见，黄检察官召开了一次附条件不起诉的听证会，邀请县人大、政协、政法系统、妇联和学校等多部门的代表 20 余人参加了讨论。次日，该检察院参考了听证会的意见，经检委会研究决定，对宋某作出不起诉决定，考察期为 9 个月。

根据以上情况，制定一份《不起诉决定书》。

八、实训文书

×××人民检察院
不起诉决定书

×检刑不诉 [ ] 号

被不起诉人 [写明姓名、性别、出生年月日、身份证号、民族、文化程度、职业或工作单位及职务（国家机关工作人员利用职权实施的犯罪，应当写明犯罪期间任何单位任何职务）、住址（被不起诉人住址写居住地，如果户籍所在地与暂住地不一致，应当写明户籍所在地和暂住地），是否受过刑事处罚，采取强制措施的种类、时间、决定机关等。]

（如系被不起诉单位，则应写明名称、住所地等。）

辩护人（写姓名、单位。）

本案由×××（侦查机关名称）侦查终结，以被不起诉人××涉嫌××罪，于××××年×月×日移送本院审查起诉。

（如果是自侦案件，此处写"被不起诉人×××涉嫌×××一案，由本院侦查终结，于××××年×月×日移送审查起诉或不起诉"。如果案件是其他人民检察院移送的，此处应当将指定管辖、移送单位以及移送时间等写清楚。）

（如果案件曾经退回补充侦查，应当写明退回补充侦查的日期、次数以及再次移送审查起诉的时间。）

经审查查明：（概括叙写案件事实，其重点内容是有关被不起诉人具有的法定情节及检察机关酌情作出不起诉决定的具体理由的事实。要将检察机关审查后认定的事实和证据写清楚，不必叙写侦查机关移送审查时认定的事实和证据。对于证据不足的事实，不能写入《不起诉决定书》中。在事实部分中表述犯罪情节时应当以犯罪构成要件为标准，还要将体现其情节轻微的事实及符合不起诉条件的特征叙述清楚。叙述事实之后，应当将证明"犯罪情节"的各项证据——列举，以阐明犯罪情节如何轻微。）

本院认为，犯罪嫌疑人×××实施了《中华人民共和国刑法》第×条规定的行为，但犯罪情节轻微，具有×情节（法定从轻和酌定从轻情节），根据《中华人民共和国刑法》第×条的规定，不需要判处刑罚（或者免除刑罚）。依据《中华人民共和国刑事诉讼法》第××条第×款的规定，决定对×××不起诉。

被不起诉人如不服本决定，可以自收到本决定书后七日内向本院申诉。被害人如不服本决定，可以自收到本决定书后七日内向××人民检察院申诉，请求提起公诉；也可以不经申诉，直接向××人民法院提起自诉。

×××人民检察院

×××年×月×日

（检察院印）

九、实训法规

1.《中华人民共和国刑事诉讼法》第 175—182 条

2.《人民检察院刑事诉讼规则》第 365—389 条

详见

第四章

刑事辩护法律实务实训

第一节　接待委托人

一、实训目标

通过本节课程的训练，学生了解辩护律师接待委托人的诉讼流程，掌握会见中的技巧和基本要求，对于接待前的准备、接待中的询问和倾听以及记录技巧能够灵活运用。

二、实训素材

宋某故意杀人案

宋某，男，38 岁，汉族，辽宁省某市人，辽宁某机床制造厂工人。2012 年 5 月 23 日因本案被捕。

2012 年 4 月 21 日下午 1 时 30 分左右，宋某因对单位领导准备将其免职一事不满，从家中携带水果刀、磨刀器到厂长杨某办公室与其谈工作调动一事。因话不投机，宋某用茶几堵住房门，拽断电话线，从布兜内拿出水果刀、磨刀器，叫喊着"我和你拼了"便向杨某腹部捅了一刀。这时，单位其他工人赶来，合力打开了办公室的门，夺下宋某手中的水果刀，将其制服并移送公安机关。杨某随即被送往医院救治。

证实以上案情的有以下证据：

（1）证人证言：张某等人的证言，证实案发时室内的情况，制止和抓获犯罪嫌疑人及案发前和犯罪嫌疑人有关的情况。

（2）被害人陈述：杨某的陈述证明了被宋某刺伤的经过。

（3）物证：刀具一把，磨刀石一个，受害人通讯录一本，通讯录及其夹带的名片被刀穿透，受害人血衣一件。

（4）犯罪嫌疑人的供述：宋某向公安机关供述其携带刀具找受害人谈话及扎伤受害人的经过。

（5）鉴定意见：法医鉴定检验报告证实：受害人被刺致第八、九、十肋软骨骨折，构成轻伤，而且刀上血迹与被害人血型一致。

（6）精神病医学鉴定证实：宋某作案时患躁郁症，属限制行为能力人。

思考：

（1）侦查阶段，犯罪嫌疑人宋某的姐姐来到律师事务所想要为宋某委托辩护人，作为律师，你应如何接待？

（2）结合本案的证据材料，分析故意杀人罪和故意伤害罪的区别。

（3）结合本案的证据材料，分析限制刑事行为能力人的认定。

三、实训准备

1. 教师根据学生人数，分为若干小组，每小组分别由一名同学扮演接待律师，一名同学扮演委托人，一名同学负责会见记录。

2. 教师要求学生查阅《刑事诉讼法》《律师法》《人民检察院刑事诉讼规则》《公安机关办理刑事案件程序规定》等诉讼类规范性文件。

3. 教师实训前将实训素材的基本案情资料传发给学生，要求检索有关程序法和实体法方面的法律依据，根据具体实训案例结合实体法的内容明确案件当事人的权利和义务，判断对其进行法律救济的具体途径，并掌握律师在案件受理过程中的技巧及方法。学生自主学习后，要求提交书面形式的报告。

四、实训要点

在刑事案件辩护过程中，始终存在律师接待委托人的工作，之所以把委托前的接待作为一个阶段来叙述有两个理由：一是尽管这时尚未建立委托关系，但是，一旦建立委托关系，律师委托前所进行的接待工作就是整个案件接待工作的组成部分；二是这个阶段的接待对于能否建立委托关系以及律师在委托关系存续期间能否受到委托人的尊重和工作上的配合起至关重要的作用。

（一）接待委托人的目标

1. 了解委托人的意图

委托人到律师事务所找律师，目的各不相同，我们可以把委托人分为三种类型。一是直接请托型。这类人员可能以前听过辩护律师的事情，到律师事务所就是想请这个律师为其提供辩护。二是比较型。这类人员又分两种情况：一种是还没有找到律师，到处和律师咨询，他来律师事务所的目的就是要考验一下接待律师的水平，从而选出他认为最理想的律师；另一种是已经找到律师，签署了委托协议，但是对于这个律师持有怀疑态度，因此想到别的律师那里验证一下自己的判断。三是咨询型。这类人员根本没打算聘请律师，只是想从律师那里得到一些指点。对于这三种类型前来咨询的人员，执业律师应当一视同仁，从而树立自己良好的职业形象。

2. 了解委托人的案件已经走过的程序

刑事案件的诉讼阶段较多，很多委托人不是在案件一开始就急于找律师，因此，接待委托人时要弄清楚案件进行到什么阶段，以前是否有律师介入，终止委托的原因等内容，从而为进一步辩护工作做好准备。

3. 初步了解案情

从我国的司法实践来看，到律师事务所咨询案件时，犯罪嫌疑人往往已经被采取强制措施，失去了人身自由，因此前来咨询的通常是犯罪嫌疑人的亲属或者朋友。由于不是犯罪嫌疑人本人，因此，委托人对案情的表达往往都是片面的，但是通过他们的介绍，律师可以对案件有大概的了解。

4. 与委托人建立信任关系

大多数情况下，委托人来到律师事务所是和律师第一次见面，虽然他们想要律师帮忙，但是对于第一次见面的陌生人，自然缺乏应有的信任和了解，因此，在接待委托人期间，律师应该积极主动建立与委托人的信任关系，让委托人感受到你的态度和诚意，使其更加主动与你沟通。

（二）接待委托人时的基本要求

1. 仪表

律师的穿着打扮不只是形式问题，很多深刻的内涵都需要形式来赋予。律师的仪表所传递的信息与委托人诉求的期望值之间有很大的关联性。因此，律师在接待委托人时应给人以干练、严谨的职业感，所以，应该选择质地良好、合体大方的正装，男士尽量选择衬衫、领带、西装，女士也要尽可能穿着职业套装，全身不超过三种颜色，这意味着个人对特定场所表现出来的特定身份的尊重，符合一个法律职业人的精神面貌，不仅可以提高自己的专业风范，也是对委托人的尊重。

2. 地点

谈话的场所对交流的效果往往产生重要影响，根据委托人自身和案件的不同情况，选择合适的接待场所。对委托人的接待，可以选择多种不同的场所，比如：请委托人到律师的办公场所（办公室或者家里）；律师到委托人所在的场所（办公室或者家里）；律师和委托人双方所约定的其他地点。场所的不同，往往会直接或间接地影响委托人对律师个体形象的评价，进而影响委托人是否聘请律师作为辩护人。一般来说，约委托人到律师办公室谈话是最好也是最常见的方式，但是，在特殊情况下，为了满足案件代理的需要，也可以到委托人所在场所会谈。这样，委托人就会因为律师对他处境的理解而感受到律师的细心及其对他人的重视。作为一名律师，应当从细微处入手，在可能的情况下，尽量替委托人着想，这样可以通过细节树立良好的职业形象，从而为日后的合作奠定基础。

3. 工具

"工欲善其事，必先利其器。"律师接待委托人时应制作会见笔录，笔录尽量采用纸、笔记录的方式。有时经委托人的许可，也可以对谈话内容进行录音，给证据拍照。但是在交谈过程中，尽量不要使用电脑，因为电脑容易给人一种不安全之感，容易让委托人产生怀疑。

4. 交谈

在接待委托人的过程中，谈话主要包括倾听、提问、归纳、提出建议等内容。从我国的司法实践来看，到律师事务所咨询案件时，犯罪嫌疑人往往已经被采取强制措施，失去了人身自由，因此前来咨询的通常是犯罪嫌疑人的亲属或者朋友，而他们没有亲身经历案件，所以不能陈述案情的细节，而且多数带有感情色彩。在此情况下，律师不要因为案情陈述的不全面而随意打断委托人，更不能对案情轻易下结论，应该耐心倾听，让委托人将案情陈述完毕，再就细节问题予以询问。同时，在倾听过程中要注意观察陈述者的表情，注意捕捉其言外之意。委托人将案情陈述完毕，律师可就不明之处进行询问，再将案情的大体情况予以提炼归纳，在谈话接近尾声时应提出初步的法律意见。在谈话过程中，律师要尽量使用通俗易懂的语言，不要故作高深，否则会让委托人认为是故弄玄虚。

（三）接待委托人的技巧

1. 提问的技巧

提问分为开放式、引导式、封闭式三种。提问的类型选择取决于提出的时间段和提问的目的。

（1）开放式提问。开放式提问是为了最大限度地获取信任，常运用于接待委托人的最初阶段。开放式的问题能使委托人放松心情、自主地陈述。会见初始阶段，为使委托人按照他的思路顺畅表达，避免提过多的问题。为了打开委托人的"话匣子"可以提开放式的问题，例如，"讲一下事情的经过""后来又发生了什么事"。有些委托人会主动地、全面地介绍案情经过，有些委托人则不一定。这时律师要善于发现、记录陈述中的所有线索，以便有针对性地提问。

（2）引导式提问。引导式提问是在委托人全面陈述之后进行的。引导式问题有比较明确的目标，例如，为了弥补委托人陈述中的遗漏，为了澄清委托人陈述中前后矛盾的内容。引导式问题有些是委托人全面陈述中涉及的、未明确的事项，有些是律师想到的、与案件事实相关、但委托人未提及的事项。引导式问题有利于帮助委托人完整陈述、串联情节。

（3）封闭式提问。封闭式提问是陈述后期运用的提问方式，目的是确认事实，回答是"对""不对""有""没有"等内容。没有前面的全部陈述和引导补充，很难提出封闭式问题。封闭式问题常常是最有利用价值的信息，封闭式问题越多，了解案情越具体、越详细。

开放式提问、引导式提问、封闭式提问是按顺序进行的。但有时也会反复、交叉地使用，例如发现新情况之后，则需要由引导式提问或封闭式提问转为开放式提问。

2. 记录的技巧

在接待委托人时，律师应做好会见记录。这样做可以使委托人感觉接待的程序正规，委托人的陈述得到应有的重视，委托人对陈述的内容增强责任感。

由于每个人的习惯不同，记录方式无须强求一致。有些律师用类似速记的方式记录下所有信息，然后加以整理，有些律师只记下几个字或几行字，但足以提示他们所有信息，在整理中不会造成遗漏，但无论采用何种方式，最后的记录都要准确、完整、清晰，确保其他人能够看清、看懂。

3. 非语言交流技巧

语言是交流的重要方式，但并非唯一方式。接待过程中，对非语言因素的关注和运用有时会起到无声胜有声的作用。

（1）空间因素。律师和委托人通常面对面地就座。这种就座方式给人正规、严肃、专业的感觉。但如果桌子比较宽，律师和委托人之间的距离太远，则会在无形中产生屏障作用，有些委托人会显得不自在。如果委托人在陈述时将身体尽量前倾，则说明委托人感觉与律师距离过远。这时可以改变位置，和委托人各占桌子一边，成直角的方式落座，这样既有利于记录，又不失亲切感。一般不选择并排的方式落座，长时间侧面说话容易疲劳，而且不利于记录。

（2）时间因素。会见时，律师与委托人的谈话内容十分广泛，其中既包含对犯罪嫌疑人有利的信息，也包括对犯罪嫌疑人不利的信息。对犯罪嫌疑人不利信息的获知极其重要，因为尽早获知不利信息有助于律师早做准备。但何时提出涉及不利信息的问题，何时讨论这些问题，是需要技巧的。

委托人认为对犯罪嫌疑人不利的信息,将会影响律师对自己的看法,自己的做法将受到指责和埋怨,害怕因此被拒绝。这些顾虑是正常的。律师在提出对犯罪嫌疑人不利的问题之前,可以做一些铺垫。对犯罪嫌疑人的遭遇表示充分的理解,站在犯罪嫌疑人的角度考虑问题,会增强委托人的信任感;即便犯罪嫌疑人的做法不当,将犯罪嫌疑人看作是遇到麻烦的人,而不是制造麻烦的人,可以帮助委托人消除顾虑。总之,律师应当在接待后期适当的时候提出关于不利信息的问题,而不是开门见山地提出。

(3)肢体语言。肢体语言在交流中起至关重要的作用。恰当的肢体语言可以表达尊重、关心、惊讶、疑问、鼓励、赞扬等含义,还可以表现出骄傲、冷漠、怀疑、不屑、讥笑等态度。人们更容易通过表情而不是语言来判断他人的真实想法。

眼神的交流是非常重要的,律师在会见时,专注地看着对方的眼睛,是积极倾听的表示。如果需要记录,应当快速地记下要点,而后重新抬起头。眼神交流不仅促使委托人顺利地陈述,还可以通过委托人的肢体语言发现其真实意图。在会谈中,律师应保持姿势稳定,不要左摇右晃。

(4)辅助语言。所谓辅助语言,即说话时的声音、声调、力度、快慢节奏、抑扬顿挫等。辅助语言是语言交流中的一种调节技巧。当委托人的语速过快,情绪过于激动、陈述多而无重点时,律师可以通过特定的语音、语调、抑扬顿挫来调整语言交流的速度和方式。对辅助语言的运用,在接待委托人的过程中,都是非常重要的技巧。

(5)环境因素。进入律师事务所的委托人,常常感觉他们进入了一个全新的领域。周围的环境、布置,律师事务所资料、文件、设备的摆放和管理,以及接待人员的穿着打扮,无不是这一领域的重要组成部分。安静整洁、有条不紊、井然有序的工作环境,穿着得体、举止大方的工作人员,给人以正规、庄重、专业的感觉。良好的环境有时比语言更具说服力。

4. 特殊技巧

(1)对答非所问的委托人。有些委托人答非所问、说话跑题,开放式的提问导致其从小时候说起,引导式的提问引来的回答离题千里。律师这时就要分析为什么委托人会跑题:原因之一,委托人可能陈述的内容的确是十分重要的信息，只是有些操之过急，律师还没有问到这一步；原因之二，案件事实使委托人急于表白，需要旁征博引；原因之三，个别委托人由于受个人文化素质、表达能力、思考能力等因素所限，难以表达清晰。

针对上述原因，律师可以采用不同的应对策略。如果委托人将后面的事提前陈述，打乱了会谈的顺序，律师可以明确地告诉委托人，接下来会专门讨论这个问题，或者干脆先陈述这件重要的事，而后重组谈话次序；如果问题或事情本身让委托人激动，律师可以让他平静下来，对他表示信任和理解，避免将错误归结于委托人，这时可以换一种提问方式，或者换一个角度提问；如果委托人觉得律师没有抓住重点，忽略了他本人的要求，律师这时要对委托人的陈述作出回应，解释目前问题的重要性，使双方的兴趣点趋于一致；如果委托人的确在表达上有困难，律师应设计简单、直接、小范围、封闭式的问题，避免委托人跑题。

（2）防止主观臆断。有些律师在听到委托人介绍的一些案件情况后，可能会马上联想到曾经办过的类似案件，继而断定这是一起什么样的案件，应当运用哪些法律条文，于是，律师开始搜寻能支持他法律意见的事实而不再去问及那些有可能使他的法律事实更进一步的信息，这样就陷入一种主观臆断的状态。在接待委托人时，律师的头脑应当处于一种积极的、灵活的、弹性的状态：既要有足够的张力，能接纳、包容一切新的信息，表现听者的及时反应，又要控制思绪，保持伸缩性。

（四）接待委托人的职业道德

1. 保密义务

《律师法》第38条第1款规定，律师应当保守在执业活动中知悉的国家秘密、商业秘密，不得泄露当事人的隐私。《律师职业道德和执业纪律规范》第8条规定："律师应当严守国家机密，保守委托人的商业秘密及委托人的隐私。"接待委托人的过程中涉及的一个不容忽视的律师职业道德和执业纪律，就是为当事人保密的问题。一般来说，律师在与委托人见面，开始正式谈话之前，应当主动说明负有保密的义务。同时要征求委托人的意见，询问哪些内容可以公开，哪些内容不能公开。有些委托人希望新闻媒体介入，扩大影响，允许律师将其案件公开，引起社会关注和引发法律思考。对于这样的案件，律师可部分解除对案件的保密义务。但解除保密义务应有严格限制，律师通常应和委托人共同商讨何事、何时公开有利，何事、何时公开不利或不必要。

律师的保密义务是建立信任关系的基础，贯穿于办案始终，保密的观念应深植于律师的脑海中。律师在和其他人员讨论案件时，不要提及当事人的真实身份，对当事人的档案资料，应注意保管；和委托人的谈话，应当选择在安静、没有他人打扰、没有不相干人在场的地方；未经委托人许可，不应接受媒体采访；在打字社为当事人打印法律文书，注意清除所打内容。

2. 诚实义务

诚实，既是社会公德，又属于律师特有的职业道德。

（1）诚实对待自身能力。《律师职业道德和执业纪律规范》第 25 条规定："律师不应接受自己不能办理的法律事务。"律师应当实事求是，不应夸大自己的办案能力，不应引诱委托人对本人的办案质量有不现实的期待，不应故意为抬高自己的身份、能力制造误解。量力而行，既是对当事人负责，也是对自己负责。

（2）诚实对待委托人。《律师职业道德和执业纪律规范》第 5 条规定："律师应当诚实守信，勤勉尽责，尽职尽责地维护委托人的合法利益。"对待委托人，律师应当履行诚实义务，如实相告。律师应当遵循诚实守信的原则，客观地告知委托人委托事项可能面临的法律风险，不得故意对可能面临的风险做不恰当的表述或做虚假承诺。律师应及时告知委托人有关辩护工作的情况，对委托人了解委托事项情况的正当要求，应当尽快给予答复。

律师在告知相关情况时，可以选择恰当的方式，但表述要客观准确，对于哪些是事实、哪些是预测、哪些是选择方案应表达清楚。对因故不能完成的任务，或由于委托人的委托事项违法或不当，律师无法满足委托人愿望的，律师同样应依法如实相告。对委托人拟委托的事项或者要求属于法律或律师执业规范所禁止的，律师应告知委托人，并提出修改建议或予以拒绝。

（3）诚实对待法庭。律师不仅应对委托人诚实，还应对法庭诚实。在法庭上，律师不应有意作虚假陈述，不得和委托人串通掩盖事实，蒙骗法庭。

《律师法》和《律师职业道德和执业纪律规范》未规定律师对除委托人之外的其他人的诚实义务，这是法律有待完善之处。除委托人外，律师同样应当诚实对待其他人，不得欺骗、误导、引诱其他人以影响诉讼。诚实义务与保密义务并不矛盾，保密是不泄露信息，诚实是不欺骗他人。律师为了保密，可以拒绝提供信息，或策略地绕开要保密的问题，而不违背诚实义务。

3. 遵守同业竞争规则

《律师法》和《律师职业道德和执业纪律规范》要求律师同行之间的关系应当是：

（1）相互尊重。《律师职业道德和执业纪律规范》第 9 条规定："律师应当尊重同行，同业互助，公平竞争，共同提高执业水平。"第 42 条规定："律师应当尊重同行，相互学习，相互帮助，共同提高执业水平，不应诋毁、损害其他律师的威信和声誉。"

（2）公平竞争。《律师法》第 26 条规定："律师事务所和律师不得以诋毁其他律师事务所、律师或者支付介绍费等不正当手段承揽业务。"《律师职业道德和执业纪律规范》第 41 条规定："律师应当遵守行业竞争规范，公平竞争，自觉维护执业秩序，维护律师行业的荣誉和社会形象。"

《律师职业道德和执业纪律规范》第 43、44 条分别对正当方式竞争与不正当方式的竞争作了界定：律师、律师事务所可以通过以下方式介绍自己的业务领域和专业特长；可以通过文字作品、研讨会、简介等方式以普及法律，宣传自己的专业领域，推荐自己的专业特长；提倡、鼓励律师、律师事务所参加社会公益活动。

律师不得以下列方式进行不正当竞争：不得以贬低同行的专业能力和水平等方式，招揽业务；不得以提供或承诺提供回扣等方式承揽业务；不得利用新闻媒介或其他手段向其提供虚假信息或夸大自己的专业能力；不得在名片上印有各种学术、学历、非律师职业职称、社会职务以及所获荣誉等；不得以明显低于同业的收费水平竞争某项法律事务。

4. 恰当处理人际关系

律师由于工作关系，会认识很多在公、检、法工作的朋友，有时委托人也会询问律师有无"关系"，要求律师利用特殊关系与执法机关、执法人员联系，借以影响案件的审理。

《律师职业道德和执业纪律规范》第 20 条规定："律师不得以影响案件的审理和裁决为目的，与本案审判人员、检察人员、仲裁员在非办公场所接触，不得向上述人员馈赠钱物，也不得以许诺、回报或提供其他便利等方式与承办案件的执法人员进行交易。"第 21 条规定："律师不得向委托人宣传自己与有管辖权的执法人员及有关人员有亲朋关系，不能利用这种关系招揽业务。"律师应把握利用特殊关系影响审理之间的界限，严格遵守律师职业道德与执业纪律。

五、实训过程

（一）组织形式

本实训课程采用学术沙龙和角色扮演相结合的方式展开，具体表现形式为：教师将班级所有学生分成若干组，实训以组为单位分别进行，组内所有成员先以学术沙龙的形式就课前发布的案例进行讨论，之后每组成员分别派出 3 名教师扮演律师、委托人及记录员，就案例的内容进行演练，教师给予总结点评，该组实训流程完毕。学术沙龙及角色扮演的具体组织形式如下：

其一，学术沙龙。以小组为单位召开学术座谈会，小组成员围绕课前发布的案例进行自由讨论，由一人主持，一人记录，其他人自由发言，对案件中的焦点问题及接待的准备工作进行系统、深层次讨论。教师应该积极引导并总结发言，鼓励和指导学生对相关问题进行深入理论研究。

其二，角色扮演。确定小组成员扮演的角色，如律师、委托人、记录员等。

（二）具体流程

第一，由教师介绍律师接待委托人的基本内容。这一部分内容教师通过 PPT 进行简要介绍，以节省课堂板书的环节，为后面学生模拟练习以及师生反馈总结留出充裕的时间。

第二，教师将课前发布的案例以 PPT 的形式在课堂上展示，并由学生对案情进行总结。

第三，每组选出代表对本组观点进行陈述。

第四，每组学生根据案例情况进行角色扮演。

第五，教师根据学生的表现进行点评。

六、实训点评

（一）对案件实体内容的分析

1. 故意伤害与故意杀人的区分

在司法实践中，对于杀人未遂案件的认定和处理较难把握，尤其是如何认定犯罪嫌疑人的主观故意内容，是对案件进行定性的关键。根据主观故意的不同，本案中犯罪嫌疑人的行为可能构成故意杀人未遂或者故意伤害的既遂，从法理上说，故意杀人的主观故意内容是杀人的直接故意或者间接故意，故意伤害的主观故意内容是伤害的直接故意或者间接故意，比较容易区分，即：如果行为人在主观上具有非法剥夺他人生命的故意，无论是否造成死亡后果均应认定为故意杀人罪；如果行为人在主观上只具有非法损害他人健康的故意，那么，无论行为人是否造成他人死亡的结果都只能认定为故意伤害罪。

但在司法实践中行为人的主观心理态度是十分复杂的，行为过程中杀人与伤害的故意可能同时存在，给查明行为人的真实主观心理态度带来严重困难。在司法实践中，对于突然实施犯罪，不计后果，动用易于致人死亡的凶器行凶，其故意的内容是杀人还是伤害不确定的，一般可按其实际造成的结果定罪。造成伤害结果的，按故意伤害定罪；造成死亡结果的，按故意杀人（间接故意）定罪。这一做法虽然在一定程度上可以对故意杀人罪和故意伤害罪进行区分，但具体到本案却不能套用。

本案中，导致事件发生的导火线是犯罪嫌疑人宋某与被害人事前因工作调动问题存在矛盾，并且凶器为犯罪嫌疑人事前准备。仅从事前行为看，我们无法辨明犯罪嫌疑人是要杀人还是伤害。再从行为的结果看，法医物证检验报告证明被害人被刺，致左侧第八、九、十根肋骨断裂，构成轻伤。如果按上述观点犯罪嫌疑人的行为应定为故意伤害。但是，在判断行为人故意的内容时，应遵循主客观相统一原则，对案件的起因、经过、结果、行为人使用的作案工具、手段、打击的部位、强度、连续性，行为人与被害人的关系、行为人发案后的态度以及发案的时间、地点和其他条件等进行全面分析。本案中，犯罪嫌疑人手持锐器刺伤对方身体要害部位，欲置其于死地，只是由于被害人随身携带的通讯录在被刺穿时的阻碍作用以及被他人及时制止才未得逞。综合分析犯罪嫌疑人当时的行为，如果没有客观条件的阻碍，完全可能杀死被害人。因此，犯罪嫌疑人对被害人的死亡是一种直接故意，犯罪嫌疑人宋某的行为应定性为故意杀人罪，而不是故意伤害罪。

2. 限制刑事责任能力的认定

刑事责任以人为主体，实际上是以人具有刑事责任能力为要件。在现代，刑事责任能力是构成刑事责任主体的必备要素，也是决定刑事责任大小的要素之一。作为刑事责任能力基本内容的认识能力和控制能力，都是有程度的，因而，刑事责任能力本身也会有程度上的差别。刑事责任能力的有无和程度，主要是以年龄为标准来确定，也就是说，只要达到一定年龄并且具有一般人的生理和心理状态者，就推定为其具有刑事责任能力。但精神障碍、生理功能丧失、酒精中毒以及外力作用等也可以使人丧失或者减弱认识能力或者控制能力，从而丧失或者减弱行为人的刑事责任能力，《刑法》对此作了专门规定。《刑法》第18条第1款规定，精神病人在不能辨认或者不能控制自己行为的时候造成危害结果，经法定程序鉴定确认的，不负刑事责任，但是应当责令他的家属或者监护人严加看管和医疗；在必要的时候，由政府强制医疗。该条第3款还规定，尚未完全丧失辨认或者控制自己行为能力的精神病人犯罪的，应当负刑事责任，但是可以从轻或者减轻处罚。如果嫌疑人因患精神病无刑事责任能力就不构成犯罪；如果属于限制行为能力则构成犯罪，只是可以从轻或者减轻处罚，是从轻或者减轻处罚的法定情节。

嫌疑人患躁郁症，作案时属限制责任能力。因此，根据《刑法》第18条第3款的规定，本案犯罪嫌疑人宋某应当对自己的杀人行为承担刑事责任，其行为构成故意杀人罪，只是在量刑时应当考虑其在实施行为时患躁郁症，部分失去了对自己行为的辨认和控制能力，可以从轻或者减轻处罚。

（二）对学生角色扮演的评估

1. 收集信息

（1）是否按照接待委托人通常运用的步骤进行？

（2）是否运用三种提问方式？对于提问方式和结果是否达到理想的效果？

（3）接待过程中是否发现新情况？针对新情况，是否采取进一步的措施？

2. 取得信任

（1）是否有意运用了一些方法，以取得委托人的信任？如果用了，是哪些方法？如果没有用，为什么？

（2）在会见计划中取得委托人信任的准备是否运用？效果怎样？你是否根据委托人的具体情况而作了调整或改变？

（3）以后制定接待委托人的计划，是否会因本次会见而有所改变？

（4）在实训中，哪句话、哪种反应或表现对于和委托人关系的建立起了作用？或者破坏了合作关系？

（5）委托人对律师感觉怎么样？如有不满意的地方，有哪些地方需要改进？

3. 肢体语言

（1）在接待委托人的过程中，是否运用了肢体语言表达方法？律师是否意识到委托人的肢体语言？

（2）如何在下次会见中对肢体语言予以改进？

4. 合作关系

（1）你是否挑选了合作的搭档？效果怎样？

（2）如果有搭档，你们怎样合作才能使会见效率更高，委托人感觉更舒适，获得的信息质量更高？

（3）在会见过程中，你和搭档是否有想法不一致、意见不统一的时候？如果有，你们是如何处理的？你们是否有过这方面的准备？

5. 总体评价

对接待委托人的评估，主要是回顾接待计划的执行，反馈计划的制订与执行之间的关系，涉及的内容包括信息获取与技巧运用两个方面。

（1）在获取信息方面：是否全面掌握委托人所关心的事项以及委托人的目的？是否获取了绝大多数的相关信息？是否明确案件当前所处的阶段和相关的时效规定？是否了解案件的前因后果——包括非法律的但与案件相关的事项？是否清楚所获信息的来源、合法性——特别是可能作为证据的信息？是否获得了与案件相关的某些法定标准——如经济赔偿标准、上限、伤害程度标准等？是否恰当地处理了涉及职业道德的问题，如个人偏见、先入为主、保密性、利益冲突等？

（2）在技巧运用方面：和委托人之间建立的是怎样的工作关系？会见的准备、组织、进程、结果如何？是否向委托人解释了会见的步骤和注意事项？是否恰当地运用了提问技巧？是否恰当地运用了主动与被动的聆听的技巧？如何记录？委托人是否有足够的时间和机会提问和用他们自己的方式表达、叙述案情？如何回答委托人的提问，遇到没有把握的法律问题时，怎样处理？是否给委托人提供了某些法律信息，如果是，信息是否准确、清晰？接待结束时是否对下一次的工作有所交代，是否有时间安排？

七、实训拓展

郝甲，男，17周岁，农民。

郝甲系被害人郝乙亲侄孙。2008年4月28日上午11时许，郝甲到郝乙家院内，见郝乙家无人，想到债主逼债，便产生盗窃还债之念。郝甲随后在院内找了一根钢筋棍，将窗户玻璃打碎进入室内，又在室内找了把菜刀，将郝乙家写字台的抽屉撬坏。盗走该抽屉内存放的5.3万元，然后将其中4.9万元存入银行，剩余4000元还债。当天下午，郝甲被公安人员抓获。破案后，存入银行的赃款4.9万元全部追回并退还失主，剩余4000元由郝甲父亲郝丙代其赔偿给失主郝乙。

假设你是一名执业律师，郝甲的父亲想聘请你为郝甲进行辩护，你如何会见郝甲的父亲？制定一份会见计划。

八、实训文书

会见笔录

时间_____年____月____日____时____分至_____年____月____日____时____分

地点_____

会见人_____

记录内容_____

_____

_____

_____

_____

九、实训法规

《中华人民共和国刑事诉讼法》第 33—49 条

详见

第二节　会见犯罪嫌疑人、被告人

一、实训目标

通过本节实训，学生了解犯罪嫌疑人、被告人委托辩护律师的诉讼流程，明确辩护律师会见犯罪嫌疑人和被告人的程序规定，掌握辩护律师会见犯罪嫌疑人和被告人的基本要求及技巧，学会委托辩护合同、会见笔录等诉讼文书的制作。

二、实训素材

案例一

某律师在会见完犯罪嫌疑人后与犯罪嫌疑人母亲的交谈：

犯罪嫌疑人母亲："我儿子是胖了还是瘦了？"

律师："我以前从来没有见过你儿子，不知道他原来什么样。"

母亲："那我儿子脸色怎么样？"

律师："还不错，满面红光的。"

母亲："那是我儿子的高血压又犯了，我儿子的头发有没有被剃掉呀？"

律师："头发挺短的，应该是剃过了。"

母亲："我儿子一向是剪短发的。那我儿子有没有要带什么话给我呀？"

律师："我们只顾了解案件情况和进行法律分析了，这些事没来得及说。"

案例二

刘某和王某共同实施盗窃，刘某在被抓获后以为同案犯王某也已归案，所以作了有罪供述。在审查起诉阶段，刘某聘请的律师张某向其展示了全部案卷材料，刘某发现同案犯王某并未抓获，由此推翻了原来的供述，否认了盗窃事实。但很快，同案犯王某也被抓捕到案，供述了其和刘某共同盗窃的经过。由于刘某之前的翻供，法院认为其悔罪表现较差，对其不予适用缓刑。

案例三

沈某被控与其他两人共同抢劫杀人，其他两人笔录都承认自己伙同沈某抢劫的事实，沈某也在笔录中予以承认。律师没有向沈某出示两名同案犯的笔录，而是针对两名同案犯笔录中的矛盾及与沈某笔录中的矛盾对沈某进行讯问，发现沈某对笔录中的基本内容都能够承认，但对进一步提出的问题，却回答不出，如沈某说自己用刀逼被害人拿出钱来，但刀是哪里来的，谁给他的，说不清楚。律师将两名同案犯笔录中有关沈某的情节一一核对，发现沈某虽作有罪供述，但在细节上根本无法与同案犯的笔录相互印证。经过律师的深入盘问，沈某痛哭流涕，称自己是冤枉的，怕讲实话判得更重，刚才害怕不敢讲实话，自己其实并没有参与抢劫杀人。

案例四

一律师在会见中，犯罪嫌疑人提出要抽烟，律师便给他一根烟。过了一会儿，犯罪嫌疑人又要抽烟，律师又给了他一根烟，之后律师一共给了犯罪嫌疑人六根烟。会见结束后，民警从犯罪嫌疑人口袋里搜出了五根烟，经监控显示，犯罪嫌疑人将律师递给他的烟刚一点着就掐灭，放到了口袋里。

三、实训准备

1. 教师按照学生人数的多少，将学生分成若干小组，并确定扮演不同的角色。

2. 阅读《刑事诉讼法》教材中关于律师会见犯罪嫌疑人、被告人的相关基础理论知识，熟练掌握《刑事诉讼法》《最高人民法院关于适用〈中华人民共和国刑事诉讼法〉若干问题的意见》《律师法》《人民检察院刑事诉讼规则》《公安机关办理刑事案件程序规定》《中华人民共和国看守所条例》《中华人民共和国看守所条例实施办法》等诉讼类规范性文件。

3. 教师实训前将实训素材的基本案情资料传发给学生，要求学生以小组为单位检索有关程序法和实体法方面的法律依据，判断对其进行法律救济的具体途径，并了解律师在会见犯罪嫌疑人、被告人过程中的技巧及方法。学生自主学习后，要求提交书面形式的报告。

四、实训要点

律师会见是指在刑事诉讼过程中，律师为了解犯罪嫌疑人、被告人涉嫌的罪名及有关案件情况，听取犯罪嫌疑人或者被告人对所指控罪名的意见和辩解理由，从而更好地为犯罪嫌疑人提供法律帮助，充分地为犯罪嫌疑人、被告人辩护的一种活动。律师会见犯罪嫌疑人或者被告人，是律师为犯罪嫌疑人、被告人提供法律帮助和进行辩护必须做的一项重要工作，是律师参与刑事诉讼，行使辩护权的重要内容。《刑事诉讼法》规定律师会见的目的是保障犯罪嫌疑人、被告人的诉讼权利，体现的是一种法律制度。《律师法》将律师会见作为一种权利加以规定，强调的是律师依法所享有的会见犯罪嫌疑人、被告人的权利。

（一）律师会见犯罪嫌疑人（被告人）的诉讼目的

1. 通过会见犯罪嫌疑人、被告人，和其建立信任的委托关系。根据我国目前的司法现状，刑事立案后，犯罪嫌疑人多被采取强制措施，予以羁押，委托律师的多是犯罪嫌疑人的家属或朋友，不是犯罪嫌疑人本人。即使犯罪嫌疑人和辩护律师在立案前认识，但也一定不是委托关系，所以，律师会见犯罪嫌疑人，尤其是第一次会见，就是要取得对方的信任，使其愿意委托律师担任辩护人。

2. 通过会见犯罪嫌疑人、被告人，辩护律师可以了解案件的真实情况。犯罪嫌疑人、被告人是被指控犯罪的人，但是他是否实施了犯罪，只有他自己最清楚，通过会见，可以获得事实材料。辩护律师掌握案件信息的途径十分有限，了解案情不外乎以下几个途径：查阅案卷、听办案人员的讲述，以及犯罪嫌疑人、被告人的家属、朋友提供的情况。但这些人都没有亲身经历案件事实，只有通过和犯罪嫌疑人会见，听其本人的述说，是了解案情最清楚的途径。

3. 通过会见犯罪嫌疑人、被告人，听取其提供的材料，为下一步调查事实、收集证据提供有力的依据。通过会见犯罪嫌疑人、被告人，听其对案件事实的陈述，律师可能会发现其提供的情况和自己之前掌握的信息不一致，这样就要进一步核实事实的真伪，因此，会见犯罪嫌疑人、被告人是律师收集证据、进一步调查的基础。

4. 通过会见犯罪嫌疑人、被告人，和其进行沟通，尽可能达成一致的辩护意见。辩护律师在诉讼过程中要多次会见犯罪嫌疑人、被告人，就辩护意见予以交流沟通，双方尽可能地取得一致意见。律师要维护犯罪嫌疑人、被告人的合法权益，如何为其辩护一定要和犯罪嫌疑人、被告人进行沟通，告知其辩护意见。通过会见，将这个问题予以解决。

5. 通过会见犯罪嫌疑人、被告人，维护其合法的诉讼权利。会见犯罪嫌疑人、被告人，要向其了解权益是否得到保障，有没有侵犯其权利的事情。同时有些犯罪嫌疑人、被告人，在羁押过程中情绪较为低落，精神萎靡，这个时候，辩护律师要振奋其精神，使其对诉讼结果有足够的信心和勇气。

（二）律师会见犯罪嫌疑人、被告人的法律属性

律师会见犯罪嫌疑人、被告人的行为，对于不同的诉讼主体，其法律性质是不同的。

对于辩护律师来说，这一行为既是权利也是义务。律师一旦接受了犯罪嫌疑人、被告人的委托，即成为辩护人，有权利履行辩护行为，为了了解案情，有效地开展辩护行为，辩护律师必须和犯罪嫌疑人、被告人会见，这是辩护权的应有内容，从这一角度来说，这是律师的权利。从义务来说，辩护律师接受委托后也要保障犯罪嫌疑人、被告人的合法权益，会见犯罪嫌疑人、被告人是其履行辩护职责的分内事，律师要主动会见，不能等家属来催促会见，也不能不会见。

对于犯罪嫌疑人、被告人来说，这是权利。犯罪嫌疑人、被告人受到指控，被采取强制措施，可能被定罪量刑，一定要获得辩护权利，和辩护律师见面，因此，这是犯罪嫌疑人、被告人辩护权的应有内容。

对于办案机关来说，这是诉讼义务。办案机关要保障会见行为的有效行使，不能阻碍，因此这是义务。

（三）律师会见犯罪嫌疑人、被告人的特点

相对于律师会见犯罪嫌疑人、被告人的家属，以及办案机关对犯罪嫌疑人、被告人的提审，律师会见犯罪嫌疑人、被告人有以下特点：

一是保密性：律师与犯罪嫌疑人、被告人会见的内容，必须严格保密，除非法律要求，或者获得犯罪嫌疑人、被告人的许可，否则，会见内容不得向他人披露。根据现行《刑事诉讼法》的规定，律师在会见犯罪嫌疑人、被告人时，享有不被监听的权利，除非是法律规定的特殊情况，否则，办案人员也不能在场。律师通过会见得到的信息必须予以保密，不能向他人或媒体泄露。

　　二是阶段性：律师在不同诉讼阶段根据法律的规定，其工作任务是不同的。侦查阶段由于了解案情的途径有限，所以，会见犯罪嫌疑人的主要任务就是了解案情，审查起诉阶段的主要任务是确认案卷材料，对证据的细节问题进行核实，审判阶段主要是为庭审进行辩护准备。

　　（四）律师会见犯罪嫌疑人、被告人的基本要求和技巧

　　1. 律师介入刑事诉讼的时间

　　公诉案件的犯罪嫌疑人自被侦查机关第一次讯问或被采取强制措施之日起有权委托辩护人，自诉案件的被告人有权随时委托辩护人。

　　2. 接受委托

　　根据《刑事诉讼法》的规定，刑事诉讼的犯罪嫌疑人、被告人有权委托辩护人，犯罪嫌疑人、被告人被羁押的，其法定代理人、近亲属有权委托辩护人。侦查阶段，辩护人只能由律师担任。

　　律师与委托方达成委托意向后，律师事务所与委托方签订合同，约定双方权利义务并指定具体承办律师，委托人给律师签署授权委托书。

　　3. 同侦查机关接洽

　　根据《刑事诉讼法》的规定，辩护人接受犯罪嫌疑人、被告人委托后，应当及时告知办理案件的机关。《公安机关办理刑事案件程序规定》规定，辩护律师接受犯罪嫌疑人委托或者法律援助机构的指派后，应当及时告知公安机关并出示律师执业证书、律师事务所证明和委托书或者法律援助公函。《人民检察院刑事诉讼规则》也规定，辩护人接受委托后告知人民检察院或者法律援助机构指派律师后通知人民检察院的，人民检察院案件管理部门应当及时登记辩护人的相关信息，并将有关情况和材料及时通知、移交相关办案部门。

　　辩护律师将会见手续递交侦查机关后，应及时向侦查机关了解本案犯罪嫌疑人涉嫌的罪名和案件有关情况，包括当时已查明的主要事实，犯罪嫌疑人被采取、变更、解除强制措施或者延长侦查羁押期限等情况。

　　4. 办理会见手续

　　律师接受委托后，为全面了解案情，首先要同犯罪嫌疑人、被告人会见，

犯罪嫌疑人在押的，律师应当及时向看守所提出会见请求。

会见前，律师应在律师事务所办理证明，取得家属的授权委托书，连同律师执业证复印件一并提交给看守所提出会见申请。除危害国家安全犯罪、恐怖活动犯罪、特别重大贿赂犯罪案件在侦查阶段律师会见须向侦查机关提出申请外，其他案件律师直接向看守所提出会见请求，看守所应当及时安排会见，至迟不得超过 48 小时。

（五）辩护律师会见犯罪嫌疑人、被告人的内容

1. 侦查阶段会见犯罪嫌疑人、被告人

辩护律师在侦查阶段第一次会见犯罪嫌疑人时，会见的内容相对比较简单，会见主要是为了解答犯罪嫌疑人的疑问，了解案情，便于就犯罪嫌疑人是否有罪和能否变更强制措施等问题作出判断。辩护律师在侦查阶段的工作往往是比较被动的，它受多方面的制约。会见内容主要围绕三个方面：一是了解犯罪嫌疑人对涉案罪名的理解程度；二是案件诉讼的基本经过及犯罪嫌疑人权益保障的情况；三是犯罪嫌疑人担心或有疑虑的问题。

在正式交谈之前，辩护律师应当告知犯罪嫌疑人自己的身份，向其出示由委托人出具的授权委托书，让犯罪嫌疑人签字确认，然后再开始了解案情，解答问题。

2. 审查起诉阶段会见犯罪嫌疑人、被告人

在审查起诉阶段，辩护律师一般是先到检察院办理相关手续，查阅案卷，将案卷材料摘抄、复印过来仔细研究后，再去会见犯罪嫌疑人。因此，律师在审查起诉阶段会见犯罪嫌疑人的主要任务是核对事实和证据。

律师在审查起诉阶段会见犯罪嫌疑人，必须就起诉意见书指控的犯罪事实逐一向其核实，听取其对每一节案情的陈述，并对其有异议的内容进行重点询问，对同一事实有多次不同供述的，问清楚产生差异的原因。

需要特别注意的是，律师在向犯罪嫌疑人核实证据时，那些犯罪嫌疑人本人的供述及其亲自提供的材料可以向犯罪嫌疑人宣读、展示，直接进行核实；那些勘验笔录、鉴定意见等客观描述性证据，也可以将主要内容向犯罪

嫌疑人宣读，以听取他的意见；对于犯罪嫌疑人供述以外的同案犯供述、证人证言、被害人陈述，则不宜直接宣读，而只能将同案犯供述、证人证言、被害人陈述中与犯罪嫌疑人陈述不同的部分，以提问的方式进行核实。

3. 庭审阶段会见被告人

在庭审阶段，辩护律师会见被告人主要有两方面任务：一是听取被告人对起诉书指控的罪名、事实和证据的意见，以便形成辩护思路；二是在全面了解案情的基础上，与被告人沟通出庭事项、商议庭审辩护方案等。

刑事案件的大多数被告人都是首次参加庭审，不了解庭审中的程序和要求，开庭时往往很紧张，影响在庭上的表现。因此，辩护律师要指导被告人的出庭技巧，将《刑事诉讼法》规定的开庭程序向被告人做详细的介绍，并将开庭时的技术性要求告知被告人。

在庭审调查阶段，被告人有向法庭陈述事实的义务。因此，被告人会不断回答控、辩、审三方的问题。如何正确表达意思，是辩护律师给被告人必须辅导的功课。律师需要在庭审中发问的问题，在会见时就必须向被告人交代清楚，听取被告人准备如何回答的意见，纠正其不恰当的表述。

律师要提醒被告人在回答公诉人、审判人员和其他被告人的辩护人的提问时，首先听清楚问题，然后本着实事求是的态度回答。在回答问题的时候，态度要好，有礼貌；但立场要坚定，该说的问题一定要说清楚，不能为了态度好而随便承认。

需要注意的是，在与被告人就具体问题进行沟通时，辩护律师不能将自己想得到的回答内容告诉被告人，这样无异于引供。律师可以将自己想要查清哪一个事实告知被告人，让被告人了解自己发问的真实意图即可，至于回答的内容，由被告人自己决定。

（六）辩护律师会见时的技巧和注意事项

1. 发问的技巧

不同类型的问题应采用不同的发问方式。在会见最初阶段，律师一般会采用开放式的提问，如"请你谈谈案发的经过""说说你的个人情况"等。

这种提问的方式可以最大限度地获取信息，也容易使犯罪嫌疑人心情放松，自主地陈述。

在犯罪嫌疑人全面陈述案情之后，可以采取引导式的提问。这种提问方式目标较为明确，主要是为了补充犯罪嫌疑人陈述中的漏洞或为了进一步明确其陈述中自相矛盾的地方，如"你和被害人有过哪些接触"。这种提问方式可以帮助犯罪嫌疑人恢复对案发时的记忆，从而对串联案情起重要作用。

在会见犯罪嫌疑人的后期，辩护律师一般会采用封闭式的提问，以明确某些事实。这时只需要犯罪嫌疑人回答"对""不对""是""不是"即可。例如，"案发当时有谁在现场""案发时你在什么地方，和谁在一起"等。这种提问方法往往能获取最有价值的信息，会见时封闭的提问方式越多，案情了解得就越详细。

开放式提问、引导式提问和封闭式提问一般是按照顺序提出的，但有时也会反复、交叉进行。例如，随着会见交谈的深入，律师发现了新问题，就可能从引导式提问又回到开放式问题。所以，不同的提问方式要根据具体的情况具体分析，从而获得全面详细的案件信息。

2. 倾听的技巧

辩护律师会见犯罪嫌疑人或被告人时，犯罪嫌疑人或被告人已经被羁押在看守所，律师的会见可以说是他们和外界的唯一沟通桥梁，所以犯罪嫌疑人或被告人一旦见到辩护律师，往往会十分急切地向其述说自己的情况，因此，辩护律师的倾听尤其重要。

大多数犯罪嫌疑人或被告人都是第一次被刑事羁押，往往心里紧张，不能全面地陈述案情经过。这种情况下，律师必须耐心听完，才能知道案情的关键所在。律师在倾听的时候，也要尽量站在犯罪嫌疑人或被告人的立场来思考，从犯罪嫌疑人或被告人的角度进行反馈，从而使犯罪嫌疑人或被告人能够感受到对其的重视。

但是犯罪嫌疑人或被告人陈述的内容往往真假混杂，所以辩护律师在尊重当事人的同时也要理智地识别和分辨信息，从而能够辨别案情的真伪。

3. 非语言技巧

（1）仪容和着装：辩护律师会见犯罪嫌疑人或被告人时应穿着大方庄重，尽量做到衣着整洁得体，这不仅体现出律师的职业气质，也是对犯罪嫌疑人和被告人的尊重，从而使犯罪嫌疑人和被告人对其产生信任感。

（2）肢体动作：律师在会见犯罪嫌疑人或被告人时，除了语言上的交流，肢体上的动作也十分重要。作为交流的方式，点头、手势、眼神、身体的动作都可以向当事人传递某种信息。尤其是眼神的交流最重要，专注的眼神，可以很容易获得当事人的信息。同时在会见时，坐姿一定要端正，左摇右晃，会使人产生轻浮的感觉。

（3）时间因素：在接到委托后，律师应在最短的时间内安排会见犯罪嫌疑人，从而使犯罪嫌疑人的家属对其产生信任感。在检察院批准逮捕后或开始审查起诉等关键的诉讼时间节点，律师也要保持和犯罪嫌疑人的接触，从而使犯罪嫌疑人恐惧的心理得以安抚。

4. 注意事项

（1）律师会见前应列出会见提纲，不应漫无目的。接受委托以后，不去会见犯罪嫌疑人、被告人，不仅委托人不答应，而且有悖职业道德。但是，有些律师却是为了会见而会见，没有目的，没有中心。实际上，在侦查阶段会见之前，律师已经见过主办案件的警官，可以了解涉嫌的罪名，以及部分案情。在审查起诉阶段会见之前，律师已经查阅复制了诉讼文书、技术性鉴定资料，应当对案件有了一个大概了解。在法院审判阶段会见之前，律师已经查阅复制了全部的卷宗证据材料。律师只要仔细分析研究，完全可以发现案件的疑点和难点，从而列出详尽的发问提纲，有效避免流于形式的会见。

（2）律师会见不能带犯罪嫌疑人、被告人的家属。家属肯定非常关心犯罪嫌疑人、被告人的生活情况、身体情况，当然更关心自己家人的未来前景。家属一听说律师要会见犯罪嫌疑人、被告人，一定格外兴奋。尽管律师多次告诫，律师会见时不允许家属在场，但是有的家属就是不听。有的看守所，可能把守不严，家属跟看守所打过招呼，所以在律师会见时，他们尾随而进。家属一旦见到犯罪嫌疑人、被告人，又哭又闹，又搂又抱，甚至递送钱物。

若被监管人员或者驻看守所检察室发现，律师是要承担相应法律责任的。

（3）律师会见不可单枪匹马，应二人以上。《律师法》没有强制规定律师会见必须二人以上。刑事案件也可能由一名律师负责，有的律师不想麻烦其他律师，或者不想让有限的律师费用外流，可能出现一名律师会见的情形。有的看守所已经明确要求律师会见必须二人，有的看守所并没有这方面的禁止要求。但是一般情况下，律师会见尽量还是二人以上。二人以上会见，既可以防止犯罪嫌疑人、被告人借机外逃，又可以使律师不发生意外伤害，还可以在犯罪嫌疑人、被告人翻供时互相作证。犯罪嫌疑人、被告人有时居心叵测，防不胜防，趁律师会见之机，突然外逃，律师被追究者有；精神失常，突然攻击律师者有；被司法严惩，说律师叫他翻供者有。所以，律师在会见时一定要慎之又慎。

（4）律师会见不可传递证据与信件。看守所的大门就是警戒线，就是红灯，就是雷区。无论何种证据，何种信件，律师均不能私自传递。犯罪嫌疑人、被告人的供述与辩解材料、上诉状最好通过看守所审查以后传入传出。如果律师私自传递证据与信件，那么《刑法》第 306 条可能已经对您张网以待。有的律师收取高额律师费，为犯罪嫌疑人、被告人铤而走险，不惜以身试法，最后被以辩护人毁灭证据、伪造证据、妨害作证罪追究者不是没有。

（5）律师会见应征求犯罪嫌疑人、被告人是否同意为其提供法律服务。由于犯罪嫌疑人、被告人被羁押在看守所里，不能亲自聘请律师，所以大多数情况下，辩护律师是和犯罪嫌疑人、被告人的家属或朋友签订的委托协议。尽管律师事务所与犯罪嫌疑人、被告人的亲属签订了《委托协议》，其亲属也出具了《委托书》，但是由于律师提供法律服务的对象始终是犯罪嫌疑人或被告人，所以律师必须征求犯罪嫌疑人、被告人的意见，看是否同意自己为其提供法律帮助。同时告知谁为其聘请的律师，以取得信任。征求嫌疑人、被告人的意见，不仅是对嫌疑人、被告人辩护权的尊重，同时也与法律规定相协调。根据《刑事诉讼法》第 45 条规定："在审判过程中，被告人可以拒绝辩护人继续为他辩护，也可以另行委托辩护人辩护。"如果自己费尽心思辩护，却被被告人当庭拒绝，不单单是难堪，还作了无用之功，也就是在未征得同意的情况下自己白辛苦。

（6）律师会见应告知犯罪嫌疑人、被告人的诉讼权利与义务。犯罪嫌疑人、被告人不是律师，不可能对其在诉讼中的权利义务全面了解，否则，也不会聘请律师提供法律帮助。给自己辩解属不属于不老实？检察官与其有过节该怎么办？律师应当告知其享有辩护权、申请回避权。开庭时有几个阶段？应注意哪些问题？律师应当告知一般审判的几个阶段，即庭前会议、法庭调查、法庭辩论、最后陈述、评议宣判。应当告知公诉人宣读起诉书以后，会征求其对起诉书的看法，会对其进行讯问，在宣读每份证据以后，其有质证的权利。遇到疑难问题，公诉人、其他被告的辩护人询问时，切勿紧张，要听清以后再回答。如果没有听明白发问者的意图，一定让其再次陈述发问的内容，以便准备作答。若被告人熟悉了庭审过程，可能会减少紧张感，与律师做到默契配合。

五、实训过程

（一）组织形式

本节实训课程采用学术沙龙和角色扮演相结合的方式展开，具体表现形式为：教师将班级所有学生分成若干组，实训以组为单位分别进行，组内所有成员先以学术沙龙的形式就课前发布的案例进行讨论，之后每组成员分别派出三名学生扮演辩护律师和犯罪嫌疑人，就案例的内容进行演练，教师给予总结点评，该组实训流程完毕。学术沙龙及角色扮演的具体组织形式如下：

（1）学术沙龙：以小组为单位召开学术座谈会，小组成员围绕课前发布的案例进行自由讨论，由一人主持，一人记录，其他人自由发言，对案件中的焦点问题及会见中可能出现的问题进行系统、深层次讨论。教师积极引导并总结发言，鼓励和指导学生对相关问题进行深入理论研究。

（2）角色扮演：确定小组成员扮演的角色。

（二）具体流程

第一，由教师介绍律师会见犯罪嫌疑人或被告人的基本内容。这一部分内容教师通过 PPT 进行简要介绍，以节省课堂板书的环节，为后面学生模拟练习以及师生反馈总结留出充裕的时间。

第二，教师将课前发布的案例以 PPT 的形式在课堂展示，并由学生对案情进行总结。

第三，每组选出代表对本组观点进行陈述。

第四，每组学生根据案例情况进行角色扮演。

第五，教师根据学生的表现进行点评。

六、实训点评

案例一

律师会见犯罪嫌疑人除了案情上交流和辩护意见的商讨，还要代表家属和犯罪嫌疑人做亲情上的沟通和交流，传递家人对其的关心和关怀，就家人的重大情况进行互通信息，从而体现律师服务的周到性。本案中的律师在会见中没有对犯罪嫌疑人的个人情况予以留意，从而使家属产生不满情绪。

案例二和案例三

在共同犯罪中，律师对同案犯的供述，不应采取直接出示所有证据材料内容的方式进行，而应由律师吃透证据的内容，将其中对犯罪嫌疑人不利的内容梳理出来，口头向犯罪嫌疑人核实。

案例四

律师会见犯罪嫌疑人不得为犯罪嫌疑人传递物品和信函。本案中的律师虽然不是有意将香烟留给犯罪嫌疑人，但也存在过失。

七、实训拓展

2010 年 10 月上旬，被医院误诊为感染了艾滋病的吸毒人员王某认为自己活不了多久了，对生活绝望，认为社会对自己不公，为让他人也染上艾滋病以发泄对社会的不满，王某用自己吸毒使用后的注射器在该县农贸市场扎刺买菜人员 5 人后潜逃，一时致该县人人自危。案发后，相关部门对王某和被扎人员做了数次检测，均未发现感染艾滋病病毒，最后确诊王某未患艾滋病和其他可通过血液传染的疾病。

作为王某的辩护律师，你应如何对王某进行会见？

八、实训文书

（一）委托合同

委托辩护合同

编号：_____

委托人：姓名_____ 性别____ 年龄____

住址_____

受委托人：××律师事务所

委托人经与受委托人协商，达成以下协议：

一、××律师事务所指派_____律师，担任_____案被告人_____的_____辩护人；

二、双方商定，委托人向受委托人交纳委托费____元。

三、本委托自签订之日起至本案____时有效。

四、本合同一式二份，双方各执一份。

五、其他：

委托人：_____

　年　　月　　日

受委托人：××律师事务所

（律师事务所印章）

　　　年　　月　　日

（二）授权委托书

授权委托书

委托人_____根据法律的规定，特聘请××律师事务所_____律师为_____案件的辩护人。本委托书有效期自即日起至_____止。

此致

_____人民法院

委托人：

年 月 日

附：律师联系方式

通信地址：

办公电话：

（三）律师事务所函

××律师事务所函

_____:

贵院受理的_____经与当事人协商，该案_____已委托本所_____律师为其_____辩护人。

特此函告

××律师事务所

年 月 日

附：律师联系方式

通信地址：

办公电话：

（四）会见申请

律师会见在押犯罪嫌疑人、被告人证明

根据《中华人民共和国刑事诉讼法》第××条以及《中华人民共和国律师法》第××条的规定，现指派我所_____律师前往会见涉嫌_____案件的在押犯罪嫌疑人（被告人）_____。

请予支持，特此函告

××律师事务所

年　月　日

（五）律师执业证

九、实训法规

《最高人民法院关于适用〈中华人民共和国刑事诉讼法〉的解释》第40—68 条

详见

第三节　律师阅卷

一、实训目标

通过本节课程的学习，学生了解刑事辩护律师阅卷的法律规定，掌握辩护律师阅卷的基本步骤和方法，能够独立地阅读案卷。

二、实训素材

讯问时间：2008 年 8 月 28 日 10 时 40 分至 11 时 15 分

讯问地点：××公安局××分局××派出所

讯问人：周××，工作单位××公安局××分局××派出所

记录人：周××，工作单位××公安局××分局××派出所

被讯问人：代某　性别：男　出生日期：1972 年 10 月 23 日　文化程度：初中

户籍所在地：沈阳市××区××路57 号2 - 4 - 3

现住址：沈阳市××区××路57 号2 - 4 - 3

工作单位：沈阳市××血栓医院保卫科

被讯问人身份证号码：×××××××××××××××××××

问：我们是××公安局××分局××派出所的民警，现依法对你进行审查和讯问，你要如实回答。对与本案无关的问题，你有拒绝回答的权利，你听清楚了吗？

答：听清楚了。

问：你今天为什么来××公安局××分局××派出所？

答：因为打架的事。

问：是什么时间的事？

答：2008 年 8 月 28 日 8 时 40 分左右。

问：什么地点？

答：×××血栓医院门口。

问：你把当时的情况详细地说一遍。

答：2008 年 8 月 28 日 8 时 40 分左右。贾某把人力三轮车停在我们医院门口，影响了我们医院患者和家属的出入。我们医院值班室的工作人员上前制止，贾某不听。值班室的工作人员向我汇报此事，我就下楼让他赶快离开。可贾某不听，还上来打了我一拳，打在我脸上了，我就和他撕打在一起了。

问：你有没有踢贾某的肚子？

答：记不清了，当时和他打蒙了，也不清楚往哪儿打的。

问：还有什么需要补充的吗？

答：没有了。

问：你以上说的是否属实？

答：属实。

问：现在向你宣读笔录，你听一下与你讲的是否相符?

答：记录向我宣读过，与我讲的相符。以上记录已向我宣读过，和我讲的一样。

2008 年 8 月 28 日

三、实训准备

1. 教师指定学生阅读《刑事诉讼法》教材中关于律师阅卷的内容，要求学生查阅《刑事诉讼法》《最高人民法院关于适用〈中华人民共和国刑事诉讼法〉的解释》《公安机关办理刑事案件程序规定》《人民检察院刑事诉讼规则》等法律法规中关于律师阅卷的有关规定。

2. 教师课前将实训素材的基本案情资料传发给学生，要求检索有关程序法和实体法方面的法律依据，根据具体实训案例结合实体法的内容明确案件中当事人的刑事责任。学生自主学习后，要求提交书面形式的报告。

3. 教师将学生分成小组学习。

四、实训要点

刑事案件辩护中，阅卷质量的高低直接关系案件的成败。律师认真、仔细、全面地研究案卷材料，可以了解案情，发现问题，提炼辩护观点，为法庭上的交锋做好准备。

（一）阅卷前的准备工作

根据法律规定，从刑事案件的审查起诉阶段开始，辩护律师可以查阅与案件有关的全部案卷材料。阅卷的首要前提是案卷材料一定要全面、完整。只要是与案件有关的材料，一页都不能少，全部都要复制。如果办案单位不提供完整的案卷，辩护律师应当与办案人员交涉，据理力争，维护自身的阅卷权利。如果律师法定的权利得不到尊重和保障，在开庭的时候，律师应以未能全面审核案卷材料为由，申请休庭，要求法院对案件延期审理，从而达到维护律师阅卷权的目的。

在庭审前，辩护律师可以到法院查阅全部案卷材料，辩护律师需要先认真研究公诉机关的《起诉书》。《起诉书》是公诉机关对案卷材料的提炼，里面几乎每一句话都来源于案卷材料。辩护律师要端正心态，清楚自己的立场。辩护律师的职责是为被告人提供法律服务，所处的角度应当是被告人的角度，是与《起诉书》的指控对立的角度，因此，辩护律师要用怀疑、挑刺的眼光，认真审查案卷材料。如果辩护律师的内心已经与公诉机关保持一致，阅卷也就失去了意义，不可能取得重大突破。

（二）律师阅卷的范围及方式

《人民检察院刑事诉讼规则》第 47 条明确规定："自人民检察院对案件审查起诉之日起，应当允许辩护律师查阅、摘抄、复制本案的案卷材料。案卷材料包括案件的办公文书和证据材料。"《刑事诉讼法》规定，辩护律师自人民检察院对案件审查起诉之日起，可以查阅、摘抄、复制本案的案卷材料。其他辩护人经人民法院、人民检察院许可，也可以查阅、摘抄、复制上述材料。如果案卷材料较少，应当全部复制，如果案卷材料较多，具备全部复制的条件，可以全部复制，如果不具备完整复制的条件，可挑重点进行复制。对于言词证据一般应当全部予以复制；对于其他证据材料，可以复制部分材料，但是应当简要摘抄没有复制部分的主要内容。对作为证据材料向人民法院移送的讯问录音录像，辩护律师申请查阅的，人民法院应当准许。合议庭、审判委员会的讨论记录以及其他依法不公开的材料不得查阅、摘抄、复制。

律师阅卷复制案卷材料的方式，主要有四种方法：复印、拍照、扫描、电子数据拷贝等方式。辩护律师或者经过许可的其他辩护人到人民检察院查阅、摘抄、复制本案的案卷材料，由负责案件管理的部门及时安排，由办案部门提供案卷材料。因办案部门工作等原因无法及时安排的，应当向辩护人说明，并自即日起 3 个工作日以内安排辩护人阅卷，办案部门应当予以配合。人民检察院应当为辩护人查阅、摘抄、复制案卷材料设置专门的场所或者电子卷宗阅卷终端设备。必要时，人民检察院可以派员在场协助。辩护人复制案卷材料可以采取复印、拍照、扫描、刻录等方式，人民检察院不收取费用。因此，律师在阅卷前应该问清做法，做足准备，从而有效地完成阅卷工作。

（三）辩护律师阅卷的步骤

审查起诉之日起，律师阅卷的地点在检察院，公诉至法院后，律师在法院阅卷。阅卷时应当先阅读诉讼文书，了解犯罪嫌疑人所涉及的罪名、犯罪事实、证据、所适用的法律，以便有针对性地阅卷。

律师拿到案卷材料后，先核对卷宗材料是否齐全，然后翻阅卷宗目录，了解卷内证据材料的种类，再对卷内材料进行审阅，为复制材料做准备。

在审查犯罪嫌疑人的笔录时，要注重第一份笔录与侦查终结笔录，审查其是否一致，比较异同，并寻找原因。还要复制《提讯证》，以便和笔录时间进行核对。

对于犯罪嫌疑人有异议的内容及证据线索，必须予以复制。对一时判断不了证明力的证据材料，可以先复制，回去再研究。

如果案卷材料较多，应当先将封面和目录复制下来，以备查阅，也便于该卷证据的应用。

（四）对主要证据进行审查的方法和技巧

1. 对诉讼文书、技术性材料的审查

所谓的诉讼文书、技术性材料，指的是案卷里面不涉及案情本身的《拘留证》、《逮捕证》、鉴定结论等材料。一般情况下，阅卷的时候很容易忽视这些材料。但是，如果律师能对这些材料多加留心，也许会有意外的惊喜。

刑事诉讼中对于"期限"的要求非常严格。《传唤证》《拘留证》《逮捕证》等法律文书，能够说明当事人在不同阶段的身份，也可以证明侦查人员的行为是否违法，犯罪嫌疑人的交代是否构成自首。对于这些文书，律师要注意时间上的衔接、罪名上的变化。

《立案审批表》《拘留证》《逮捕证》上罪名的变化（结合最终《起诉书》指控的罪名）也需要留意。一般情况下，罪名的变化是因为办案人员对行为的定性认识不准，但是也存在一些其他原因。当事人的如实交代是罪名变化的重要原因之一，还有可能是侦查机关的管辖权冲突，也就是部门之间的利益之争。

《鉴定意见》（包括《责任认定书》《评估报告》等）虽然专业性比较强，但律师不能因为自己是外行而放弃。相关法律对《鉴定意见》的形式要求非常严格，但是在一些案件中，公诉人对这一方面的规定不熟悉、不重视，所以辩护律师往往能发现问题。一般情况下，《鉴定意见》可能存在的主要问题包括：（1）鉴定书的文号；（2）鉴定机关的资质；（3）鉴定人的资质；（4）鉴定人的数量；（5）签名、印章、鉴定时间；（6）鉴定的过程；（7）是否送达并告知当事人权利。作为辩护人应该注意的是，对被告人来说是犯罪证据的《鉴定意见》，有时候也可以作为被告人罪轻的证据。

2. 对言词证据的审查

言词证据主要包括被告人供述、被害人陈述、证人证言，也就是通常所说的"口供"或者"笔录"。传统观念认为，口供是"证据之王"，往往构成案卷材料的主要内容。《起诉书》对案件事实部分的描述，绝大部分来自对言词证据的整理。

在研究言词证据的时候，律师首先需要了解以下三个问题：

（1）言词证据大多是通过当事人对事件的回忆来制作的。人的记忆并不是绝对可靠的，经常会出现混乱、模糊、错误，甚至是遗忘，尤其是对时间久远一些事情的回忆。

（2）办案人员在记录当事人讲述的时候，难免会帮助他组织和整理语言，留下记录人自己的痕迹。

（3）对于同一事件的描述，在案卷中会有多个人的多份笔录，如果这些笔录讲述的内容完全一致，毫无疑问，办案人员没有客观真实地记录当事人的陈述；如果存在太多的重大差异，则说明其中部分言词证据的可信度值得怀疑。

律师在审查言词证据的形式时还需要从以下六个方面进行：

（1）笔录的制作时间。笔录形成于案件的哪个阶段，关系被告人是否具有自首等情节的问题。笔录制作记录的时间，关系侦查程序是否违法的问题。

通过对几份笔录制作时间的比较，我们可以分析一下：不同的笔录对同一事件的描述内容发生了什么变化，为什么会发生这种变化？

（2）笔录制作人及在场人。例如，辩护律师在阅卷时发现，一位侦查人员的名字同时出现在"被告人供述"和"被害人陈述"中，虽然侦查人员在事后也发现了这个问题，做了修改，将这个同时出现在两份笔录里的侦查人员换了另一个人的名字，但是他们忘了让被告人加上指模。在被告人的笔录中，所有修改过的地方都有指模，唯独这个侦查人员的名字处没有，这说明修改是在事后进行的。同时意味着，要么就是这个侦查人员在审讯的时候，在两个审讯室走动，要么其中一份笔录是只有一个侦查员在场的时候制作的。

很多时候，侦查人员制作笔录的时候没有养成签名的习惯。尽管绝大多数笔录上记录了两个侦查人员的名字，但是实际上，除了记录人员的笔迹外，很少有另一名在场的侦查人员的签名。这是一个很明显的证据瑕疵，如果侦查机关无法证明在场的侦查人员是两人，则违反了《刑事诉讼法》的规定。从理论上来说，就是非法的证据，应当排除。

（3）笔录制作的地点。讯问犯罪嫌疑人一般是在办案单位或者看守所，询问证人、被害人一般是在证人、被害人的家里、工作单位或者约定的地点，一般不会在办案单位询问。如果笔录制作的地点有问题，则说明此份证据是有瑕疵的。例如，在一起案件中，侦查机关对证人取证的地点是在招待所，并且在这家招待所里拘禁证人长达一个月，证人最终被迫按照侦查机关的要求，在已经制作好的笔录上签字。律师通过阅卷，发现此份证词的询问地点有问题，进而通过和证人的交谈，最终掌握了侦查机关拘禁证人，非法获取证人证言的情况。

（4）是否告知当事人权利和义务。根据法律规定，侦查人员在第一次讯问犯罪嫌疑人或询问证人的时候，必须告知其权利和义务，这有点像港台影视剧里面我们经常听到的"你有权保持沉默"，只是在这里换成了"你有权申请回避"，"做伪证是要承担法律责任的"。

（5）笔录的签名。一份形式上合格的笔录，最少应当有三个签名：两名侦查人员，一名当事人。关于侦查人员签名的问题，前面已经讨论过，这里主要讲一下犯罪嫌疑人签名的问题。

犯罪嫌疑人的签名，是最容易被律师忽视的问题。几乎所有的笔录，最后的话都是一样的"以上内容我看过（向我宣读过），和我所说的一致。某某某，年月日"，所以大家都不重视这句话。

有些时候，犯罪嫌疑人迫于无奈，会在侦查机关已经制作好的笔录上签名。但是，为了在以后的庭审中申辩，有的当事人会在签名上做一些手脚。比如"和我所说的不一致"等，如果侦查人员马虎大意，这样的笔录就会作为证据移交到法院，给律师的辩护带来机会。

（6）笔录是否有修改、添加内容的痕迹。在会见在押犯罪嫌疑人的时候，有些犯罪嫌疑人会告诉律师，笔录中的一些对自身不利的话，他并没有说过，不知为何就出现在了笔录之中。如果犯罪嫌疑人的说法是真实的，那就意味着侦查人员对已经制作完毕的笔录添加了新的内容。

这一做法看似不可思议，在现实生活中却是有可能存在的。某些侦查人员破案心切，不惜以身试法，伪造证据。因此，辩护律师在审查言词证据的时候，一定要留心笔录的书写是否流畅，字体大小是否基本一致，笔迹风格是否统一，墨迹的深浅是否一致。如果在笔录中出现了不和谐的字迹，而又没有犯罪嫌疑人加盖指模确认，辩护律师要提高警惕。

如果律师确信笔录可能存在伪造之处，那么可以向法院申请进行笔迹鉴定。辩护律师的申请不一定会被法院采纳，但是通过这一招敲山震虎，可以对法院最终判决的结果有所帮助。

笔录的内容因案件不同而千差万别。每一份放进案卷的笔录都是为了证明该案件的某一个或几个点，能否互相印证就是关键。公诉人要得出的结论是可以互相印证，而我们要得出的结论就是笔录中关键事实的冲突。

一起案件事实的基本要素包括：时间、地点、人物、经过。判断犯罪嫌疑人陈述的内容的真伪以及可信度，可以通过以下五个方面进行：（1）研究犯罪嫌疑人在不同时间所做的不同笔录中的差异；（2）比较不同犯罪嫌疑人对同一事件的陈述的差异；（3）结合案卷中其他证据材料（书证、物证等），找出犯罪嫌疑人陈述的矛盾之处；（4）结合犯罪嫌疑人的人生经验，找出其陈述的矛盾之处；（5）结合辩护律师的人生经验，找出犯罪嫌疑人陈述的矛盾之处。

3. 对其他案卷材料的审查

案卷材料中还有书证、照片等其他证据材料。律师同样要从形式和内容两个方面来认真审查，不能掉以轻心。

这里着重说说照片。照片是对案发现场或物证的一个客观反映。在审查照片的时候，律师应结合案件具体情况和生活经验来作出判断。

在案卷材料中，还有一类所谓的"证据"，那就是由侦查机关制作的《情况说明》《抓获经过》等。尽管这些材料不属于法定的证据种类，但是在案件审理中却起到了非常重要的作用。对此，辩护律师一方面要严肃指出这些材料不应作为证据使用，另一方面要给予足够的重视，发现其内容上存在的问题，以子之矛，攻子之盾。

所有案卷材料审查完毕，辩护律师还需要站在整个案件的高度来分析一下：指向被告人犯罪的材料有哪些？非法证据排除之后还剩下哪些？现有的证据是否能够形成完整的证据链？案卷材料中缺失了哪些关键性证据？

通过对全案证据材料的综合分析，如果律师能够确信证据链断裂的话，可以以"证据不足"为由，维护被告人的合法权益。

五、实训过程

（一）组织形式

本节实训课程采用小组讨论的方式展开，具体表现形式为：教师课前将全班学生分为若干讨论小组，以小组为单位围绕课前发布的案例进行自由讨论，由一人主持，一人记录，其他人自由发言，对案件中的焦点问题进行系统、深层次讨论。教师应该积极引导并总结发言，鼓励和指导学生对相关问题进行深入理论研究。

（二）具体流程

第一，由教师讲解辩护人阅卷的含义、顺序、方法等基本理论内容。这一部分内容教师通过 PPT 进行简要介绍，以节省课堂板书的环节，为后面学生模拟练习以及师生反馈总结留出充裕的时间。

第二，教师将课前发布的案例以 PPT 的形式在课堂展示，并由学生对案情进行总结。

第三，每组选出代表，对本组观点进行陈述。

第四，教师根据学生的表现进行点评。

六、实训点评

此份讯问笔录在形式上主要存在以下问题：

（1）侦查讯问人员为一人。

（2）讯问人员和记录人为同一个人。

（3）讯问时没有交代被讯问人的权利和义务。

（4）没有给被讯问人看权利义务告知书。

（5）被讯问人没有签名，捺手印。

（6）讯问结束，被讯问人没有对笔录内容进行核对。

七、实训拓展

张某，女，30 岁，汉族，小学文化，农民。

2002 年 7 月 6 日中午 12 时许，张某和周某在公路边因公路使用问题发生口角，进而发生抓扯，相互抓住对方的衣服推搡。在推搡过程中，张某致周某仰面坠落公路坎下，周某头部先触地，当天下午死亡。

（1）证人证言：①张甲证实，张某为机耕道的使用和周某发生口角，继而在机耕道上抓扯起来，在抓扯过程中，张某将周某推下公路坎，后听说周某死亡。②证人陈某证实，张某和周某发生口角后，又抓扯起来，在抓扯过程中，张某把周某推下坎后，周某当日死亡。

（2）现场勘验笔录、照片：证明张某和周某发生撕扯的位置。

（3）鉴定意见：周某因坠落致严重颅脑损伤而亡。

对办案的卷宗材料进行查阅，制作阅卷笔录。

八、实训文书

律师阅卷笔录范本

时间：＿＿＿＿年＿＿月＿＿日＿＿时至＿＿时。

地点：＿＿＿＿人民法院刑事审判庭。

案由：故意伤害。

被告人：＿＿＿＿，男，＿＿岁，＿＿＿＿市＿＿＿＿县人，汉族，北京市＿＿中学学生，住＿＿县＿＿路＿＿号＿＿楼＿＿房。因故意伤害于＿＿＿＿年＿＿月＿＿日被拘留，＿＿月＿＿日被取保候审。＿＿＿＿年＿＿月＿＿日公安机关移送审查起诉，＿＿＿＿人民检察院于＿＿月＿＿日提起公诉。

一、案件事实及被告人陈述

1. 起诉认定的事实

"被告人于＿＿＿＿年＿＿月＿＿日晚 7 点 30 分左右，在＿＿＿＿市红星礼堂看电影时，与值班人员＿＿＿＿发生口角，相互撕打，被在场人员拉开后，被告人认为吃了亏，返回家中拿了水果刀再次跑进礼堂，将＿＿＿＿左肘部及右手第一腕关节砍伤。经医院诊断：被害人＿＿＿＿左肘软组织切割伤，并前臂外侧皮神经损伤；右手第一掌腕关节断裂，第一掌骨基底骨折。"（卷宗第 6 页）

2. 被告人＿＿＿＿陈述

＿＿＿＿年＿＿月＿＿日吃过晚饭后，我到图书馆看书，听说红星大礼堂演电影。7 点半左右，我跑到大礼堂，见电影已经开演，于是我就沿后排往前走。这时坐在最后排边座的一个人拉了我一下，问我"干什么的"？我说"看电影"。我又问"演什么电影"？那个人不耐烦地说"你自己看嘛"！我嫌他态度不好，就你一句我一句地吵起来。在吵架过程中，那个人朝我打了一拳，致使我退后4米远，坐在地上。这时过来了几个人，将我们拉开了，我感到吃了亏，就回家拿了水果刀返回礼堂。那个人见我拿着刀，就站起来夺刀，我就朝他砍了一刀。之后，我就被带到电影院值班室了。（卷宗第11页）

二、有关证据

1. 水果刀一把（照片）。（卷宗第24页）

2. 刑事科技鉴定意见：水果刀上所沾血液，与受害人＿＿＿＿＿＿＿的血型一致。（卷宗第28页）

3. 北京市第＿＿＿中级人民法院刑事科学技术鉴定书，＿＿＿＿＿＿＿中法伤鉴字第＿＿＿号《关于对＿＿＿＿＿＿＿伤情的认定意见》。"＿＿＿＿＿＿＿年＿＿＿月＿＿＿日对受害人＿＿＿＿＿＿＿的伤情进行检查发现，右拇指掌腕关节处有一4cm~5cm长瘢痕，右拇指功能基本丧失，左肘前皮肤有一约3cm的瘢痕。左前臂皮肤感觉减退。根据上述情况认为：＿＿＿的伤情符合《人体重伤鉴定标准（试行）》第6条第11款的规定，构成重伤。"

法医：王＿＿＿＿＿＿＿

＿＿＿＿＿＿＿年＿＿＿月＿＿＿日（卷宗第29页）

4. 医院病情记录

＿＿＿＿＿＿＿年＿＿＿月＿＿＿日＿＿＿时，男性，20岁，红星电影院门卫。晚8时执勤时右手及左肘部被砍伤，流血不止，来院急诊。查体见：左肘前内侧见约3.5cm皮肤裂伤，皮下浅静脉断裂。右手第一掌关节背侧有约4cm长刀口，远端关节软骨部分受损，指背血管断裂。诊断为：右手切割伤，左肘部切割伤。

医生：＿＿＿＿＿＿＿（卷宗第31页）

三、案件性质及认定根据

本案定性为：故意伤害罪。

续表

认定根据：

1.《人体重伤鉴定标准（试行)》第2章第6条第11款：拇指挛缩畸形，不能对指和握物。

2.《刑法》第234条：故意伤害他人身体的，处三年以下有期徒刑、拘役或者管制。犯前款罪，致人重伤的，处三年以上十年以下有期徒刑；致人死亡的或者以特别残忍手段致人重伤造成严重残疾的。处十年以上有期徒刑、无期徒刑或者死刑。本法另有规定的，依照规定。

四、案件情节及法律有关规定

1. 法定从轻情节：《刑法》第17条第3款规定：已满十四周岁不满十八周岁的人犯罪，应当从轻或者减轻处罚。

2. 酌情从轻情节：被告人归案后认罪态度较好。

3. 其他情况：被告人正在_____中学读书，系中学生。在校学习期间，遵纪守法，学习成绩较好。同学、教师反映均好。

阅卷人：　　律师事务所

律师

_____年___月___日

九、实训法规

1.《中华人民共和国刑事诉讼法》第40条

2.《中华人民共和国律师法》第34条

详见

第四节　辩护意见的形成

一、实训目标

通过本节实训课程，学生了解形成辩护意见的思路、技巧及注意事项，掌握辩护词的格式及写作要求。

二、实训素材

张×故意伤害案

（一）犯罪嫌疑人的供述

犯罪嫌疑人张×供述：2011 年 5 月 3 日上午，我带领刘×、郑××、赫×在××小区巡逻，查违建。上午 10 点 40 左右，我们来到××小区 13 栋南边、西房山位置的时候，发现有几个工人在 13 栋把西房山的一户楼前铺水泥地面，覆盖了公共绿地。我们让干活的工人停止施工，去把房主喊出来。他家的女房东出来了，我跟她说："你家这侵占公共绿地，得停工。"女房东说："我做不了主。"我就让她把能做主的人叫来。过了十来分钟，来了两个男的，年纪大的那个手里还拎了一把铁锹，后来知道是这家的房主，叫周××，年纪小的是他的儿子周×。周××过来就问我："是你不让干啊?!"我说："对。"他上来就扇了我脸一下，我怕他用铁锹伤我，就和他抢铁锹，刘×、郑××、赫×和周××的老婆、儿子都过来拉架。我和周××被人拉开之后，周××又开始骂我。我一看情况控制不了了，就给我们办公室主任打了个电话，让他派人来。我有高血压，当时有点头晕了，就打算等局里来人之后再处理。这时周××又冲上来要打我，他儿子没拦住，冲我眼眶就打了一拳，我说你有完没完，说着也还手打了他一拳。之后，周××被他儿子拉到一边，他往前走了几步就倒在上。我当时也迷糊，也躺在地上了。

（二）证人证言

证人王×的证言：2011年5月3日上午，我看见城管执法人员与周××撕打起来，周××的儿子周×上来拉城管的人，喊："你们别打我爸，我爸他有病。"但双方仍在继续撕打，周××把衣服掀开露出手术伤口，其中两个城管见状退向执法车，周××又冲张×过去，张×朝周××头部打了两拳，周××也抬手朝张×身上打了一拳后，往前走了两步倒在地上。

证人李×的证言：我看见周××拿着把铁锹，到城管执法的车那边，冲车里人喊我看看谁不让我铺。周××动手扒拉一下车里的人，这时车上的城管执法的人都下来，一起动手用拳头与周××撕打，后来周××倒在地上。

证人高×的证言：我看到城管执法人员与周××撕打，周××把衣服撩起来让城管的人和大伙看他的刀口，之后张×喊："还有完没完呀！"并又打了周××一拳，周××就倒在了地上。

证人苍××的证言：5月3日上午，我和其他工人在给周××家铺设水泥地面时受到城管人员的制止，城管人员与周××发生冲突，对周××进行殴打，周×喊"别打我爸，他有心脏病"。周××也掀起上衣露出手术伤口，后来周××和张×再次撕打，张×打了周××面部两拳后，周××就倒在了地上。

证人刘××的证言：我看见几名城管人员与周××撕打，三名城管人员中一个较胖，两个较年轻。

证人王××的证言：我看见三个穿城管制服的人和周××撕打，周××的儿子周×上来拉架，抱住周××，喊："你们别打我爸，我爸有病。"三个穿城管制服的人仍然继续殴打周××。不一会儿我就看见周××突然倒在了地上。

证人喻××的证言：我看见几名城管的人一起和周××撕打，然后周××倒在了地上。

证人杨××的证言：我看见三个穿着城管执法制服的人在与周××撕打，并听见周×喊："我爸有心脏病，别打了。"三个穿制服的都殴打了周××，最后周××倒在了地上。

证人周×证明：我父亲周××在露出手术伤口后，张×又打了我父亲的头部，之后我父亲就倒在了地上。

证人武××证明：有四五名城管对周××拳打脚踢，三名城管人员用拳头对周××进行殴打，周××最后倒在了地上。周××穿的衣服右肩部有血迹，裤子上有脚印的擦蹭痕迹。

证人赫×证明：周××一上来先打了张×脸一拳，张×、刘×、郑××才与周××发生冲突。在撕打过程中，听到周×说："我爸有病，你们谁打谁摊事。"

证人贾××证明：张×、郑××、刘×、赫×有执法资格证，2011 年 5 月 3 日当天，张×、郑××、刘×穿了执法制服。

证人解××证明：张×、郑××、刘×、赫×均有执法资格证，2011 年 5 月 3 日当天，张×、郑××、刘×穿了执法制服。

证人李××证明：2011 年 5 月 3 日 10 时许，接到张×打来的电话后，带着其他执法人员赶赴现场。

（三）鉴定意见

××司法鉴定中心司法鉴定意见书证明：张×、刘×、郑××与周××发生冲突、撕打，诱发其心脏病急性发作，导致急性心功能障碍而死亡的后果，张×、刘×、郑××的行为与周××的死亡后果具有因果关系。

（四）辨认笔录及辨认照片

证明：具体案发地点及发生具体行为的地点。

（五）物证

两把铁锹，证明：周××所持铁锹的情况。

（六）书证

具体如下：

（1）行政执法证，证明：张×、刘×、郑××均具有行政执法资格。

（2）××市××区绿化委员会出具的证明，证明：××小区内未铺装的土地均为规划绿化用地。

（3）××市城管执法局××分局出具的证明，证明：该局有张×、刘×、郑××、赫×四名工作人员。

（4）××市城市管理综合行政执法局××分局出具的情况调查，证明：2011年5月3日，××执法分局三名执法人员和一名司机，一行四人按照之前的工作部署开始在××小区巡逻检查工作的情况。

（5）关于《××小区11万平方米经济适用住房》绿地说明及图纸，证明：××小区的规划绿地范围。

（6）通话记录，证明：张×、刘×、郑××、赫×、周××、周×、武××于案发当日的手机通话记录情况。周××与其儿子周×的通话记录表明，二人的手机均拨打过110报警电话。

（7）常住人口基本信息，证明：张×、刘×、郑××、赫×均已年满18周岁。

（8）抓捕经过，证明：2011年5月3日，张×、郑××被公安机关在××医院抓获归案；刘×经公安机关传唤归案。

三、实训准备

1. 教师按照学生人数的多少，将学生分成若干小组，并确定扮演不同角色。

2. 阅读《刑事诉讼法》教材中有关刑事辩护的基础理论知识，熟练掌握《刑事诉讼法》《律师法》等诉讼类规范性文件，熟悉刑事实体法中刑事责任承担的相关内容。

3. 教师实训前将实训素材的基本案情资料传发给学生，要求检索有关程序法和实体法方面的法律依据，根据具体实训案例结合实体法的内容掌握辩护词的撰写要求。学生自主学习后，要求提交书面形式的报告。

四、实训要点

（一）辩护意见的形成

辩护意见是律师在查阅案卷、会见被告人和调查取证等工作的基础上，围绕公诉人所指控的罪名，从事实、证据、法律等不同方面进行分析，找出并论证控诉方在事实认定、证据效力、适用法律等方面的错误、漏洞或疑点，反驳其指控，从而得出关于被告人是否有罪、罪轻罪重、有无从轻、减轻或免除其刑事责任的情节等情况的综合性意见。

辩护意见主要分为三个部分：一是辩护总论点；二是具体的辩护意见；三是结论。

1. 提出辩护意见的总论点

根据法律规定和律师的工作实践，律师辩护可以分为无罪辩护、罪轻辩护、减轻或免除刑事责任辩护等几类。辩护律师应当区别情况，抓住重点，有针对性地提出辩护的总观点。

2. 具体的辩护理由

（1）无罪辩护。无罪辩护的辩护理由，要求律师运用事实、法律和证据，证明控诉方对被告人的指控全部不能成立，说服审判人员接受辩护人关于被告人无罪的观点。主要有两种辩护方法：一是摆事实讲道理。这种辩护方式主要适用于被告人实际上没有参与犯罪，却被错认为犯罪行为人的案件。针对这类案件，律师应当通过调查，运用证据，弄清案件事实，在辩护词中，充分说明案件的事实和证据，为被告人作无罪辩护。二是事实分析与法律分析并重。这种方式主要适用于被告人实施了一定的行为，但在认定事实和适用法律上，被告人与侦查机关、检察机关有不同的认识，而被告人的行为实际上又不构成犯罪的案件。

（2）从轻、减轻、免除刑事责任的辩护。无罪辩护是以律师认为被告人无罪为前提的，而从轻、减轻、免除刑事责任的辩护则是以被告人的行为已经构成犯罪为前提的。辩护人以事实为根据，以法律为准绳，通过对事实的分析和对适用法律的论证，找出从轻、减轻、免除刑事责任的情节，以维护被告人的合法权益。根据有关法律规定和司法实践，在辩护理由中，律师通常从以下几个方面提出辩护意见：

其一，从认定事实方面进行辩护。事实是案情的基础，如果被指控的犯罪事实有重大出入，将会直接影响被告人罪行的轻重。因此，辩护人首先应当对公诉机关起诉书中的有关事实、证据部分进行认真的分析研究，如果发现对方在认定事实上有误，就应当予以辩驳。常见的有以下几种情况：一是事实存在，认识不同。这种情况是辩护人与公诉人对起诉书中所列举被告人行为事实的认识并无重大分歧，但在对该事实性质的认识上有原则分歧，导致结论截然不同。二是夸大其词，歪曲事实。这种情况是指起诉书中对被告人的行为言过其实，甚至无中生有、歪曲和编造事实。这种情况下，辩护人在辩护词中应当说明事情真相，以达到为被告人辩护的目的。

其二，从适用法律方面进行辩护。在适用法律方面，辩护主要是针对起诉书内容，从定罪和量刑两个问题上进行辩驳和说理。这两个问题的辩驳，需要以被告人的行为事实为基础，用法律的尺度予以衡量。具体内容如下：一是定罪有误，罪名不当。这种情况主要指辩护人承认被告人有罪，但认为起诉书中指控的较重罪名不能成立而属于较轻的罪名。这种情况下，辩护人在辩护词中，应当依法论证被告人的行为构成何种罪名，有无从轻、减轻或免除刑罚的条件等。二是从轻量刑，阐明道理。关于量刑问题，辩护中多属正面说理，依事据法，展开论证。通常情况下，起诉书中不提出具体的量刑意见，一般只讲从严惩处。辩护则必须根据被告人自身存在的从轻情节，提出较为具体的辩护意见，从法定的从轻理由入手，为被告人辩护。

其三，从程序方面进行辩护。司法机关审理案件，不仅应当遵循实体法，而且应当遵循程序法。如果在案件审理过程中，有违反程序的事实，并且可能影响案件公正的裁决，在辩护中就应当阐明驳斥控诉的理由。

其四，从人情事理方面进行辩护。辩护除应从事实、法律和程序等方面提出辩护意见，进行充分论证和反驳外，还应当从人情事理面进行辩驳。例如，被告人一贯表现良好，初次犯罪，或者被告人本无作案的动机、目的，因受到被害人的羞辱，一时气愤实施犯罪等。虽然这不是法定从轻处罚的情节和条件，但是，从人情事理方面进行辩护，可以充实辩护理由的内容，只要言之有理，就能够起到从情感上影响法官，进而减轻被告人刑事责任的作用。

（二）*辩护词的写法*

辩护词的写法可从以下五个方面入手。

1. 从事实进行论证

即从起诉书或自诉状中所列举的被告人的行为事实本身入手，结合相关的证据来分析和论证案件的事实，得出正确的辩护意见。

（1）利用事实说理。事实应该是辩护人首先要考虑的问题。因为事实是案件的基础，没有被指控的犯罪事实或事实有重大的出入，就会直接影响被告人是否构成犯罪或罪行的轻重。因此，律师首先要对公诉机关的起诉书或自诉人的自诉状中有关事实、证据部分进行认真的分析和研究，予以说理论证。

（2）从夸大、缩小、歪曲的事实入手进行说理。起诉书或自诉状中对不利于被告人的事实有所夸大，或对于有利于被告人的事实有所缩小甚至根本不提，往往会使被告人的犯罪程度有所加重。特别是对被告人的行为事实带有言过其实、夸大其词的内容，辩护理由则必须说明事情真相，还事实以本来面目，以达到降低被告人犯罪严重程度的目的。

从严重失实的事实入手进行说理。倘若起诉书或自诉状中指控被告人的犯罪事实严重失实，或本无其事，则必须全力驳斥。一般有两种情况：一种是虽有犯罪事实，但并非被告人所为，弄错了犯罪行为的实施者；另一种是证据不实，犯罪事实根本不存在。这两者无论哪种情况，都必须用充分有力的证据论证被告人不存在犯罪行为。前者要侧重用证据说明被告人根本没有实施犯罪的可能性，后者则应侧重于推翻原有的证明犯罪事实的证据，同时用新的证据说明事情真相。通常的做法是：第一，提出反证，否定被指控的全部或部分事实。凡起诉书或自诉状中所列的事实不能成立或不能完全成立时，应从否定事实方面入手，因为如果否定了全部事实，其结果必然导致被告人无罪；如果否定了部分事实，其结果亦会导致减轻或免除被告人的刑事责任。第二，指出事实不能认定。起诉书或自诉状中所列举的证据不够确实、充分的，要在提出充分理由并予以充分论证的基础上，指出证据不足、所指控的犯罪事实不能认定，其结果同样会导致检察院撤销案件或法院宣告被告人无罪。

2. 从量刑角度进行论证

关于量刑问题，辩护词中多属于正面说理，据实据法，展开论证。因为起诉书或自诉状一般不会提出具体的量刑意见。律师应当根据被告人自身存在的从轻情节，提出较为具体的从轻意见。常见的从轻情节很多，有年龄方面的，如未成年人；有犯罪实施过程方面的，如有犯罪中止、犯罪未遂等情节；有立功方面的，如有检举、揭发其他人的犯罪行为并经查证属实的；有未造成严重损失方面的，如积极退赃、退赔等。此外，个人犯罪有初犯情节的；共同犯罪有从犯、胁从犯等情况的。律师在写作辩护词时，应根据被告人自身的从轻处理的情节，从法律方面为被告人作相应的论证和组织辩护要点。

3. 从程序角度进行论证

人民法院在审理案件过程中，有违反程序的事实，并可能影响案件公正裁决的，应据法驳辩，以保证案件得以公正裁决。这一方面，常见的有人民法院违反管辖，受理不应受理的案件；另一方面，未告知当事人应有的诉讼权利（如申请法庭组成人员及其他有关人员回避的权利），并可能影响案件公正处理等情况的，律师应当从违反程序角度进行论证和辩驳。

4. 从因果关系进行论证

辩护词应当对被告人犯罪是由于客观原因，还是由于被害人本身的因素，甚至属于意外事件导致的危害结果等，都要予以提出和说明，据理论辩。如被告人行为虽属犯罪，但与被害人的激将挑衅有直接关系，这样就需要将被害人的刺激挑衅的情况如实叙述，以说明被告人之所以犯罪，与被害人的行为不无关系，从而考虑对被告人应予以从轻处罚。

5. 从被告人的表现和认罪态度进行论证

从被告人的表现和认罪态度入手，就是从酌定情节方面进行分析论证，也是从人情事理方面进行辩护的体现。例如，举例说明犯罪嫌疑人、被告人平时一贯表现较好，说明其本质不坏、失足不深，罪行较轻且能坦白交代，认罪态度又较好、有认罪悔罪的意思表示等，都可以作为辩护理由，提请司法机关从轻或免除对被告人的处罚。

(三) 辩护主张的表述方法

辩护主张的表述方法有两种：一是无罪辩护；二是从轻、减轻、免除处罚的辩护。无论哪一种主张，表述时都可以采用积极的或迂回的方法。

1. 积极方式

在辩护理由的开头直接表明辩护目的是一种积极主动的写法和策略。例如，在进行无罪辩护时，可以首先亮明观点，提出对全案的相反看法，否定公诉机关或自诉人对被告人的指控，这样可以起到开篇点题、引人瞩目的作用。这也是常用的写作方法，如：为×××作无罪辩护如下。

2. 迂回方式

在辩护词的开头不直接表明辩护目的是一种迂回的写法和策略。例如，在辩护理由的开头只写明提出如下辩护意见，并不直接写明辩护目的。而后通过从事实、证据、法律等方面的论述阐明辩护理由，在结论部分点明辩护主张和目的，顺理成章地得出结论。在实践中，无论罪轻或从轻、减轻的辩护，还是免除处罚的辩护，在首部往往不直接写对全案的基本看法，而留待后面总结。

(四) 律师在撰写辩护词时的要求

1. 辩护主张的唯一性

辩护观点要么是无罪辩护，要么是罪轻或从轻、减轻辩护，这两种观点不能融为一体，不能违背逻辑规则。辩护观点的阐述总是既有立又有破，一方面要确立和维护自己的观点，另一方面要进行辩驳。

2. 法理分析的透彻性和适用法条的准确性

运用法理对案件进行分析是一种常见的说理方法，但运用法理对案情进行分析时要注意法理的正确性，分析要透彻。另外，在适用法律条款和司法解释时应准确、具体、全面，不能断章取义。

3. 结构的严谨性

辩护理由通常不是单一的。当有多个辩护依据时，要根据需要编排、注明标题序号，突出在结构上的层次感，增强辩护的气势。充分的、证据确凿的、法定的情节和理由应放在首位；较充分的、酌定的情节和理由排在其次。由强到弱，先声夺人。反之，由弱到强，步步紧逼。

各个辩护理由之间要相互照应和呼应。辩护词中的照应，通常是指二审辩护词与一审辩护词的衔接和对照。在一审辩护词中提及的辩护意见已为法院接纳的部分自然无须再出现在二审辩护词中。对于一审审理中法院拒绝接受的辩护理由，对于辩护人有证据证明其成立的部分，二审辩护词要加以具体阐述。辩护词中的呼应，是指辩护词的各项内容要一致和统一，要为辩护词的中心论点服务，达到辩护目的和理由之间的一致性，写作时要注意运用逻辑规律，逻辑推理要严谨。

4. 语言的精确性

首先，辩护语言应当精练、适当。辩护词在运用法律对案件进行分析的时候，需要进行各种详细的论证，这种论证，既要准确深刻，也要精练、适当，不能重复，以免显得冗长。其次，正确使用消极修辞，恰当使用积极修辞，既是辩护语言修辞的基本原则，又是辩护语言精确性的体现。

五、实训过程

（一）组织形式

本节实训课程采用小组讨论的方式展开，具体表现形式为：教师课前将全班学生分为若干讨论小组，以小组为单位围绕课前发布的案例进行自由讨论，由一人主持，一人记录，其他人自由发言，对案件中的焦点问题进行系统、深层次讨论。教师积极引导并总结发言，鼓励和指导学生对相关问题进行深入理论研究。

（二）具体流程

1. 由教师讲解辩护意见的基本理论内容。这一部分内容教师通过 PPT 进行简要介绍，以节省课堂板书的环节，为后面学生模拟练习以及师生反馈总结留出充裕的时间。

2. 教师将课前发布的案例以 PPT 的形式在课堂展示，并由学生对案情进行总结。

3. 每组选出代表，对本组观点进行陈述。

4. 教师根据学生的表现进行点评。

六、实训点评

（一）教师点评

本案被害人虽然是在犯罪嫌疑人对其殴打后死亡，但是被害人死亡的结果是多种因素导致的。

（二）范例展示

辩护词

审判长、审判员：

依照法律规定，我受本案被告人张×的委托，受××律师事务所的指派，出庭为张×被控故意伤害罪进行辩护。接受委托后，我仔细调查了全部案件材料，并会见了被告人，还进行了大量的调查取证工作。经过认真分析，我认为，本案被告人张×不具有伤害故意，也没有伤害行为，本案应当认定为过失致人死亡。

一、张×不具有伤害故意

第一，从案件发生的背景和冲突升级过程来看，被告人张×系正常履行职务，不存在伤害的动机；在第一阶段冲突结束、张×已经停手后，被害人仍不依不饶追打被告人。可以看出，被告人主观上并不存在伤害故意，否则也不会停手。

第二，从行为手段看，被告人在手边有铁锹等工具的情况下而未使用，仅用手击打，侧面反映出不具有伤害故意。

第三，从打击的强度、次数和频率来看，在双方停手后的第二阶段，张×仅实施了一次打击行为，虽然作用在头部，但是该打击行为并未造成轻伤后果，可以看出张×并不具有伤害的故意。

第四，从张×所说的话"你还没完没了了"可以看出，张×主观上对于被害人的纠缠是一种厌恶的情绪，而没有伤害被害人的故意。

综上所述，被告人并不存在希望或者放任伤害结果发生的故意，仅仅是为了摆脱被害人的无理纠缠而失手伤害被害人，从而诱发被害人病发，因此符合过失致人死亡的主观要件要求。

二、被告人并未实施《刑法》意义上的"伤害行为"

尽管伤害行为经常性地表现为殴打，但并不是所有殴打行为都是《刑法》中所谓的"伤害"，只有那些暴力程度严重、能体现出行为人伤害故意的行为，才是伤害行为。在未造成轻伤或者重伤后果的情况下，更可能是民事上的侵权或者行政处罚意义上的伤害。因此，不能仅凭击打部位系头部，作为唯一依据来简单推断，更应该综合打击的频率、强度、方式、有无节制等因素全面认定。在本案中，被告人殴打行为的强度明显未达到伤害的标准，因此并非刑法意义上的"伤害行为"。

综上所述，可以看出，被告人并不具有伤害他人身体组织或者机能的故意，仅实施了一般意义上的殴打行为，只是希望或者放任造成被害人暂时的肉体疼痛或者轻微的神经刺激，而非刑法意义上的故意伤害，因此不能认定为故意伤害罪，而应认定为过失致人死亡。

三、"介入因素导致死亡"对量刑是有影响的

"诱发因素"与"直接原因"不同，按照一般故意伤害致死案件来量刑明显过重。被害人有心脏病的弱点，蓄意通过伤害行为引发心脏病，以达到伤害的目的，本案属于典型在被害人特异体质意外因素介入下导致死亡，因此将全部后果归责于被告人是错误的。

首先，在本案发生之前被害人的情绪就已经很激动，那么根据鉴定意见"情绪激动系冠心病发作的诱发因素"来看，我们不能排除即使没有撕打，冠心病也会发作的可能。引发本案的直接原因是被害人率先伤害张×，可以看出，此前被害人的情绪已经激动到一定程度，否则完全可以口

续表

头解释违法占地的原因，而不至于直接动手打人。那么在其事先已经存在情绪激动的情况下，即使张×未与其撕打，也不能排除其不犯病，因此，我们不能将全部的死亡结果归责于被告人。

其次，即使被告人的撕打行为引发其冠心病发作导致心源性猝死，那么根据《刑法》的一般原理，被告人只对自己的行为负责，当其行为与其他因素竞合时，因其他因素造成的结果不应归责于被告人。

最后，《刑法》对故意伤害致人死亡的法定刑以故意伤害行为系被害人死亡的直接原因甚至是唯一原因作为标准配置的。如果以此作为确定基准刑的起点，对被告人明显不公。

四、被告人已经给被害人家属予以巨额补偿

单位作为赔偿义务人不但积极赔偿了被害人的全部损失，更远远超过了法定数额，达到150万元之巨。

五、应考虑下列情节

本案发生的背景是被害人违法占用绿地；导火线在于被害人暴力抗法、对正常执法人员率先进行伤害；在第一阶段冲突结束、执法人员停手后，被害人有恃无恐、不依不饶，打伤执法人员，激化冲突，导致再次撕打、病发死亡。因此，无论是从案件背景、引发原因还是后续发展等全部情节来看，被害人具有严重过错和无可推卸的责任。

综上所述，请法院依法查明事实，正确适用法律，对被告人张×作出公平、公正的处理。

此致

××市中级人民法院

×××律师事务所律师

×××

年　　月　　日

七、实训拓展

2013 年 3 月 31 日中午，××大学 2010 级硕士研究生林某将其做实验后剩余并存放在实验室内的剧毒化合物带至寝室，注入饮水机槽。2013 年 4 月 1 日早上，与林某同寝室的黄某起床后接水喝，饮用后便出现干呕现象，最后因身体不适入院。2013 年 4 月 11 日，公安局接到××大学保卫处对黄某中毒事件的报案，警方接报后立即组织专案组开展侦查。经现场勘查和调查走访，锁定黄某同寝室同学林某有重大作案嫌疑，当晚依法对林某实施刑事传唤。2013 年 4 月 12 日，林某被警方依法刑事拘留。2013 年 4 月 16 日下午 3 点 23 分，黄某经抢救无效在医院去世。警方表示，在该生宿舍饮水机内剩余的水中检验出某些含剧毒的化学成分，认定其室友林某有作案嫌疑。2013 年 4 月 25 日，人民检察院以涉嫌故意杀人罪对林某依法批准逮捕。

根据以上情况，制作犯罪嫌疑人林某的辩护词。

八、实训文书

辩护词

审判长、审判员（人民陪审员）：

根据《中华人民共和国刑事诉讼法》第××条的规定，××××律师事务所接受本案被告人×××（被告人×××的近亲属）的委托，指派我（我们或×××律师和我）担任被告人×××被指控涉嫌×××罪一案的一审（二审、再审）辩护人。今天依法出庭，为其辩护（或依法参与本案的诉讼活动）。

受理此案后，辩护人认真查阅了本案卷宗材料，会见了被告人，搜集了相关证据，今天又出席了庭审调查，对本案有了较为全面的了解。

根据法律赋予辩护人的职责，我现在发表以下辩护意见，供合议庭在合议时参考：

一、略。

续表

二、略

综上所述，辩护人认为被告人……

以上辩护意见，提请合议庭在合议时予以考虑。

辩护人：××××律师事务所律师

×××（×××）

××××年××月××日

九、实训法规

1. 《中华人民共和国刑事诉讼法》第 33—49 条

2. 《律师法》第 31—42 条

详见

▍第五章▍

刑事审判法律实务实训

　　法院受理检察机关提起公诉或者自诉人提起自诉以后，刑事诉讼便进入了审判阶段。审判与辩护和控诉一起，构成了刑事诉讼的三个重要职能。一个刑事案件，经过侦查、起诉等种种步骤，进入法院审判环节。《刑事诉讼法》规定的对一个案件进行初次审判时所经历的审判程序是第一审程序，第一审程序又因为提起第一审程序的主体为公诉机关抑或自诉人而分为公诉案件的第一审程序及自诉案件的第一审程序。对案件的一审裁判不服，就会有抗诉或上诉，因此有二审程序。终审判决有错，会有刑事诉讼中特殊的纠错程序，即审判监督程序。针对死刑案件，刑事诉讼中又设置了死刑复核程序。本章将针对上述重点内容进行相关实务训练。

第一节　第一审程序

　　刑事诉讼的第一审程序是对一个刑事案件进行初次审理时所适用的程序。第一审程序包括审前准备程序、开庭审理程序及宣判程序等具体步骤。对刑事案件进行审判的实质包括审理和裁判两个重要内容。审理是对案件的事实进行举证、辩论，裁判是在审理的基础上对案件的实体问题及程序问题作出处理。审理是裁判的前提，裁判是审理后的结果，审理和裁判相结合就构成了审判的实质。

一、实训目标

了解第一审程序的价值和意义；熟悉公诉刑事案件第一审程序中的审前准备程序、开庭审理程序、宣判程序的具体步骤；掌握刑事自诉案件审判程序及刑事案件简易程序的步骤和方法；掌握第一审判决书、裁定书和决定书的使用及写作。

二、实训素材

被告人刘某某、杜某甲（系被害人，男，殁年 41 岁）均系呼和浩特市和林格尔县××镇××西沟门乡××村村民，两家部分耕地相邻。1990 年 8 月 8 日 14 时许，在该村晒谷场内，二人因相邻耕地自家农作物均有毁损而互相指责系对方所为，后发展为互相打斗。在被现场围观村民拉开以后，刘某某表示不服并口头约架，返回自家院内拿了一把镰刀再次返回晒谷场，向杜某甲肚子劈砍一刀。作案后，刘某某趁众人抢救被害人杜某甲之机逃离现场，化名"李某 3"长期潜逃。2023 年 8 月 29 日，被告人刘某某在青海省格尔木市被公安机关抓获归案。经鉴定，被害人杜某甲因胸腹、腹膜腔大量出血及左侧血气胸而死亡。

另查明，被告人刘某某的亲属已代替被告人向被害人亲属赔偿了因被害人死亡产生的丧葬费人民币 51 902 元。

认定上述事实的证据有：

（1）呈请拘留报告书、拘留证、拘留通知书、批准逮捕决定书、逮捕证、情况说明等。证明 1990 年 8 月 8 日中午，被告人刘某某在和林格尔县××镇××西沟门乡××村场面上与本村村民杜某甲发生口角并互殴。刘某某用镰刀将杜某甲砍死后，于当日逃跑。××县公安局于 2001 年 8 月 16 日决定对刘某某刑事拘留。2023 年 8 月 29 日侦查人员在青海省海西蒙古族藏族自治州××市将刘某某抓获，并对其户口进行了补录。2023 年 9 月 13 日经和林格尔县人民检察院批准逮捕，次日由××县公安局执行逮捕。

（2）在逃人员信息表及悬赏通告。证明公安机关于 2002 年 4 月 1 日对刘某某进行上网追逃及 2021 年 12 月 17 日发布悬赏通告的情况。

（3）抓获经过。证明 2023 年 8 月 29 日 13 时许，青海省××市公安人员获悉有一名与在逃人员刘某某人像比对相似度较高的男子在格尔木市内活动。经侦查发现该男子在做玉石生意，侦查人员给其打电话购买玉石，并约定在××市××花园××号楼见面。该男子到达约定地点后，侦查人员向其亮明警察身份并将其传唤至当地公安机关接受讯问。经核查系网上在逃人员刘某某。

（4）户籍证明。证明案发时刘某某已达到刑事责任年龄。

（5）尸体检验笔录及鉴定意见通知书。证明 1990 年 8 月 9 日和××县公安局法医对被害人杜某甲尸体进行检验，杜某甲死于胸膜腹膜腔大量出血及左侧血气胸。2024 年 1 月 11 日公安人员将尸体检验意见通知了被害人亲属。

（6）法大［2023］医检字第××号司法鉴定意见书。证明经鉴定，支持刘某某与刘某 1、刘某 2 系全同胞关系。

（7）证人赵某的证言。证明案发前一天，其丈夫杜某甲发现自家地里与刘某某家地接畔的一行葵花头被切了，怀疑是刘某某、刘某 1 兄弟俩切的。次日上午（1990 年 8 月 8 日），其丈夫杜某甲在地里干活时碰到刘某某的继父杜某 8，并告知了此事。杜某 8 回到家后又将此事告诉刘某某、刘某 1 兄弟。刘某某听后就追到杜某甲家东面的场面并与杜某甲打了起来，被人拉开。刘某某返回家中找了一把镰刀又返回场面，用镰刀将杜某甲砍死。得知杜某甲被砍后，其赶到场面，发现杜某甲躺在地上，肚子上插着一把镰刀，刘某某、刘某 1 兄弟及其母亲也在现场。平时两家交往很好，没有纠纷和矛盾。

（8）证人李某 1 的证言。证明案发当天中午，同村村民杜某甲帮其在场面晒麦子。其间，刘某某与杜某甲因自家农作物被毁损一事发生争吵并发生打斗，刘某某手里拿着一把铁叉子，杜某甲手里拿着一把木锹。李某 1 与杜某 5、兰关成儿子把双方手里的工具夺下并将双方拉开。刘某某对杜某甲说："是好汉和爷到南面来！"杜某甲说："就这里也行！"随后刘某某回家拿了一把镰刀返回场面，用镰刀劈在杜某甲的肚子上，杜某甲两手抱着镰刀。李某 1 见状边跑边喊人，刘某 1 及其他人听到都赶了过来。

（9）证人杜某 5 的证言。证明案发当天中午，杜某甲与刘某某在吵架。

其与李某 1 进行劝说无果，刘某某从场面上拿起一把铁叉想要打杜某甲，其与李某 1 把铁叉夺下。刘某某对杜某甲说："去南面见个高低。"杜某甲说："那也不怕你。"随后刘某某离开。过了一会儿，刘某某从家里出来，手里拿着一把镰刀，将镰刀扎进杜某甲的肚子里，杜某甲两手抱着镰刀。

（10）证人杜某 6 的证言。证明案发前一天，杜某 6 在地里碰到杜某甲，杜某甲问："地是谁浇的？把我家一行葵花头都切了。"杜某 6 说："地是刘某某和满贵子（刘某某大哥）浇的。"杜某甲说："那一定是刘某某和满贵子给切的。"杜某 6 中午回到家中向刘某某询问此事，后刘某某就出去了。时间不长，刘某某又返回家，从院子里圈鸡的地方拿了一把割草用的镰刀，从东墙跳出去走了，刘某 1 与其母亲随后也追了出去。不久，杜某 6 妻子返回来说刘某某把杜某甲用镰刀劈着了，伤得很重。约 10 分钟后刘某某返回家中进到东屋找钱，随后离开家向西走了。刘某 1 将杜某甲送去医院。

（11）证人刘某 1 的证言。证明案发当天，刘某某因其继父杜某 6 说杜某甲怀疑刘某某大哥切了葵花头，就出去找杜某甲理论。一会儿刘某某返回家中，从圈鸡的地方拿了一把镰刀从东墙跳出去走了。刘某 1 看到刘某某鼻子上有血，随后与母亲追到场面，看到镰刀已经扎进杜某甲的左腹，杜某甲两手握着镰刀，刘某某在靠南的地方坐着。刘某 1 随后联系救护车，把杜某甲送到南地医院，人已经死亡。

（12）证人杜某 7 的证言。证明案发当天中午，同村村民张满元告诉其杜某甲被刘某某劈倒了，其随后赶到场面，发现刘某 1 抱着杜某甲，杜某甲肚子上插着镰刀，其赶紧找来一辆农用三轮车，将杜某甲送去医院，到医院后杜某甲已死亡。

（13）证人徐某的证言。证明其从 1998 年至今在××县××镇××西沟门乡××村任会计。1990 年刘某某把杜某甲杀害后逃跑了。

（14）证人刘某 2 的证言。证明案发当天，刘某某骑着一辆自行车到其家，并说他骑的是黑炭板村一个村民的车子。刘某某放下自行车就离开了，也没有说其他事情，离开后一直没有联系过。

（15）证人聂某的证言。证明 1990 年 8 月 8 日 14 时许，刘某某到其家中说要借自行车追大夫，并将其儿子的黑色飞鸽牌自行车骑走了。其妻子说看到刘某某嘴角上有一道血印。

（16）证人谢某的证言。证明谢某与自称李某3（即刘某某）的男子于1999年经人介绍认识并结婚，2002年两人育有一子。2016年李某3开始从事玉石生意。李某3称母亲是青海省互助土族自治县的，父亲是河南的。谢某不知道丈夫的真实身份，也没有去过丈夫的老家，直至警察联系其做笔录才知道丈夫真实姓名叫刘某某。

（17）证人李某2的证言。证明其父亲李某3（刘某某）从事玉石生意，没有户口，也一直推脱不办，为此也怀疑父亲身上背过案子。其从来没有去过父亲的老家，直至警察联系其做笔录才知道父亲真实姓名叫刘某某。

（18）辨认、指认笔录及照片。证明刘某某辨认出当年案发现场为和林格尔县西沟门乡××村杜某甲住宅东侧的场面（现已成为菜园）；刘某1辨认出其弟弟刘某某；谢某辨认出其丈夫李某3（即刘某某）；赵某、杜某5辨认出刘某某；赵某指认出当年案发现场为和林格尔县西沟门乡××村杜某甲住宅东侧的场面（现已成为菜园）。

（19）公安机关出具的情况说明。证明案发时公安民警出警情况以及案发准确时间、地点情况。

（20）被告人的供述与辩解。证明刘某某与被害人杜某甲系邻居，均为和林格尔县西沟门乡××村村民。1990年8月8日中午，刘某某听到杜某甲怀疑自己和大哥切了他家的葵花头，非常生气，遂到村场面找到杜某甲进行理论，双方发生争吵并打斗。打斗过程中杜某甲从场院里拿起一把叉子冲刘某某扎过来，刘某某躲闪开并把杜某甲蹬倒在地。杜某甲起身后用手将刘某某脸部抓破，刘某某将杜某甲摔倒在地。刘某某随后去取镰刀，后用镰刀朝杜某甲肩膀上劈了一下，杜某甲躲闪中扎在了肚子上。刘某某见状非常害怕，就坐在旁边。此时，同村的杨四、兰关成也在旁边，二哥刘某1抱着杜某甲。有人劝其赶紧走吧，刘某某随后回家拿钱，又到隔壁黑炭板村，从一个认识的人手里借了一辆自行车去了呼和浩特市郊区桃花乡寇家营村找姐姐刘某2。见到姐姐后说"姐，我杀人了。"并把自行车放在姐姐家，然后跑到呼和浩特市，乘车到达青海省互助土族自治县林川乡贺尔村其大舅赵章海家。1999年经人介绍认识妻子谢某并结婚，2005年至今从事玉石生意。

（21）视听资料、电子数据。证明公安人员讯问被告人、询问证人的情况及被告人刘某某指认作案现场的过程。

（22）收据。证明被告人亲属代替被告人赔偿了被害方丧葬费人民币51902元。

三、实训准备

1. 按照学生人数的多少，将学生分成若干小组，小组内按照审判人员、公诉人员、辩护人、被告人等相关人员进行角色分配。

2. 阅读《刑事诉讼法》教材中关于刑事审判程序的内容，要求学生查阅《刑事诉讼法》《最高人民法院关于适用〈中华人民共和国刑事诉讼法〉的解释》《人民检察院刑事诉讼规则》等法律法规中关于刑事审判的有关规定。

3. 有针对性地进行文献检索：根据具体的实训素材，尽量发现与实训素材相关的实体法规范和程序法规范以及有关司法解释、指导案例等。

4. 书面报告：确定诉讼主体，发现案件的基本事实和需要适用的法律法规，以上内容需以书面形式提交报告。同时，根据扮演角色的不同，准备相应的法律文书或者书面材料。

四、实训要点

第一审程序是刑事诉讼的中心环节和主要阶段，是对一个案件进行初次审判的程序，也是审判必经的法定程序。审判包括审理和裁判两个要素。审理主要是对案件的事实进行举证、辩论，而裁判是在审理的基础上对案件的实体问题或程序问题作出公正的处理。审理是裁判的前提，裁判是审理的结果，两者相结合构成了审判的实质。

（一）公诉案件庭前程序

1. 对公诉案件的审查程序

人民检察院提起公诉的刑事案件，首先经立案庭登记，并由一名法官对案件进行审查，以决定是否开庭审判。人民检察院移送的卷宗虽然不仅包括起诉书、证人名单、证据目录等，而且包括全部的案件证据材料，但是对公诉案件的庭前审查程序却并不是实体性审查，而是以程序性审查为主。对公诉案件是否受理，应当在 7 日内审查完毕，人民法院对提起公诉的案件进行审查的期限，计入人民法院的审理期限，对于经审查符合开庭条件的，应当决定开庭审判。

（1）对公诉案件审查的内容

对提起公诉的案件，人民法院应当在收到起诉书（一式八份，每增加一名被告人，增加起诉书五份）和卷宗、证据后，指定审判人员进行审查。根据《最高人民法院关于适用〈中华人民共和国刑事诉讼法〉的解释》第 218 条的规定，审查的内容包括以下几个方面：①是否属于本院管辖。②起诉书是否写明被告人的身份，是否受过或者正在接受刑事处罚、行政处罚、处分，被采取留置措施的情况，被采取强制措施的时间、种类、羁押地点，犯罪的时间、地点、手段、后果以及其他可能影响定罪量刑的情节；有多起犯罪事实的，是否在起诉书中将事实分别列明。③是否移送证明指控犯罪事实的证据材料，包括采取技术侦查措施的批准决定和所收集的证据材料。④是否查封、扣押、冻结被告人的违法所得或者其他涉案财物，查封、扣押、冻结是否逾期；是否随案移送涉案财物、附涉案财物清单；是否列明涉案财物权属情况；是否就涉案财物处理提供相关证据材料。⑤是否列明被害人的姓名、住址、联系方式；是否附有证人、鉴定人名单；是否申请法庭通知证人、鉴定人、有专门知识的人出庭，并列明有关人员的姓名、性别、年龄、职业、住址、联系方式；是否附有需要保护的证人、鉴定人、被害人名单。⑥当事人已委托辩护人、诉讼代理人或者已接受法律援助的，是否列明辩护人、诉讼代理人的姓名、住址、联系方式。⑦是否提起附带民事诉讼；提起附带民事诉讼的，是否列明附带民事诉讼当事人的姓名、住址、联系方式等，是否附有相关证据材料。⑧监察调查、侦查、审查起诉程序的各种法律手续和诉讼文书是否齐全。⑨被告人认罪认罚的，是否提出量刑建议、移送认罪认罚具结书等材料。⑩有无《刑事诉讼法》第 16 条第（二）项至第（六）项规定的不追究刑事责任的情形。

（2）对公诉案件审查的方法

第一审开庭以前对公诉案件的审查，是程序性的审查，只审查形式要件。因此，审查方法限于书面审查，即通过审阅移送的案卷材料，了解案件事实和有关证据情况。不提审被告人、也不询问证人和被害人等，同时也不调查核实证据。

（3）审查后的处理

①不属于本院管辖的，应当退回人民检察院。

②属于《刑事诉讼法》第 16 条第（二）项至第（六）项规定情形的，应当退回人民检察院；属于告诉才处理的案件，应当同时告知被害人有权提起自诉。

③被告人不在案的，应当退回人民检察院；但是，对人民检察院按照缺席审判程序提起公诉的，应当依照《最高人民法院关于适用〈中华人民共和国刑事诉讼法〉的解释》第 24 章的规定作出处理。

④不符合《最高人民法院关于适用〈中华人民共和国刑事诉讼法〉的解释》第 218 条第（二）项至第（九）项规定之一，需要补充材料的，应当通知人民检察院在 3 日以内补送。

⑤依照《刑事诉讼法》第 200 条第（三）项规定宣告被告人无罪后，人民检察院根据新的事实、证据重新起诉的，应当依法受理。

⑥依照《最高人民法院关于适用〈中华人民共和国刑事诉讼法〉的解释》第 296 条规定裁定准许撤诉的案件，没有新的影响定罪量刑的事实、证据，重新起诉的，应当退回人民检察院。

⑦被告人真实身份不明，但符合《刑事诉讼法》第 160 条第 2 款规定的，应当依法受理。

对公诉案件是否受理，应当在 7 日以内审查完毕。

2. 庭前会议

庭前会议是指在开庭以前，审判人员召集公诉人、当事人和辩护人、诉讼代理人，对回避、出庭证人名单、非法证据排除等与审判相关的问题，在正式开庭前予以了解情况、听取意见的过程。虽然说庭前会议程序并非法庭审理前的必经程序，但在公诉案件案情相对复杂，需要为庭审的顺利进行做必要的准备时，经过当事人的申请或者人民检察院的建议，人民法院可以决定召开庭前会议。

案件具有以下情形之一的，人民法院可以决定召开庭前会议：证据材料较多、案情重大复杂的；控辩双方对事实、证据存在较大争议的；社会影响重大的；需要召开庭前会议的其他情形。

控辩双方可以申请人民法院召开庭前会议，提出申请应当说明理由。人民法院经审查认为有必要的，应当召开庭前会议；决定不召开的，应当告知申请人。

召开庭前会议，审判人员可以就下列问题向控辩双方了解情况，听取意见：是否对案件管辖有异议；是否申请有关人员回避；是否申请不公开审理；是否申请排除非法证据；是否提供新的证据材料；是否申请重新鉴定或者勘验；是否申请收集、调取证明被告人无罪或者罪轻的证据材料；是否申请证人、鉴定人、有专门知识的人、调查人员、侦查人员或者其他人员出庭，是否对出庭人员名单有异议；是否对涉案财物的权属情况和人民检察院的处理建议有异议；与审判相关的其他问题。

庭前会议中，人民法院可以开展附带民事调解。对可能导致庭审中断的程序性事项，人民法院可以在庭前会议后依法作出处理，并在庭审中说明处理决定和理由。控辩双方没有新的理由，在庭审中再次提出有关申请或者异议的，法庭可以在说明庭前会议情况和处理决定理由后，依法予以驳回。

庭前会议中，审判人员可以询问控辩双方对证据材料有无异议，对有异议的证据，应当在庭审时重点调查；无异议的，庭审时举证、质证可以简化。

庭前会议由审判长主持，合议庭其他审判员也可以主持庭前会议。召开庭前会议应当通知公诉人、辩护人到场。庭前会议准备就非法证据排除了解情况、听取意见，或者准备询问控辩双方对证据材料的意见的，应当通知被告人到场。有多名被告人的案件，可以根据情况确定参加庭前会议的被告人。

庭前会议一般不公开进行。根据案件情况，庭前会议可采用视频等方式进行。

人民法院在庭前会议中听取控辩双方对案件事实、证据材料的意见后，对明显事实不清、证据不足的案件，可以建议人民检察院补充材料或者撤回起诉。建议撤回起诉的案件，人民检察院不同意的，开庭审理后，没有新的事实和理由，一般不准许撤回起诉。

对召开庭前会议的案件，可以在开庭时告知庭前会议情况。对庭前会议中达成一致意见的事项，法庭在向控辩双方核实后，可以当庭予以确认；未达成一致意见的事项，法庭可以归纳控辩双方争议焦点，听取控辩双方意见，依法作出处理。控辩双方在庭前会议中就有关事项达成一致意见，在庭审中反悔的，除有正当理由外，法庭一般不再进行处理。

3. 开庭审理前的准备

（1）确定合议庭的组成人员

基层人民法院和中级人民法院审判第一审案件，应当由审判员 3 人或者由审判员和人民陪审员共 3 人组成合议庭进行。高级人民法院审判第一审案件，应当由审判员 3 至 7 人或者由审判员和人民陪审员共 3 人或者 7 人组成合议庭进行。最高人民法院审判第一审案件，应当由审判员 3 至 7 人组成合议庭进行。

（2）确定审判长

合议庭的组成应当首先确定审判长。审判长应由院长或者庭长指定一名审判员担任，院长或庭长参加审判时，自己担任审判长。合议庭的其他组成人员，一般由法院刑事审判庭的庭长确定。目前，在法院正在进行司法体制改革的过程中，刑事审判庭的审判长一般都是按照法官员额予以预先确定。在确定合议庭成员和审判长的过程中，担任案件记录的书记员也同时确定。

（3）拟定庭审提纲

合议庭成员确定后，就应当着手开庭前的准备工作了。比如说，可以初步熟悉案情，审查公诉机关移送的证据材料及拟定庭审提纲。庭审提纲的内容一般包括：合议庭成员在庭审中的分工；起诉书指控的犯罪事实部分的重点和案件法律适用方面的要点；讯问被告人时需了解的案情要点；控、辩双方拟出庭的证人、鉴定人和勘验、检查笔录制作人的名单；当庭宣读的证人证言笔录、物证和其他证据目录；庭审中可能出现的状况及应采取的对应措施等。

（4）通知与送达

通知当事人、法定代理人、辩护人、诉讼代理人在开庭 5 日前提供证人、鉴定人名单，以及拟当庭出示的证据；送达法律文书及开庭公告。

向被告人送达起诉书副本，告知被告人委托辩护人或者指定律师为其辩护。起诉书副本最迟在开庭 10 日以前送达被告人。被告人在押的，向看守所发送《换押票》，将被告人换为法院羁押或者依法变更强制措施；被告人已被取保候审、监视居住的，人民法院应当在决定受理案件后依法采取强制措施或者重新办理手续。

确认被告人是否委托辩护人。如需为被告人指定辩护人的，应当在开庭 10 日前将指定辩护通知书和起诉书副本送交提供法律援助的机构。

在开庭 3 日以前向检察院和诉讼参与人送达开庭通知。送达方式可以以通知书方式送达，也可以采取电话、短信、传真、电子邮件等能够确认对方可以收悉的方式。

公开审判的案件要在开庭 3 日以前先期贴出公告，公布案由、被告人姓名、开庭的时间和地点。

4. 公诉案件的重要制度

（1）关于举证责任制度

刑事公诉案件的举证责任由人民检察院承担。根据无罪推定原则，控诉方承担被告人有罪的证明责任，控方若要推翻被告人无罪这一推定，需要提供证据予以证明并达到相应证明标准，只有控诉方提出确实、充分的证据证明被告人有罪，才能对被告人定罪。在刑事诉讼中，由控诉方承担证明责任具有两层内涵：首先，控诉方需提供证据证明被告人有罪，被告人无须提供证据证明自己无罪。当然这并不排斥被告人及其辩护人提供证据证明自己无罪，但其提供证据的主要目的在于反驳对方的指控，这是其行使辩护权的表现，而不是履行证明责任的要求。其次，在被告人是否实施了犯罪行为的案件事实处于真伪不明状态时，即控诉方不提供证据或者提供的证据不足以排除合理怀疑时，法院应当作出宣告被告人无罪的判决。

（2）辩护人调查取证制度

辩护律师有权向人民法院申请《准许调查书》，依法向被害人及其近亲属、被害人提供的证人收集与本案有关材料。是否准许，由人民法院决定。

（3）法院调取证据制度

人民法院在审理刑事公诉案件中不主动依职权调查取证。但有下列情形，且人民法院认为确有必要的，可以依申请调查取证：当事人及其辩护人、代理人申请通知新的证人到庭、调取新的证据，重新鉴定或者勘验，并提供相应的证据线索的；辩护律师经申请未获得《准许调查书》，或在依《准许调查书》进行调查取证时被拒绝而直接申请人民法院收集、调取有关证据材料的。

（4）关键证人等出庭作证制度

人民法院应当通知以下人员出庭作证：能够证明案件主要事实或者重要情节的关键证人；就同一事实出具相互矛盾的证据材料的证人、被害人、鉴定人、勘验检查人；法庭认为应当出庭作证的其他证人、被害人、鉴定人、勘验检查人。

上述准备活动，法院应当制成笔录，由审判长书记员签名，附卷保存备查。

（二）公诉案件的法庭审理程序

1. 开庭审理前的工作

书记员应先期到达法庭，做好以下开庭前准备工作：受审判长委托，查明公诉人、当事人、辩护人、诉讼代理人、证人及其他诉讼参与人是否到庭；核实旁听人员中是否有证人、鉴定人、有专门知识的人；请公诉人、辩护人、诉讼代理人及其他诉讼参与人入庭；宣读法庭规则；请审判长、审判员、人民陪审员入庭；审判人员就座后，向审判长报告开庭前的准备工作已经就绪。

2. 开庭

（1）审判长宣布开庭。

（2）传唤被告人到庭，依次查明下列情况：姓名、出生日期、民族、出生地、文化程度、职业、住址，或者被告单位的名称、住所地、法定代表人、实际控制人以及诉讼代表人的姓名、职务；是否受过刑事处罚、行政处罚、处分及其种类、时间；是否被采取留置措施及留置的时间，是否被采取强制措施及强制措施的种类、时间；收到起诉书副本的日期；有附带民事诉讼的，附带民事诉讼被告人收到附带民事起诉状的日期。被告人较多的，可以在开庭前查明上述情况，但开庭时审判长应当作出说明。

在押被告人出庭受审时，不着监管机构的识别服。庭审期间不得对被告人使用戒具，但法庭认为其人身危险性大，可能危害法庭安全的除外。

（3）审判长宣布案件的来源、起诉的案由、附带民事诉讼当事人的姓名及是否公开审理；不公开审理的，应当宣布理由。本案系附带民事诉讼、再审案件、合并审理案件的，还应当说明。此外，审判长还应当宣告审理的方式和程序，如依照《刑事诉讼法》的规定，本庭按照第一审公诉案件普通程序，公开开庭审理本案。如果不公开开庭审理的，应予以宣告并说明理由。按简易程序审理的，应予以宣告并说明依据。

（4）审判长宣布合议庭组成人员、法官助理、书记员、公诉人名单及辩护人、诉讼代理人、鉴定人、翻译人员等诉讼参与人的名单。如有翻译人员的，也一并介绍和说明。

（5）审判长应当告知当事人及其法定代理人、辩护人、诉讼代理人在法庭审理过程中依法享有的诉讼权利。具体包括：可以申请合议庭组成人员、书记员、公诉人、鉴定人和翻译人员回避；可以提出证据，申请通知新的证人到庭、调取新的证据，申请重新鉴定或者勘验、检查；被告人可以自行辩护；被告人可以在法庭辩论终结后作最后陈述。

开庭前已告知诉讼权利和义务的，审判长在逐一询问当事人是否知悉自己在诉讼中的权利和义务的基础上，确认当事人是否知悉诉讼权利和义务。开庭前未告知的，审判长当庭予以告知。

（6）经确认当事人知悉诉讼权利和义务后，审判长逐一询问各方当事人：是否申请庭成员和书记员、公诉人回避。一旦当事人提出回避申请，应当要求其说明理由，并依照法定程序处理。同意或者驳回回避申请的决定及复议决定，由审判长宣布，并说明理由。必要时，也可以由院长到庭宣布。如有翻译人员的，一并征询当事人是否申请回避的意见。

（7）由审判长宣布：庭审活动分为法庭调查、法庭辩论、被告人最后陈述、宣判四个阶段进行，并宣布开庭。庭审活动一般由审判长主持。根据庭审的需要，审判长也可以委托其他合议庭成员主持部分庭审活动。但当庭予以说明。

3. 法庭调查

法庭调查，是指在宣布开庭后，法庭通过控诉和辩护双方互相举证、质证等方式，当庭对案件事实和证据进行审查、核实的活动。法庭调查是审判的核心阶段。其目的就是查明事实、核实证据。法庭调查阶段，控、辩双方也可以针对证据和案件事实的证明力、真实性等问题，依法进行辩论。

（1）审判长宣布法庭调查

审判长可以对法庭调查的顺序作出说明。法庭调查的一般顺序：控辩双方陈述、讯问和发问、庭审归纳小结、当庭举证和质证、当庭认证。

（2）公诉人宣读起诉书

（3）被告人陈述

由被告人针对起诉书指控的犯罪事实进行陈述，随即指示被告人陈述。附带民事诉讼案件的，在公诉人宣读起诉书后由原告人及其代理人宣读附带民事起诉书，或者简要说明请求及所依据的事实和理由。被害人参加诉讼的，在被告人陈述后由被害人及其代理人陈述。

（4）讯问、发问被告人、被害人和附带民事诉讼原告人

同案有数个被告人的，讯问和发问应当分别进行。讯问和发问顺序如下：

第一，经征询并确认公诉人需要讯问被告人的，审判长一般会宣布：由公诉人讯问被告人×××。公诉人讯问被告人，被告人直接答问。但是，公诉人不能以讯问代替举证，对起诉书指控的犯罪事实，应通过举证予以证明。

第二，经征询并确认辩护人需要向被告人发问的，审判长宣布：由辩护人向被告人发问。辩护人发问，被告人直接答问。

第三，被害人、附带民事诉讼当事人及其诉讼代理人经法庭准许，可以向被告人发问。被害人、附带民事诉讼当事人及其诉讼代理人发问的，经法庭准许，由法庭指示被告人答问。

第四，经审判长准许，控辩双方可以向其他当事人发问。控辩一方向其他当事人发问的，经审判长准许，由法庭指示当事人答问。

法庭认为控辩双方讯问、发问的内容与本案无关或者讯问、发问的方式不当的，应当制止。控辩双方认为对方讯问或发问的内容与本案无关，或者讯问、发问的方式不当的，有权提出异议。法庭应当判明情况予以支持或者驳回。

法庭如果需要讯问被告人或者询问其他当事人的，也可以讯问和发问。

（5）公诉人当庭举证

首先由公诉人出示、核实各种证据。刑事诉讼证据共有七种。不同种类的证据，其举证的具体要求各不相同：

物证应当出示原物，并说明证据的来源、证明对象等。不能出示原物的，应说明理由，并出示相应的照片、复制品等证据材料。

书证应当出示原件，并当庭宣读，说明证据的来源、证明对象等。不能出示原件的，应当说明理由，并出示复印件、抄录件等证据材料。

视听资料、电子数据应当出示原始载体，并当庭播放，说明证据的来源、证明对象等。不能当庭播放和出示原始载体的，应当说明理由，并出示抄录件等证据材料。

证人书面证言、被害人陈述的笔录应当出示原件，并当庭宣读，说明证据的来源、证明对象等。如果该证人、被害人提供过内容不同的证言、陈述的，法庭应当要求公诉人提交该证人、被害人的全部证言和陈述笔录一并审查或者传唤其出庭作证。犯罪嫌疑人、被告人的口供应当出示原件。并当庭宣读，说明证据的来源、证明对象等。如果该被告人提供过内容不同的口供的，法庭应当要求公诉人提交该被告人的全部口供笔录。

鉴定意见和勘验检查辨认笔录应当出示原件，并当庭宣读，说明证据的来源、证明对象等。同时应当说明鉴定人、勘验检查人员不能出庭作证的原因。如果鉴定人、勘验检查人员对同一事实有多份内容不同的鉴定意见、勘验检查笔录的，法庭应当要求公诉人提交全部鉴定意见、勘验检查笔录一并审查或者传唤其出庭作证。

（6）当庭质证

当庭质证一般以"一举一质"或"类举类质"的方式进行。

公诉人、被害人、原告人等举证方出示证据并说明完毕后，审判长宣布：由被告人质证。被告人及其辩护人质证。

质证的程序一般为：质证方对当庭出示的证据作出是否认可的意思表示。如认可或者承认，则对该证据的质证活动结束；如不认可，应说明具体的反驳理由。在质证方提出反驳理由的基础上，法庭组织控辩双方展开质辩，即审判长宣布：请××（举证方）说明。举证方有针对性地进一步说明之后，审判长宣布：请××（质证方）辩驳。质辩至少进行一个轮回；法庭认为有必要进行多轮质辩的，可以组织多轮质辩。

在质证中，质证方提出相应的反驳证据的，法庭可当庭组织举证和质证。控告方的证据举证质证后，被告方也可以当庭举证，交由控告方质证。

（7）证人、鉴定人、勘验检查人员以及专家出庭作证

在当庭举证过程中，控辩双方申请传唤证人出庭作证的，应当向法庭提出。经法庭审查准许后，审判长即宣布：传证人××到庭。

证人到庭就座后，审判长宣布：请证人报告本人的基本情况，并说明与本案当事人的关系。在确认其知道作证的权利和义务以及作伪证或者隐匿罪证要承担的法律责任后，请证人在保证书上签名。

证人出庭作证陈述的一般顺序：首先，根据法庭所提示的调查事项，由证人就其了解的情况作连贯性陈述；举证方发问，法庭指示证人答问；质证方发问，法庭指示证人答问。法庭根据需要，也可以向证人发问。

控辩双方或者证人对发问有异议的，可以向法庭提出。异议是否成立，由法庭评议确定。

证人作证结束后，审判长宣布：请证人退庭。指示证人退庭后在休息室休息，休息后还要审阅笔录和签名，如需要证人再次出庭的再行传唤出庭。

证人退庭后，针对证人证言，审判长首先宣布：请××（举证方）说明。举证当事人对证人证言进行说明之后，审判长宣布：请××（质证方）

质证，并可组织控辩双方质辩。

鉴定人、勘验检查人员、专家出庭作证的具体程序，参照证人出庭作证的程序进行。其中，鉴定人出庭作证时，应当确认当事人是否申请回避。

（8）当庭认证

一般情况下，法庭不对当庭质证的证据当庭作出认证。但是，有些案件的证据或者个别证据可以当庭评议，如果法庭经评议能够当庭作出认证结论或者能够作出部分认证结论的，可以当庭宣布认证结论。

认证结论的表述主要有两种方式：第一，确认证据足以采信的，认证结论为：经合议庭评议确认……（证据名称）内容真实，形式合法，可以作为认定……（案件事实）的根据；第二，确认证据不予采信的，认证结论为：经合议庭评议确认……（证据名称），因……（不予采信的理由），故不能作为本案认定事实的根据（不予采信）。

（9）其他事项的调查

法庭结束前，审判长应征询公诉人和当事人：是否还有其他事实需要调查或者有其他证据需要出示。

公诉人和当事人申请调查其他事实，经法庭评议许可后，组织当庭举证、质证。如果法庭经评议认为无调查必要的，可以驳回申请。

公诉人和当事人申请出示其他证据的，应当说明理由和证明对象。经法庭评议许可后，组织当庭举证、质证。如果法庭经评议认为无调查必要的，可以驳回申请。

（10）宣布法庭调查结束

经确认各方没有新的证据提供和其他事实需要调查后，审判长宣布：法庭调查结束。

4. 法庭辩论

法庭辩论是在审判长主持下，由控、辩双方就案件事实、证据，尤其侧重于法律适用等问题，当庭发表意见，互相进行论证和反驳的活动。法庭辩论应遵循的总的规则是：第一，法庭辩论先由公诉人、被害人及其法定代理人发言（公诉词、代理意见），然后由被告人、辩护人发言、辩护（辩护词），再按此顺序互相辩论；第二，审判长是法庭辩论的主持者；第三，法庭辩论应当有序进行、以理服人；第四，法庭辩论中如发现足以影响案件处理的新事实，应停止辩论，重新进行法庭调查，或者宣布休庭，延期审理。

（1）宣布法庭辩论

法庭辩论首先应当由审判长宣布法庭辩论开始。审判长可以确定法庭辩论的范围：控辩双方应当主要围绕法律具体适用问题展开辩论。涉及对证据的合法性、关联性和真实性及证据的有效性的质辩以及案件事实的认定，属于法庭调查的范围，一般不作为法庭辩论的内容。法庭调查中已经认定的证据和事实可以作为控辩双方辩论的根据。

审判长可以强调法庭辩论规则：在法庭辩论中辩论发言应当经法庭许可，注意用语文明，不得使用讽刺、侮辱的语言；语速要适中，以便法庭记录；发言的内容应当避免重复。在法庭辩论的过程中，如有违反规则的言行，法庭应予以制止。审判长可以将法庭辩论分段进行，法庭辩论分为对等辩论和互相辩论。

对等辩论。在审判长宣布进入法庭辩论后，即首先进入了对等辩论阶段。审判长随即指示公诉人发表公诉词，被告人自行辩护、辩护人发表辩护词。有被害人和附带民事诉讼当事人出庭参加诉讼的，可以参加对等辩论。

一轮辩论结束，法庭可以根据实际情况决定是否进行下一轮辩论；如果进行下一轮辩论，应当强调辩论发言的内容不宜重复。

互相辩论。在双方对等辩论后，审判长应当告知：公诉人和当事人要求辩论发言的，可以向法庭举手示意。经法庭许可，方能发言。但是如果公诉人和其他当事人未经许可而进行自由无序的辩论发言或者发言的内容重复的，法庭应予以制止。

人民检察院可以提出量刑建议并说明理由，量刑建议一般应当具有一定的幅度。当事人及其辩护人、诉讼代理人可以对量刑提出意见并说明理由。

附带民事部分的辩护应当在刑事部分的辩论结束后进行，先由附带民事诉讼原告人及其诉讼代理人发言，后由附带民事诉讼被告人及其诉讼代理人答辩。

（2）法庭调查阶段的回转

在辩论中发现有关案件事实需要展开调查，或者需要对有关证据进行审查的，应当宣布：中止法庭辩论，恢复法庭调查。在相关的法庭调查结束后，审判长应当宣布恢复法庭辩论。庭审活动恢复到中止时的辩论阶段。

（3）宣布法庭辩论结束

在确认各方辩论意见陈述完毕后，审判长即可宣布：法庭辩论结束。

5. 被告人最后陈述

审判长宣布法庭辩论终结后，进入法庭审理的最后一个阶段，即由被告人作最后陈述。审判长随即指示被告人陈述最后意见。合议庭成员应当认真、耐心听取被告人陈述，一般不宜打断其发言。但其陈述过于冗长，法庭应当予以引导；陈述的内容简单重复多次的，或者陈述的内容与案件没有直接关联的，法庭以适当的方式予以制止。被告人最后陈述时，如果提出足以影响案件处理的新事实、新证据，应当恢复法庭调查或者宣布延期审理；如果被告人提出了新的辩解理由，合议庭认为确有必要的，可以恢复法庭辩论。

6. 休庭、评议和宣判

（1）宣布休庭

审判长宣布休庭后敲击法槌，然后在宣布休庭后告知公诉人和当事人复庭的时间；如果决定不当庭宣判的，应当告知宣判的时间或者交代：宣判时间另行通知。

（2）法官退庭和评议

决定当庭宣判的，应于休庭后立即进行评议；择期宣判的，应在庭审结束后由审判长组织合议庭成员对案件进行评议。

合议庭评议案件时，先由承办法官对认定案件事实、证据是否确实、充分以及适用法律等发表意见，审判长最后发表意见；审判长作为承办法官的，由审判长最后发表意见。对案件的裁判结果进行评议时，由审判长最后发表意见。审判长应当根据评议情况总结合议庭评议的结论性意见。合议庭成员应当认真负责，充分陈述意见，独立行使表决权，不得拒绝陈述意见或者仅作同意与否的简单表态。同意他人意见的，也应当提出事实根据和法律依据，进行分析论证。

评议后，合议庭应当依照规定的权限，及时对已经评议形成一致或者多数意见的案件作出判决或者裁定。

（3）宣判

①当庭宣判。原定当庭宣判的，经合议庭评议后作出裁判并能够当庭宣判的，审判长应宣告经过合议庭评议，评议结论已经作出。原定当庭宣判的，但经合议庭评议后未能作出裁判或评议决定不当庭宣判的，审判长应予以说明，然后宣布休庭。当庭宣判后，5 日内应将判决书送达当事人、法定代理人、诉讼代理人、辩护人以及公诉机关。

②定期宣判。案件无法进行当庭宣判的，应当先期公告宣判时间和地点，传唤当事人并通知公诉人、法定代理人、辩护人和诉讼代理人，判决宣告后立即送达判决书。

③征询意见。宣判后，审判长依次询问公诉人和当事人对判决有何意见？

公诉人和当事人陈述意见后，审判长指示书记员：请将公诉人、当事人的意见记录在案。

④交代诉权。当庭宣判的，审判长会宣布：如不服本判决，可在判决书送达之日起 10 日内，通过本院或者直接到上级人民法院递交抗诉状或者上诉状。同时还可能对判决的书面文本予以说明，即除判决结果外，本判决的其他内容以书面文本为准。

（4）审阅、签署庭审笔录

散庭后，书记员向诉讼参与人交代阅读笔录的时间和地点。能够当庭阅读的，请诉讼参与人阅读并签名。诉讼参与人认为笔录有误，可以要求修改。

庭审笔录经审判长审阅后，分别由审判长和书记员签名。

（5）案件的审理期限

人民法院审理公诉案件一般情况应当在受理后 2 个月内宣判，最迟 3 个月内宣判。对于可能判处死刑的案件或者附带民事诉讼的案件，以及交通十分不便的边远地区的重大复杂案件、犯罪涉及面广、取证困难的重大复杂案件、重大的犯罪集团案件、流窜作案的重大复杂案件，经上一级人民法院批准，可以延长 3 个月；因特殊情况还需要延长的，报请最高人民法院批准。

改变管辖的案件从改变后法院收到案件之日，重新计算审理期限。

人民检察院补充侦查完毕移送人民法院后，重新计算审理期限。

（三）自诉案件的第一审程序

1. 自诉案件的范围

自诉案件包括三类：（1）告诉才处理的案件；（2）被害人有证据证明的轻微刑事案件；（3）被害人有证据证明对被告人侵犯自己人身、财产权利的行为应当依法追究刑事责任，而公安机关或检察机关不予追究的。

2. 提起自诉的条件

（1）自诉必须是由被害人及其法定代理人或近亲属提起，这是关于自诉主体方面的条件，即原告的身份要合格。自诉案件原则上只能由被害人提起，如果被害人死亡、丧失行为能力或者因受强制、威吓等原因无法告诉，或者是限制责任能力人以及由于年老、患病、盲、聋、哑等原因不能亲自告诉，由其法定代理人、近亲属代为告诉。

（2）提起自诉必须有明确的被告人。这是有关自诉对象方面的条件。

（3）案件属于人民法院直接受理的范围。

（4）自诉必须在追诉时效期限内提出。

3. 自诉案件的审查

对自诉案件，人民法院应当在 15 日以内审查完毕。经审查，符合受理条件的，应当决定立案，并书面通知自诉人或者代为告诉人。

具有下列情形之一的，法院应当说服自诉人撤回起诉；自诉人不撤回起诉的，裁定不予受理：不属于《最高人民法院关于适用〈中华人民共和国刑事诉讼法〉的解释》第 1 条规定的案件的；缺乏罪证的；犯罪已过追诉时效期限的；被告人死亡的；被告人下落不明的；除因证据不足而撤诉的以外，自诉人撤诉后，就同一事实又告诉的；人民法院调解结案后，自诉人反悔，就同一事实再行告诉的；属于《最高人民法院关于适用〈中华人民共和国刑事诉讼法〉的解释》第 1 条第（二）项规定的案件，公安机关正在立案侦查或者人民检察院正在审查起诉的；不服人民检察院对未成年犯罪嫌疑人作出的附条件不起诉决定或者附条件不起诉考验期满后作出的不起诉决定，向人民法院起诉的。

对已经立案，经审查缺乏罪证的自诉案件，自诉人提不出补充证据的，人民法院应当说服其撤回起诉或者裁定驳回起诉；自诉人撤回起诉或者被驳回起诉后，又提出了新的足以证明被告人有罪的证据，再次提起自诉的，人民法院应当受理。

自诉人对不予受理或者驳回起诉的裁定不服的，可以提起上诉。

第二审人民法院查明第一审人民法院作出的不予受理裁定有错误的，应当在撤销原裁定的同时，指令第一审人民法院立案受理；查明第一审人民法院驳回起诉裁定有错误的，应当在撤销原裁定的同时，指令第一审人民法院进行审理。

自诉人明知有其他共同侵害人，但只对部分侵害人提起自诉的，人民法院应当受理，并告知其放弃告诉的法律后果；自诉人放弃告诉，判决宣告后又对其他共同侵害人就同一事实提起自诉的，人民法院不予受理。

共同被害人中只有部分人告诉的，人民法院应当通知其他被害人参加诉讼，并告知其不参加诉讼的法律后果。被通知人接到通知后表示不参加诉讼或者不出庭的，视为放弃告诉。第一审宣判后，被通知人就同一事实又提起自诉的，人民法院不予受理。但是，当事人可以另行提起民事诉讼的。

4. 自诉案件的审理

（1）对告诉才处理的案件、被害人起诉的有证据证明的轻微刑事案件，可以适用简易程序，由审判员一人独任审判。对于这两类自诉案件，人民法院审理时可以进行调解。

（2）自诉人在宣告判决前可以同被告人自行和解或者撤回自诉。

（3）自诉人经两次依法传唤，无正当理由拒不到庭的，或者未经法庭许可中途退庭的，按撤诉处理。

（4）对告诉才处理的案件、被害人起诉的有证据证明的轻微刑事案件的被告人及其法定代理人，可以在诉讼过程中对自诉人提起反诉。

（四）第一审简易程序

1. 适用简易程序的案件范围

适用简易程序审理的案件，应当同时具备以下条件：（1）属于基层人民法院管辖的；（2）案件事实清楚、证据充分的；（3）被告人承认自己所犯罪行，对起诉书指控的犯罪事实没有异议的；（4）被告人对适用简易程序没有异议的。

下列案件，不能适用简易程序：（1）被告人是盲、聋、哑人的；（2）被告人是尚未完全丧失辨认或者控制自己行为能力的精神病人；（3）有重大社会影响的；（4）共同犯罪案件中部分被告人不认罪或者对适用简易程序有异议的；（5）辩护人作无罪辩护的；（6）被告人认罪但经审查认为可能不构成犯罪的；（7）其他不宜适用简易程序审理的。

2. 简易程序审理案件的程序

（1）适用简易程序审理案件，在审判程序上简化。不受《刑事诉讼法》关于送达期限、讯问被告人、询问证人、鉴定人、出示证据、法庭辩论程序规定的限制。但在判决宣告前应当听取被告人的最后陈述意见。

（2）适用简易程序审理案件，对可能判处 3 年有期徒刑以下刑罚的，可以组成合议庭进行审判，也可以由审判员一人独任审判；对可能判处 3 年以上有期徒刑的，应当组成合议庭进行审判。适用简易程序审理公诉案件，人民检察院应当派员出席法庭。

（3）在控诉职能上，适用简易程序审理公诉案件，人民检察院应当派员出席法庭。

（4）适用简易程序审理案件，审结期限短。适用简易程序审理案件，人民法院应当在受理后 20 日以内审结；对于可能判处 3 年以上有期徒刑的，可以延长至一个半月。

（5）在宣判方式上，适用简易程序审理的案件原则上一般应当采用当庭宣判形式。

（6）在法庭审理过程中，如果发现不宜适用简易程序的某种情形，应当决定中止审理，然后按照第一审普通程序重新审理。

五、实训过程

案例一

（1）通过投影仪，教师与学生共同回顾案例一的基本案情。

（2）通过小组研究，教师对主持庭前会议的法官及证人、鉴定人、辩护人是否应当参加庭前会议等问题展开讨论，并由学生代表发言予以确认。

（3）以上述讨论确认的庭前会议的程序要求为基础，明确庭前会议与庭审程序的区别，教师指导学生从法院法官、公诉人、当事人及其他诉讼参与人各自不同的角度做相应的诉讼准备。

（4）通过小组演练，不同学生扮演不同角色，模拟庭前会议召开的过程。

案例二

（1）通过投影仪，教师与学生共同回顾案例二基本案情。

（2）通过小组讨论，分析承担控、辩、审不同诉讼职能的三方，针对案件审理应做哪些必要准备，并应当准备哪些书面材料，由学生代表发言予以确认。

（3）通过小组讨论，归纳控、辩双方对案件实体问题的争议焦点，讨论对被告人的定罪量刑意见，并根据案例中的公诉方、辩护方、审判方的各自职责，准备审判中的有关诉讼材料。

（4）通过小组演练，不同学生扮演不同角色，模拟完成诉讼主体的庭前书面材料整理。

案例三

（1）通过投影仪，教师与学生共同回顾案例三基本案情。

（2）通过小组讨论，分析自诉人、被告人及法官，针对案情应做哪些必要准备，并应当准备哪些书面材料，由学生代表发言予以确认。

（3）通过小组讨论，归纳控、辩双方对案件实体问题的争议焦点，讨论对被告人的定罪量刑意见，并根据案例中的控诉方、辩护方、审判方的各自职责，准备审判中的有关诉讼材料。

（4）通过小组演练，不同学生扮演不同角色，模拟完成诉讼主体的庭前书面材料整理及审理提纲的完成。

案例四

（1）通过投影仪，教师与学生共同回顾案例四基本案情。

（2）通过小组讨论，明确与案件中被告人刑事责任承担相关的实体法问题，并由学生代表发言予以确认。

（3）以上述讨论确认的结论为中心，考虑在案件已经起诉至法院的情形下，控、辩、审三方应当如何进一步明确其诉讼职能，并准备有关的诉讼材料。

（4）通过小组演练，不同学生扮演不同角色，模拟完成案件审理的完整过程并形成最终的法庭庭审脚本。

六、实训点评

（一）角色自我点评（略）

（二）旁听学生点评（略）

（三）指导教师点评

1. 案例一点评要点

首先，对公诉方的实训点评可以从以下方面来掌握：（1）对本案被告人的起诉至少需要符合哪些实体条件和程序条件？公诉方如何完成控诉职能？（2）作为公诉方，需要准备哪些起诉证据？怎样完成这些证据的审查来达到诉讼目的？（3）起诉书由哪些部分组成？简要梳理起诉书的格式和写作注意事项。

其次，对辩护方的实训点评可以从以下方面来掌握：（1）作为辩护方，如何对案件证据进行审查；如何提出相应的质证意见？（2）作为辩护方，需要准备哪些证明材料？又如何提出排除非法证据的意见？（3）作为辩护方，如何准备庭审质证意见？针对案件如何提出己方的辩护观点。

最后，对人民法院法官的实训点评主要从以下三方面来掌握：（1）审查检察机关的起诉是否符合受理的基本法定条件？（2）针对起诉，法官在审查后如何作出处理决定？（3）法官的庭前准备工作有哪些？法官如何召集庭前会议？

2. 案例二点评要点

首先，对公诉方的实训点评可以从以下方面来掌握：（1）对本案被告人的行为性质应如何认定？被告人存在哪些法定及酌定的从轻或从重处罚的情节？公诉方如何完成控诉职能？（2）作为公诉方，需要准备哪些起诉证据？

在庭审过程中应当如何出示本案的证据？在辩护方质证时应如何发表己方的质证意见？（3）为出庭应准备哪些法律文书？起诉书、公诉意见书由哪些部分组成？简要梳理起诉书及公诉意见书的格式和写作注意事项。

其次，对辩护方的实训点评可以从以下方面来掌握：（1）作为辩护方，如何对案件证据进行审查？如何提出相应的质证意见？（2）作为辩护方，可以从哪些方面提出被告人罪轻或无罪的意见？（3）作为辩护方，如何准备庭审需要的书面材料？辩护词由哪些部分组成？简要梳理辩护词的格式和写作注意事项。

最后，对人民法院法官的实训点评可以从以下三方面来掌握：（1）审查检察机关提供的证据是否可以作为认定被告人犯罪的证据使用？（2）针对起诉，法官在庭审后如何作出处理决定？（3）法官在庭审中应如何组织控辩双方展开法庭调查及法庭辩论，要点有哪些？

3. 案例三点评要点

首先，对自诉的实训点评可以从以下方面来掌握：（1）对案例中被告人的起诉至少需要符合哪些实体条件和程序条件？自诉人如何完成控诉职能？（2）作为自诉人，需要准备哪些起诉证据？怎样完成这些证据的审查来达到诉讼目的？如果是己方无法调取的证据应通过何种方式收集、调取相关证据？（3）自诉状由哪些部分组成？简要梳理自诉状的格式和写作注意事项。

其次，对辩护方的实训点评可以从以下方面来掌握：（1）作为辩护方，如何对案件证据进行审查；如何提出相应的质证意见？（2）作为辩护方，可以从哪些方面提出对己方有利的观点及证明材料？（3）作为辩护方，如何准备庭审需要的书面材料，针对案情如何构思辩护词的基本内容。

最后，对人民法院法官的实训点评可以从以下三方面来掌握：（1）审查自诉人的起诉是否符合受理的基本法定条件？（2）针对起诉，法官在审查后如何作出处理决定？（3）法官应适用何种具体程序审理案件？又应针对案情作出怎样的裁判？法院在何种情况下可以裁定驳回起诉？何种情况下可以经开庭审理后宣告被告人无罪。

4. 案例四点评要点

首先，对公诉方的实训点评可以从以下方面来掌握：（1）对本案被告人的行为性质应如何认定？被告人存在哪些法定及酌定的从轻或从重处罚的情节？公诉方如何完成控诉职能？（2）作为公诉方，需要准备哪些起诉证据，在庭审过程中应当如何出示本案的证据？在辩护方质证时应如何发表己方的质证意见？（3）为出庭应准备哪些法律文书？起诉书、公诉意见书由哪些部分组成，简要梳理起诉书及公诉意见书的格式和写作注意事项。

其次，对辩护方的实训点评可以从以下方面来掌握：（1）作为辩护方，如何对案件证据进行审查；如何提出相应的质证意见？（2）作为辩护方，在不同的法庭审理阶段如何履行辩护职能，如何提出被告人罪轻或无罪的意见？（3）作为辩护方，如何准备庭审需要的书面材料，辩护词由哪些部分组成，简要梳理辩护词的格式和写作注意事项。

最后，对人民法院法官的实训点评可以从以下三方面来掌握：（1）审查检察机关提供的证据是否可以作为认定被告人犯罪的证据使用？（2）法官在庭审中应如何组织控辩双方展开法庭调查及法庭辩论，要点有哪些？（3）针对起诉，法官在庭审后如何作出处理决定？如何撰写最后的判决书？

七、实训拓展——刑事一审判决书的制作要点❶

刑事裁判的过程及结果往往都是通过最终的裁判文书体现的。在刑事裁判文书的分类中，判决书无疑是最重要的一种。判决书的制作是对案件证据进行充分论证的重要过程，文书制作能力不仅是裁判者的基本技能之一，更是其裁判智慧的体现。判决书共分五个部分，即首部、事实、理由、判决结果和尾部。其中，事实和理由部分是判决书的核心部分，也是体现判决书说理性的重要内容，下面笔者将对这两部分的撰写要点进行说明。

（一）事实部分

法院认定的事实和证据，是判决的主要根据，必须经过查证属实，而且应当是判决的核心部分。对于事实部分，在书写时应注意以下问题：

（1）按照一般的文书格式规定，案件事实部分的内容有四个方面：人民检察院指控被告人犯罪的事实和证据，被告人的供述、辩解和辩护人的意见，

---

❶ 转引自绥化市北林区法院网. http：//shblq. hljcourt. gov. cn/public/detail. php？id＝187.

经法庭审理查明的事实和据以定案的证据。为充分体现控辩式的审理方式，这些内容应分四个自然段书写。

（2）叙述案情时，应写明案件发生的时间、地点、动机、目的、手段、行为过程、危害结果和被告人案发后的表现等，并以是否具备犯罪构成要件为重点兼顾影响量刑轻重的各种情节。依法公开审理的案件，案件事实未经法庭公开调查的，不能认定。

（3）叙述事实要层次清楚，重点突出。一般按时间先后顺序进行，并着重写明主要情节。若一人犯数罪，则主罪详写，若数罪之间没有因果关系，则按罪行主次的顺序叙述。一般共同犯罪案件，应以主犯为主线进行叙述。集团犯罪案件，可先综述集团的形成和共同的犯罪行为，再按首要分子、主犯、从犯、胁从犯或者罪重、罪轻的次序分别叙述各个被告人的犯罪事实。

（4）认定事实的证据应注意以下几点：①依法公开审理的案件，除无须举证的事实外，证明案件事实的证据必须经法庭公开举证、质证，否则不能认证。②必须经过具体分析、认证来证明判决所确认的犯罪事实，不得用抽象、笼统的说法或者罗列证据的方式，来代替分析、认证。法官认证和采信证据的过程应当在判决书中充分体现出来。③证据要尽量写得明确、具体，其写法因案而异。对于案情简单或均无异议的，可以集中表述；对于案情复杂或有异议的，应予以分析、认证；对于一人犯数罪或者共同犯罪案件，还可以分项或者逐人逐罪叙述证据或者对证据进行分析、认证。控辩双方没有争议的证据，可不在控辩主张中叙述，避免与"经审理查明"的证据重复。

（5）在叙事举证时，须保守国家秘密，保护报案人、控告人、举报人、被害人、证人的安全、名誉。

（二）理由部分

理由部分是判决的灵魂所在，应围绕案情焦点，运用法律依据、政策精神及相关刑法原理、犯罪构成要件，来着重分析被告人的行为，用以论证处理方式的正确性。理由部分是判决结果的正当性基础。该部分的写作要点是：

（1）论述理由须有针对性，因案而异。分析时应以案情为基础，摆事实、讲道理并做到逻辑严谨，说理透彻。从思想的高度，人文的角度，使理由具有说服力。需使用法言法语，不可说套话、空话。

（2）罪名的确定是以《刑法》《最高人民法院关于〈中华人民共和国刑法〉确定罪名的规定》《最高人民检察院关于适用刑法分则规定的犯罪的罪名的意见》《最高人民法院、最高人民检察院关于执行〈中华人民共和国刑法〉确定罪名的补充规定》第（一）、（二）、（三）、（四）等为依据。确定规则为：一人犯数罪的，一般先定重罪，后定轻罪；共同犯罪案件，应首先分清各被告人在共同犯罪中的地位、作用和刑事责任，然后依次确定首要分子、主犯、从犯或者胁从犯、教唆犯的罪名。

（3）当被告人具有一种或数种从轻、减轻、免除处罚或者从重处罚等情节时，可以分别认定或综合认定。

（4）是否采纳控辩双方关于本案法律适用方面的意见，应当加以分析，阐明理由。

（5）根据《最高人民法院关于司法解释工作的规定》，判决的法律依据包括司法解释。引用法律条文作依据时，应思考缜密，选择慎重，并做到以下几点：

①准确、完整、具体。准确是指恰如其分地与判决结果相吻合；完整是指据以定性的相关法律规定、司法解释予以全部引用；具体是指引出条文规定的条、款、项，不分项或不分款的可以只写明条下第几款或第几项。

②有条理和先后顺序。一般而言，当同一判决文书需引用两条以上法律条文时，与定罪及确定量刑幅度有关的条文在先，从轻、减轻和免除处罚或者从重处罚的条文在后；当判决结果有主刑、附加刑内容并存时，适用主刑的条文在先，适用附加刑的条文在后；若某种犯罪需援引法定刑（要援引其他条款的法定刑处罚），则本条条文在先，并依据本条规定，相应的他罪条文在后；当一人犯数罪时，需逐罪引用法律条文；当数人共同犯罪时，则既可集中引用，也可逐人逐罪引用。另外，若相关法律依据，既有法律条文又有司法解释，则应法律条文在先，司法解释在后；若存在实体法与程序法共同引用，一般先引用实体法，后引用程序法。

八、实训文书

（一）公诉意见书

公诉意见书❶

审判长、审判员：

2012 年 9 月 26 日 16 时许，发生在法库县丁家房镇丁家房村村道上那血腥的一幕，也许无法从当日乘坐康仲明、许莹夫妇校车的学生们的记忆中抹去：校车司机康仲明和妻子许莹永远地倒在了血泊中，而杀人者也站在了今天的法庭上，等待他的将是法律的庄严审判。辽宁省沈阳市中级人民法院今天在这里依法公开开庭审理被告人毛小平故意杀人一案，根据《中华人民共和国刑事诉讼法》第一百七十二条、第一百八十四条及《人民检察院组织法》第十五条的规定，我们受沈阳市人民检察院的指派，以国家公诉人的身份出席法庭，支持公诉，并依法履行法律监督职责。

庭审调查是依照《中华人民共和国刑事诉讼法》规定的程序进行，程序合法。在刚才进行的法庭调查中，公诉人出示了侦查机关依法收集的证据，经过庭审质证，证明了我院起诉书指控的被告人的基本犯罪事实，认定被告人毛小平犯故意杀人罪事实清楚，证据确实充分，指控的罪名正确，现对本案的证据、案件事实和被告人犯罪的社会危害性等发表如下公诉意见：

一、对本案证据的分析及案件事实的认定

通过刚才的法庭调查，公诉人出示了包括证人证言、现场勘查笔录、物证、书证等在内的大量证据，上述证据已经形成了完整的证明体系，现对全案证据综合分析如下：

1. 证人毕小东、任天保等人的证言证实了案发当天被告人赶牛与驾驶校车的被害人夫妇在村路上相遇，后双方发生争吵。被害人许莹从车内

---

❶ 该公诉意见书为沈阳师范大学法学院参加 2014 年辽宁省大学生模拟法庭大赛向组委会提交的法律文书。

续表

取出一把带鞘砍刀，下车后用带鞘砍刀敲打毛小平手臂，（请注意，证人均证实许莹下车拍打被告人时刀尚未从刀鞘内拔出）毛小平遂用石块击打许莹头部，致许倒地的事实。

2. 证人毕慧晗、毕小东、杨宇、李响、毕佳宇等人证实，在毛小平将许莹打倒后，康仲明下车与毛小平撕打，毛小平持许莹所拿的砍刀，拔出砍刀砍击康仲明、许莹头、颈、腹部等处数刀，将二被害人砍得无力还手的事实。且经证人毕佳宇、杨宇对被告人毛小平辨认，指认出被告人毛小平即为案发当日持刀砍击二被害人的犯罪嫌疑人。

3. 证人任天昊、毕小东、杨宇、李响等均证实当被害人康仲明、许莹已经被被告人毛小平砍倒在地后，被告人仍然对二被害人进行砍杀的事实。

4. 公安机关尸体检验报告证实，被害人康仲明身上近 30 处刀伤，创口长、创腔深，组织、血管损伤严重，其中左颈部一处砍创深达脑实质 4 厘米；颈部正中一处砍创致左侧颈总动脉及颈内静脉完全离断。被害人许莹头部、颈部、腹部、背部及四肢多处创口，其中右颈部创口致右侧颈内静脉部分离断、颈总动脉完全离断。二被害人身上的累累伤痕，让人无法直视。

5. 公安机关法医 DNA 鉴定书证实，在提取的砍刀上和在被告人毛小平作案时所穿的上衣等处均检出被害人康仲明的血迹，在毛小平所穿胶鞋左脚鞋面上检出被害人许莹血迹。

此外，公安机关依法制作的现场勘查笔录、辨认笔录、提取笔录、物证等证据与上述证人证言及鉴定意见相互印证，加上被告人毛小平的有罪供述，足以认定本院《起诉书》指控的犯罪事实清楚，证据确实充分，即本案定罪量刑的事实都有证据证明；据以定案的证据均经法定程序查证属实；综合全案证据，对所认定事实已排除合理怀疑。

二、对本案被告人行为定性和适用法律

结合上述犯罪事实，足以认定被告人毛小平的行为应构成故意杀人罪。

其一，被告人杀害二被害人时具有完全刑事责任能力。根据法库县公安局丁家房派出所出具的常住人口登记表，可以证实被告人毛小平出生于1982年1月25日，作案时已达到法定刑事责任年龄，且其智力和社会知识水平发展正常，故完全具备了辨认和控制自己行为的能力。

其二，被告人主观上具有杀害被害人的故意。作为一个精神及智力健全的成年人，被告人毛小平应明知持一把长0.6米，仅刃长就达0.44米，宽0.07米的砍刀连续砍击他人的头面部、颈项部、胸腹部等要害部位，足以造成被害人的死亡后果，却仍然希望该结果发生，足见其主观上具有故意致被害人死亡的心理状态。根据《中华人民共和国刑法》第十四条的规定，明知自己的行为会发生危害社会的结果，并且希望或者放任这种结果发生，因而构成犯罪的，是故意犯罪。故意犯罪，应当负刑事责任。

其三，被告人客观上实施了杀害二被害人的行为，并且手段极其残忍。如前所述，证人毕小东等人的证言均证实了案发当天亲眼看见了被告人用刀连续砍击二被害人，甚至在二被害人已经倒地的情况下仍持刀连续砍杀二被害人的事实，以上证据与法医鉴定书等客观证据相互印证，足以证实被告人在客观上对二被害人实施了杀害行为。

其四，被告人的行为非法剥夺了二被害人的生命，侵犯了二被害人的生命权，而人的生命权是人最重要也最基本的权利，剥夺生命权的犯罪也是最严重的犯罪。

综上所述，被告人的行为完全符合故意杀人罪的构成要件，对其应按照故意杀人罪定罪处罚。

三、被告人犯罪行为的社会危害性

被告人毛小平故意杀人案发生后，在其居住的村庄内引起了极大的震动，人们在惋惜两个无辜生命逝去的同时，更对毛小平令人发指的杀人行为表示强烈的愤慨。被告人毛小平仅因与被害人夫妇的路遇口角，竟丧失理智，拔刀相向，用残忍的手段剥夺了二人的生命。尤其是两名被害人的

续表

家属更是悲恸欲绝，逝者已逝，唯有严厉惩处凶手，才是对死者及其家属最大的告慰。更让人痛心的是，案发当时的目击者是一群十四五岁，正值青春年华的初中生，在他们身心发展的关键时期却目睹了如此残忍血腥的场面，不知这样暴力、冷酷的画面会在他们的记忆中存留多久？又是否会影响他们对整个社会的正确认知？由此可见，被告人毛小平犯罪后果极其严重，其行为的社会危害性极大。

四、本案带给我们的启示

本案的被告人毛小平来自农村，之前并无违法犯罪的前科，走上犯罪道路之前是一个老实本分的农民。他站在了今天的被告人席上，带给我们的反思是深刻和令人警醒的。通过办理本案，公诉人认为：不非法剥夺他人生命是自古皆然的正义底线。任何人的生命都是宝贵和应受到尊重的，缺少对生命的起码敬畏之心，就会在夺去他人生命的同时也毁灭了自己。

五、关于本案的量刑建议

根据《中华人民共和国刑法》第二百三十二条的规定，故意杀人的，处死刑、无期徒刑或者十年以上有期徒刑。根据公安机关提供的侦破报告、情况说明及证人毛岚飞、毛中飞的证实，毛小平系主动投案，鉴于其庭审过程中能够如实供述自己的罪行，根据《中华人民共和国刑法》第六十七条之规定，可以认定其构成自首。对于自首，依法虽然可以从轻或减轻处罚，但鉴于被告人杀人手段极其残忍，后果极其严重，虽具有自首情节，但罪行极其严重，不足以从轻处罚。

综上所述，我院认为，本院起诉书指控的案件事实清楚，证据确实充分，被告人的行为构成了故意杀人罪，特提请合议庭综合上述公诉人所发表的公诉意见对被告人毛小平作出罪刑相适应的裁判。最后，公诉人要正告被告人毛小平："恶意高则刑罚重"，从你漠视他人生命，不计行为后果的那一刻开始，也使你自己踏上了一条不归之路。

公诉人：吕昊、王家琪

二〇一四年十一月二日

（二）辩护词

辩护词❶

审判长，审判员：

辽宁英泰律师事务所接受被告人毛小平亲属的委托，指派律师周建楠、王琳担任被告人毛小平故意杀人一案的辩护人。作为毛小平的辩护人，我首先要向被害者家属表示同情，无论如何，两个公民的死亡总是让人非常遗憾的。而我今天坐在这辩护席上，就是为了避免悲剧再次发生。在审阅了案件材料，听取了当事人对案件情况的陈述，进行了相关调查工作，并参与了本案庭审之后，现向法庭发表如下辩护意见：

辩护人并不否认公诉方所指控的我当事人毛小平所犯故意杀人的事实，但辩护人认为，鉴于被告人具有以下法定和酌定的从轻、减轻处罚情节，希望法庭在量刑时予以充分考量，对被告人毛小平予以酌情从轻处罚。

第一，被告人毛小平具有自首的法定从轻、减轻处罚情节

案发当晚，毛小平在亲友陪同下主动到公安机关投案，并如实供述自己罪行，这一点有证人毛岚飞等人的证言、毛小平的供述和公安机关提供的《侦破报告》及《情况说明》可以证明。我国的自首制度旨在通过鼓励犯罪人自动投案，一方面有利于案件的及时侦破与审理，另一方面促使犯罪嫌疑人改过自新，不再继续作案。所以，对具有自首情节的毛小平从轻处罚，符合自首制度的要义。

最高人民法院在要求各级法院注意贯彻执行宽严相济的基本刑事政策时也多次强调：对具有自首、立功、从犯等法定从轻减轻情节的，可以依法从轻或者减轻处罚，一般不判处死刑。

而且，我的当事人是在其父亲的陪同下到公安机关投案，如果我的当事人被处以极刑，其父亲的感受无异于亲手将自己的儿子送上断头台，身

---

❶ 该辩护词为沈阳师范大学法学院参加 2014 年辽宁省大学生模拟法庭大赛向组委会提交的法律文书，并最终获得大赛冠军。

体发肤，受之父母，如果送孩子去自首却换来被处以极刑的后果，这让父母情何以堪。

第二，本案中有一个不容忽视的事实，即被害人的过错行为。被害人对本案的发生和发展有不可推卸的责任，也是本案发生的关键性因素。

根据证人任天保、毕慧晗等人的证言以及被告人的供述中可以看出，案发当日，因为被告人挡了被害人所开校车的道，二被害人与被告人发生争吵，随后被告人转身想走，而此时被害人许莹持约70厘米长砍刀下车，挥舞砍刀击打了被告人的背部、后颈部及手臂等处，是而被告人才在躲闪中拿起砖头予以自卫，而后被害人康仲明下车，与许莹一起对被告人实施殴打，许莹从后面抱住被告人，被告人的腿部亦被砍伤，在双方形成"二打一"的局面时，被告人毛小平从许莹的手中抢下砍刀并持刀砍向被害人。（此节，证人杨宇、毕佳宇均予以证实）由此可见，被害人夫妇在校车内私藏属于管制刀具的砍刀，在争吵后首先持刀下车挑起事端，在被告人几欲离开的时候，被害人许莹仍不依不饶用刀拍打被告人，并与其夫康仲明共同殴打被告人，可见是由被害人先实施了侵害行为，被告人才作出的相应反应。所以，被害人对引发案件和激化矛盾存在严重过错。

第三，被告人杀害二被害人的行为其主观上属于间接故意。

所谓间接故意，是指明知自己的行为可能引起某种危害社会的结果，并且放任这种结果发生的心理态度。

根据被告人在公安机关及刚才庭审过程中的供述，并结合其他证人证言，我们可以得知，在被害人许莹首先持刀拍击了被告人，并在其后与被害人康仲明一起殴打被告人的情况下，被告人在恐惧中抢过刀对二被害人实施的未加选择的砍击行为。被告人在主观上明知自己的行为可能造成二被害人的死亡，却不排斥、不反对也未设法阻止这种结果的发生，其只是放任了二被害人死亡结果的发生，但绝非积极追求这种结果。因此，应当

续表

认定被告人毛小平杀人犯罪主观方面为间接故意。因为间接故意行为人的主观恶性相对较小，其社会危害程度一般比直接故意相对较轻，故应据此对被告人毛小平予以酌情从轻处罚。

第四，本案属于《最高人民法院关于贯彻宽严相济刑事政策的若干意见》第二十二条所规定"因恋爱、婚姻、家庭、邻里纠纷等民间矛盾激化引发的犯罪，"且被害方有过错，故应酌情从宽处罚。

根据证人毛岚飞、毛中飞、兴淑云、迟淑凡等人的证言可以看出，被害人康仲明、许莹与被告人毛小平系邻里关系，由于康仲明与毛小平前妻有不正当男女关系，两人素有积怨，康仲明还因此于三年前到被告人家意图打架，可见两人矛盾系由邻里、婚姻家庭矛盾引发，且如前所述，被害人方在本案中存在严重过错，故应对被告人酌情从宽处罚。

第五，毛小平能够做到认罪、悔罪，并竭尽所能赔偿被害人一方经济损失。

在案件发生之后，毛小平到公安机关投案，如实供述罪行，在刚才的庭审过程中，能够诚恳地承认自己的罪行，积极悔罪，并在开庭前，通过律师与家人商议靠借款和变卖家中房产耕地牲畜，承诺赔偿被害人家属30万元，由此可见其其具有认罪、悔罪的诚意和行为。并且辩护人要提醒合议庭注意，30万元对于一个只靠耕地作为基本收入来源的家庭，已经是倾尽所有，竭尽所能。而且，无论被害人家属是否愿意接受赔偿，被告人都愿意尽自己最大的努力赔偿被害人家属，这一点足以证明被告人的悔罪态度是积极和诚恳的。

第六，判决应当考虑我国对待死刑的政策，即"严格控制和慎重适用死刑"，被告人不属于应当被立即执行死刑的对象。

所谓"严格控制和慎用死刑"，意味着死刑作为最严厉的刑罚只能适用于极少数罪行极其恶劣，无法改造的犯罪分子。但如德国学者阿图尔·考夫曼所言："谋杀诚然是最严重的犯罪，但不能由此得出谋杀者具有特别危险的结论。事态恰好相反。被释放的谋杀者再犯罪的现象极为罕见，因为大多数的谋杀者，完全是在特殊的、几乎不能反复的状况下杀人的冲动犯"，辩护人相信本案的被告人就是这样一个激愤犯罪的"冲动犯"。虽然激愤并非不法行为的理由，但因激愤而犯罪表明犯罪人的非难可能性低，特别预防的必要性小。所以，对于毛小平这样一个"冲动犯"，我们不能以几千年来杀人就必须偿命的古老世俗观念来左右着我们的评判标准，让他失去自由远比让他失去生命更加能够发挥刑罚的积极功能，达到刑罚的目的。

综上，辩护人想说，我的当事人是一个老实本分的农民，从来没有任何的犯罪记录和行为污点，在与前任妻子离婚之后独自照顾年迈的父母及年幼的儿子多年，在面对一贯强势的被害人夫妇的辱骂，在被害人夫妇持刀下车，并合力殴打他的时候，他作出了极端的行为，但事实发生之后，他清醒地认识到自己的错误，在亲友陪同下到公安机关投案，如实地供述了自己的罪行，表现出了极其诚恳的悔罪态度，并且愿意竭尽所能赔偿被害人家属，并在刚才的庭审过程中，对被害人家属和目睹了案发现场的十几名孩童表现出极大的歉意和悔意，对于这样一位主观恶性不大，认罪态度好，且具有悔罪表现的被告人，法律应该扮演怎样的角色，惩罚还是拯救？是不问缘由一板一眼地让他付出惨痛的代价，还是惩前毖后，治病救人，给他一次重生的机会？正如法谚所言："刑罚与其严厉不如缓和"，审判长，审判员，相信你们最能掂量手中法槌对一个人命运的重量。我恳求法庭，秉承"恢复性司法"的理念和精神，对我的当事人毛小平给予酌情从轻判决。我的辩护意见暂时发表完毕。

辩护人：周建楠　王琳

2014 年 11 月 2 日

（三）判决书

1. 刑事判决书样本（一审公诉案件适用普通程序）❶

×××人民法院
刑事判决书
（一审公诉案件适用普通程序）

（××××）×刑初字第××号

公诉机关×××人民检察院。

被告人……（写明姓名、性别、出生年月日、民族、出生地、文化程度、职业或工作单位和职务、住址和因本案所受强制措施情况等，现羁押处所）。

辩护人……（写明姓名、工作单位和职务）。

×××人民检察院以×检×诉［××××］××号起诉书指控被告人×××犯××罪，于××××年××月××日向本院提起公诉。本院依法组成合议庭，公开（或不公开）开庭审理了本案。×××人民检察院指派检察员×××出庭支持公诉，被害人×××及其法定代理人×××、诉讼代理人×××，被告人×××及其法定代理人×××、辩护人×××，证人×××，鉴定人×××，翻译人员×××等到庭参加诉讼。现已审理终结。

×××人民检察院指控……（概述人民检察院指控被告人犯罪的事实、证据和适用法律的意见）。

被告人×××辩称……（概述被告人对指控的犯罪事实予以供述、辩解、自行辩护的意见和有关证据）。辩护人×××提出的辩护意见是……（概述辩护人的辩护意见和有关证据）。

经审理查明……（首先写明经庭审查明的事实；其次写明经举证、质证定案的证据及其来源；最后对控辩双方有异议的事实、证据进行分析、认证）。

---

❶ 选自最高人民法院《刑事诉讼文书样式》. http：//shblq. hljcourt. gov. cn/public/detail. php? id＝187。

本院认为……（根据查证属实的事实、证据和有关法律规定，论证公诉机关指控的犯罪是否成立，被告人的行为是否构成犯罪，犯的什么罪，应否从轻、减轻、免予处罚或者从重处罚。对于控辩双方关于适用法律方面的意见，应当有分析地表示是否予以采纳，并阐明理由）。依照……（写明判决的法律依据）的规定，判决如下：

……［写明判决结果。分三种情况：

第一，定罪判决的，表述为：

"一、被告人×××犯××××罪，判处……（写明主刑、附加刑）；

（刑期从判决执行之日起计算。判决执行以前先行羁押的，羁押一日折抵刑期一日，即自×××年××月××日起至×××年××月××日止）

二、被告人×××……（写明决定追缴、退赔或者发还被害人、没收财物的名称、种类和数额）。"

第二，定罪免刑的，表述为：

"一、被告人×××犯××罪，免于刑事处分（如有追缴、退赔或没收财物的，续写为第二项）。"

第三，宣告无罪的，无论是适用《中华人民共和国刑事诉讼法》第××条第×项还是第×项，均应表述为：

"被告人×××无罪。"］

如不服本判决，可在接到判决书的第二日起十日内，通过本院或者直接向×××人民法院提出上诉。书面上诉的，应当提交上诉状正本一份，副本×份。

审判长　×××

审判员　×××

审判员　×××

×××年××月××日

（院印）

本件与原本核对无异

书记员　×××

说明：本样式根据《刑事诉讼法》第149条、第162条的规定制定，供第一审人民法院按第一审普通程序审判公诉案件终结后，根据已查明的事实、证据，依据相关法律，在作出被告人是否有罪、何罪，判何种刑罚或免除处罚，或宣告无罪等处理决定时适用。

2. 刑事判决书实例

××省第二中级人民法院
刑事判决书

（2024）×97刑初39号

公诉机关××省人民检察院第二分院。

被告人陈某（绰号不隆），男，汉族，1993年2月17日出生，公民身份号码×××，小学文化，农民，户籍所在地××省临高县，住临高县。因涉嫌犯故意伤害罪，于2023年12月1日被抓获，次日被刑事拘留，于2024年1月3日被逮捕。现羁押于临高县看守所。

辩护人林×植、吴×，××××律师事务所律师。

××省人民检察院第二分院以×二分检刑诉（2024）30号起诉书指控被告人陈某犯故意伤害罪，于2024年4月11日向本院提起公诉。本院依法组成合议庭，公开开庭审理了本案，××省人民检察院第二分院指派检察官孟×出庭支持公诉，检察官助理梁××协助出庭，被告人陈某及其辩护人林×植、吴×到庭参加诉讼。现已审理终结。

××省人民检察院第二分院指控：2013年12月18日晚，被告人陈某与同案人刘某某（已判决）等人在××酒吧喝酒时，与被害人王某（男，殁年18岁）、黎某（男，殁年23岁）等人发生冲突，双方动手打架，陈某等人先后跑出××酒吧，因本方有人被对方打伤，为报复对方，陈某便打电话召集王某某1、王某某2、王某某3（均已判刑）等人先后到××酒吧附近、原世纪××酒吧附近、临高县临城五小附近，准备了尖刀、钩刀、蒙面绒帽、摩托车等作案工具，前来的有王某某1、王某某2、王某某3、刘某某以及陈某、周某某、符某某、连某某、周某某、莫某某、肖某（均已判刑）等十多人，陈某向众人表示，其朋友在××酒吧内被人砍伤了，今晚一定要打回去。随后陈某、刘某某率领众人骑摩托车往××骑去，并一路寻找对方人员。刘某某带领上述人员驾驶摩托车来到××酒吧后边的小巷，发现了王某、黎某等人，刘某某等人当即追打，王某、黎某等人从小巷跑向解放路，后分散逃跑。王鸿辉、王荣华、符响跃朝交警队追，在临新路××陶瓷门市前追上黎某，三人持刀将黎某刺倒在地；刘某某、陈某、王某某、周某某、连某某、周某某、莫某某、肖某等人携带匕首、钩刀等凶器向××县国税局追打王某，将王某打倒在地。随后众人便离开现场，并前往临城镇兰琴村"辉东"家。后黎某、王某被送医院经抢救无效死亡。经鉴定，黎某系生前被锐器刺中左胸部及右大腿致右股浅动脉及右股静脉致失血性休克死亡，王某系生前被锐器刺中双下肢多处致右腘动脉断裂致失血性休克死亡。

案发后陈某开车送王某某、周某某、陈某、王某某、王某某1去临高县海榆西线田善种植基地内躲避××机关追捕。在得知刘某某投案后，王某某、周某某、陈某、王某某、王某某1五人也决定向××机关投案，陈某找到上述五人，共同串通供述内容，相互约定不把陈某供出来，同时把召集人员报复对方及持刀捅刺王某的主要责任推到刘某某身上，上述五人投案时按照串供内容供述，给侦查工作造成很大障碍，后××机关查清了串供情况，查明了案情。

被告人陈某于2023年12月1日被××机关抓获到案，陈某的家属对被害人家属进行了赔偿，取得了被害人家属的谅解。

针对上述指控事实，公诉机关出示如下证据：1. 通话记录、谅解书、刑事判决书、原案卷宗等书证；2. 证人林某1、林某2、李某的证言；3. 同案人王某某1、王某某2、王某某3、刘某某、符某某、陈某、周某某、连某某、周某某、莫某某、肖某的供述和辩解；4. 被告人陈某的供述和辩解；5. 鉴定意见；6. 勘验、检查、辨认等笔录；7. 常住人口登记表、到案情况说明等综合性证据材料。

续表

公诉机关认为，被告人陈某在发生纠纷后纠集多人持刀报复对方，致两人死亡，其行为触犯了《中华人民共和国刑法》第二百三十四条第二款，犯罪事实清楚，证据确实、充分，应当以故意伤害罪追究其刑事责任。被告人陈某自愿认罪认罚，依据《中华人民共和国刑事诉讼法》第十五条的规定，可以从宽处理。根据《中华人民共和国刑事诉讼法》第一百七十六条的规定，提起公诉，并建议以故意伤害罪判处被告人陈某有期徒刑十三年，剥夺政治权利三年，请依法判处。

被告人陈某对指控的事实、罪名及量刑建议没有异议且签字具结，在开庭审理中亦无异议。其辩护人的辩护意见是：1. 陈某是在受到殴打后才叫了王某某 1 等人过来帮忙，其不是伤害案的主要指使人，也没有伤害被害人的故意，陈某不应对王某某 1 等人实行过限行为致人死亡的结果承担责任。2. 陈某并非涉案人员的主要召集人，在共同犯罪中属于从犯，应当依法从轻、减轻处罚。3. 陈某的家属积极赔偿被害人家属经济损失，取得被害人家属谅解，可对其减轻量刑。4. 陈某已经签署认罪认罚具结书，具有认罪悔罪情节，应当从宽处理。

经审理查明：2013 年 12 月 18 日晚，被告人陈某与刘某某（已判刑）等人在临高县临城镇××酒吧喝酒时，与被害人王某（男，殁年 18 岁）、黎某（男，殁年 22 岁）等人发生冲突，双方动手打架，因本方有人被打伤，为报复对方，陈某便打电话召集王某某 1、王某某 2、王某某 3（均已判刑）等人先后到××酒吧、原世纪××酒吧及临高县临城五小附近，准备了尖刀、钩刀、蒙面绒帽、摩托车等作案工具，前来的有王某某 1、王某某 2、王某某 3、刘某某以及陈某、周某某、符某某、连某某、周某某、莫某某、肖某（均已判刑）等十几人，陈某向众人表示，其朋友在××酒吧内被人砍伤，今晚一定要打回去。随后陈某、刘某某率领众人骑摩托车往××酒吧驶去，一路寻找对方人员。刘某某带领上述人员驾驶摩托车来到××酒吧后边的小巷，发现了王某、黎某等人，刘某某等人当即追打，王某、黎某等人从小巷跑向解放路，后分散逃跑。王某某 1、王某某 2、符某某朝交警队追，在临新路圣堡龙陶瓷门市前追上黎某，三人持刀将黎某刺倒在地；刘某某、陈某、王某某 3、周某某、连某某、周某某、莫某某、肖某等人携带匕首、钩刀等凶器向临高县国税局追打王某，将王某打倒在地。随后众人离开现场，前往临城镇兰琴村"辉东"家。黎某、王某被送医院经抢救无效死亡。

经鉴定，黎某系生前被锐器刺中左胸部及右大腿致右股浅动脉及右股静脉致失血性休克死亡，王某系生前被锐器刺中双下肢多处致右腘动脉断裂致失血性休克死亡。

案发后，陈某开车送王某某 1、周某某、陈某、王某某 2、王某某 3 去临高县海榆西线田善种植基地内躲避××机关追捕。在得知刘某某投案后，王某某 1、周某某、陈某、王某某 2、王某某 3 五人也决定向××机关投案，陈某找到上述五人，共同串通供述内容，相互约定不把陈某供出来，同时把召集人员报复对方及持刀捅刺王某的主要责任推到刘某某身上，上述五人投案时按照串供内容供述，给侦查工作造成很大障碍，后××机关查清了串供情况，查明了案情。

被告人陈某于 2023 年 12 月 1 日被××机关抓获，陈某的家属对被害人家属进行了赔偿，取得了被害人家属的谅解。

以上事实，有下列经庭审举证、质证的证据证实：

1. 书证

（1）立案决定书。证实：2013 年 12 月 20 日，临高县××局决定对王某等人被伤害案立案侦查。

（2）到案经过。2023 年 12 月 1 日 12 时许，儋州市××局在儋州市那大镇顺心花园 B 栋二单元 701 号将网上追逃人员陈某抓获。

（3）（2015）××二中刑初字第 6 号刑事附带民事判决书、（2015）×刑一终字第 82 号刑事附带民事判决书。证实：同案犯王某某 1、王某某 2、王某某 3、符某某、刘某某、连某某、陈某、周某某均已被判处刑罚。二审采信了王某某 1、王某某 2 关于被告人陈某参与本案的供述。

续表

（4）（2018）×97 刑初 3 号刑事附带民事判决书、（2020）×97 刑初 45 号刑事附带民事判决书、（2020）×刑终 174 号刑事附带民事判决书。证实：同案犯莫某某、肖某已被判处刑罚。

（5）陈某犯罪记录查询。证实：陈×无犯罪前科。

（6）同案犯的归案情况说明。证实：同案犯王某某 1、王某某 2、王某某 3、符某某、刘某某等人到案的情况。

（7）通话记录。证实：王某某 2 注册的手机号 150×××××××与陈某的手机号 158×××××××在 2013 年 12 月 19 日 2：3：55 通话 11 秒、2：18：31 秒通话 21 秒，即案发前有过两次通话。刘某某的手机号码与王某某 1、王某某 3（150×××××××）没有电话联系。

（8）陈某户籍信息、网上追逃信息。证实：陈某，男，汉族，出生于 1993 年 2 月 17 日，小学文化，居民身份证号码×××，户籍地临高县波莲镇多贤下村三路××号。在逃人员编号：4600281×××0120，在逃类型为刑拘在逃，抓获时间为 2023 年 12 月 1 日。

（9）谅解书两份。被害人王某、黎某的父亲均表示已收到赔偿款，对被告人陈某表示谅解，并请求从轻追究陈隆的责任。

（10）认罪认罚具结书。证实：被告人陈某于 2024 年 4 月 9 日签署了认罪认罚具结书，认可公诉机关指控的事实、罪名以及量刑建议。

2. 证人证言及辨认笔录

（1）林某 1 的证言及辨认笔录。述称：我与王某是亲戚关系，他爸爸和我妈妈是兄妹。2013 年 12 月 18 日晚上，我到临高县临城镇××酒吧二楼 202 包厢消费，看到我表弟王某也在××酒吧门外喝酒。12 月 19 日凌晨，我亲戚即沙潭村的"不六"给我打来电话说王某在××惹事了，叫我过去，并说他在××后面。到了后，看到王某、东春村的"不二"、东春村的"弟弯"及我不认识的男子共 10 人左右。王某就叫我打电话给不应。电话中我问"不应"刚才是否与人打架了，"不应"否认。接着我就对"不应"说有别人和你说情,就把手机递给王某,我走到距离几米远的地方等着。王某打完电话后没有把手机还给我,十多分钟后,有多名男子分别骑五六辆摩托车从临宝宾馆的水泥路过来并从我们面前经过驶向××,过了几秒钟,那些人骑车返回来。我看到"不应"坐在车上,我就说:"怎么? 朋友。""不应"回答我说:"不认识你。"接着"不应"等人就大喊:"打了、打了",并持钩刀、菜刀等冲过来,王某等人就逃跑,我和我不认识的三四个人站在原地。

通过照片,林某1辨认出刘某某即其所说的"不应"。

(2)林某2的证言及辨认笔录。述称:2013年12月19日凌晨2点左右,林某1接到一个电话后叫我跟他一起出去一下,然后我们一起乘坐三轮车到了××KTV大门口。林某1的朋友打电话叫林某1去××后面的巷子里,我就跟着林某1一起进了巷子。林某1的一个朋友叫林某1打电话给一个人,后来林某1又将电话拿给他的一个亲戚。他们讲完电话后不久,我就看到一帮人骑着摩托车拿着刀冲进了我们在的那条巷子,我就赶紧往解放路跑去,从百虹酒店的正门跑进了百虹酒店内,我一直躲在百虹酒店的楼顶,等派出所民警出警以后,我出来看到林某1的那个亲戚躺在路边(解放路百虹酒店往中医院)。

通过照片,林某2辨认出王某即拿着林某1电话与其他人通电话的人,并且后来被打倒在解放路路边。

(3)李某的证言。述称:2013年12月19日凌晨1时许,和王某、黎某在××城KTV酒吧后面的一条小路被人持砍刀追打,王某、黎某被打伤送到临高县人民医院抢救,后又送到省人民医院救治。

(4)黄某某的证言。述称:案发当时,我离开××城KTV准备回家,在门口遇到了王某某,我就跟王某某一起去取他的电动车,看到黎某、王某、王某某、王某等人在××后面的一个巷子里面讲话,我就站到了他们旁边,听到他们在讲今天晚上在××城KTV门口打架的事情。没多久,就看到一帮人骑车进到巷子里,黎某、王某等人就往解放路跑去。路过交警队门口 50 米左右，我们的摩托车跑不过他们，我们三人就把摩托车扔到一边各自跑开，黎某跑在公路的左边（靠交警队那一边），我和王俊跑在公路的右边（交警队的对面），跑了一会儿，我看到没有人追我，就回头看了一下，看到黎某躺在路边，而追赶我们的人已骑车往红绿灯路口那个骑去。我就跟王某折回来到黎某身边，看到黎某躺在地上，流了很多血。这时王某某也骑车到了我们身边，我们就一起送黎某去临高县人民医院。

（5）唐某某的证言及辨认笔录。述称：案发当晚在××城 KTV 有两帮人打架，其中有我认识的陈某某、陈某某 1 等人。

通过照片，唐某某辨认出陈某某、陈某某 1。

（6）王某某的证言。述称：2013 年 12 月 18 日晚上 10 时许，和李某、黎某、王某等人在××城喝酒时黎某被人打伤，后在××城后面的小路又被一伙人骑摩托车追打，王俊骑摩托车载黎某逃走，我也骑摩托车载陈某某逃跑，后来返回时发现黎某被打伤倒在路上。

（7）陈某某的证言。述称：2013 年 12 月 19 日零时许，与黎某、王某等人一起在××城外场喝酒时，黎某被十多个人殴打，后被拦开，后到停放摩托车处拿摩托车，看到王某在打电话，王某、王小弟等喊有人追打我们，我就上了王小弟的摩托车走了，后来和王某返回到临高第四小学附近的路边，看见王某扶着黎某，黎某处于昏迷状态，便和王某某送黎某去临高县人民医院抢救。

（8）王某的证言。述称：当时我们在××城喝完酒后本来要回家的，但是不知道怎么回事就有多名男子骑着几辆摩托车过来喊着要打我们。后黎某被打倒在交警大队一侧的公路边上。黎某的身上流有血迹，地上也沾有血迹。

（9）王某某的证言。述称：2013 年 12 月 18 日 22 时许，和王俊、王某、黎某等人在××城 KTV 玩，凌晨 1 时许，黎某、王某等人被十几个人殴打，经××保安拉扯开后，我回昌春宾馆休息。大约过了 30 分钟，王某某打电话来说，黎某被人持刀砍伤，正在临高县人民医院抢救。赶到医院后不一会儿，王某也被打伤送来医院。

（10）郑某某的证言。述称：2013 年 12 月 19 日凌晨和林某 2、林某 1 在××后面的巷子里聊天时，被一伙骑摩托车的人追打。

（11）王某某、王某某 4 的证言。述称：案发当晚和王某、王某某、黎某、王某等人在××玩，后来回家休息。第二天听王某某说，王某、黎某被人捅伤送到海口抢救了。

（12）劳某某的证言。述称：案发当晚我在××城上班，是保安员，当晚有两伙人打架，我在劝架过程中被打伤了头部。

（13）吴某某的证言。述称：我是××城的服务员，案发当晚有人在××城打架，保安员劳某某被打伤。

（14）唐某某的证言。述称：我是××城酒吧保安员。2013 年 12 月 18 日晚，我在酒吧外场和大厅上班，快到下班时间的时候，我在一楼大厅柜台前看到在外场有几个男子围在那里吵闹，并且还有人动手打人。我见状就走过去制止，并说不许在这里打架。但那些人还继续打架，并且还有人从外场喝酒的大厅走出来，跟着在里面打。他们边相互殴打边往柜台的大厅移动，就在大厅处时，在劝架的过程中，我看到劳某某头部受伤了，我们就叫他到柜台等一会儿。接着那些打架的人就从门口跑出去了。

（15）符某某、王某某 5、陈某某的证言。述称：案发当晚有人在××打架。

（16）陈某某、陈某某 1 的证言及辨认笔录。述称：案发前看到波莲镇带苏村的"不依"等人在××城大厅里与人打架。

通过照片，陈某某 1 辨认出"不依"即刘某某。

（17）彭某某的证言及辨认笔录。述称：陈某在多文镇田善基地当保安，2013 年 12 月，陈某带一些陌生青年仔在基地里住。

通过照片，彭某某辨认出陈某。

（18）陈某 1 的证言。述称：陈某 1 是田善基地的保安员。

3. 同案犯的供述和辨认笔录

（1）陈某的供述及辨认笔录。供称：我和王某某 1、周某某、王某某 2、王某某 3 等人为了帮朋友出头，于 2013 年 12 月 19 日凌晨在临高县××城 KTV 附近打架，造成对方 2 人死亡，之后我和王某某 1、周某某、王某某 2、王某某 3 一起到××机关投案。一开始，我们这边的人先是在××城 KTV 附近的一个小巷子里碰面，碰面后就有人要求到临高县临城五小附近讨论，替朋友报复出头的事情，然后我就骑摩托车带着周某某、王某某 1，和其他人一道去了临城五小那边。接着我们这边的人就在临城五小这边拿上刀具，有人提出返回××城 KTV 去找对方打架，我们就从临城五小出发，前往××附近寻找对方报复。我们在××城 KTV 附近的小巷子里碰面、到五小附近商议要找对方报复以及打完架到"辉东"家时，陈某都在场。两三天后，我们得知对方有人死了，我就和周某某、王某某 1、陈某、王某某 2、王某某 3 等人跑到临高县博厚镇一处工地躲藏，躲藏了几天后，我们就决定要自首，当时我们几个人还商量着说把主要的责任推到刘某某身上，同时陈某还要求我们别把他供述出去。达成共识后，我们五个人就一同去临高县××局自首了。

通过照片，陈某 1 辨认出陈某。

（2）周某某的供述及辨认笔录。供称：案发后，我和王某某 1、王某某 2、王某某 3、陈某、陈某 1 到临高县博厚镇海榆西线沿线路口的一处工地上躲了好几天，在一同商量并串供之后，我和王某某 1、王某某 2、王某某 3、陈某 1 五人于 2013 年 12 月 30 日一起到临高县××局刑侦大队投案。把打架打死人的责任推到刘某某身上，第一个目的是让我们这几个人能判的轻一点，第二个是不把陈某参与的情况供述出去，当时我们当中有人说，我们五个人回去投案就够了，陈某不用投案也可以，但具体是谁讲的，我记不清楚了。这个案件的起因我认为应该是由陈某和刘某某引起的，当时是他们在××酒吧跟人打架引发矛盾，我和符某某、陈某2、明夏四人在临城镇跃进路新花园宾馆睡觉，陈某2接到电话后便对我们说陈某在××那边打架了，叫我们过去，然后我和符某某才过去的。在临城五小大家一起商量去××附近找对方的时候，陈某是在场的，而且陈某当时也跟我们一起出发了。我和符某某、陈某1等人并不认识对方，我们都是接到电话或是消息称是陈某、刘某某他们被人打了，才到现场参与打架的。

躲了两三天之后，陈某又开车带着王某某2过来，经过商量，我们一致觉得这样躲下去不是办法，我们便产生了投案的想法，于是我们就开始商量向××机关投案的事情，商量过程中，我们就约定将引起打架及捅人的责任全部推给刘某某，不要把王某某2持刀刺受害人的情节说出去，同时不把陈某供述出来。

通过照片，周某某辨认出陈某3、陈某。

（3）刘某某的供述及辨认笔录。供称：我是因2013年12月在临高县临城镇××、中医院附近和陈某、王某某2、陈某1、周某某等人追打他人并致人死亡，所以才被判刑的。我并不认识对方是谁，只知道对方是××看场的保安，当时我们在××酒吧喝酒和其他人发生了冲突，被看场的保安赶了出来，其间，我们这边的"不伟"等人都被××酒吧看场的保安打伤了，之后陈某就说要打回去，我们一起商量之后，就返回来去追打对方的人。

我当时看到跟我们一起喝酒的"不伟"的脸部被打流血了，之后陈某开始打电话叫人，"不伟"叫我去买纸给他擦血，我从旁边的"鑫福源"宾馆前台买了一包纸回来，之后陈某打电话叫的人就有两三个到了我们这边，我们看到有辆警车停在××酒吧门口，陈某就叫我们在场的人到世纪龙城KTV（以前也叫禁江楼）附近的"南国鱼香酒家"后面一条小巷旁。人到了差不多后，陈某就对我们在场的人说，刚刚他的一个朋友被××酒吧的保安打了，今晚我们一定要打回去。之后，陈某又说这里的路不通，叫我们一起去五小那边。我没有打电话或者通过其他方式叫任何人来。我在现场看到的都是陈某一直在打电话叫人。一开始我们在"南国鱼香酒家"附近巷子时，陈某是没有刀的，应该是在五小集中的时候有人给他的。

通过照片，刘某某辨认出"不侬"（陈某）。

（4）王某某2的供述及辨认笔录。供称：一开始是陈某和刘某某他们在临高县临城镇××酒吧内跟人起了冲突，之后陈某就用他的电话打给我叫我过去。在世纪龙城小巷及五小时陈隆均在场。陈某知道我们要投案后，他便在我们投案前的夜晚找到我们，跟我们说他不想投案，要求我们不要把他说出去，只要把事情推到刘某某身上就行了，所以我们五个人投案后，虽然供述了自己的犯罪行为，但大家基本上都没有把陈某给说出去。

通过照片，王某某2辨认出陈某。

（5）王某某3的供述。供称：我坐了十年牢，改造了十年，当年的事我记不清楚了，对于事情的起因经过，我当年到案和庭审的时候已经说过了。

（6）王某某1的供述及辨认笔录。供称：案发当晚，我和王某某2在临高县临城镇嘉欣宾馆睡觉，陈某给我打电话说别人在××KTV打他们了，叫我过去他那里。当时王鸿辉就在我旁边，我告诉王某某2说"不隆"在××被人打了，我们过去，王某某2表示同意，就骑摩托车载我过去。我到××和陈某会合后，陈某对我们说一起去第五小学集中。王某某2、王某某3也来到第五小学，当时在五小的有我和陈某、符某某、周某某、刘某某、"不壮""不刚""不拾"、陈某1、王某某2等人，在那里我看到"不壮"持钩刀、"不拾"也持刀。陈某对在场的人说"我们一起现在去××"，接着我们分别骑车下去××KTV。快到××的时候，刘某某就说人在那里，当时那个小巷里有十多个人，我们过去后，那些人就跑开了。投案的前一晚，我和王某某2、周某某、陈某1、陈某、王某某3

六个人在一起商量，当时我们知道刘某某被××机关抓了，就联系到一起要回来投案。陈某当时对我们说不要把他说出来，我们五个人就表示同意，于是我们就达成共识不要把陈某说出来。

通过照片，王某某1辨认出陈某。

（7）符某某的供述及辨认笔录。供称：当时我跟周某某、"阿康"三人在临高县新花园旅馆开房睡觉，周某某跟我说："朋友在××KTV出事了，你带我出去一下"。接着我就骑车载着周某某出了宾馆，我们两人直接到了××，到了××以后就听到有人说陈某和"不依"在××喝酒被人家打了，这时我就知道周某某所说的朋友是陈某被别人打了，而我和陈某关系也不错。跟陈某经常在一起玩的有我、王某某1、王某某2、周某某、王某某3、陈某1等人。

通过照片，符某某辨认出陈某。

（8）连某某的供述。供称：2013年12月某天晚上，我和波莲的那个年轻仔、"不灵"等一起在××一楼外场喝酒。那个波莲仔和其他人在××酒吧大厅跟别人打架，我看他们在那里打架，我就退到酒吧大门那里，接着有人把波莲仔他们赶出来，波莲仔和"不灵"就走路到原世纪龙城的小巷，我和"不拾"过去找"不灵"他们。我到"不灵"那里以后，波莲仔就持他的手机拨打王某某1等人的电话，在电话里波莲仔就说他有事了，有人在××酒吧打他，并且波莲仔还说他在原世纪龙城的小巷。我看到波莲仔在不断打电话叫人，我就和"不拾"走路到××酒吧停车处拿车。到了临高县第五小学后，波莲仔对大家说刚才在××有人打他，接着大伙都说回去××酒吧找和波莲仔打架的人，如果找不到那些人就把××酒吧给砸了。

（9）周某某的供述。供称：因为陈某被打所以报复对方，在五小门口时陈某也在场。

（10）莫某某的供述。供称：案发当晚，在得知有人殴打"不灵"等人后，我持菜刀伙同连某某、肖某等人去追砍对方的人。我有持刀伙同多人追赶对方，但没有实施殴打行为，事后听肖某和连某某称持刀砍了被害人。

（11）肖某的供述。供称：2013 年 12 月某天晚上伙同连某某、莫某某等人在临高县临城镇解放路国税门前追砍对方男子，其间其携带砍猪肉刀砍到一名男子左脚大腿前面一刀，后听连某某说被追砍的人死亡了。

4. 被告人陈某的供述与辩解及辨认笔录。供称：2013 年 12 月份的一天晚上，我跟朋友陈某某联系，陈某某在××酒吧里喝酒，他让我们过去一起喝酒，我和陈某 1 及两个女孩子一起去了××酒吧，当时跟陈某某在一起的还有刘某某、一个叫"三舅"的，还有几个不认识的，我们在××酒吧玩了一会儿后，陈某某、刘某某离开了座位，过了一段时间，陈某1 跑过来告诉我说陈某某、刘某某、"三舅"在酒吧的休息厅被人打了，我赶紧过去看到有十几个人跟陈某某、刘某某、"三舅"等扭打在一起，我开始是拦架，后来也出拳打对方，双方打了一会儿，对方拿了钩刀、砍刀等出来砍我们，我和陈某某、陈某 1、刘某某等人就分头逃跑，后边还有人追我们，我这时就边跑边给王某某 2 打电话，说我被人打在××酒吧，让他赶紧来，我和陈某 1 跑到离××酒吧约 500 米的小巷躲起来，躲一会儿，我又给王某某 2 打电话让他到五小门口集中，我和陈某到五小门口，后来王某某 1、王某某 2、符某某、王某某 3、周某某、刘某某以及一些我不认识的人到了五小门口集中。我对集中的人说下去砸××酒吧一下，然后我们骑了五六辆摩托车去往××酒吧，当时我自己骑了一辆摩托车，走到过了林业局大概 100 米的一个路口，我骑车直接往前走了，其他人骑摩托车拐进小巷里了，我招手让他们跟我一起走，但是没有人往我这边来，我就一直往前走了，我走到二号桥沿着文澜江边走了一段，走到××酒吧的正门时，××酒吧已经关灯、关门，我看到两辆警车开过来，我就害怕了，骑车回我朋友兰琴村"阿某"（大名叫符某某）家，后来王某某1、陈某1等人也过来了，我们在那住了一晚，第二天才各自离开。过了两天听说打架时有两个人被打死了，我和王某某1、王某某2、陈某、王某某3、周某某一起到博厚镇附近的一个工地躲了几天，过了一两天，我就回家了。后来他们五个就打电话就跟我说，他们想去投案，我就过去找他们，一起吃了一顿饭，吃饭时我就跟王某某2说你回去投案不要提到我，我对王某某2说这句话时，其他人也听到了，他们以为也是对大家一起说的，然后第二天他们回来投案时就没有提到我参与的事情。

通过照片，被告人陈某辨认出王某某2、周某某、陈某1、王某某1。

5. 鉴定意见

（1）琼公司鉴（法）字【2014】×××号《法医学尸体检验鉴定书》。证实：黎某系生前被锐器刺中左胸部及右大腿致右股浅动脉及右股静脉致失血性休克死亡。

（2）琼公司鉴（法）字【2014】×××号《法医学尸体检验鉴定书》。证实：王某系生前被锐器刺中双下肢多处致右腘动脉断裂失血性休克死亡。

（3）琼公司法（DNA）字【2014】×××号《DNA个体识别鉴定书》。证实：所检现场圣保龙店往西2米人行道血迹、现场圣保龙店往西5米路上血迹、现场圣保龙店往西4米绿化带血迹为黎某所留。所检国税门前西边3米处血迹为王某所留。所检××大门往东11米处血迹、××对面栏杆扶手上血迹、××对面栏杆地面血迹为同一人所留。所检××东面5米处血迹不是王某、黎某所留。

6. 勘验、检查、侦查实验等笔录

（1）辨认现场笔录。证实：2023年12月2日13时45分许，陈某带着侦查员一行驱车从临高县××局执法办案中心出发前往位于临高县江北路××酒吧旧址案发中心现场。在到临高县江北路××酒吧旧址时，陈某示意让侦查员停车，下车后陈某指着当前地方称，该处就是其在2013年打架的地点，随后陈某带着侦查员前往临高县临城镇兰琴村，陈某指着一栋房子称，该处是当晚在××酒吧打完架以后，前往的"阿某"家的地方。

（2）现场勘验检查笔录。证实：2013年12月19日王某、黎某被伤害案现场情况。

（3）人身检查笔录。证实：临高县××局民警将陈某从儋州押回临高后对陈某进行了身体检查，附照片5张，陈某无外伤。

以上证据来源合法，内容客观真实，与本案有关联性，且证据之间能够相互印证，本院予以采信。

本院认为，被告人陈某在与他人发生纠纷后，纠集多人持刀报复对方，致二人死亡，其行为已构成故意伤害罪。公诉机关指控的犯罪事实清楚，证据确实、充分，指控罪名成立，应予支持。被告人陈某自愿认罪，愿意接受处罚，可依法从宽处理。被告人陈某能如实供述主要犯罪事实，属于坦白，依法可以从轻处罚，但认罪认罚与坦白不作重复评价。被告人陈某的家属代为赔偿被害人家属经济损失，并获得谅解，可酌情从轻处罚。辩护人关于被告人陈某认罪认罚、获得被害人家属谅解，可从轻处罚的辩护意见，与查明事实相符，予以采纳。公诉机关的量刑建议适当，予以采纳。

关于被告人陈某的辩护人提出系王某某1等人的实行过限行为导致被害人死亡，陈某不应对死亡结果承担责任以及陈某在本案中应认定为从犯的辩护意见。经查，被告人陈某纠集多人持凶器报复伤害被害方，对于随之可能发生致人伤亡的后果应当有所预见，故对于陈某而言，不属于实行过限，陈某应当对实际发生的伤亡后果承担刑事责任。陈某作为本案的纠集者，组织多人追打被害人，在共同犯罪中依法不属于从犯。故辩护人的以上辩护意见，均与查明事实不符，亦于法无据，不予采纳。

续表

据此，根据被告人陈某犯罪的事实、犯罪的性质、情节以及对于社会的危害程度，依照《中华人民共和国刑法》第二百三十四条第二款、第五十六条、第六十一条、第六十七条第三款，《中华人民共和国刑事诉讼法》第十五条、第二百零一条之规定，判决如下：

被告人陈某犯故意伤害罪，判处有期徒刑十三年，剥夺政治权利三年。

（刑期从判决执行之日起计算。判决执行以前先行羁押的，羁押一日折抵刑期一日。即自2023年12月1日起至2036年11月30日止。）

如不服本判决，可在接到判决书的次日起十日内，通过本院或直接向××省高级人民法院提出上诉。书面上诉的，应当提交上诉状正本一份，副本四份。

审判长　×××

审判员　×××

人民陪审员　×××

二○二四年六月三日

法官助理　×××

书记员　×××

九、实训法规

1. 《中华人民共和国刑事诉讼法》第186—226条

2. 《最高人民法院关于适用〈中华人民共和国刑事诉讼法〉的解释》第218—334条

详见

第二节 第二审程序

刑事一审裁判作出后，如果享有上诉权的主体及人民检察院没有在法定期限内对一审裁判提出抗诉，一审裁判就将发生法律效力，案件就将进入执行阶段。但是，如果上述享有上诉权或抗诉权的主体在法定期限内向上一级人民法院依法提出了上诉或抗诉，那么诉讼活动就将进入又一个独立的诉讼阶段，即上诉审或称第二审阶段。本节将针对刑事上诉审中涉及的法律实务问题进行训练。

一、实训目标

掌握第二审程序的价值、意义及任务；了解刑事案件第二审程序的提起及审理方式；熟悉上诉与抗诉的区别；熟练掌握全面审查原则和上诉不加刑原则的应用；了解第二审裁判文书的使用及写作。

二、实训素材

案例一

某县公安局于 2010 年 1 月 4 日对张某（男，21 岁）故意伤害致人重伤一案立案侦查。经侦查查明，张某实施故意伤害犯罪事实清楚，依法应当追究刑事责任，遂在侦查终结后移送县人民检察院审查起诉。县人民检察院审查后认为案件事实清楚、证据充分，向县人民法院提起公诉。县人民法院开庭审理了此案。法庭审理后认为，被告人张某构成故意伤害罪，根据《刑法》有关规定，判处张某有期徒刑 6 年。张某于 5 月 12 日接到一审判决书后，认为量刑过重。张某之父欲替其子提出上诉。

问题：张某父亲提起上诉的具体时间、途径和方式如何？检察机关如果认为一审法院量刑畸轻，通过何种方式提出抗诉？二审法院应如何对案件进行审查？如果认为原审事实不清，可以选择何种审理方式？

案例二

武某、黄某、许某因抢劫金某被一审法院分别判处有期徒刑 8 年、6 年、2 年，并判处赔偿金某医疗费等计人民币 6000 元。一审判决宣告并送达后，武某以量刑过重为由提出上诉，金某以赔偿数额太少为由对附带民事部分提出上诉。

问题：分角色模拟武某、金某提出上诉，其诉讼程序应当如何进行？对附带民事部分提出上诉，上诉期限如何确定？第二审法院审理该案，如何贯彻全面审查原则及上诉不加刑原则？

案例三

2001 年 7 月 6 日 17 时许，被告人梁某某的外甥吴某某等人到新民市高台子乡初级中学玩。因吴某某感到口渴，遂到该校办公室走廊将学校的井把拿出欲引井水喝，被该校副校长邵某某（被害人，男，33 岁）发现并将其叫到办公室询问。这期间，因吴某某出言不逊双方发生争吵，邵某某上前将吴某某拽出办公室，吴某某踹邵某某腹部并用花盆将走廊窗户玻璃砸碎，邵某某将吴某某拽至办公室门口台阶附近时，吴某某将邵某某的上衣拽到其头部蒙住了他的脸，正在邵某某与吴某某撕扯中将吴某某按倒在地并按住吴某某的臀部和颈部时，被告人梁某某赶到现场，见状用脚朝被害人邵某某的面部踢了一脚。致邵某某左眼外伤、脉络膜裂伤、外伤性散瞳的轻伤后果。

认定上述事实，有经原审法院开庭质证、认证的下列证据证明：

（1）证人梁某证实："2001 年 7 月 6 日下午，我和我哥吴某某及几个小妹妹一起去学校玩，我小哥吴某某去喝水，第一次喝着了，第二次再去，学校的井头没有了，我过一会儿去，看见我小哥安井头，这时邵老师骑摩托车过来了，问我小哥是哪班的，我小哥说没班，是鞍山的，邵老师说鞍山咋的，我小哥说我先喝水，喝完给你送回去，邵老师说不行，之后我就去找我叔梁某某去了。我和老叔回来看见邵老师在上头，我小哥在下头，邵老师头上被自己的背心蒙着，我老叔过去，踢了邵老师一脚。"

（2）被害人邵某某陈述："2001 年 7 月 6 日 18 时许，我准备回家，发现一个男青年跑进了学校办公室走廊把学校的井把子拿了出来，安到了井上，我就让他跟我上办公室去，然后拽着他胳膊把他领进了教导处。经询问，他是腰高老梁家亲属，今年 17 岁。接着我又说'你不经允许进办公室，老师询问你还这么横呢'，那个青年骂我，我说我是校长，他说校长也管不着我。说着那个青年就伸手要打我，我就上前抓住他的双手，当把他拽到办公室走廊时，他踹我肚子几下，并从走廊地上搬起一个花盆砸我，我一躲，花盆把走廊窗户玻璃砸坏一块，我又抓住他双手往外拽他，拽到办公室门口台阶附近时，他一把拽起我的衣服把我的头蒙住了，我一下也把他按在地上了，我一手按他一条胳膊，另一只手按他脖子，那个青年另一只手打我，脚不停地乱踹，这时我觉得左眼部被人重重打了一下，之后我就啥也看不清了，听说是梁某某打的我。公安人员在勘查现场时见高台子初中教师办公室走廊内的屏风玻璃破碎，走廊地面可见玻璃碎片及花盆碎片，现场勘查笔录证实的情况与被害人的陈述相一致。"

（3）证人高某证实："我和黄某某还有几个小孩和梁某某在初中玩篮球，梁某某的侄女来找他，说她小哥让初中老师逮住了，梁某某就跟着去找老师了。在办公室附近，我发现一个大人脸用自己的衣服蒙着呢，正在地上按一个小孩呢，这时梁某某跑过去用脚踢了那个蒙脸人的头部正面一脚，那人站起来，把衣服从头部拽下来，我才知道被踢的人是邵老师，邵老师脸全红了，就要往办公室走，梁某某又追过去打邵老师后脑勺一拳。"

（4）证人杨某某证实，看见邵某某在办公室门口台阶上按着一个小孩，梁某某到邵某某跟前打邵某某几拳的事实。

（5）沈阳市伤害法医鉴定所及抚顺市中心医院刑事医学鉴定委员会鉴定书证实，邵某某左眼部的损伤程度为轻伤。

（6）被告人梁某某供述上述事实。

原审法院认为被告人梁某某故意伤害他人身体，造成被害人左眼轻伤的后果，其行为已构成故意伤害罪。由于被告人的犯罪行为使被害人遭受的经济损失，应予赔偿。依照《刑法》第 234 条 1 款、第 36 条 1 款及《中华人民共和国民法通则》第 119 条之规定，认定被告人梁某某犯故意伤害罪，判处有期徒刑 2 年 6 个月。

问题：作为被告人梁某某的辩护人，可以从哪些角度提出上诉意见，并应当如何履行上诉程序？如果法院受理了梁某某上诉案，作为检察机关的办案人员，应当如何准备应诉？对案件的事实和证据应如何进行审查，并应发表何种意见？法院受理案件后针对案件的事实、证据、量刑、适用法律及审判程序应如何进行审查？又如何裁判该案？

案例四

被告人赵贵强与左某丙（被害人，男，殁年 42 岁）均为黑山县黑山镇居民。2013 年 7 月末的一天，赵贵强酒后在黑山县黑山镇西菜市场附近的小广场被他人打伤，怀疑系左某丙所为，对此记恨在心，伺机寻找左某丙理论。2013 年 8 月 1 日 14 时许，赵贵强找左某丙理论时发生冲突，被人劝开。后赵贵强返回家中携带一把用白色毛巾包裹的长约 30 厘米的尖刀找其朋友肖某某等人喝酒，酒后欲寻找左某丙理论未果。当晚约 20 时，赵贵强与左某丙及其弟弟左某丁相遇在黑山县黑山镇二运住宅楼南侧约 30 米的路上，双方发生口角和撕打。在撕打过程中，赵贵强持尖刀刺中左某丙左胸部腋下一刀，左某丙经抢救无效死亡。赵贵强也被左某丙用木棒打伤。经法医学尸体检验鉴定，被害人左某丙系他人用单面刃刺器刺伤左胸部致左肺及左心室破裂，造成失血性休克死亡。当晚，被告人赵贵强主动到公安机关投案。

认定上述事实，有经原审法院开庭质证、认证的下列证据证明：

（1）证人左某丁的证言证实："2013 年 8 月 1 日 19 时 30 分许，我在黑山镇二运住宅楼南侧的小广场溜达，我哥左某丙过去找我，说有个叫赵二的人回家拿刀要扎我。我就拽住我哥右胳膊说你别去，我哥挣脱了一下，左手拎着一根木棒往东走。我追着我哥往东走了 100 米左右，看见我哥和一个男的撕打在一起，我追到跟前就说：'干啥呀，别打架。'那个男的就拿着刀冲我来了，一边往我这边跑一边大叫道：'我扎死你！'我就往后躲，还把自己绊倒了，我在地上骨碌时，左胳膊被那个人扎个 2 厘米长的口子，出血了，那个人就拿着刀冲我哥去了。等我从地上爬起来时我哥说：'我挨扎了。'之后我就去扶我哥，我哥又说：'出气费劲。'接着我哥用左手捂着自己的左前胸倒在地上了，我抱着我哥用右手捂着我哥左前胸的伤口。当时，我看见那个扎我哥的人手里拿着刀往东走了，接着我就打 120 叫急救车，打完 120 后我就捂着我哥的伤口，接着周围的老百姓就都围过来了，我就跟周围的人说让他们帮忙打一下110。过一会儿120急救车来了，我帮忙把我哥抬上急救车到黑山镇中医院，我大哥被大夫推到八楼急救室急救了半小时左右就去世了。扎我哥的赵二身高1.7米左右，体态稍胖，光头，上身穿的是白色上衣。我听我哥哥的左右邻居和前后院的人说，昨天（2013年8月1日）中午，和我哥打架的那个人还带一个人去我哥家找我哥打架了，在我哥家门口吵吵挺长时间，被大伙劝走了。五六天前晚上，在西菜市那边的小广场，跟我哥打架的那个人，因为别人踹他一脚，他就和那边的人吵起来了，后来还动手，他们动完手，跟我哥打架的那个男的一回头正好看见我哥，就打我哥一拳，问我哥：'你打我干啥？'我哥说：'没打你，你为啥说我打你呀？'后来因为这事他又跟我哥吵起来了，让大伙给劝开了。"

（2）证人曹某某的证言证实，其看到左某丙已受伤倒地及打电话报警的事实。

（3）证人蒋某某的证言证实，听说赵贵强在半年前与一对兄弟打架时，将其中一人扎死的事实。

（4）证人孟某某的证言证实："2013年8月1日晚上20时许，我正在我家南面的窗户处浇花，就听见外面有人喊'打死他，打死他'，他们是从我家楼南边的小桥往我家楼这边跑的。这两个人边追带打的，我还听见打的声音了，追的两个人中一个拿了木棒子，另一个应该拿的是锤子，因为后来我在楼下看见一个锤子。这两个人后来把那个人追上了就打他，正好过来一个车灯的亮光，我一看被打的是一个秃头，就认出来是赵二。这两个人一个在赵二前边打，一个在赵二后边打，他们就互相打起来了，在赵二前边的那个人拿的是木棒子，后边那个人拿的是锤子。打着打着，有一个汽车的车灯光过来，我就看拿棒子的人使劲朝赵二打一下，还听见了挺大的声音，在这棒子打完后，赵二就跑了。我还看见打人的两个人中一个人倒在地上了，之后我就下楼去了。我看见一个人搂着倒地的那个人，当时地上还有一摊血，倒地的那个人还说：'出气太费劲了，出不来气了。'后来救护车来了，在往救护车上抬人时，110警车来了，大伙就散了。打赵二的人拿的棒子有1米多长，直径有10厘米左右，锤子就是手锤，木头把，有40厘米左右，锤头是圆柱形的,这也是我下楼之后在那边看见的。赵二受没受伤我没看见,但赵二肯定挨打了,我看见那两个人打赵二了,还有声音,把赵二打够呛。在打架过程中,赵二还说:'你们真往死打啊!'打赵二的两个人中一个受伤倒在地上了,应该是身体左侧腋下受伤了,出了好多血,另一个有没有受伤我就不知道了。"

(5)证人肖某某的证言证实:"2013年8月1日19时许,我和赵贵强在西菜市东侧我卖熟食的摊上喝酒,我看见赵贵强腋下夹着一个用白色手巾包着的东西,我问他夹的啥东西,他没说就把那东西放屋里货架子上面了,我进屋时看见是把刀,用白毛巾包着,我就把刀放货架子下面了。后来,赵贵强接电话走了,没一会儿就回来取刀了。我问道:'你拿这玩意干啥?'赵贵强说:'你把东西给我拿来。'说完就自己进屋找刀去了,找到刀后就走了。过了10多分钟,赵贵强手拿着刀对我说把人划了,赵贵强和他媳妇一起来的,我就劝说赵贵强那得自首去,把刀拿着。之后,我们就坐车去公安机关自首了。"

(6)证人张某某的证言证实,听邻居讲2013年8月1日晚左某丙、左某丁兄弟二人与赵二打架,左某丙被人用刀扎死了。

(7)证人杨某某的证言证实,在案发现场看见左某丙左肋部受伤倒地,并听见有人说赵二跑了。

(8)证人掌某某、张某某和刘某、李某的证言及120出诊抢救记录、黑山县中医院病志证实,被害人左某丙于案发当晚被刺伤,经120现场急救后,被送往黑山县中医院经抢救无效死亡的事实。

(9)上诉人赵贵强的供述:"大伙都叫我赵二。五六天之前的晚上七八点钟,我喝酒喝多了,到黑山县黑山镇西菜市场西侧102线北侧的小广场坐着时,被我家附近老二运住宅楼南侧平房的一个姓左的男的给打了,之后我被别人背楼上去了。2013年8月1日14时许,我去姓左那个男的家找他了,到他家敲几下门也没有人给我开门,我就往外走,走了两三步时门开了,姓左的那个男的出来问我:'你找我干啥?'我说:'你是不是打我了?'他说:'打你了。'我又问:'你为啥打我?'他回答说:'你骂我我就打你,打你咋地,就打你了。'我说:'我知道你打的就行了。'说完我就走了,当时我心里就有点记恨这个姓左的了。刚到商店门口时，那个姓左的男的拿着一个木方子追来了，他到商店门口时被在场的人拉开了，他还说：'赵二，你还敢来找我。'我没搭理他，就拿着肉和牛奶上楼了。上楼之后，我越想这事越憋气。之后，我在家厨房拿了一把刀用毛巾缠上，把刀放在腋下夹着，去西菜市场东侧找炸鸡架的肖某某和赵某某喝酒了。我们喝酒时，肖某某看见我腋下夹着一个东西，他抢过去一看是刀，就把刀扔旁边了，我们接着喝酒。我喝了一瓶半啤酒时，我媳妇给我打电话，我就想走，从肖某某那儿把刀要回来，又把刀放在腋下夹着，往西菜市场西侧102线北侧的小广场走。大约20时，我走到小广场时想看看姓左的在没在小广场，我看了一圈也没看见，觉得姓左的应该没在小广场，我就从小广场北侧的小桥走过去，走进姓左的那个男的家前面胡同，去姓左的那个男的家找他。我走到他家门口时没进去，自己琢磨琢磨就回来往我家走了，出胡同之后我就把刀拿出来了。走到小桥附近时我看见出来两个人，一个人手里拿着一个木方子，另一个人手里拿的啥我没看清楚，感觉像胶皮一样的东西，其中拿木头方子的那个男的就是姓左的。我看见这两个人一前一后往我这儿走，拿木方子那个男的说：'你还敢拿刀来找我来。'说完他就过来打我，另一个人也上来打我。这两个人一前一后打我，我就往家跑，拿木头方子的那个男的把我追上后，到前面把我截住了，拿木方子打我。在他们打我的时候，我也用刀比画着。这时拿木方子的男的往上冲，我用右手拿刀比画着，有一刀扎在他胸前靠左侧位置，具体扎什么地方我记不清了。之后我转过身来用刀比画后面那个男的，他看见我扎他时向后躲，一下摔倒了，我看他倒地上了我就跑了，我能肯定扎了拿木头方子那个男的一刀，另一个人我不确定伤没伤到。之后，我跑到西菜市场西侧南边楼下的台阶上坐着，手里拿着刀，之后我又到对面的小花园边上的台阶坐着，坐了有十多分钟，我媳妇邢某某过来了，我把这事跟我媳妇说了，说我把人扎了，我媳妇跟我说那人好像不行了，之后我媳妇让我去公安局投案自首。我和我媳妇在路边打了一辆夏利出租车，上车前我把缠着刀的毛巾拿下来，顺带着把刀擦了一下后把毛巾扔旁边了。我们先去西菜市场东侧找炸鸡架的肖某某，让他给我作证明，之后，我就到公安机关自首了。和肖某某喝完酒出来之后，我想找姓左的打架，就是想把姓左的扎伤了，我自己找个面子再吓唬吓唬他，没想到把他扎死。我就记得把那个姓左的男的扎伤了，大约扎在胸前靠左侧位置。对方两个人的伤是我用刀扎形成的。我打架时用的是黑色塑料把的尖刀，约 30 厘米长。打架时，我上身穿一件灰色带格的短袖衬衫，下身穿浅蓝色牛仔裤，脚上穿一双棕色鞋。"

（10）公安机关出具的现场勘验检查笔录及照片，证实现场方位、环境及物证提取情况。具体为：现场位于辽宁省黑山县黑山镇二运住宅楼南侧 30 米处。中心现场位于二运住宅楼南侧 30 米处路面上。向东距市政住宅楼 25 米，向北距二运住宅楼 29 米处地面上有 0.36 米 × 0.42 米血泊一处（棉签蘸取），血泊南侧 0.4 米处地面有一块染有血迹的木块（原物提取），木块长 35 厘米、最大直径 3.5 厘米。血泊西侧地上有少量滴落血迹（棉签蘸取）。血泊西侧 5 米，向北距二运住宅楼 27 米处地面上有 0.5 米 × 0.55 米血泊一处（棉签蘸取），该血泊西侧地面上有少量滴落血迹（棉签蘸取）。现场其他地点经勘查未发现异常。

（11）公安机关出具的法医学尸体检验鉴定书及尸检照片证实，左某丙系被他人用单面刃刺器刺伤左胸部致使左肺及左心室破裂，造成失血性休克死亡。

（12）公安机关出具的提取笔录、扣押清单、物证尖刀及物证衬衫、裤子、鞋、毛巾的照片证实，公安机关在赵贵强处扣押了一把黑色刀把、白色刀身的单面刃尖刀，尖刀全长约 30 厘米，同时提取了其所穿的花格条纹衬衫 1 件、蓝色裤子 1 条和棕色休闲鞋 1 双，并在黑山县黑山镇西菜市场西侧 102 线南侧的花坛内提取到白色毛巾 1 条。

（13）公安机关出具的指认笔录及照片、情况说明及辩护人当庭出示的木棒照片证实，经被害人左某丙之妻闫某某指认，确定被害人即为其丈夫左某丙；经证人左某丁指认，确定公安机关现场勘查时提取的带血迹的折断木棒为其兄左某丙与赵贵强打架时所用工具；经上诉人赵贵强指认，确定黑山县黑山镇二运住宅楼南侧一电线杆附近为与被害人相遇且被对方两人持木棒殴打的地点，上诉地点向二运住宅楼方向 10 余米处为其将其中一人持刀扎伤的地点；确定取刀地点，确定公安机关提取的花格条纹衬衫和蓝色牛仔裤为其作案时所穿衣物。

（14）公安机关出具的辨认笔录及照片证实，经证人孟某某辨认，确定赵贵强即为案发当晚参与打架的"赵二"；经上诉人赵贵强辨认，确定公安机关从其处扣押的黑色刀把、白色刀身的单面刃尖刀为其作案时所用工具。

（15）公安机关出具的提取笔录、法医 DNA 鉴定证实，公安机关现场勘查时提取的两处血泊血和两处滴落血、提取的带血木块的上端和下端可疑斑迹、从赵贵强处扣押提取的上衣左右衣襟和牛仔裤左大腿处可疑斑迹均检出人血，与左某丙血样在检出的 D8S1179 等 15 个基因座基因型相同，其似然比率为 1.0763×10；从赵贵强处提取扣押的牛仔裤右大腿处可疑斑迹检出人血，与公安机关提取的赵贵强血样在检出的 D8S1179 等 15 个基因座基因型相同，其似然比率为 2.6033×10。

（16）公安机关出具的伤情照片证实上诉人赵贵强受伤情况。

（17）公安机关出具的户籍证明、火化费收据复印件证实上诉人赵贵强和被害人左某丙身份及左某丙尸体火化的情况。

（18）公安机关出具的受案登记表、黑山县 110 指挥中心接处警截图、立案决定书、一般刑事案件破案报告表、案件来源、抓捕经过、投案情况说明、侦破报告证实案件来源及上诉人赵贵强投案的情况。

原审法院经公开开庭审理，对本案涉案证据进行了庭审质证，并根据原审被告人赵贵强的具体犯罪事实、性质、情节及对社会的危害程度，依照《刑法》第 234 条第 2 款、第 57 条第 1 款、第 67 条之规定，认定被告人赵贵强犯故意伤害罪，判处无期徒刑，剥夺政治权利终身，并对附带民事部分进行了相应的判决。

问题：作为被告人赵贵强的辩护人，可以从哪些角度提出上诉意见，如何撰写上诉状？如果法院受理了赵贵强上诉案，作为检察机关的办案人员在庭审中应当如何发表自己的公诉意见？法院受理案件后针对案件的事实、证据、量刑、适用法律及审判程序应如何进行审查？又如何裁判该案？模拟庭审程序。

三、实训准备

1. 教师按照学生人数的多少，将其分成若干小组，小组内按照审判人员、公诉人员、辩护人、被告人等相关人员进行角色分配。

2. 阅读刑事诉讼法教材中关于刑事审判程序的内容，要求学生查阅《刑事诉讼法》《最高人民法院关于适用〈中华人民共和国刑事诉讼法〉的解释》《人民检察院刑事诉讼规则》等法律法规中关于刑事第二审程序的有关规定。

3. 有针对性地进行文献检索：根据具体的实训素材，尽量发现与实训素材相关的实体法规范和程序法规范以及有关司法解释、指导案例等。

4. 书面报告：确定诉讼主体，发现案件的基本事实和需要适用的法律法规，以上内容须以书面形式提交报告。同时，根据扮演角色的不同，准备相应的法律文书或者书面材料。

四、实训要点

二审程序虽然是刑事诉讼中的一个独立的诉讼程序，但却并非一个必经的程序。合法的上诉或抗诉是提起第二审程序必须具备的前提。若无此前提，法院的一审裁判即发生法律效力。第二审程序的任务是对第一审人民法院所作的判决、裁定进行全面审查和处理，查明所认定的事实是否清楚，证据是否确实充分，适用法律是否适当，诉讼程序是否合法。第二审法院在全面审理的基础上作出终审的裁判，目的就是纠正错误或不正确的裁判，从而维护正确的裁判。因此，二审程序的提起及二审案件的审判就是我们应当重点进行实训的内容。

（一）上诉、抗诉的提起与受理

1. 上诉、抗诉的提起

（1）上诉的主体

上诉人有四类：第一，被告人、自诉人；第二，被告人、自诉人的法定代理人；第三，被告人的辩护人和近亲属；第四，附带民事诉讼的原告人和被告人及其法定代理人，享有附带民事诉讼的独立上诉权。

其中第三类不具有独立的上诉权，而是在征得被告人同意后，才可以提出上诉。

但是刑事诉讼的公诉案件中还有一类非常重要的当事人，其与案件的处理结果有直接的利害关系，其追究犯罪嫌疑人刑事责任的愿望是最迫切的，这类当事人即为被害人。但被害人对于案件却并不享有上诉权。如果被害人对案件的处理结果不满，其又应当如何对自己的权利进行救济呢？

《刑事诉讼法》第 229 条规定，被害人及其法定代理人不服地方各级人民法院第一审的判决的，自收到判决书后 5 日以内，有权请求人民检察院提出抗诉。人民检察院自收到被害人及其法定代理人的请求后 5 日以内，应当作出是否抗诉的决定并且答复请求人。

（2）抗诉权与抗诉机关

二审程序的抗诉权，是法律赋予地方各级人民检察院对同级人民法院未生效的一审裁判，依法提起抗诉的诉讼权利。

有权依照二审程序提起抗诉的机关是地方各级人民检察院。例如，沈阳市和平区人民法院作出的一审裁判，如果和平区人民检察院认为一审裁判确有错误的，应向沈阳市中级人民法院提出抗诉。

（3）上诉、抗诉的理由

《刑事诉讼法》对于提出上诉的理由没有规定任何限制，因此，上诉人在法定期限内提出上诉，无论理由是否充分，均应允许。只要上诉人表示对一审裁判"不服"，并在法定期限内提出上诉，都可以产生引起第二审程序的法律后果。但是，代表国家对犯罪提出指控的人民检察院如果对一审裁判提出抗诉，就需要有充分的根据认定第一审判决、裁定"确有错误"时，才能抗诉。在实践中，检察机关认为原审裁判"确有错误"，可能是原审认定事实上有错误，或者缺乏确实、充分的证据；或者原判在适用法律、定罪量刑上有错误；也可能原判违反诉讼程序，使当事人依法享有的诉讼权利受到侵犯，可能影响判决、裁定的正确性。

（4）上诉、抗诉的提起方式

提起上诉的方式，既可以以书状，即提交上诉状的方式提出，也可以仅以口头方式提出上诉。无论上诉人以哪种方式提出上诉，原审法院都不得以不符合法定形式予以拒绝，尤其在上诉人采取口头形式提出上诉的情形下。当然，如果上诉人想要让二审法官清楚明晰地了解其上诉的理由以及一审裁判可能存在的错误，最好通过书面方式提交上诉材料，以示郑重。鉴于检察机关的抗诉活动是其履行法律监督职责的一种公权力机关的职权行为，因此，抗诉的提起只能采用书状形式，不得采用口头形式，即检察机关需要向上诉审法院提交"抗诉状"。

（5）上诉、抗诉的提起途径

上诉人可以通过原审人民法院提出上诉，也可以直接向第二审人民法院提出上诉。法律如此进行制度设计的原因可能在于打消上诉人的顾虑，不致使上诉制度形同虚设。而检察机关的抗诉书应通过原审人民法院提交，同时还应抄送上一级人民检察院。

（6）上诉、抗诉的期限

不服判决的上诉和抗诉期限为 10 日，不服裁定的上诉和抗诉期限为 5 日，从接到判决书、裁定书的第二日起算。对附带民事判决或者裁定的上诉、抗诉期限，应当按照刑事部分的上诉、抗诉期限确定。如果附带民事部分是另行审判的，上诉期限也应当按照《刑事诉讼法》规定的期限确定。

2. 对上诉、抗诉案件的材料审查

二审法院接受了一审法院移送的材料后，首先要对材料是否齐备，是否达到进行第二审审判所必需的程序条件进行审查。审查的内容是一审法院移送的案件是否包括以下材料：移送上诉、抗诉案件函；上诉状或抗诉书；第一审判决书、裁定书八份（每增加一名被告人增加一份）及其电子文本；全部案卷材料、证据，包括案件审理报告和其他应当移送的材料。材料齐全的，第二审人民法院应当收案；材料不全的，应当通知第一审人民法院及时补送。

（二）上诉、抗诉案件的审判

1. 全面审查

二审法院审判案件时，要对一审判决所认定的事实和适用的法律进行全面审查，不受上诉或者抗诉范围的限制。共同犯罪的案件只有部分被告人上诉的应当对全案进行审查，一并处理。具体而言：首先，既要审查一审判决认定的事实是否正确，证据是否确实、充分，又要审查一审判决适用法律有无错误，而不能仅就某一方面进行审查；其次，既要审查一审判决已被提出上诉或者抗诉的部分，又要审查其中没有被提出上诉或者抗诉的部分；再次，既要从实体上审查一审判决的正确性，又要从程序上审查一审法院审判活动的合法性。

对于上诉、抗诉案件的全面审查应当着重审查下列内容：（1）第一审判决认定的事实是否清楚，证据是否确实、充分；（2）第一审判决适用法律是否正确，量刑是否适当；（3）在调查、侦查、审查起诉、第一审程序中，有无违反法定程序的情形；（4）上诉、抗诉是否提出了新的事实、证据；（5）被告人供述和辩解情况；（6）辩护人的辩护意见及采纳情况；（7）附带民事部分的判决、裁定是否合法、适当；（8）对涉案财物的处理是否正确；（9）第一审法院合议庭、审判委员会讨论的意见。

2. 二审的审理方式

第二审人民法院的审判方式可以分为开庭审理和不开庭审理两种。

（1）开庭审理

开庭审理，也叫直接审理。它要求第二审人民法院组成合议庭，合议庭组成后，按照第一审程序规定的开庭、法庭调查、法庭辩论、被告人最后陈述、评议和宣判步骤对上诉或抗诉案件进行审理。审理的地点，根据实际需要，可以在第二审人民法院所在地进行，也可以到案件发生地或者原审人民法院所在地进行。

应当开庭审理的案件包括：①被告人、自诉人及其法定代理人对第一审认定的事实、证据提出异议，可能影响定罪量刑的上诉案件；②被告人被判处死刑的上诉案件；③人民检察院抗诉的案件；④其他应当开庭审理的案件。

人民检察院提出抗诉的案件或者第二审人民法院开庭审理的公诉案件，同级人民检察院都应当派员出席法庭。第二审人民法院应当在决定开庭审理后及时通知人民检察院查阅案卷。自通知后的第二日起，人民检察院查阅案卷的时间不计入审理期限。

第二审人民法院开庭审理上诉或者抗诉案件，除参照第一审程序的有关规定外，还应当依照下列规定进行：①法庭调查阶段，审判长或者审判员宣读第一审判决书、裁定书后，上诉案件由上诉人或辩护人先宣读上诉状或者陈述上诉理由，抗诉案件由检察人员先宣读抗诉书；既有上诉又有抗诉的案件，先由检察员宣读抗诉书，再由上诉人或者辩护人宣读上诉状或者陈述上诉理由；法庭调查的重点要针对上诉或者抗诉的理由，全面查清事实，核实证据。②需要出示、宣读、播放第一审期间已移交人民法院的证据的，出庭的检察官可以申请法庭出示、宣读、播放。③法庭辩论阶段，上诉案件，应当先由上诉人、辩护人发言，后由检察员、诉讼代理人发言；抗诉案件，先由检察员、诉讼代理人发言，后由被告人、辩护人发言；既有上诉又有抗诉的案件，先由检察员、诉讼代理人发言，后由上诉人、辩护人发言，然后依次进行辩论。

（2）不开庭审理

不开庭审理，即调查讯问式的审理。也就是说，以上诉内容或者抗诉书和一审的全部案卷为基础，通过调查讯问方式进行的审理。但不开庭审理并不等同于书面审理。合议庭也要审阅案卷材料，讯问被告人，听取其他当事人、辩护人、诉讼代理人的意见，但是不开庭，没有法庭调查、法庭辩论等活动，合议庭在上述工作的基础上进行评议，作出判决或裁定。

这类案件一审法院的认定没有错误，或者控辩双方基本没有分歧，当事人上诉的理由主要集中在适用法律、裁量刑罚或诉讼程序上。例如，某甲因犯抢劫罪被一审判处死刑缓期 2 年执行，其对原审事实、证据等均无异议，只是以量刑过重为由上诉的，二审法院就可以不开庭审理。

3. 二审的处理结果

（1）维持原审判决。原判决认定事实清楚，证据确实、充分，适用法律正确，量刑适当的，应当裁定驳回上诉或抗诉，维持原判。

（2）变更原审判决，判决直接改判。原判决认定事实没有错误，但适用法律有错误，或者量刑不当，应当改判；原判决事实不清或者证据不足，可以在查清事实后改判。

（3）裁定撤销原判，发回重审。主要适用于：其一，原判决事实不清或者证据不足的案件。其二，第一审法院的审理有违反法律规定的诉讼程序的下列情形之一的：违反《刑事诉讼法》有关公开审判的规定；违反回避制度的；剥夺或者限制了当事人的法定诉讼权利，可能影响公正审判的；审判组织的组成不合法的；其他违反法律规定的诉讼程序，可能影响公正审判的。

4. 二审的审理期限

第二审法院受理上诉、抗诉案件，应当在 2 个月内审结；对于可能判处死刑的案件或者附带民事诉讼的案件，以及有《刑事诉讼法》第 158 条规定情形之一的，经省、自治区、直辖市高级人民法院批准或者决定，可以延长 2 个月；因特殊情况还需要延长的，报请最高人民法院批准。

最高人民法院受理上诉、抗诉案件的审理期限，由最高人民法院决定。

5. 上诉不加刑原则

上诉不加刑，是第二审程序的特殊原则。是指第二审人民法院审判仅有被告人一方提出上诉的案件时，不得以任何理由改判重于原判决所判刑罚的审判原则。

五、实训过程

案例一

（1）通过投影仪，教师与学生共同回顾案例一的基本案情。

（2）通过小组研究，教师对上诉、抗诉的具体时间、途径、方式及二审法院对案件如何进行审查、审理等问题展开讨论，并由学生代表发言予以确认。

（3）以上述讨论确认的上诉、抗诉程序提起的程序要求为基础，教师指导学生从法院法官、公诉人、当事人及其他诉讼参与人各自不同的角度做好相应的诉讼准备。

（4）通过小组演练，不同学生扮演不同角色，模拟上诉、抗诉提起与受理的过程。

案例二

（1）通过投影仪，教师与学生共同回顾案例二基本案情。

（2）通过小组讨论，分析承担控、辩、审不同职能的三方，针对案件审理应做哪些必要的准备，并应当准备哪些书面材料，由学生代表发言予以确认。

（3）通过小组讨论，归纳法院在案件审查中的基本原则及如何具体适用"上诉不加刑"原则，并根据案例中的公诉方、辩护方、审判方的各自职责，准备审判中的有关诉讼材料。

（4）通过小组演练，不同学生扮演不同角色，模拟完成诉讼主体上诉及审理工作。

案例三

（1）通过投影仪，教师与学生共同回顾案例三基本案情。

（2）通过小组讨论，公诉人、被告人、辩护人及法官，针对案情应做哪些必要的准备，并应当准备哪些书面材料，由学生代表发言予以确认。

（3）通过小组讨论，归纳控、辩双方对案件实体问题的争议焦点，讨论对被告人的定罪量刑意见，并根据案例中的控诉方、辩护方、审判方的各自职责，准备审判中的有关诉讼材料。

（4）通过小组演练，不同学生扮演不同角色，模拟完成上诉材料的提交及案件的审查、审理过程。

案例四

（1）通过投影仪，教师与学生共同回顾案例四基本案情。

（2）通过小组讨论，明确与案件中被告人刑事责任承担相关的实体法问题，并由学生代表发言予以确认。

（3）以上述讨论确认的结论为中心，考虑在案件已经上诉且法院受理的情形下，控、辩、审三方应当如何进一步明确其诉讼职能，并准备有关的诉讼材料。

（4）通过小组演练，不同学生扮演不同角色，模拟完成案件法庭审理的完整过程并形成最终的法庭庭审脚本。

六、实训点评

（一）角色自我点评（略）

（二）旁听学生点评（略）

（三）指导教师点评

1. 案例一点评要点

首先，对公诉方的实训点评可以从以下几个方面来掌握：（1）对本案被告人的抗诉是否符合实体条件和程序条件？公诉方如何完成抗诉的具体程序？（2）作为公诉方，需要准备哪些起诉证据，怎样完成这些证据的审查来达到诉讼目的？（3）抗诉书由哪些部分组成，简要梳理抗诉书的格式和写作注意事项。

其次，对辩护方的实训点评可以从以下几个方面来掌握：（1）作为辩护方，如何对当事人关于上诉提起的实体及程序性问题提供咨询意见及建议？（2）作为辩护方，需要帮助当事人准备哪些上诉材料，又如何提出上诉意见？（3）作为辩护方，提交上诉状的具体方式和途径有哪些？

最后，对人民法院法官的实训点评可以从以下几个方面来掌握：（1）审查当事人的上诉或检察机关的抗诉是否符合受理的基本法定条件？（2）针对上诉，法官应如何进行审查？（3）法官的庭前准备工作有哪些？法官如何决定审理方式？

2. 案例二点评要点

首先，对公诉方的实训点评可以从以下几个方面来掌握：（1）对本案被告人的上诉公诉方应如何完成二审应诉的具体程序？（2）作为公诉方，需要做哪些准备活动，在法庭审理中公诉方的具体任务是什么？（3）二审公诉意见书由哪些部分组成，简要梳理公诉意见书的格式和写作注意事项。

其次，对辩护方的实训点评可以从以下几个方面来掌握：（1）作为辩护方，如何对当事人关于上诉提起的实体及程序性问题提供咨询意见及建议？（2）作为辩护方，需要帮助当事人准备哪些上诉材料，又如何提出上诉意见？（3）作为辩护方，提交上诉状的具体方式和途径有哪些？

最后，对人民法院法官的实训点评可以从以下几个方面来掌握：（1）审查当事人的上诉是否符合受理的基本法定条件？（2）针对上诉，法官应如何进行全面审查？（3）法官在案件审理中应如何贯彻上诉不加刑原则？

3. 案例三点评要点

首先，对公诉方的实训点评可以从以下几个方面来掌握：（1）对本案被告人的上诉公诉方应如何完成二审应诉的具体程序？（2）作为公诉方，需要如何对案件的事实和证据进行审查？（3）在法庭审理中公诉方将如何发表意见？

其次，对辩护方的实训点评可以从以下几个方面来掌握：（1）作为辩护方，如何对当事人关于上诉提起的实体及程序性问题提供咨询意见及建议？（2）作为辩护方，需要帮助当事人准备哪些上诉材料，提交上诉状的具体方式和途径？（3）作为辩护方，应当如何提出上诉意见？

最后，对人民法院法官的实训点评可以主要从以下几个方面来掌握：（1）审查当事人的上诉是否符合受理的基本法定条件？（2）针对上诉，法官应如何进行全面审查？（3）法官应如何具体裁判该案？

4. 案例四点评要点

首先，对公诉方的实训点评可以从以下几个方面来掌握：（1）对本案被告人的上诉公诉方应如何完成二审应诉的具体程序？（2）作为公诉方，需要如何对案件的事实和证据进行审查？（3）在法庭审理中公诉方将如何发表意见？

其次，对辩护方的实训点评可以从以下几个方面来掌握：（1）作为辩护方，如何对当事人关于上诉提起的实体及程序性问题提供咨询意见及建议？（2）作为辩护方，需要帮助当事人准备哪些上诉材料，提交上诉状的具体方式和途径？（3）作为辩护方，应当如何撰写上诉状？

最后，对人民法院法官的实训点评可以从以下几个方面来掌握：（1）如何全面审查当事人的上诉请求？（2）针对上诉，法官应如何进行具体裁判？（3）法官应如何主持庭审？具体的庭审程序包括哪些？

七、实训拓展

被告人蔡某亮，男，1991 年 2 月 11 日出生于重庆市丰都县，汉族，初中文化，无业，户籍地重庆市丰都县。因犯盗窃罪，于 2017 年、2019 年 7 月、2020 年 5 月分别被判处有期徒刑 8 个月、有期徒刑 7 个月、有期徒刑 8 个月，2020 年 10 月 18 日刑满释放；因犯贩卖毒品罪，于 2021 年 7 月、2023 年 8 月分别被判处有期徒刑 7 个月、有期徒刑 10 个月，2024 年 4 月 7 日刑满释放。因涉嫌犯盗窃罪，于 2024 年 4 月 8 日被羁押，同日被刑事拘留，同年 5 月 11 日被逮捕。

　　2020 年 2 月 10 日 22 时许，被告人蔡某亮与张某（另案处理）在重庆市沙坪坝区××街道××号，采取搭线的方式盗窃被害人吴某的兴邦牌摩托车一辆。经鉴定，被盗摩托车价值 1100 元。2020 年 11 月 1 日，蔡某亮被抓获，后在监视居住期间脱管。2024 年 4 月 8 日，蔡某亮再次被抓获。

　　上述事实，有经原审法院庭审举证、质证的常住人口信息、到案经过、现场辨认笔录及照片、刑事判决书、释放证明书、情况说明、鉴定意见，辨认笔录、价格认定结论书，同案犯张某的证言，被害人吴某的陈述及被告人蔡某亮的供述和辩解等证据证实。

　　一审法院认为，被告人蔡某亮有盗窃前科，以非法占有为目的，采取秘密手段与他人共同窃取公私财物，数额较大，其行为已构成盗窃罪。蔡某亮与他人在共同犯罪中作用相当，不宜区分主从。蔡某亮因犯盗窃罪被判处有期徒刑执行完毕后 5 年内再犯应当判处有期徒刑以上刑罚之罪，是累犯，应当从重处罚。蔡某亮到案后如实供述犯罪事实，可以从轻处罚。蔡某亮认罪认罚，可以从宽处理。蔡某亮在本案盗窃罪宣判前又犯贩卖毒品罪，应当与该贩卖毒品罪并罚。依照《中华人民共和国刑法》第二百六十四条、第二十五条、第六十五条、第六十七条第三款、第六十九条、第五十二条、第五十三条，《中华人民共和国刑事诉讼法》第十五条、第二百零一条之规定，判决被告人蔡某亮犯盗窃罪，判处有期徒刑 6 个月，并处罚金 1 千元；与××市××区人民法院（2021）×0108 刑初 581 号刑事判决判处的有期徒刑 7 个月，并处罚金 2 千元并罚，决定执行有期徒刑 10 个月，并处罚金 3 千元。

　　一审判决后检察院提出抗诉，抗诉意见为：原审被告人蔡某亮伙同张某共同窃取吴某价值人民币 1100 元的兴邦牌摩托车一辆，因被盗摩托车已经灭失，无追回可能，二人应共同承担退赔责任，根据《中华人民共和国刑法》第六十四条"犯罪分子违法所得的一切财物，应当予以追缴或者责令退赔"的规定；《最高人民法院关于刑事裁判涉财产部分执行的若干规定》第十条第四款"对于被害人的损失，应当按照刑事裁判认定的实际损失予以发还或者赔偿"的规定；《最高人民法院关于适用〈中华人民共和国刑事诉讼法〉的解释》第一百七十六条"被告人非法占有、处置被害人财产的，应当依法予以退缴或者责令退赔"，第四百四十四条第二款"判决追缴违法所得或者责令退赔的，应当写明追缴、退赔的金额或者财物的名称、数量等情况；已经发还的，应当在判决书中写明"的规定，因张某尚未因本案被起诉，原审判决应责令蔡某亮退赔吴某经济损失，但没有责令退赔，系适用法律错误，分析检察机关的抗诉意见。

八、实训文书

（一）刑事上诉状

刑事上诉状

上诉人：×××，男，×年×月×日出生，×族，××文化，无业，户籍地址：×市×区×街×号，身份证号码：××××××。因本案于×年×月×日被抓获，同时被刑事拘留，同年×月×日被逮捕，现羁押于×市第×看守所。

上诉人因涉嫌故意抢劫罪一案，不服×市×区法院作出的（×）×刑初字第×号刑事判决，故提出上诉。

上诉请求：

请求二审法院撤销一审判决，并查清本案事实，改判上诉人减刑或缓刑的刑事责任。

事实和理由：

一审法院没有根据犯罪的事实、性质、情节和对社会的危害程度，做到罪责刑相适应，未充分考虑上诉人具有从轻或减轻处罚等酌定量刑情节，对上诉人量刑过重，应予以改判。

1. 上诉人对本案的犯罪过程没有异议，并愿意接受法律的惩罚，为自己的行为负责，具有良好的认罪悔改表现，属于自愿认罪。根据《人民法院量刑指导意见（试行）》第 7 条规定"对于当庭认罪自愿认罪的，根据犯罪的性质、罪行的轻重、认罪程度以及悔罪表现等情况，可以减少基准刑的 10% 以下，依法认定自首、坦白的除外"。故应对上诉人依法从轻处罚。

---

2. 上诉人实施抢夺行为后，出于本能上的逃脱或反抗，并未达到抗拒抓捕的程度，或者当场使用暴力或者以暴力相威胁的程度，本案虽然从抢夺转化成为抢劫，但与本质上的抢劫截然不同，上诉人在现场并未携带及使用刀具，对被害人实施暴力，造成的社会危害程度明显较低。结合上诉人系初犯，平时表现一贯良好，没有其他违法犯罪记录，只因在他人的教唆、指使下，一时糊涂才触犯法律，不是累犯，通过这次犯罪，上诉人已经深刻认识自己的错误，为达到惩罚与教育的目的，应给予上诉人改过自新的机会。

3. 被抢的手机已由公安机关追回并返还给被害人，经鉴定价值×元，数额标准虽然构成较大，未给被害人造成经济损失，且上诉人家属已为此事与被害人沟通，并取得被害人的谅解。根据《人民法院量刑指导意见（试行）》的规定，对于取得被害人或其家属谅解的，综合考虑犯罪的性质、罪行轻重、谅解的原因以及认罪悔罪的程度等情况，可以减少基准刑的20%以下。

4. 一审判决上诉人犯抢劫罪，判处有期徒刑×年，并处罚金人民币×千元，上诉人家属愿意为其交纳罚金，恳请二审法院充分考虑上诉人所犯罪行的轻重，结合犯罪事实、性质、情节和对社会的危害程度，对上诉人适用缓刑。我国《刑法》第七十二条规定：对于被判处拘役、三年以下有期徒刑的犯罪分子，根据犯罪分子的犯罪情节和悔罪表现，适用缓刑确实不致再危害社会的，可以宣告缓刑的规定。上诉人属于可以适用缓刑的情形。

综上所述，一审法院对上诉人量刑过重，恳请二审法院撤销一审判决，并查清本案事实，依法改判对上诉人予以从轻或减轻处罚。

此致

××市×区法院

上诉人：某某某

×年×月×日

（二）刑事抗诉书

××省××市人民检察院
刑事抗诉书

×检×刑抗［××××］×号

原审被告人……（依次写明姓名、性别、出生年月日、民族、出生地、职业、单位及职务、住址、服刑情况。有数名被告人的，依犯罪事实情节由重至轻的顺序分别列出）。

×××人民法院以×××号刑事判决书（或裁定书）对被告人××
×（姓名）××（案由）一案判决（裁定）……（写明生效的一审判决、裁定或者一审及二审判决、裁定结果）。经依法审查（如果是被告人及其法定代理人不服地方各级人民法院的生效判决、裁定而请求人民检察院提出抗诉的，或者有关人民检察院提请抗诉的，应当写明这一程序，然后再写"经依法审查"），本案的事实如下：

……（概括叙述检察机关认定的事实、情节。应当根据具体案件事实、证据情况，围绕《刑法》规定该罪构成要件特别是争议问题，简明扼要地叙述案件事实、情节。一般应当具备时间、地点、动机、目的、关键行为情节、数额、危害结果、作案后表现等有关定罪量刑的事实、情节要素。一案有数罪的应当依由重至轻的顺序叙述；各罪有数次作案的，应当依时间顺序叙述。）

本院认为，该判决（裁定）确有错误（包括认定事实有误、适用法律不当、审判程序严重违法），理由如下：

……（根据情况，理由可以从认定事实错误、适用法律不当和审判程序严重违法等几方面分别论述。）

综上所述，……（概括上述理由），为维护司法公正，准确惩治犯罪，依照《中华人民共和国刑事诉讼法》第××第×款的规定，对××
×法院×××号刑事判决（裁定）书，提出抗诉，请依法判处。

续表

此致 　　×××人民法院 　　　　　　　　　　　　　　　　　×××人民检察院（院印） 　　　　　　　　　　　　　　　　　　　　　×年×月×日 附： 　　1. 被告人×××现服刑于×××（或者现住×××）。 　　2. 新的证人名单或者证据目录。

（三）刑事二审判决书实例

××省××市中级人民法院 **刑事附带民事判决书** 　　　　　　　　　　　　　　　　　（2024）×11 刑终 91 号 　　原公诉机关××省××县人民检察院。 　　上诉人（原审附带民事诉讼原告人）常某魁，男，1976 年 8 月 15 日出生，高中文化，居住地漯河市郾城区。 　　原审被告人吴某聪，男，1987 年 4 月 26 日出生，初中文化，居住地河南省××县。因涉嫌犯故意伤害罪，于 2023 年 5 月 17 日被××县公安局刑事拘留，同年 5 月 29 日被逮捕。2024 年 5 月 16 日刑满释放。 　　××省××县人民法院审理××南省××县人民检察院指控原审被告人吴某聪犯故意伤害罪一案，于二〇二四年二月二十七日作出（2023）×1121 刑初 263 号刑事附带民事判决。原审附带民事诉讼原告人常某魁提出上诉。本院依法组成合议庭，经过阅卷、讯问上诉人，认为事实清楚，决定不开庭审理。现已审理终结。 　　原审查明：2022 年 9 月 27 日晚上 20 时许，被告人吴某聪在××县＊＊镇＊＊路＊＊路西"河南某某设备有限公司"院内因琐事与被害人常某魁发生口角后扭打在一起，扭打过程中，被告人吴某聪用腿绊常某魁左腿时致其左侧胫腓骨近端粉碎性骨折。经鉴定：被害人常某魁所受损伤程

度为轻伤一级。2023 年 5 月 17 日，吴某聪到××县公安局舞泉镇派出所投案自首。附带民事诉讼原告人常某魁受伤后，于 2022 年 9 月 27 日入住××县中医院住院治疗，2022 年 10 月 24 日出院，住院共 27 天，花费医疗费 30,460.64 元。其后为治疗，常某魁又花去医疗费 636.5 元 = 120 元 + 140 元 + 376.5 元。吴某聪向常某魁已支付医疗费 9,645.83 元。

上述事实，有下列证据证实：

（1）被告人吴某聪户籍证明、前科证明、党员证明；（2）辨认笔录；（3）案件侦破经过；（4）证人刁某彤、功利阳、李某斌、郭某申的证言；（5）被害人常某魁的陈述；（6）吴某聪的陈述与辩解；（7）鉴定意见书一份及鉴定意见告知笔录；（8）视听资料；（9）被告人吴某聪签署的认罪认罚具结书；（10）附带民事诉讼原告人常某魁提供的××县人民医院的费用汇总清单、住院治疗病历、诊断证明、检查报告等相关资料。

根据上述事实和证据，××省××县人民法院作出如下判决：一、被告人吴某聪犯故意伤害罪，判处有期徒刑一年。二、被告人吴某聪赔偿附带民事诉讼原告人常某魁各项经济损失共计 31,063.91 元，于本判决生效后十日内履行完毕。三、驳回附带民事诉讼原告人常某魁的其他诉讼请求。

上诉人（原审附带民事诉讼原告人）常某魁上诉称，一审判决中支持的误工费、护理费计算时长不合情理，应参照公安部发布的《人身损害误工期、护理期、营养期评定规范 GA/T1193 – 2014》综合评定。依法改判（2023）豫 1121 刑初字第 263 号判决书第二项。

上诉人常某魁在二审期间提交了新的证据材料：（1）漯河医学高等专科学校第二附属医院住院病案；（2）入院、手术、出院记录；（3）医嘱记录单；（4）检查报告单；（5）电子发票。用以证明上诉人二次手术期间产生的费用。

原审被告人吴某聪答辩称，原审判决公平公正，请求维持原判。

经本院二审审理，查明的事实与一审认定的事实一致，相关定案证据

续表

经过调查，来源及形式合法，内容客观且能证明本案事实，本院予以确认。

另查明，上诉人常某魁于 2024 年 1 月 22 日至 2024 年 1 月 26 日入住漯河医学高等专科学校第二附属医院住院进行二次手术，手术内容为：取除骨折内固定装置，住院时长 5 天，陪护一人，支付医疗费 6,920.34 元人民币。

又查明，2023 年河南省服务行业收入标准为 41,642 元/年。常某魁工资为 5,500 元/月。

针对上诉人常某魁的上诉理由，本院根据查明的事实、证据及相关法律规定，评判如下：

关于上诉人提出的"一审判决中认定误工费、护理费时长不合理"的上诉理由。经查，上诉人常某魁受伤后，于 2022 年 9 月 27 日入住××县中医院住院治疗，2022 年 10 月 24 日出院，住院共 27 天，医疗费共花费 31,097.14 元（30,460.64 + 120 + 140 + 376.5）。关于误工费、护理费等费用计算的时长问题，出院医嘱为："术后 1 月内左下肢石膏托外固定，术后 3 月内避免患肢负重、剧烈活动及外伤"，本院根据医嘱，结合公安部发布的《人身损害误工期、护理期、营养期评定规范 GA/T1193 - 2014》的有关规定，酌定误工期为 96 天、护理期为 60 天、营养期为 60 天。因后续手术的费用已经产生，本院应予以支持。二次手术住院费用为 6,920.34 元，住院时长为 5 天，酌定误工期为 35 天，护理期为 5 天，营养期为 5 天。综合两次住院时间，常某魁受伤住院治疗期间，营养费每天按照 20 元，营养期 65 天，计 1,300 元；护理期 65 天，护理费 7,518.69 元（41,642 元/年 ÷ 12 个月 ÷ 30 天 × 65 天）；误工期 131 天，误工费 24,016.67 元（5,500 元/月 ÷ 30 天 × 131 天）；常某魁共住院 32 天，住院伙食补助费每天按 50 元，计 1,600 元；交通费每天 20 元，计 640 元；两次住院医疗费合计 30,460.64 + 120 + 140 + 376.5 + 6,920.34 = 38,017.48 元。上述费用共计 73,092.84 元，因常某魁承认吴某聪已经支付的 9,645.83 元，该 9,645.83 元款应当予以扣除。故吴某聪应予赔偿常某魁

续表

各项费用 63,447.01 元。上诉人的该上诉意见，本院予以采纳。

本院认为，原审被告人吴某聪故意伤害他人身体，致他人轻伤一级，犯罪事实清楚，证据确实、充分，其行为已构成故意伤害罪。因吴某聪的故意伤害行为造成上诉人常某魁经济损失，吴某聪依法应当承担相应的赔偿责任，上诉人常某魁请求重新计算误工费及护理费的上诉意见成立，本院予以支持。依照《中华人民共和国刑法》第二百三十四条第一款、第三十六条第一款、第二款、《中华人民共和国民法典》第一千一百七十九条、最高人民法院《关于审理人身损害赔偿案件适用法律若干问题的解释》第六条、第七条、第八条、第九条、第十条、第十一条、最高人民法院《关于适用〈中华人民共和国刑事诉讼法〉的解释》第一百九十二条第一款、第二款之规定，判决如下：

一、维持××省××县人民法院（2023）×1121 刑初 263 号刑事附带民事判决第一项对原审被告人的定罪及量刑部分。

二、撤销××省××县人民法院（2023）×1121 刑初 263 号刑事附带民事判决第二项对原审被告人的民事赔偿部分。

三、原审被告人吴某聪赔偿上诉人（附带民事诉讼原告人）常某魁各项经济损失共计 63,447.01 元，于本判决生效后十日内履行完毕。

四、驳回上诉人（附带民事诉讼原告人）常某魁的其他诉讼请求。

本判决为终审判决。

审判长　黎×

审判员　茹×

审判员　刘×

二○二四年八月二十日

法官助理　殷×

书记员　韩×

九、实训法规

1.《中华人民共和国刑事诉讼法》第 227—245 条

2.《最高人民法院关于适用〈中华人民共和国刑事诉讼法〉的解释》第 378—413 条

详见

第三节　死刑复核程序

死刑是剥夺犯罪人生命的最严厉的刑罚，其不可逆性决定了对其的适用标准和适用程序要较之一般案件更审慎。死刑复核程序，是人民法院对判处死刑的案件进行审查核准的一种特殊程序，是确保死刑案件办案质量的程序性的保障。通过该程序的实训，学生可以掌握死刑案件复核的基本步骤和具体程序。

一、实训目标

了解死刑复核程序的价值和意义；熟悉死刑立即执行及死刑缓期执行案件的复核程序；掌握与死刑复核程序相关的法律文书的使用及写作。

二、实训素材

案例一

2017 年 2 月 26 日 5 时许，被告人方×伟、方×雄（在逃）、张×庆（在逃）三人在昆明市官渡区下因琐事与住在 4 楼的被害人岳某 2 发生争吵，方×伟、方某、张某 1 用砍刀将岳某 2 砍伤，岳某 2 经医院抢救无效死亡，经鉴定：岳某 2 系颅脑损伤死亡。2017 年 4 月 13 日，被告人方×伟在昆明市官渡区被抓获归案。

上述事实有下列证据予以证实：

（1）报案材料、立案登记表、抓获经过、到案经过及相关情况说明证实：2017 年 2 月 26 日 11 时 05 分许，报警人代红词称，2017 年 2 月 26 日 4 时左右，其和几个朋友下班回家途经昆明市官渡区子内时，看到地上躺着一男子手拿棍棒在地上抽搐，距离该男子头部 30 厘米处有一把菜刀，头部血流不止，随后报警，经医院抢救无效身亡。2017 年 4 月 13 日，民警在昆明市官渡区将被告人方×伟抓获。

（2）现场勘查笔录、提取笔录及照片证实：2017 年 2 月 26 日 6 时 00 分至 7 时 00 分，公安民警对位于昆明市官渡区官渡镇西庄村 333 号门口巷道的中心现场进行了勘查。该巷道为一条东西走向巷道，巷道东侧通往村口，巷道西侧通往村内，巷道南、北两侧均为村内村民自建房，巷道南侧见一条南北走向的巷道。巷道宽为 50cm，距西庄村 333 号北墙边 21cm 处巷道地上见一串钥匙（原物提取），距西庄村 333 号北墙边 245cm 处巷道地上见一根撬棍（原物提取），撬棍上沾有血迹（棉签转移提取 1 份，标记为：撬棍上血迹），距西庄村 333 号北墙边 230cm 处巷道地上 20cm×17cm 范围内见散在的玻璃碎片，距西庄村 333 号北墙边 250cm 处巷道地上见 50cm×20cm 血泊血迹，标记为 1 号血泊血迹（棉签转移提取 1 份，标记为 1 号血泊血），1 号血泊血西侧 30cm 处见一大小为 500cm×50cm 呈流淌状血泊血迹，标记为 2 号血泊血迹（棉签转移提取 2 份，分别包装，并标记为 2 号血泊血迹之一、2 号血泊血迹之二），2 号血泊血迹周围巷道地上 50cm×3cm 范围内见喷溅血（棉签转移提取 1 份，标记为喷溅血），距 333 号北墙边 370cm 处巷道地上血泊血内见一把菜刀，菜刀全长 28cm，刀刃长为 18cm，刀刃宽为 8.5cm，刀刃上见沾有血迹（用棉签转移提取 1 份，标记为：刀刃上血迹），刀柄上浸染有血迹，刀柄上用棉签转移提取 1 分擦拭物，标记为：刀柄上擦拭物，菜刀西南侧 48cm 处巷道地上见一块粘贴有标签纸的玻璃碎块，标签纸上见有"拓东酱油"字样。

（3）尸体检验鉴定意见书及照片证实：经法医检验，被害人头部见一砍创，深及颅腔内，创腔内见顶部颅骨呈凹陷性粉碎性骨折，打开颅腔，见左颞顶部硬脑膜破裂，左颞顶部蛛网膜下腔出血，右顶部、枕部蛛网膜下腔出血，左侧颞叶、顶叶脑组织损伤，颅底后窝骨折，分析死者系颅脑损伤死亡；被害人头顶部的砍创，创缘整齐，创壁光滑，创腔内无组织间桥，根据损伤特征，推断此创口符合锐器砍切形成；头顶部砍创创腔内见颅骨呈凹陷性粉碎性骨折，颅腔内见硬膜破裂，蛛网膜下腔出血，脑组织损伤，颅底骨折，分析此头顶部损伤构成其致命伤；被害人躯干及四肢见散在多处条状皮下出血，部分皮下出血伴有表皮剥脱，根据损伤特征，推断以上损伤符合条形钝器打击形成。鉴定意见：被害人岳某2系颅脑损伤死亡。

（4）DNA鉴定书证实：①经DNA鉴定距333号北墙边2.5米处巷道地上血泊、距333号北墙边3米处巷道地上血泊之一，距333号北墙边3米处巷道地上血泊之二、距333号北墙边3米处巷道地上喷溅血、距333号北墙边2.45米处巷道地上铁锹上血、距333号北墙边2.45米处巷道地上菜刀刀刃上血检见人血，与岳某2的STR分型相同，来源于同一个体的似然比为3.81×1027。未获得距333号北墙边3.7米处巷道地上菜刀刀柄上擦拭物的STR多态性检验结果。②昆明市公安司法鉴定中心DNA鉴定书昆公司鉴〔2017〕638号中岳某2在D3S1358等21个STR基因组上符合孟德尔遗传规律，岳某2、陈某2是陈某1生物学父母的亲权指数为1.83×1015。

（5）证人证言。

①代红词证言证实："2017年2月26日凌晨2时，我和同事刘某、可思楠从'光辉岁月'KTV下班后，我们三个人就去烧烤摊吃烧烤，到了凌晨4时左右，我们三个人就回住处了，来到西庄村子'淘品铺子'门口正对面，看见一个穿白色衬衣，黑色裤子的男子侧躺在巷子中间，他的一只手里拿着一根70厘米长的撬棍，距他的头30厘米处放着一把菜刀，头部流着血，这个男子已经在地上抽搐了，不会说话了。我的同事刘某就打了派出所电话报警和报120。我们等了一会儿，警察也来了，我就到村口把120带到伤者这里，120的医生看了男子的头部有一道扣子，用纱布把伤口包扎后就把男子抬走了，我就回家了。"

②可思楠证言证实（光辉岁月KTV工作人员）："2017年2月26日凌晨2时，我开始上夜班，我负责管理KTV的服务员，并且关注包房的动向，预

防黄赌毒。我上班上到 4 时左右准备回家了，我当时在 6 楼，我们服务员何某用对讲机告诉我 203 包房有人闹事，在包房里砸东西，已经砸坏了两块玻璃了，我就和我们店长刘某道 203 包房看情况，进房间以后看到房间里有六七个人，其中的一男一女在吵架，其他的人在拉着那个男的，房间里有很多碎的酒瓶和酒杯，我们的两块玻璃都砸坏了，我们把他们拉开以后就送他们一行人离开 KTV，在 KTV 门口的时候那一男一女又发生了拉扯，我们的保安又把他们拉开了，之后他们就离开了 KTV。之后我就和刘某以及代红词三人去沙县小吃吃夜宵，吃完以后我们送刘某回家，在路上看到一名男子满身是血躺在地上刘某就报警了，当时地上还有一把菜刀，那名躺在地上的男子手里还拿着一根钢筋。报警以后我们等到警察到了现场以后就回去了。

昨天我喝了点酒，而且当时场面比较混乱，已经记不清了，我只记得有四五名男子，和 2 名女子，和男子吵架的那个女子手上还有伤，他们看样子像地痞，混社会的，有一名穿黑色衣服的男子的腋下好像还夹着一把匕首。"

③刘某证言证实（光辉岁月 KTV 工作人员）："2017 年 2 月 25 日下午 18 时我来到光辉岁月 KTV 上班，到了第二天凌晨 2 时 50 分左右，我们 KTV 里面的 203 号包房的客人没有走，因为很晚了，我们就叫我们 KTV 一个姓可的主管上去催这客人，他去了以后出来告诉我说里面的人说还有几瓶啤酒，喝完就走了，之后到了 3 时 30 分左右，我在办公室工作，有员工就听到 203 包房里面有打架声，就用对讲机通知我，说 203 包房里面的人在打架，好像还用杯子、酒瓶把包房点歌台的机柜玻璃砸坏了，还说其中一个女子的右手被划破了，我在办公室听到消息后就用对讲机和员工说太晚了，就不让他们赔钱了，让他们赶紧离开 KTV，然后大约过了 20 分钟以后，我的员工告诉我他们已经往云聚大酒店方向走了，然后我就告诉员工不用跟着他们，让员工回来 KTV 准备关门下班，等我下来以后我就告诉另外两个主管说他们往我们住的地方离开，为了防止再次遇到他们，就去旁边的沙县小吃吃消夜，等我们吃完回去的时候，大约是 5 时 30 分路过西庄村 333 号路口的时候就看到一个穿白色衣服的男子倒在地上，头部一直在流血，旁边还放着一把菜刀，我看到以后就赶紧打了 120 和 110 报警电话，还上前去查看男子的状况，这名男子就一直呻吟，过了一会儿警察来了以后询问了我一些基本信息，就让我第

二天过来派出所录一下情况，今天我就来派出所反映情况了。

对讲机里面告诉我的是有四五名男人，2名女人。我没见过他们，都是我在办公室里面员工用对讲机告诉我的，等到我下来准备离开KTV的时候，在门口看到他们已经走到云聚大酒店停车场了，我已经看不清楚他们具体样貌了。"

④王秀美证言证实（官渡镇西庄村333号1楼住户）："2017年2月26日凌晨5时左右，我在官渡××××楼睡觉，突然听到门口路边有个男的在用云南方言骂一个女的，说了很多难听的话，那个被骂的女的一直在哭，旁边还有个男的在劝，不要吵了。大概吵了十分钟，就突然听到外面有打起来的声音，还有玻璃碎了的声音，就只有一分钟左右，就没有声音了，只听到有个男的在发出哼哼的声音。过了十多分钟，听到几个男男女女的有说有笑地走过来，然后就听到他们打120报警了。我也就继续睡了。到今早7点我起床开门，看到门口拉了警戒线，有几个警察在看现场。打架的过程我没有看到，也不认识打架的人。"

⑤岳长虎证言证实（系被害人岳某2弟弟）："2017年2月26日15时许我接到嫂子电话称我哥被人杀伤，现在在医院里面，我赶到医院的时候，警察跟我说我哥已经抢救无效死亡了。我嫂子已经见过了，他在同仁医院太平间看过我哥哥的面部，确认是我哥哥。2017年2月26日1时许，我哥哥发了一条语音给我嫂子说不去接她了，2时30分左右我嫂子回到家中发现我哥哥身上有酒味，4时许我哥哥都没有睡觉，到早上我嫂子起床的时候我哥哥就不在家中了。"

⑥张某2证言证实（系犯罪嫌疑人张某1哥哥）："2017年2月25日晚上我在望春苑茶室上班，到26日2时许我回到了西庄村的住处，回去之后我就睡了，到了4时左右，我听到楼下很吵，听到了我弟弟（张某1）的声音，然后我就趴在窗子上看，就看见了我弟弟他们一群人，然后我就打电话给他，让他上来睡觉了。他说他喝醉了，休息一下就上来了，快到5点的时候，他们还在下面吵，我又打电话给他，问他怎么还不上来，他说他们还要在过去玩一下。后来我就睡了，过了十分钟左右，他又打了一个电话给我，说他们把人打了。我问他打得是否严重，他说不严重，我说如果严重就打120，他

说不严重，过了一会儿，我还是不放心，我就叫我媳妇下去看看情况，我媳妇看了以后打电话告诉我说，人在地上趴着，流着血。我就问我媳妇 120 来了吗？她说听见 120 的警笛声了，然后我就叫她上来不要管了。然后我就打电话给我弟弟，我问他为什么要打人，他说人家从楼上丢瓶子砸他，他们就互相骂起来，然后丢瓶子那个人就拿着菜刀下来，他们就跑回去拿砍刀出来，就把那人砍翻了。然后我骂了他就把电话挂了。

我弟弟张某 1 和我住在一起，我当时在窗子前看的时候只看见他们在吵架，后来打架的时候我没有看见，但是后来我听我弟弟说，当时他们三个人（张某 1、方×伟、方某）都动手了，毛梦霞和小丽梅没有动手。我弟弟告诉我他们就是过来提着刀就上去砍了，方×伟有一刀砍在那人的肩膀上，其他具体怎么砍的，砍了几刀，砍在什么位置我就不知道了。"

7）陈某 2 证言证实（系被害人岳某 2 配偶）："2017 年 2 月 26 日，我在同仁医院太平间里面见过岳某 2 的尸体，确定其就是岳某 2。"

（6）辨认笔录及照片证实：①方×伟对作案现场进行指认。②张某 2 辨认出一号照片是方×伟、二号照片是张某 1、三号照片是方某。③被告人辨认出一号照片是方×伟、三号照片是张某 1、二号照片是方某。

（7）被告人方×伟的供述及辩解证实："2017 年 3 月的一天（具体时间我记不清了），我吃完晚饭后，大概凌晨 2 点，我和一个女的（微信上认识的）去光辉岁月 KTV 订了一个包房唱歌，在二楼开了一个房，我就和这个女的在包房里唱歌，唱了一会儿后，和我一起来的那个女的就走了，然后我就下楼到了光辉岁月 KTV 门口，在门口遇到了我哥方某，过了一会儿，我在光辉岁月门口又遇到了张某 2 的朋友和两个女的（叫什么名字我不知道），之后我们就一起上楼去唱歌了，唱到凌晨三四点，我们 5 个人就离开了光辉岁月，我哥一个人单独走的，我、张某 2 的朋友以及那两个女的一起走的，我们走到了安康诊所门口，这个时候有人从楼上扔啤酒瓶下来，砸到了我的脚，我就开始骂了两三分钟，有个男的从 4 楼就伸出头来，我就骂他，他也骂我了，骂了几分钟，我就叫他下来，他说马上下来，他说完我就跑回我西庄村的住处，拿了两把砍刀和一根木棍过来，我看见那个男的拿把菜刀出来，我就拿一把刀，把另外一把刀和木棍扔在了地上，这时我哥方某看见我在这里，就过来，我已经拿的刀砍那个男的，砍了几下我记不得了，把那个男的砍倒在地上后，我哥和张某 2 的朋友拿刀准备要砍，我就叫他们走了，之后我们三个就跑到了河边，刀和木棒被我丢在了河边的路上了，然后我哥和张某 2 的朋友就走了，第二天我就带着我媳妇跑去马街躲着，第三天，我带我媳妇跑到了贵州毕节，然后我就叫我媳妇回家，我就去浙江金华打工，后来因为在那边我找不到工作就在这几天回到了昆明。

我砍了那个男子三四刀，砍了什么部位我记不得了，我是乱砍的，砍完后男子就倒地了。方某和张某 2 没有砍，他们拿刀和棍子过来的时候，我就叫他们走了。我上身穿件白色的外衣，裤子穿了条黑色的裤子。那两个女的都是张某 2 的朋友带来的，名字我不知道，第一个女的长发，有点矮，头发颜色我记不得了，穿什么颜色的衣服我记不得了，其他我记不得了，第二个女的是长发，和我差不多高，穿白色外衣，下身穿牛仔裤，其他我记不得了。"

（8）案发现场监控分布及照片、视听资料（光盘 3 张）证实：被告人方×伟及其他 5 名犯罪嫌疑人的衣着特征。

（9）户籍证明证实被告人方×伟的身份情况。

（10）相关情况说明证实：1）2017 年 4 月 14 日我所办理的方×伟涉嫌故意伤害案，同案的在逃人员方某，张某 1 现正组织抓捕中，当时作案的工具，因案发时间为 2017 年 2 月 26 日案发后就被被告人丢弃，2017 年 2 月 14 日抓到被告人方×伟后到丢弃作案工具的地点，作案工具已经不在，现无法找到作案工具。2）①方×伟的老婆我所民警没有其联系方法无法找到，询问方×伟时方×伟也提供不了其老婆的联系方式。②当时报警的三名证人几次到光辉岁月 KTV 寻找，白天人都不在，晚上去找三人说在上班告诉改天过来，但是一直没有到场，后打电话问了情况，他们都称时间是凌晨 4 点多，具体时间记不清了，他们报 110 和 120 的记录因时间长都已经被覆盖了，三人居住在公司租住的房子就在发现死者的地点（333 号）后边一栋，他们每天回家都要经过案发地。③方×伟当时的住处方×伟称他不知道是几号，张某 2 现在无法联系上。④视频上出现过的三名女子一直没有找到，在继续寻找中。

市中级人民法院判处被告人方×伟犯故意伤害罪，判处死刑缓期二年执行。一审宣判后，被告人没有上诉，检察机关没有提出抗诉，本案的死刑复核程序如何进行？

案例二

2017 年 10 月 13 日晚，被告人吴×祥和被害人潘某 1 在××市××区勒流街道裕源村敬老街 1 号住宅内，发生口角争吵。被告人吴×祥即使用电水壶试图砸被害人潘某 1，后被现场群众拉开。在被害人潘某 1 离开现场后，被告人吴×祥持菜刀追赶潘某 1，后未能追上，便离开现场。因被告人吴×祥怀疑、担心被害人潘某 1 要纠集多人殴打他，即去××区勒流街道裕源村清源市场 1 号百货店购买了一把菜刀。

次日 13 时许，被告人吴×祥携带该菜刀，去××市××区勒流街道裕源村敬老街 1 号住宅，找被害人潘某 1 理论，并再次发生冲突。其间，被告人吴×祥使用菜刀砍被害人潘某 1，被害人使用凳子砸中被告人吴×祥头部，被告人吴×祥遂使用菜刀砍击被害人潘某 1 的头面部、颈部、腰部等身体部位数刀，在被害人受伤倒地后，被告人吴×祥继续使用磨刀石猛砸被害人头顶部数下，致使被害人潘某 1 当场死亡。被告人吴×祥作案后未离开现场，后被民警当场抓获。

上述事实，有公诉机关提供，并经法庭举证、质证的下列证据证实：

（一）物证、书证

（1）受案登记表、抓获经过。证实 2017 年 10 月 14 日 13 时 58 分，××市××区勒流派出所接 110 指挥中心报称，勒流街道裕源村敬老街 1 号发生打架，有人受伤。民警赶赴现场，发现潘某 1 倒在敬老街 1 号天井，现场抓获嫌疑人吴×祥。吴×祥到案后交代了其用菜刀、磨刀石杀害潘某 1 的犯罪事实。

（2）户籍材料、前科查询表。证实被告人吴×祥、被害人潘某 1 的身份资料。吴×祥无违法犯罪前科。

（3）××区 120 医疗救护处置表、勒流医院急诊出车病情记录单。证实勒流医院 120 急救车于 2017 年 10 月 14 日 14 时 28 分到达案发现场，经出诊医生诊断，被害人已无生命体征，当场宣告死亡。

（4）现场检测报告书。证实被告人吴×祥在 2017 年 10 月 14 日 17 时 25

分的毒品检测结果呈吗啡、甲基安非他明、氯胺酮、摇头丸、大麻阴性。

（二）勘验、检查笔录及照片

K4406065700002017×××××号现场勘验笔录。勘查时间为2017年10月14日15时10分至18时30分，勘查现场为××市××区勒流街道裕源村敬老街1号。该住宅分为自住部分和出租部分。中心现场位于自住部分住宅，门口朝东，双扇铁门向内往两侧打开。现场大门口前台阶上有多枚点状花纹的血鞋印（前掌宽11厘米，后跟宽8厘米），南扇大门正面的门闩下方发现一枚血指印（现场标示为36号），南扇大门背面的门闩上方有一处擦拭状血迹（现场标示为38号），北扇大门背面的门闩上方也有一处擦拭状血迹（现场标示为37号）。

进入大门为天井，天井北面是客厅，南面是卫生间和连接麻将房的通道，西面是厨房，客厅西面有一间睡房，卫生间南面是麻将房。天井内靠大门中间位置门槛处有一把印有"金达日美"字样的黑色塑料柄菜刀（现场标示为1号），菜刀全长32厘米，刃长19厘米，柄长13厘米，刃口上见有多处崩口；天井地面上有一具男性尸体（现场标示为2号），呈俯卧状，头朝东北脚朝西南，头部距天井大门75厘米，距天井北墙86厘米。尸体下面及四周地面上有大量血迹，大小范围为320厘米×190厘米；距天井东墙56厘米的北墙旁有一个铁皮垃圾铲和一块灰黑色磨刀石（现场标示为3号），在垃圾铲内发现一团沾有血迹的白色纸巾。磨刀石大小为21.5厘米×7.5厘米×3.5厘米，上面沾有血迹和毛发；天井北墙有一处80厘米×60厘米的点状血迹（现场标示为35号）；天井靠南墙边有一个高80厘米的洗菜台，上有一个不锈钢圆盆，圆盆上方的白色塑料水龙头呈开启状，开关把手上沾有血迹；天井南墙上有一处130厘米×27厘米的喷溅状和擦拭状血迹（现场标示为32号）；天井西边有一台白色洗衣机（现场标示为10号），洗衣机的顶面板和前面板上有擦拭状及喷溅状血迹，在前面板上发现一枚血指印；洗衣机南侧地面有一把红色扫把（现场标示为12号）和一个粉红色的塑料篮子（现场标示为13号），扫把和塑料篮子上都沾有血迹。洗衣机北侧靠墙边停放一辆白色摩托车（现场标示为9号），左侧车身上有一处60厘米×23厘米的喷溅状血迹；天井西面厨房门口朝东，单扇铁门向南内侧呈打开状，入门口处地面上有一处40厘米×30厘米的点状血迹（现场标示为11号）。

天井与麻将房有一条通道相连，通道西面围墙上有2处喷溅状的血迹，南侧血迹为90厘米×80厘米（现场标示为28号），北侧血迹为115厘米×68厘米（现场标示为33号）；靠西墙边竖立有一个不锈钢圆桶，圆桶外表面有101厘米×40厘米的喷溅状和擦拭状血迹；通道地面上有一处160厘米×110厘米的血泊（现场标示为14号），血泊中间见有擦拭状血迹；卫生间的单扇塑料门向南内侧呈打开状，正面门板有一处80厘米×60厘米的喷溅状血迹（现场标示为30号），卫生间内入门口处地面上有一处90厘米×60厘米的滴状和擦拭状血迹，卫生间西面外墙有一处166厘米×57厘米的喷溅状和擦拭状血迹（现场标示为31号），卫生间门框西侧的麻将房外墙上见有一处62厘米×46厘米的擦拭状血迹（现场标示为29号）。

从客厅门槛到消毒柜前的地面上见有一趟点状花纹的右脚血鞋印（掌宽11厘米，跟宽8厘米，现场标示为4号），并伴有滴状血迹；消毒柜的正面板玻璃破裂，玻璃碎片（现场标示为5号）散落在周围，靠近木沙发位置的一块玻璃碎片上沾有血迹；茶几面摆放电水壶、茶壶、玻璃茶杯和烟灰缸等物品（现场标示为7号）；客厅地面距东墙130厘米、北墙110厘米有一处点状血迹（现场标示为6号）；距东墙80厘米、南墙180厘米也有一处点状血迹（现场标示为8号）。

麻将房入口处地面有一处140厘米×110厘米滴落状和擦拭状血迹（现场标示为15号），滴落状血迹一直延伸至西南角麻将台旁；距西墙160厘米、北墙80厘米处地面上有80厘米×40厘米的滴落状血迹（现场标示为16号）；距西墙43厘米、门槛150厘米处地面有一枚小点状花纹的血鞋印（现场标示为17号，鞋印全长28厘米，掌宽10厘米、跟宽7厘米）；距西墙100厘米、门槛205厘米处地面有一个印有"茶花"字样的白色烟头（现场标示为18号）；距西墙110厘米、门槛290厘米处地面上有一枚小点状花纹的血鞋印（现场标示为20号，鞋印全长28厘米，掌宽10厘米、跟宽7厘米）；距东墙150厘米、北墙170厘米处地面有一张倒地的靠背木椅和一个印有"茶花"字样的白色烟头（现场标示为21号），椅子的右前脚有损坏；西南角麻将台东侧走道地面有一处 100 厘米×85 厘米的滴落状血迹，该位置距东墙 140 厘米、南墙 160 厘米的地面上有一串有 15 粒珠子的手串（现场标示为 23 号）；距西墙 130 厘米、南墙 240 厘米的地面有一只黑色右脚拖鞋（现场标示为 19 号，拖鞋全长 29 厘米、掌宽 11 厘米、跟宽 8 厘米）；距东墙 210 厘米、南墙 62 厘米的地面上有一个印有"百得"字样的打火机和一个印有"贵烟"字样的香烟盒（现场标示为 24 号）；距东墙 150 厘米、靠南墙处地面上有一个黑色的左脚拖鞋（现场标示为 25 号，拖鞋全长为 29 厘米、掌宽 11 厘米、跟宽 8 厘米）；西南角麻将台的东台面上有一处 44 厘米×22 厘米的滴落状血迹（现场标示为 26 号）；距门槛 230 厘米的靠西墙边有一张原木色的靠背木椅，椅面上有一处 23 厘米×23 厘米的滴落状血迹（现场标示为 22 号）；麻将房门框东侧的内墙上有一处 170 厘米×110 厘米的喷溅状血迹（现场标示为 27 号）

对上述菜刀 1 把、磨刀石 1 块、拖鞋 2 只、手串 1 串、打火机 1 个、香烟盒 1 个、烟头 2 枚、沾血纸巾 1 团、血鞋印 4 处、血指印 2 枚、血迹擦拭物 22 份予以提取。

（三）鉴定意见

（1）××××××号鉴定书。证实经检见被害人潘某 1 头部 20 厘米×18 厘米范围见多处创口，部分创口已融合，部分软组织及颅骨缺失；顶部一处 3.5 厘米挫裂创，左顶部一处 3 厘米×3 厘米挫伤，枕顶部一处 3.5 厘米×2 厘米挫伤，枕部一处 3.5 厘米×2 厘米挫伤；面部见 10 处创口，最长 11.5 厘米，最短 0.8 厘米，触及颅骨骨折；左颧面见 6 处创口，最长 12 厘米，最短 2 厘米，触及下颌骨及颧弓骨折；鼻背部 3 处创口，最长 3.5 厘米，最短 1.5 厘米，伴两处划伤，长度分别为 2.5 厘米、2 厘米；右颧面见 5 处创口，最长 12.5 厘米，最短 3 厘米，触及眶骨及颧骨骨折；右耳廓一处 3.5 厘米创口；颈前部至右颈部见 4 处创口，最长 6 厘米，最短 4 厘米，伴有 5 处划伤，最长 5 厘米，最短 2 厘米；左肩两处创口，长度分别为 7 厘米、4.5 厘米；左胸 2 处创口，长度分别为 10 厘米、3.5 厘米；右胸 3 处创口，分别为 3 厘米创口、5.5 厘米划伤，2.5 厘米×1 厘米擦伤；腹部见 2 处擦划伤，长度分别为 14.5 厘米、11 厘米；左上臂有 2 处创口，长度分别为 9.5 厘米、8 厘米，深达肱股，12 厘米×8 厘米范围内见 6 处擦伤；左前臂两处创口，长度分别为 5.5 厘米、2 厘米，触及骨折；左手背及左腕见 14 处创口，最长 8.5 厘米，最短 0.8 厘米，触及骨折；右上臂 5 处创口，最长 10 厘米，最短 3 厘米，伴 9 处擦划伤，最长 8 厘米，最短 2.5 厘米，触及右肱骨骨折；右前臂 14 处创口，最长 10 厘米，最短 5 厘米，部分深达骨质，触及右尺骨、右桡骨骨折；右手背 7 处创口，最长 9 厘米，最短 3.5 厘米，触及右手第 2 至第 5 掌骨骨折。右手食指、尾指末节大部分缺失，右手中指末节部分缺失，右手无名指末节仅部分皮肤相连；右大腿下段 2 处创口，长度分别为 3 厘米、2.5 厘米；右膝 6 厘米×3 厘米擦伤；右小腿下段 3 处创口，长度分别为 5.5 厘米、6 厘米、6 六厘米，均深达骨质；左小腿下段 4 处创口，长度分别为 6.5 厘米、8.5 厘米、9 厘米、5 厘米，均深达骨质；项背部 4 处创口，最长 5 厘米，最短 3.5 厘米；背部 14 处划伤，最长 10 厘米，最短 3 厘米；腰背部一处 9.5 厘米创口，伴 7 处擦划伤，最长 15 厘米、最短 4 厘米。上述创口均创缘整齐，创周未见明显挫擦伤。

分析意见：①被害人潘某 1 的顶部挫裂创、头部多处挫伤符合钝器作用所致，其余全身多处创口符合锐器作用所致。②被害人潘某 1 的颜面部、躯干及四肢外伤致其全身多处创口，部分创口伴肌腱、肌肉断裂并深达骨质；被害人潘某 1 的头部外伤致其头部多处创口，头皮下出血，颅盖骨广泛粉碎性骨折，部分颅骨碎块缺失，硬脑膜破裂，脑组织外露破碎，脑组织广泛挫伤，结合其余部位未检见明显致命性损伤，综合分析，被害人潘某 1 符合被钝器、锐器作用于头部致重度颅脑损伤死亡。

鉴定意见：被害人潘某 1 符合被钝器、锐器作用于头部致重度颅脑损伤死亡。

（2）××××××号鉴定书。证实吴×祥顶部有一处 2 厘米创口，左手背有一处 5 厘米划伤。

鉴定意见：吴×祥的损伤已达轻微伤。

（3）××××××号鉴定书。证实：1）从被告人吴×祥所穿黑色短袖上衣、黑色运动鞋、菜刀（1 号标示）、磨刀石及纸巾上提取的血迹（3 号标示）、客厅门槛处鞋印上的血迹（4号标示）、地面滴落血迹（6号标示、8号标示）、摩托车尾部血迹（9号标示）的血迹、洗衣机面板上血迹（12号标示）、地面血迹（14号标示）、麻将房地面血迹（15号标示、17号标识）、麻将房地面烟头（18号标示）、木椅面上的血迹（22号标示）、麻将台面血迹（26号标示）、麻将房北墙血迹（27号标示）、墙面上的血迹（28号标示）、卫生间门上的血迹（30号标示）、墙面上的血迹（31号、32号、33号标示、35号标示）、不锈钢桶上的血迹（34号标示）、大门铁门正面血迹（36号、37号、38号标示）、洗菜台水龙头上的血迹、一双黑色拖鞋上的血迹（19号、25号标示）、吴×祥左右上臂后侧血迹、吴×祥左胸前的血迹检材的STR分型均与被害人潘某1的肋软骨检材的STR分型相同，似然比率为4.4×1017。

2）玻璃碎片上的血迹（5号标示）检材的STR分型与吴×祥的血样检材的STR分型相同，似然比率为2.92×1020。

3）被告人吴×祥所穿蓝色牛仔裤上的血迹检材检出混合的STR分型，不排除来自吴×祥的血样、潘某1的肋软骨检材所属个体的可能。

4）麻将房地面的烟头（21号标示）检材的STR分型与其余检材的STR分型均不相同，来自一名未知名男性个体。

（四）证人证言

（1）证人黎某（现场目击证人）的证言及辨认笔录："我是勒流街道裕源村敬老街1号房的屋主。2017年10月13日20时许，潘某1在外面喝酒后到我那里坐，后来吴×祥进来与他争吵起来，潘某1被吴×祥追出去外面的球场，但当时我们将他们两个劝开了，他们没有打起来。

2017年10月14日13时许，我在屋内和潘某1等人聊天，后来吴×祥走进来，并拿出一把长约30厘米的白色不锈钢菜刀并大声向潘某1讲'事情怎样，大家算了'但潘某1讲'不能'，于是屋内的人见状都走出外面，我叫吴×祥不要在我屋内搞事，说完我也走出屋外，这时我看到吴×祥拿刀砍潘某1，并且将屋里的铁门关上，于是我就赶紧打电话报警。当时我听到潘某1在屋里发出'啊啊'的叫声。后来民警赶到现场，我和民警过去叫吴×祥开门，但他不开，我就过去用钥匙开门，吴×祥手上还拿着刀，不愿出来，我就离开了，后来我听说潘某 1 被砍死了。"

（2）证人冯某 1（现场目击证人）的证言及辨认笔录："2017 年 10 月 14 日 13 时许，我一人来到勒流街道裕源村敬老街 1 号打麻将。等了几分钟，我看见'手尾祥'走进来，走到正在打麻将的'滴滴敦'面前争吵，'手尾祥'对'滴滴敦'说'你是不是要买起（找人干掉）我全家'，然后'滴滴敦'回应'我在打麻将，不和你说这些'，接着'手尾祥'说'打麻将都要和我讲清楚这件事'，之后，'滴滴敦'就对'手尾祥'说'有种你就砍我'。这时候，我回头看到'手尾祥'手里拿着一把银白色的不锈钢菜刀，我由于害怕就跑出了屋外，之后我听到屋内发出打砸东西的声响，我知道是他们两人在屋里打斗，过了一会儿，有治安员过来，'手尾祥'出来和治安员说了几句话，'手尾祥'讲完后又走进屋内并关上门，随后屋内又再次发出很大声打砸东西的声响。然后过了一段时间，就有公安来把'手尾祥'控制了。"

"手尾祥"与"滴滴敦"两人平时经常吵架，听人说在案发前晚他们吵得很厉害。

冯某 1 辨认出吴×祥是"手尾祥"、潘某 1 即"滴滴敦"。

（3）证人范某（现场目击证人）的证言及辨认笔录："2017 年 10 月 14 日 13 时 35 分左右，我一人来到勒流街道裕源村敬老街 1 号找人喝茶、聊天。当时我看到屋主阿建以及潘某 1 等人在场。约 5 分钟后，我见到阿某 1 走入大厅，一分钟之后有很多人在屋内尖叫并跑出去，我就跟着众人跑出屋外的小公园处。此时，我回头看到阿某 1 正用一把刀砍潘某 1 的头部、手部，潘某 1 当时就倒在屋内天井地下，之后阿某 1 继续用刀砍潘某 1 的身体，潘某 1 就用双手护住头部。在附近的人都叫阿某 1 不要砍人，但我们都不敢上前去拦阻他。之后，我听到有人说要打 110 报警，于是我也跟着离开了现场。"

范某辨认出吴×祥是阿某 1。

（4）证人潘某 2（现场目击证人）的证言及辨认笔录："2017 年 10 月 14 日 14 时许，我和几个朋友在阿某 3 家里看电视。其间，我看见阿某 2、阿某 1 一边吵架一边走进阿某 3 家，由于当时人多，我就走到了屋外，当时我听到他们在吵架，但具体内容我没听清，大概过了 3 分钟，现场不知何处传来几声'砍了、砍了'的声音。后来,我听周围的群众说'阿某2'被砍死了。"

潘某2辨认出吴×祥是阿某1、潘某1是阿某2。

(5)证人孔某(××区勒流街道辅警)的证言及辨认笔录:"2017年10月14日14时许,有一名群众电话报警,称在清源大塘边附近有人被砍死。我接完电话后立即赶赴现场,到场后,现场群众告知我案件发生在裕源村敬老街1号。于是我就冲到现场住宅门口,发现该住宅大门是反锁着的,我马上大力拍门并大声喊叫屋内的人开门。大约过了2分钟,有一名满身鲜血的男子打开门,神情恍惚地走出来,后该男子目露凶光并且自言自语地道'D敦欺人太甚',我一直跟在他身后,并劝他坐一下,他就在旁边的花基上坐了约2分钟。后来,该男子又走进屋内并反锁大门,我马上用脚踢门,在踢门过程中,我打电话通知民警及其他同事过来。

过了一会儿,那名男子开门出来,这时,我试图控制他的情绪,并问他因为什么事与被害人结怨,该男子回答说他收到风声说'D敦'要找他麻烦,之后该男子又再次试图进入住宅,我拉着他的手要阻止他,但他力量很大,挣脱了。这名男子就再次返回屋内并反锁大门,之后,派出所民警赶到,叫该男子开门,男子开门后我们将他控制住。"

孔某辨认出吴×祥在裕源村敬老街1号住宅内砍人的男子。

(6)证人苏某(被害人潘某1的妻子)的证言:"2017年10月14日14时许,黎某打电话给我,称我丈夫潘某1被别人砍伤,伤势很严重,并告知了我位于青源的一个门牌号。于是,我打电话叫我大伯潘杰德和我一起去。14时30分左右,我们到案发现场,当时已有警察维持秩序,同时120救护车也来到现场。我远远看到我丈夫潘某1趴在地上,一动不动,地上都是血,之后救护人员对我说潘某1已死亡。

据我所知,潘某1平时没有与别人结怨,在日常生活中,他习惯每天下午到案发地点打麻将。"

(7)证人潘某3(被害人潘某1的儿子)的证言及辨认笔录:2017年10月14日16时许,我在南海狮山接到我家人的电话,得知我父亲当日中午在××市××区勒流街道裕源村与一名叫吴×祥的男子发生争吵后,被对方持刀砍伤致死。我去××区殡仪馆对我父亲的尸体进行过辨认。

潘某3辨认了潘某1死后照片。

（8）证人何某（勒流医院急诊室医生）的证言及辨认笔录："2017年10月14日14时许，我在××区勒流医院值班时接到120指令和一名护士出车到裕源村，之后由治安队员带我们到案发现场，我发现现场住宅的天井处有一男子呈俯卧姿势趴在地上，经检查伤势，我发现该男子全身多处刀伤，颅脑开放性损伤，部分脑组织缺损，没有生命体征，已经死亡。"

何某辨认现场照片。

（9）证人陈某（顺来日用百货店经营者）的证言及辨认笔录："我的店铺门前悬挂着上一手业主留下的源兴商店招牌。2017年10月31日21时左右，有一个年约50岁，讲本地话的男子在我的店内以35元的价格，买了一把长约25厘米，刀柄带塑料的不锈钢菜刀。"

陈某辨认出吴×祥是在其店内购买菜刀的男子；指认源兴商场照片、顺来日用百货店店内监控视频截图中吴×祥是2017年10月13日21时许在其店内购买菜刀的黑衣男子。

（五）被告人供述

被告人吴×祥的供述及辨认、指认笔录与照片："2017年10月13日21时许，我在清源村'老建'的住宅（这间屋是平时村内人员打麻将牌娱乐用的）内喝茶聊天，我见到'DD敦'走过来。他一来到就用手指着我叫我不要出声（可能当时聊天时我讲话声音有点大，'DD敦'以为我讲他的坏话），于是我们争吵起来。在争吵的过程中，我听见他打电话喊人来打我，我很生气，就随手拿起台面的一个电水壶向他打去，由于有人劝架并抱住我，我并没有打到'DD敦'。'DD敦'见状就离开了，之后，抱住我的人就松手了，我就从该住宅的厨房拿了一把菜刀追砍'DD敦'，但当时他逃跑了，我没追到他，于是我将那菜刀放回厨房原来的位置，骑自己的摩托车离开。在路上我越想越生气，想回去看看'DD敦'是不是找人过来打我，又担心'DD敦'会报复，我就去清源市场红绿灯位置的商场，以人民币35元的价钱购买了一把长约25厘米的不锈钢塑料把菜刀，用来防身。之后我回到清源，在离

'老建'住宅有 30 米处看到许多人，这时有一个人过来对我说'DD 敦'真的找人过来打我，我就驾车回家了。

2017 年 10 月 14 日，我吃过午饭后（喝了七八两白酒），准备到'老建'的住宅打麻将，但又怕被报复，所以我回到家中将昨晚购买的菜刀藏在后腰防身。13 时 30 分许，我一个人来到该住宅，当时'DD 敦'在打麻将，我走到他身边说：'昨天为什么找人砍我'，他回答'我现在打麻将，不跟你讲这些'，我接着说'昨天的事大家算了，好不好'，他又答'我现在打麻将，不和你讲这些'，于是我就用手掐了'DD 敦'的颈部，'DD 敦'就起身，我见他站起来就用右手将藏在自己后腰上的菜刀拿出来向他砍去，正好砍到他的左肩膀上。这时'DD 敦'拿起一把木椅往我的头顶打了一下，木椅掉在地上，他手上就没有工具了，现场的人见到我俩打起来，就四散逃跑离开。而我继续拿刀乱砍他的头部、身体、手臂，他一边用手挡一边想抢我手中的菜刀，就这样我们边打边往住宅的天井走去，当走到房门位置时，'DD 敦'侧身摔坐在地上，我看见他伸手准备拿旁边的一块磨刀石，于是就用力推了他一下，他被我推倒后脸朝下俯趴在地上，我又继续向他的头部、身体、小腿、手等部位乱砍，这时'DD 敦'用双手抱住头部，而我大约砍了六七刀后他就不动，我将手中菜刀丢在地上，这时我看到该住宅大门开着，门外很多人围观，我就关上门。之后，我发现'DD 敦'还想挣扎起来，我就拿起地上的磨刀石用力打向他的后脑，大约打了三下，'DD 敦'就不动了，我听到有人叫开门，然后到开井的水龙头洗手、脸，之后我打开门蹲下等警察将我抓获。

在我砍'DD 敦'的过程中，他说如果我不砍死他，他就会砍死我全家。我 听这话，当时心里就想将他砍死，以免他将来报复我。案发时，我上身穿一件黑色圆领 T 恤，下身穿一条石靡蓝色的长牛仔裤，脚穿一双黑绿色带白色钩标志的波鞋。我平时酒量在四五两，案发当日中午我喝了七八两白酒，案发时我处于半清醒状态，但我清楚记得自己当时在做什么事。案发后，我在住宅内等警察到来。"

吴×祥辨认出潘某 1 即"DD 敦"、指认了案发地点、作案工具、购买作案工具的地点、作案时所穿衣物。

该案经一审法院审理，判处被告人吴×祥故意杀人罪，死刑立即执行。该案宣判后，被告人提出上诉，经二审法院审理，维持一审判决。根据本案情况，设计本案的报送复核程序，并制作相应的法律文书。

三、实训准备

1. 教师按照学生人数的多少，将学生分成若干小组，小组内按照审判人员、公诉人员、辩护人、被告人等相关人员进行角色分配。

2. 阅读《刑事诉讼法》教材中关于刑事审判程序的内容，要求学生查阅《刑事诉讼法》《最高人民法院关于适用〈中华人民共和国刑事诉讼法〉的解释》《人民检察院刑事诉讼规则》《最高人民法院关于办理死刑复核案件听取辩护律师意见的办法》等法律法规中关于刑事案件死刑复核的有关规定。

3. 有针对性地进行文献检索：根据具体的实训素材，尽量发现与实训素材相关的实体法规范和程序法规范以及有关司法解释、指导案例等。

4. 书面报告：确定诉讼主体，发现案件的基本事实和需要适用的法律法规，以上内容需以书面形式提交报告。同时，根据扮演角色的不同，准备相应的法律文书或者书面材料。

四、实训要点

死刑复核程序包括对判处死刑立即执行案件的复核程序和对判处死刑缓期二年执行案件的复核程序。下面笔者将对这种程序逐一进行介绍。

（一）死刑立即执行案件的报请核准

按照《刑事诉讼法》第 246 条的规定，死刑立即执行案件的核准权由最高人民法院享有，具体的报请流程如下：

中级人民法院判处死刑的第一审案件，被告人未上诉、人民检察院未抗诉的，在上诉、抗诉期满后 10 日以内报请高级人民法院复核。高级人民法院同意判处死刑的，应当在作出裁定后 10 日以内报请最高人民法院核准；认为原判认定的某一具体事实或者引用的法律条款等存在瑕疵，但判处被告人死刑并无不当的，可以在纠正后作出核准的判决、裁定；不同意判处死刑的，应当依照第二审程序提审或者发回重新审判；

中级人民法院判处死刑的第一审案件，被告人上诉或者人民检察院抗诉，高级人民法院裁定维持的，应当在作出裁定后 10 日以内报请最高人民法院核准；

高级人民法院判处死刑的第一审案件，被告人未上诉、人民检察院未抗诉的，应当在上诉、抗诉期满后 10 日以内报请最高人民法院核准。高级人民法院复核死刑案件，应当讯问被告人。

判处死刑缓期两年执行的罪犯，在死刑缓期执行期间，如果故意犯罪，查证属实，应当执行死刑的，由高级人民法院报请最高人民法院核准。

（二）死刑缓期 2 年执行案件的报请核准

根据《刑事诉讼法》第 248 条的规定，中级人民法院判处死刑缓期 2 年执行的案件，由高级人民法院核准。亦即死刑缓期 2 年执行案件的核准权归属于高级人民法院。这类案件报请核准，包括如下情形：

中级人民法院判处死刑缓期 2 年执行的案件，被告人未上诉，人民检察院未抗诉的，应当报请高级人民法院核准。

中级人民法院判处死刑缓期 2 年执行的案件，被告人提出上诉或者人民检察院提出抗诉的，高级人民法院经过第二审程序，同意判处死刑缓期 2 年执行的，作出维持原判并核准死刑缓期 2 年执行的裁定。

高级人民法院核准死刑缓期 2 年执行的案件，应当作出核准或者不核准的裁定，不得加重被告人的刑罚，也不得以提高审级等方式变相加重被告人的刑罚。

高级人民法院判处死刑缓期 2 年执行的一审案件，被告人未上诉、人民检察院未抗诉的，即应作出核准死刑缓期 2 年执行的裁定。

无论是中级人民法院报请核准，还是高级人民法院判决并核准的死刑缓期 2 年执行的案件，以及直接改判的案件，均是裁判发生法律效力的案件，这些裁判应当立即交付执行。

（三）复核程序

1. 组成复核死刑案件的审判组织

最高人民法院复核死刑案件，高级人民法院复核死刑缓期执行的案件，应当由审判员 3 人组成合议庭进行。

2. 复核活动过程

报请复核的死刑、死刑缓期执行案件,应当一案一报。报送的材料包括报请复核的报告,第一、二审裁判文书,案件综合报告各五份以及全部案卷、证据。案件综合报告,第一、二审裁判文书和审理报告应当附送电子文本。同案审理的案件应当报送全案案卷、证据。曾经发回重新审判的案件,原第一、二审案卷应当一并报送。

最高人民法院和高级人民法院复核或者核准死刑(死刑缓期二年执行)案件,主要依照以下程序进行:

(1)提审被告人

被判处死刑的被告人是死刑的直接承受者,法院应当倾听他对裁判的意见,并核实有关案件的情况。这一过程,可以给被告人申辩的机会,对查明案件真实情况、正确作出是否核准死刑的裁定具有无可取代的重要意义。因此,无论复核死刑立即执行案件还是复核死刑缓期二年执行案件,都应当提审被告人。

(2)审查核实案卷材料

法院复核死刑案件,应全面审查案卷材料,判断原判认定犯罪事实是否清楚,证据是否确实、充分,定性是否准确,法律手续是否完备,对被告人判处死刑的决定是否正确。审查中要注意以下内容:①被告人的年龄,被告人有无刑事责任能力,是否系怀孕的妇女;②原判认定的事实是否清楚,证据是否确实、充分;③犯罪情节、后果及危害程度;④原判适用法律是否正确,是否必须判处死刑,是否必须立即执行;⑤有无法定、酌定从重、从轻或者减轻处罚情节;⑥诉讼程序是否合法;⑦应当审查的其他情况。

(3)听取辩护律师的意见

死刑复核期间,辩护律师要求当面反映意见的,最高人民法院有关合议庭应当在办公场所听取其意见,并制作笔录;辩护律师提出书面意见的,应当附卷。

(4)认真对待人民检察院的建议

为确保死刑复核的质量,死刑复核期间,最高人民检察院提出意见的,最高人民法院应当审查，并将采纳情况及理由反馈最高人民检察院。人民检察院不但是刑事公诉案件的控诉方，还是国家的法律监督机关，承担监督整个刑事诉讼过程的责任。对于死刑复核活动，人民检察院应当基于自身职能并本着客观义务承担好监督之责。不仅如此，最高人民法院还应当根据有关规定向最高人民检察院通报死刑案件复核结果。

（5）死刑复核程序的审限

《刑事诉讼法》对侦查、起诉、审判（一审、二审和再审）等程序，均明确规定了诉讼期限，但对死刑复核程序未规定期限。

（四）复核后的处理结果

1. 最高人民法院对死刑立即执行案件复核后的处理

最高人民法院复核死刑案件，应当根据不同情况作出不予核准的裁定或者核准的裁定、判决。

（1）不予核准

原判认定事实不清、证据不足的，裁定不予核准，并撤销原判，发回重新审判。原判认定事实正确、证据充分，但依法不应当判处死刑的，裁定不予核准，并撤销原判，发回重新审判。复核期间出现新的影响定罪量刑的事实、证据的，应当裁定不予核准，并撤销原判，发回重新审判。最高人民法院复核后认为原审违反法定诉讼程序，可能影响公正审判的，裁定不予核准，并撤销原判，发回重新审判。

（2）核准

原判认定事实和适用法律正确、量刑适当、诉讼程序合法的案件，最高法院应裁定予以核准。原判判处被告人死刑并无不当，但认定的某一具体事实或者引用的法律条款等存在瑕疵的，可以在纠正后作出核准死刑的判决或者裁定。需注意的是，核准死刑的，要区别情形使用判决或者裁定。

最高人民法院裁定不予核准死刑的，根据案件具体情形可以发回第二审人民法院或者第一审人民法院重新审判。高级人民法院依照复核程序审理后报请最高人民法院核准死刑的案件，最高人民法院裁定不予核准死刑，发回高级人民法院重新审判的，高级人民法院可以依照第二审程序提审或者发回第一审人民法院重新审判。最高人民法院发回第二审人民法院重新审判的案件，第二审人民法院一般不得发回第一审法院重新审判；第二审人民法院直接审判的，可以直接改判；必须通过开庭审理查清事实、核实证据的，或者必须通过开庭审理纠正原审程序违法的，应当开庭审理。发回第一审人民法院重新审判的案件，第一审人民法院应当开庭审理。最高人民法院裁定不予核准死刑、发回重新审判的案件，原审人民法院应当另行组成合议庭进行审理，但具有以下两种情形的除外：（1）复核期间出现新的影响定罪量刑的事实、证据，最高人民法院裁定不予核准，并撤销原判，发回重新审判的；（2）原判认定事实正确，证据充分，但依法不应当判处死刑，最高人民法院裁定不予核准，并撤销原判，发回重新审判或者依法改判的。

以上核准死刑的裁定和改判的判决均为终审裁判，立即生效，而对于发回重新审判的案件，重新审判后所作的判决、裁定，被告人可以提出上诉，人民检察院可以提出抗诉

2. 高级人民法院对判处死刑缓期 2 年执行案件复核后的处理

高级人民法院对判处死刑缓期 2 年执行的案件，进行复核以后，根据案件情形分别作出裁判：（1）原判认定事实和适用法律正确、量刑适当、诉讼程序合法的，应当裁定核准；（2）原判认定的某一具体事实或者引用的法律条款等存在瑕疵，但判处被告人死刑缓期 2 年执行并无不当的，可以在纠正后作出核准的判决、裁定；（3）原判认定事实正确，但适用法律有错误，或者量刑过重的，应当改判；（4）原判事实不清、证据不足的，可以裁定不予核准，并撤销原判，发回重新审判，或者依法改判；（5）复核期间出现新的影响定罪量刑的事实、证据的，可以裁定不予核准，并撤销原判，发回重新审判，或者依法改判；（6）原审违反法定诉讼程序，可能影响公正审判的，应当裁定不予核准，并撤销原判，发回重新审判。

高级人民法院复核死刑缓期 2 年执行案件，不得加重被告人的刑罚。

（五）死刑复核法律监督

根据《刑事诉讼法解释》第 435 条、第 436 条，死刑复核期间，最高人民检察院提出意见的，最高人民法院应当审查，并将采纳情况及理由反馈最

高人民检察院。最高人民法院应当根据有关规定向最高人民检察院通报死刑案件复核结果。

五、实训过程

案例一

（1）通过投影仪，与学生回顾案例一基本案情。

（2）通过小组讨论，归纳死刑与死缓复核的具体程序，并根据案例中的辩护方、审判方的各自职责，准备审判中的有关诉讼材料。

（3）通过小组演练，由不同学生扮演不同角色，模拟完成案件报送复核的过程。

案例二

（1）通过投影仪，与学生回顾案例二基本案情。

（2）通过小组讨论，明确与案件中被告人刑事责任承担相关的实体法问题，并由学生代表发言予以确认。

（3）以上述讨论确认的结论为中心，考虑在案件已经上报到最高人民法院的情形下，控、辩、审三方应当如何进一步明确其诉讼职能，并应当具体开展哪些工作？

（4）通过小组演练，由不同学生扮演不同角色，模拟完成案件报请复核及具体的复核过程。

六、实训点评

（一）角色自我点评（略）

（二）旁听学生点评（略）

（三）指导教师点评

1. 案例一点评要点

首先，对辩护方的实训点评可以从以下几个方面来掌握：（1）作为辩护方，如何准备案件复核所需要的书面材料？（2）作为辩护方，在法院复核案件时，可以具体做哪些工作？

其次，对人民法院法官的实训点评可以从以下几个方面来掌握：（1）中级人民法院及高级人民法院将案件报请复核的具体程序是什么？（2）最高人民法院在复核过程中的具体工作有哪些？（3）法官经过复核可能对案件作出哪些处理？

2. 案例二点评要点

首先，对检察院方面的实训点评可以从以下几个方面来掌握：（1）在案件复核期间，最高人民检察院的检察官可以开展哪些具体工作？（2）如何行使死刑复核过程中的法律监督职责？

其次，对辩护方的实训点评可以从以下几个方面来掌握：（1）作为辩护方，如何对案件证据进行审查；如何提出相应的质证意见？（2）作为辩护方，可以从哪些方面提出对被告人改判的意见？（3）作为辩护方可以开展哪些具体工作？

最后，对人民法院法官的实训点评可以从以下几个方面来掌握：（1）对下级法院报请复核的材料如何进行审查？（2）在复核过程中，应开展哪些具体的工作？（3）法官在复核后应作出何种具体的处理？

七、实训拓展

2018 年 9 月 20 日，被告人梁×云因犯故意杀人罪入浙江省第二监狱服刑。在死刑缓期执行期间，梁×云改造态度消极，且与多名服刑罪犯因日常琐事发生争执、冲突，在被监狱民警训诫后又对民警的处理有所不满且认为监狱管理上存在不公，由此迁怒于其他罪犯，产生了杀害与其有矛盾的罪犯的想法，以此达到报复他犯、自我解脱等目的，为此梁×云开始谋划作案方式、寻找作案工具、挑选作案时机以及适宜的杀害对象。

2020 年 3 月 16 日下午，被告人梁×云在监狱车间劳动期间，经反复观察周边情况后，趁他人不备，迅速取出其事先计划使用的作案工具即粘衬机中的金属空心方形清洁棒，双手持棒连续猛击与其并无矛盾但工位靠近、便于其击打要害部位的被害人陈某后脑靠近颈部位置，陈某被击中后随即晕倒在地。梁青云自认为得手后，转而又持棒击打另一旁机位上的罪犯刘某，但被刘某用手挡开，梁青云随后被车间内的众人当场制服。经鉴定，陈某的伤势为轻微伤，梁×云具有完全刑事责任能力。

分析梁×云的刑事责任及本案的诉讼程序。

八、实训文书

××省××市中级人民法院
刑事判决书

（2019）×01 刑初 28 号

公诉机关××省××市人民检察院。

被告人李×财，男，1984 年 10 月 6 日出生，汉族，初中文化程度，户籍地安徽省宁国市。因犯故意杀人罪在安徽省庐江监狱服刑。

辩护人周×，安徽××律师事务所律师。

辩护人刘×，安徽××律师事务所（实习）律师。

××省××市人民检察院以×检刑诉（2019）23 号起诉书指控被告人李×财在死刑缓期二年执行期间犯故意杀人罪，于 2019 年 5 月 13 日向本院提起公诉。案件审理期间，被告人李×财的辩护人向本院提出非法证据排除申请，以侦查机关没有进行同步录音录像为由，请求排除被告人李×财的第一次询问笔录和第一次讯问笔录。本院于 2019 年 7 月 9 日召开了庭前会议，控辩双方在会议中对证据收集的合法性未能达成一致意见。本院依法组成合议庭，于 2019 年 7 月 11 日公开开庭审理了本案。××市人民检察院指派检察员张某 1、邢某出庭支持公诉，被告人李×财及××市法律援助中心接本院通知为其指派的辩护人周×、刘×（实习）到庭参加诉讼。庭审过程中，本院决定对证据收集的合法性进行调查，辩护人说明了申请排除非法证据的相关理由，公诉人出示了××市人民检察院讯问笔录、××省××监狱狱内侦查科出具的情况说明等证据材料，以证明证据收集的合法性。

本院经调查认为，被告人李×财先后在××省××监狱办公室和禁闭

续表

室接受询问和讯问，因××省××监狱无同步录音录像设备，故没有进行同步录音录像，对此××省××监狱出具了情况说明。上述两份笔录的内容均经被告人李×财核对后签名并按捺手印确认，系李×财的真实意思表示。被告人李×财亦供称，在两次问话过程中，侦查人员没有采取刑讯逼供等非法手段或方法收集证据。本案中未作同步录音录像的两份笔录虽存在取证瑕疵，但经补证作出了合理解释，不属于非法证据，故对辩护人提出排除非法证据的申请予以驳回。本案现已审理终结。

××市人民检察院指控：被告人李×财死刑缓期执行即将期满，其日常存有消极厌世情绪且认为被害人廖某对其打击报复。2018年10月26日8时40分许，被告人李×财在××省××监狱九监区电子分厂车间一楼，趁被害人廖某不备，用事先准备的锡焊条猛击其后脑两次，锡焊条脱手后，李×财捡起锡焊条再次猛击廖某颈部，致其晕倒在地，李×财又对廖某头部猛踹一脚，后被他人制止。在民警带李×财至办公室询问时，李×财拳击民警面部，并用铅笔刀企图割颈自杀未果。经鉴定，被害人廖某伤情构成轻微伤。被告人李×财在死刑缓期执行期间存有多次破坏监管秩序的行为。

为证明指控的事实，公诉机关当庭宣读、出示了锡条、铅笔刀等物证，狱内案件立案表、刑事裁定书等书证，证人吴某1、张某2等人的证言，被害人廖某的陈述，被告人李×财的供述和辩解，鉴定意见，现场勘验笔录，视听资料等证据。公诉机关认为，被告人李×财故意非法剥夺他人生命，其行为触犯了《中华人民共和国刑法》第二百三十二条之规定，应当以故意杀人罪追究其刑事责任。被告人李×财因意志以外原因未致被害人廖某死亡结果发生，系犯罪未遂，可以比照既遂犯从轻或者减轻处罚。被告人李×财死刑缓期执行期间故意犯罪，情节恶劣，建议报请最高人民法院核准后执行死刑。

被告人李×财当庭对指控的犯罪事实无异议，但辩称其没有杀人的故意。其辩护人的主要辩护意见是：1. 被告人李×财主观上无杀人故意，

续表

其行为不构成故意杀人罪；2. 对询问笔录、现场勘验检查笔录、司法鉴定意见书的合法性、真实性、关联性有异议，上述证据不应被采信。

经审理查明：被告人李×财因犯故意杀人罪被判处死刑缓期二年执行，在死刑缓期执行期间，其欲重新犯罪以求被执行死刑。2018 年 10 月 26 日 8 时 41 分许，被告人李×财在××省××监狱第九监区电子分厂车间一楼，趁被害人廖某不备，持事先准备的锡条（长约 35 厘米，重约 1 公斤）连续两次击打廖某后脑部，锡条脱手后，李×财捡起锡条再次击打廖某颈部。廖某晕倒在地后，李×财对廖某头部猛踹一脚，后被他人制止。在民警准备带李×财到办公室问话时，李×财拳击民警面部，并在办公室用铅笔刀割颈自杀未果。经鉴定，被害人廖某伤情构成轻微伤。

上述事实，有以下经庭审举证、质证的证据证实，本院予以确认：

（一）物证

经被告人李×财当庭辨认，公诉机关出示的锡条即其击打被害人廖某所使用的工具，铅笔刀即其用于自杀的刀具。

（二）勘验检查笔录

××省××监狱庐监勘字（2018）1 号现场勘验检查笔录、示意图及照片证实：案发现场位于××省××监狱第九监区生产劳动现场（电子厂房一楼）南侧第一条生产流水线维修台。廖某的劳动岗位位于维修组生产线外侧第一个工作台，该工作台塑料板凳后方地面有一块血迹，呈现为两条，不规则分布，两端呈滴落点状，中间呈接触块状，长度约 90cm。

原物提取锡条一根，重 1kg，长 35cm，锡条一端有圆形凹洞，中端有两条血迹，呈分叉状向凹洞处延伸，锡条有轻微变形。

原物提取铅笔刀一把，刀柄为蓝色，塑料材质，刀片长度 5cm，刀展总长 12cm。

廖某头部伤痕两条，一条位于后脑，横向，长度约 5cm，一条距后脑伤口 5cm 位置上方，横向，长度约 4.5cm。

李×财左边耳垂下约 5cm 颈脖处有三条表皮伤痕，长度分别为 3cm、

3.5cm、6cm。

（三）鉴定意见

1. ××司法鉴定所（2018）临鉴字第1402号司法鉴定意见书证实：被鉴定人廖某因头颅钝器伤，达到《人体损伤程度鉴定标准》轻微伤标准，构成轻微伤。

2. ××司法鉴定所（2018）物鉴字第11956号司法鉴定意见书证实：根据DNA结果分析，WZ-2018-1956-1号检材（廖某血痕）与WZ-2018-1956-2号检材（致伤工具粘附血迹）两个样本为同一人所留。

（四）视听资料

1. 现场监控视频证实：被告人李×财击打被害人廖某的经过。该监控视频显示，2018年10月26日8时41分44秒，李×财手持锡条走向廖某工作台；8时41分51秒左右，李×财持锡条击打廖某后脑部；8时41分52秒左右，李×财再次击打廖某后脑部，锡条脱手；8时41分54秒左右，李×财捡起锡条击打廖某颈部；8时41分55秒左右，李×财再次击打廖某，廖某向后倒下，未击中，锡条脱手；8时41分58秒左右，李×财朝躺在地上的廖某头部踹了一脚；8时42分09秒左右，李×财离开监控画面；8时42分16秒左右，廖某被其他罪犯架着离开。

2. 狱内民警办公室监控视频证实：被告人李×财割颈自杀的情况。该监控视频显示，2018年10月26日8时44分56秒左右，李×财在他人的陪同下来到民警办公室；8时45分09秒左右，李×财持铅笔刀割颈被民警发现，后被制止；8时50分07秒左右，监控画面结束。

（五）书证等证据

1. 罪犯集训、隔离审批表证实：李×财因殴打廖某被安徽省庐江监狱隔离审查十五日。

2. 狱内案件立案表证实：2018年11月18日，安徽省庐江监狱对李×财涉嫌故意杀人案立案侦查。

3. ××省高级人民法院（2016）×刑终238号刑事裁定书、××省

续表

××市中级人民法院（2016）×18刑初2号刑事判决书、执行通知书证实：被告人李×财因犯故意杀人罪于2016年5月5日被判处死刑缓期二年执行，剥夺政治权利终身；同年8月24日，××省高级人民法院终审裁定，驳回上诉，维持原判。判决发生法律效力后，李×财被送交监狱执行，死刑缓期2年执行起算日期为2016年11月3日，届满日期为2018年11月2日。

4. 监狱门诊病历证实：2018年10月26日，廖某因外伤就诊，初步诊断为颅脑外伤、头皮裂伤。

5. ××市看守所谈话教育记录证实：李×财在××市看守所羁押期间有多次违纪行为。

6. ××省××监狱第九监区出具的情况说明：（1）2018年10月26日，李×财击打廖某及其自杀的经过。（2）2018年9月19日，李×财与张某2因生产琐事发生争吵，有推搡行为，给予先动手的李×财扣20分，停营养餐1个月处理。

7. ××省××监狱狱内侦查科出具的情况说明：该监狱无同步录音录像设备，第一次提审李×财时没有进行同步录音录像。

8. 民警付某出具的事情经过：案发后，其和民警朱某迅速到达现场，安排救治伤员并了解情况，李×财情绪激动，打了其一拳。在民警办公室，其发现李×财有自杀行为，即和其他民警合力将李×财右手中的文具刀夺下，并用警戒具控制，后防暴队赶来将李×财关押。

9. 监狱职工廖某2出具的情况说明：2018年10月26日，其看见李×财行凶即上前制止，后其跟着李×财来到办公室，看见他正准备割喉自杀即上前制止，后监狱防暴队来了将李×财直接带走了。

10. 被害人廖某出具的书面材料：其对李×财的行为表示谅解。

（六）证人证言

1. 证人吴某1的证言：2018年10月26日，其正在干活时，听到"嘭"的一声，抬头看到李×财手里拿着一根锡条，其发现情况不对劲就跑过去，途中看见李×财用锡条又打了廖某的头两次，曾某过去抱住李×财的上半身，廖某倒在地上，头上全是血，李×财被抱住了还用脚踢廖某的头。当时李×财一边打一边嘴里嘟哝着什么话其没听清，离他近的罪犯讲他当时说"看我可敢打死你！看我可敢打死你！"。李×财性格怪异，那根锡条一尺长，也很重，照着后脑勺打的，隔四五米远都能听到"嘭嘭"响，可以想象当时他用了多大的力气，就是照着往死里打。

2. 证人张某 2 的证言：其和李×财在一个劳动岗位、一个互监组。2018 年 10 月 26 日当天出工后，其在切毛脚，李×财从劳动岗位边拿了一根锡条往锡焊岗位那边走，其以为他是去送还锡条，就没当回事。大概一分钟后，其听到身后吵哄哄的，回头看到廖某头被打开了，吴某 2 在拉李×财，刘某拉着廖某往医院走，后听其他同监犯说李×财拿锡条把廖某头打了。前几天在干活时，李×财趁其不注意突然袭击其，往其脸上打了四拳，后来民警处理了，其被扣了 5 分，李×财被扣了 20 分。

3. 证人吴某 2 的证言：2018 年 10 月 26 日 8 点左右，其看到李×财拿着一公斤重的锡条，对着廖某的后脑勺打了四五下，其当时还听到廖某叫了两声，李×财嘴里还好像在发力一样地哼着，然后廖就倒地了。其立马跑过去将李×财推开了，李×财还对着廖某的头用力踹了一脚。其将廖某扶起来，看到他头上流了好多血，后其就和邓某应、刘某把廖某送去医院治疗。

4. 证人曾某的证言：2018 年 10 月 26 日 8 时 40 分左右，其坐在离廖某三五米远的斜对面位置干活，听到两声闷响，以为是灯泡打碎了，抬头站起来一看，何某已经上去把李×财抱住了，当时李×财还在说"叫你搞！叫你搞！"什么的，也没太听清。其见何某身材小，怕他搞不住李×财就上去帮忙，一把抱住李×财拉到他干活的地方。具体怎么打的其没看清，当时廖某已经躺在地上了，李×财还在往他身上踢。后来民警付某来了，准备拉李×财去办公室，他情绪激动，一拳打在付身上，具体打在哪其没看清，其当时侧着身子。其听同监犯说，李×财好像是因为提前收工的事和廖某发生不愉快，为工效的事发生过矛盾，他和张某2也发生过矛盾，听说一开始是准备搞程某的。

5. 证人邓某应的证言：案发当日，其在维修电路板，看到李×财打了廖某两次，中途好像是什么东西砸到桌面了，响声很大，当时李×财好像在说"叫你搞我！叫你搞我！"。其跑过去时，已有其他同监犯在拉了，看到廖某已经倒在地上，地上全是血，其没有看到李×财用脚踢廖某。

6. 证人刘某的证言：案发当日，其正在干活，听到"啊"的一声叫，看见李×财站在行凶现场，吴某1、吴某2都在往那跑。其知道肯定是打架了，跑过去发现廖某倒在地上，头上全是血，李×财还在用脚踢廖某的头，后其和同监犯将廖某送到监狱医院去治疗了。事发后，其听说李×财是为了提前收工，廖某没有让他回去的事搞廖某的。李×财平时表现比较消极，和张某2、葛现文发生过矛盾，他曾对其说过要用锡条搞程某。

7. 证人何某的证言：案发前一二十天，李×财和廖某吵过一次，是因为李×财活干完了，民警没有同意他提前回监房，李×财以为是廖某不让他回去。案发当日，其正在廖某的对面岗位干活，看到李×财拿着锡条打廖某头部，好像打了三下，锡条用力过猛，已甩到其岗位那边，廖某躺在地上。其跑过去一把抱住李×财，他说"你不要拉我，再拉我就搞你"，其当时说"我是为了你好"。李×财和同监犯陈某某发生过争吵，和张某2发生过矛盾，把张某2额头打了个包。

8. 证人程某的证言：李×财平时劳动积极性不是很高，和张某2、廖某发生过矛盾。他听说，李×财把廖某打了，如果他没调走，李×财就准备搞他了。

（七）被害人廖某的陈述：案发当日，他低头在自己的岗位上干活，感觉头一低，耳朵嗡嗡响，其他的就不知道了，当时他被打蒙了。在医院缝针治疗时，送他去治疗的刘某、吴某2告诉他，他才知道自己被李×财打了。曾某对他说过，在他倒地后，李×财用脚踹其头。他无法理解李×财为什么打他。

续表

他没有因为工效登记和李×财发生过矛盾，但在 2017 年和李×财有过一次矛盾，因为那次活多，他让戴某去帮忙，并说"活干完了就能早点回去"，但李×财将戴某干的活作为自己的任务量交过来，想下午不出工，他没有同意李×财交任务，当时李×财很生气，跳起来骂其。

（八）被告人李×财的供述：其因犯故意杀人罪被判处死刑缓期 2 年执行，2016 年 12 月投入××省××监狱九监区改造。入监改造以来，其一直有自杀的想法，曾想过在死缓考验期间重新犯罪就会被执行死刑。2018 年 11 月死缓考验期就要到了，其就想搞点事情，形成案件，将其给执行了。其曾准备选择搞掉程某的，后来因自己感冒，程某调到七监区，就没有对程某动手。其平时也没有选择谁，有了杀人的念头，选择谁都是选，刚好案发前一天晚上，其看到自己工效单是 24 万，葛开斌的是 47 万，其认为是廖某对其打击报复，显示组长权威，就决定选择廖某，想着第二天用锡条打死他。锡条用起来方便，有重量，可以打死人。

2018 年 10 月 26 日，其和葛某、张某 2 在一起劳动，干了一会儿活，张某 2 和葛某离开了，其就到三线擦灯的位置用剪刀将钢丝绳剪断，取下了刀片（铅笔刀），放在自己裤子右边口袋里，并从波峰焊机边纸盒里拿了一根锡条放在其工作的机位旁边。后其继续在干活，干完活后，其到徐某位置拿了十几块板子帮忙插电阻，当时其也注意着廖某的位置，见他旁边没有人，其就拿着锡条走过去，对着廖某的后脑勺打了几下，印象中打空了一次，又捡起锡条接着打，同监犯曾某等人过来把其抱住，其又上去踹了廖某头部一脚，后回到自己劳动机位，等候民警处理。民警付某、朱某过来后，其打了付某辰脸部一拳，其当时一直在反抗，后被带到民警办公室。进办公室门之前，其就将手伸进口袋，把铅笔刀摸出来了，用左手挡住脖子，右手拿着刀在左边脖子上偷偷地割，准备割颈动脉自杀，小刀太钝，只划破了一点皮，后被民警发现，将其铅笔刀夺下来了。其在接受询问和讯问过程中，侦查人员、检察人员无刑讯逼供、诱供等情形。

关于被告人李×财的辩护人提出对第一次询问笔录有异议的问题，经

续表

查，该询问笔录的制作时间、地点与相关证据存在矛盾，侦查机关对此也未作合理解释，对该询问笔录的内容不予采信。

关于被告人李×财的辩护人提出对现场勘验检查笔录有异议的问题，经查，案发当日，安徽省庐江监狱狱政科、侦查科依法对案发现场进行勘查，提取了锡条、铅笔刀等物证，制作了现场勘验检查笔录，勘验检查人员、见证人均在笔录上签名。该勘验检查笔录形式上确存有缺陷，但不影响所记载内容的真实性，可以作为本案的定案根据。

关于被告人李×财的辩护人提出对司法鉴定意见书有异议的问题，经查，××司法鉴定所、×××司法鉴定所受××省××监狱的委托，分别对廖某的损伤程度、廖某血痕与致伤工具粘附血迹的 DNA 基因比对进行鉴定，上述鉴定机构和鉴定人员均具有相关资质和执业证明，出具的鉴定意见书均有鉴定人和鉴定机构签名、盖章，鉴定程序合法，鉴定结论符合客观事实，上述二份鉴定意见可作为本案的定案依据。

另查明：被告人李×财曾因犯故意杀人罪于 2016 年 5 月 5 日被××省××市中级人民法院以（2016）×18 刑初 2 号刑事判决判处死刑，缓期二年执行，剥夺政治权利终身；××高级人民法院于 2016 年 8 月 24 日以（2016）×刑终 238 号刑事裁定，维持原判。

本院认为：被告人李×财在死刑缓期执行期间，不思悔改，为达到自己被执行死刑的目的，以被害人廖某对其打击报复为由，持锡条多次击打廖某头部等部位，故意非法剥夺他人生命，其行为构成故意杀人罪。公诉机关指控的罪名成立。

关于被告人李×财及其辩护人提出李×财主观上无杀人故意，其行为不构成故意杀人的辩解和辩护意见，经查，被告人李×财趁被害人廖某不备，持重达一公斤的锡条多次击打廖某后脑等要害部位，在锡条脱手后，李×财仍捡起锡条继续击打，在廖某被打倒在地、他人制止其凶行为时，仍用脚猛踹廖某头部。从李×财所持作案工具、打击部位、力度、次数、过程及其在卷供述来看，其杀害他人的主观故意明显，其行为构成故意杀人罪，故对被告人李×财及其辩护人的此节辩解和辩护意见不予采纳。

被告人李×财由于意志以外的原因未致被害人死亡结果发生，系犯罪未遂，依法可比照既遂犯对其减轻处罚。被告人李×财如实供述自己的犯罪事实，系坦白，依法可对其从轻处罚。被害人廖某对被告人李×财的行为表示谅解，可酌情对李×财从轻处罚。

综上，根据被告人犯罪的事实、性质、情节及对社会的危害程度，案经本院审判委员会讨论决定，依照《中华人民共和国刑法》第二百三十二条、第二十三条、第六十七条第三款之规定，判决如下：

被告人李×财犯故意杀人罪，判处有期徒刑六年。

如不服本判决，可在接到判决书的第二日起十日内，通过本院或者直接向安徽省高级人民法院提出上诉。书面上诉的，应当提交上诉状正本一份，副本二份。

依据《中华人民共和国刑法》第五十条第一款、《中华人民共和国刑事诉讼法》第二百六十一条第二款和《最高人民法院关于适用〈中华人民共和国刑事诉讼法〉的解释》第四百一十五条第二款的规定，本判决生效以后，经最高人民法院核准，对被告人李×财应当执行死刑。

审判长　杨　　×

审判员　汤晓×

审判员　汪　　×

二○一九年八月六日

书记员　王　　×

九、实训法规

1. 《中华人民共和国刑事诉讼法》第 246—251 条

2. 《最高人民法院关于适用〈中华人民共和国刑事诉讼法〉的解释》第 423—436 条

3. 《人民检察院刑事诉讼规则》第 602—611 条

4.《最高人民法院关于办理死刑复核案件听取辩护律师意见的办法》

5.《最高人民法院关于死刑复核及执行程序中保障当事人合法权益的若干规定》

6.《最高人民法院、司法部关于为死刑复核案件被告人依法提供法律援助的规定（试行)》

详见

第四节　审判监督程序

普通的刑事案件在经过了一审、二审程序，死刑案件在经过了复核程序的审理后，都会获得一个生效的裁判。诉讼程序结束后，大部分案件就会进入执行环节，罪犯也会得到应有的惩罚。但是，也有一些即便经历了两审或死刑复核程序依然对诉讼结果不满意，认为裁判存在错误的当事人则需要一个特殊的救济程序维护其合法权益，这一维护国家法律制度尊严及当事人合法权益的特殊程序就是刑事诉讼中最后一个司法救济渠道——审判监督程序。

一、实训目标

了解审判监督程序的材料来源、申诉案件的受理与审查的具体程序；掌握提起审判监督程序的主体及条件；掌握审判监督程序的启动、审判组织、审判方式、审理原则、审理期限、裁判方式等；掌握审判监督程序相关法律文书的使用及写作。

二、实训素材

案例一

韩某，男，37岁，因涉嫌谋杀妻子被某县人民法院一审判处有期徒刑15

年。韩某上诉、人民检察院抗诉后，某市中级人民法院终审判处韩某无期徒刑。韩父以韩某没有杀妻为由向某市中级人民法院提出申诉，某市中级人民法院1年多未予答复。无奈，韩父又向某省人民检察院提出申诉。其时，杀害韩某妻子的真凶已被公安机关抓获。某省人民检察院认为原判决确有错误，遂按审判监督程序向某省高级人民法院提起抗诉。

问题：韩某父亲提出申诉的具体时间、途径和方式如何？检察机关如果认为原审裁判确有错误，应当通过何种具体方式提出抗诉？省高级人民法院应如何对案件进行审查？又以何种具体程序对案件进行审理？

案例二

2003年5月19日早晨，安徽籍17岁女孩王某被人杀害，尸体被抛至杭州市西湖区留下镇留泗路东穆坞村路段的路边溪沟。经公安机关侦查，认定系张辉、张高平所为。张辉、张高平于2003年5月23日被刑事拘留，同年6月28日被逮捕。2004年2月，杭州市人民检察院以张辉、张高平犯强奸罪向杭州市中级人民法院提起公诉。2004年4月21日，杭州市中级人民法院以强奸罪分别判处张辉死刑、张高平无期徒刑。2004年10月19日，浙江省高级人民法院二审分别改判张辉死刑缓期2年执行，张高平有期徒刑15年。

本案的一审、二审法院认定的事实如下：

杭州市中级人民法院一审判决认定，被告人张辉、张高平系叔侄关系。2003年5月18日21时许，两人驾驶皖J－11260解放牌货车送货去上海，途中经过安徽省歙县竹铺镇"非典"检查站时，遇要求搭车的同县女孩王某，张高平同意将王某捎带至杭州市。当晚12时左右，该车到达浙江省杭州市临安区昌化镇停车休息片刻，于次日凌晨1时30分到杭州市天目山路汽车西站附近。王某借用张高平的手机打电话给朋友周荣箭要求其前来接人，周荣箭让王某自己打车到钱江三桥后再与其联系。张辉见此遂起奸淫王某的邪念，并将意图告诉张高平后，驾车掉头驶至杭州市西湖区留下镇留泗路东穆坞村路段僻静处停下，在驾驶室内对王某实施强奸。王某挣扎，张高平即应张辉要求按住王某的腿，而后张辉采用掐颈等暴力手段对王某实施奸淫，并致王某因机械性窒息死亡。随后，张辉、张高平将被害人尸体抛于路边溪沟，并在开车逃离途中将被害人所携带的背包等物丢弃。

之后，张辉、张高平被送往新疆石河子监狱服刑。张辉、张高平的亲属不断向法院申诉，二人也不断向驻监的检察机关进行申诉。2012 年 4 月，浙江省高级人民法院决定对张氏叔侄申诉案立案审查。2013 年 1 月，张氏叔侄被调回浙江。2013 年 3 月 22 日，浙江省高级人民法院在浙江省乔司监狱开庭重审该案。

再审中原审被告人张辉、张高平及其辩护人均提出，再审阶段的新证据相关 DNA 鉴定反映，排除张辉和张高平作案，不能排除有其他人致死王某。两原审被告人在被刑事拘留后长时间被非法关押。一、二审法院认定张辉、张高平犯罪的事实，主要证据是两人的有罪供述，但两人的供述包括指认现场的笔录系侦查机关采用刑讯逼供等非法方法收集，公安机关对其收集证据的合法性至今未提供充分的证据予以证明，应依法排除。侦查机关还违法使用同监犯袁某某采用暴力、威胁等方法参与案件侦查，协助公安机关获取张辉有罪供述，同时又以该同监犯的证言作为证据，直接炮制了本起冤案。而且两人的供述之间也存在矛盾，且与尸体检验报告等证据反映的情况不符；原判认定张辉、张高平犯罪，没有证据能够证实，要求依法改判张辉、张高平无罪。

2013 年 3 月 26 日，浙江省高级人民法院宣判两名被告人无罪，当庭释放。

2013 年 5 月 17 日，浙江省高级人民法院对张辉、张高平冤案作出国家赔偿决定，分别支付张辉、张高平国家赔偿金 110.57306 万元，共计 221.14612 万元。

问题：对已生效裁判提出申诉的具体途径和方式有哪些？检察机关如何发挥其法律监督的作用？法院如何适用审判监督程序对案件进行审理？具体应当如何对案件进行处理？

三、实训准备

1. 教师按照学生人数的多少，将其分成若干小组，小组内按照审判人员、公诉人员、辩护人、被告人等相关人员进行角色分配。

2. 阅读《刑事诉讼法》教材中关于刑事审判程序的内容，要求学生查阅

《刑事诉讼法》《最高人民法院关于适用〈中华人民共和国刑事诉讼法〉的解释》《人民检察院刑事诉讼规则》等法律法规中关于刑事审判监督程序的有关规定。

3. 有针对性地进行文献检索：根据具体的实训素材，尽量发现与实训素材相关的实体法规范和程序法规范以及有关司法解释、指导案例等。

4. 书面报告：确定诉讼主体，发现案件的基本事实和需要适用的法律法规，以上内容须以书面形式提交报告。同时，根据扮演角色的不同，准备相应的法律文书或者书面材料。

四、实训要点

审判监督程序是我国刑事诉讼中的一项特殊的纠错程序，是指人民检察院、人民法院对确有错误的已经发生法律效力的判决、裁定，依法提起并对该案件进行重新审判的一项特殊的审判程序。

（一）审判监督程序的提起

1. 提起审判监督程序的材料来源

提起审判监督程序的案件材料来源主要有：当事人及其法定代理人、近亲属的申诉；各级人民代表大会代表提出的纠正错案的议案；人民群众的来信来访，司法机关自己发现的错案；机关、团体、企事业单位和新闻媒介对生效裁判提出的意见等。其中，申诉人的申诉是提起审判监督程序的最主要来源之一。

2. 申诉及对申诉的审查

所谓申诉，是指当事人及其法定代理人、近亲属对已经发生法律效力的判决、裁定不服，向人民法院或者人民检察院提出重新审查的处理案件的一种诉讼请求。

（1）申诉的主体

申诉的主体是当事人及其法定代理人、近亲属；案外人认为已经发生法律效力的判决、裁定侵害其合法权益，提出申诉的，人民法院应当审查处理。申诉可以委托律师代为进行。

（2）申诉的材料

根据《刑事诉讼法解释》第 452 条，申诉人应当向法院提交下列材料：第一，申诉状。应当写明当事人的基本情况、联系方式以及申诉的事实与理由。第二，原一、二审判决书、裁定书等法律文书。经过人民法院复查或者再审的，应当附有驳回通知书、再审决定书、再审判决书、裁定书。第三，其他相关材料。以有新的证据证明原判决、裁定认定的事实确有错误为由申诉的，应当同时附有相关证据材料；申请人民法院调查取证的，应当附有相关线索或者材料。

应当说，申诉材料的提交是申诉提起中非常重要的程序，如果申诉人没有按照要求提交申诉材料且在法院告知补充材料后，仍对必要材料拒绝补充且无正当理由的，会导致法院不予审查申诉的严重的后果。

（3）人民法院对申诉的审查

审查法院：申诉由终审人民法院审查处理。但是，第二审人民法院裁定准许撤回上诉的案件，申诉人对第一审判决提出申诉的，可以由第一审人民法院审查处理。上一级人民法院对未经终审人民法院审查处理的申诉，可以告知申诉人向终审人民法院提出申诉，或者直接交终审人民法院审查处理，并告知申诉人；案件疑难、复杂、重大的，也可以直接审查处理。对未经终审人民法院及其上一级人民法院审查处理，直接向上级人民法院申诉的，上级人民法院应当告知申诉人向下级人民法院提出。

对死刑案件的申诉，可以由原核准的人民法院直接审查处理，也可以交由原审人民法院审查。原审人民法院应当写出审查报告，提出处理意见，层报原核准的人民法院审查处理。

审查期限：对立案审查的申诉案件，应当在 3 个月内作出决定，至迟不得超过 6 个月，因案件疑难、复杂、重大或者其他特殊原因需要延长审查期限的，可以申请上级人民法院批准延长审理期限。

对申诉的审查处理：申诉经审查，如果符合法定情形的，应当决定重新审判，如果不符合法定情形的，应当说服申诉人撤回申诉；对仍然坚持申诉的，应当书面通知驳回。

应当重新审判的法定情形主要有：第一，有新的证据证明原判决、裁定认定的事实确有错误，可能影响定罪量刑的；第二，据以定罪量刑的证据不确实、不充分、依法应当排除的；第三，证明案件事实的主要证据之间存在矛盾的；第四，主要事实依据被依法变更或者撤销的；第五，认定罪名错误的；第六，量刑明显不当的；第七，对违法所得或者其他涉案财物的处理确有明显错误的；第八，违反法律关于溯及力规定的；第九，违反法律规定的诉讼程序，可能影响公正裁判的；第十，审判人员在审理该案件时有贪污受贿、徇私舞弊、枉法裁判行为的。

3. 提起审判监督程序的主体

（1）作出原生效裁判的各级法院院长和审判委员会。上述主体在发现本院作出的一审生效裁判、二审终审和核准的裁判确有错误的，可以决定提起审判监督程序。其中，各级法院院长在发现本院的生效裁判确有错误时需要将案件提交审判委员会处理，而不能径行决定提起再审。

（2）最高人民法院和上级人民法院。最高人民法院对各级人民法院已经发生法律效力的判决和裁定，上级人民法院对下级人民法院已经发生法律效力的判决和裁定，如果发现确有错误，有权提审或者指令下级人民法院再审。

（3）最高人民检察院和上级人民检察院。最高人民检察院对各级人民法院、上级人民检察院对下级人民法院已经发生法律效力的判决、裁定，在发现确有错误时，有权按照审判监督程序向同级人民法院提出抗诉，审判监督程序中的抗诉不同于二审程序中的抗诉，即哪一级检察院抗诉、哪一级法院受理。例如，辽宁省人民检察院发现抚顺市中级人民法院的某生效刑事案件存在错误的，应当按照审判监督程序向辽宁省高级人民法院提起抗诉。

（二）审判监督程序案件的审理

1. 具体程序

（1）除检察院抗诉外，必须制作再审决定书，并送达检察院和相关当事人。

（2）告知被告人有权请律师，或在必要时为其指定律师。

（3）人民法院按照审判监督程序重新审判的案件，由原审人民法院审理的，应当另行组成合议庭进行。如果原来是第一审案件，应当依照第一审程序进行审判；如果原来是第二审案件，或者是上级人民法院提审的案件，应当依照第二审程序进行审判。

（4）人民法院开庭审理的再审案件，同级人民检察院应当派员出席法庭。按照一审程序审理的再审案件应当开庭审理，开庭时，人民法院决定再审的案件由合议庭成员宣读再审决定书；人民检察院抗诉的案件由人民检察院宣读抗诉书；申诉人申诉的案件由申诉人或辩护人、代理人陈述申诉理由。

（5）人民法院决定再审的案件，或人民检察院提出抗诉的再审案件，需要对被告人采取强制措施的，由人民法院或由人民检察院依法决定。人民法院按照审判监督程序审判的案件，可以决定中止原判决、裁定的执行。例如，人民法院现在有较为明确的证据可以证实对被告人裁判有罪的判决确实错误的，就可以在决定再审的同时，对被告人变更强制措施。

2. 再审不加刑

除人民检察院抗诉的以外，再审一般不得加重原审被告人（原审上诉人）的刑罚。只针对部分原审被告人的再审或抗诉，在案件审理时也不得加重其他同案原审被告人的刑罚。

3. 审判结果

（1）原判决、裁定认定事实和适用法律正确、量刑适当的，应当裁定驳回申诉或者抗诉，维持原判决、裁定。

（2）原判决、裁定定罪准确、量刑适当，但在认定事实、适用法律等方面有瑕疵的，应当裁定纠正并维持原判决、裁定。

（3）原判决、裁定认定事实没有错误，但适用法律有错误，或者量刑不当的，应当撤销原判决、裁定，依法改判。

（4）按照第二审程序审理的案件，原判决、裁定认定事实不清、证据不足的，可以在查清事实后改判，也可以裁定撤销原判，发回原审人民法院重新审判。

（5）原判事实不清、证据不足，经再审仍无法查清，证据仍不足，不能认定原审被告人有罪的，应当以证据不足，指控的犯罪不能成立，判决宣告被告人无罪。

4. 审理期限

再审案件应当在作出提审、再审决定之日起 3 个月以内审结，需要延长期限的，不得超过 6 个月。

五、实训过程

案例一

（1）通过投影仪，教师与学生共同回顾案例一的基本案情。

（2）通过小组研究，对申诉的具体时间、途径、方式，抗诉的具体程序及法院对案件如何进行审查、审理等问题展开讨论，并由学生代表发言予以确认。

（3）以上述讨论确认的申诉、抗诉程序提起及申诉的审查等程序要求为基础，教师指导学生从法院法官、公诉人、当事人及其他诉讼参与人各自不同的角度做好相应的诉讼准备。

（4）通过小组演练，不同学生扮演不同角色，模拟申诉、抗诉提起与受理、审查的过程。

案例二

（1）通过投影仪，教师与学生共同回顾案例二基本案情。

（2）通过小组讨论，明确与案件中被告人刑事责任承担相关的刑事证据质证、认证及证明的问题，并由学生代表发言予以确认。

（3）以上述讨论确认的结论为中心，考虑在原一、二审裁判已经发生法律效力的情形下，申诉方、检察机关及审判机关三方应当如何行使其诉讼职能，并准备有关的诉讼材料。

（4）通过小组演练，不同学生扮演不同角色，模拟完成案件申诉及再审审理的完整过程并形成最终的法庭庭审脚本。

六、实训点评

（一）角色自我点评（略）

（二）旁听学生点评（略）

（三）指导教师点评

1. 案例一点评要点

首先，对公诉方的实训点评可以从以下几个方面来掌握：（1）对生效裁判的抗诉至少需要符合哪些实体条件和程序条件？公诉方如何进行抗诉？（2）作为公诉方，需要如何对原审裁判的错误进行审查以达到诉讼目的？（3）抗诉书由哪些部分组成，简要梳理抗诉书的格式和写作注意事项。

其次，对申诉方的实训点评可以从以下几个方面来掌握：（1）作为申诉方，需要准备哪些申诉证明材料，如何进行证据的收集？（2）作为申诉方，又应通过何种途径提出申诉意见以实现申诉的诉求？（3）作为申诉方，如何撰写申诉书，申诉书由哪些部分构成？

最后，对人民法院法官的实训点评可以从以下几个方面来掌握：（1）如何对申诉进行审查？（2）针对申诉，法官在审查后如何作出处理决定？（3）法官经审查后如果决定对本案提起再审如何启动再审程序？

2. 案例二点评要点

首先，对检察官的实训点评可以从以下几个方面来掌握：（1）作为检察官应如何对生效裁判进行审查？如何确定生效裁判是否存在错误？（2）作为检察官，可以通过何种方式启动案件的再审程序？（3）为刑事案件再审出庭应做好哪些准备？又将如何出庭应诉？

其次，对辩护方的实训点评可以从以下几个方面来掌握：（1）作为辩护方，如何对案件证据进行审查；如何帮助当事人组织申诉材料？（2）作为辩护方，在不同的法庭审理阶段如何履行辩护职能，如何提出被告人罪轻或无罪的意见？（3）作为辩护方，如何准备庭审需要的书面材料？

最后，对人民法院法官的实训点评可以从以下几个方面来掌握：（1）如何对申诉进行审查，从而确定应否对案件提起再审？（2）法官在庭审中应如何对“新证据”进行审查？（3）在案件再审过程中，法官针对案件的事实和证据将如何作出处理决定？

七、实训拓展

被告人刘某明，男，汉族，1965 年×月×日出生，初中文化，曾任海城市某某养猪合作社法定代表人。因犯盗伐林木罪于 2012 年 12 月 13 日被免予刑事处罚。因本案于 2013 年 11 月 12 日被刑事拘留，同月 21 日被逮捕。2016 年 10 月 20 日被判处有期徒刑 6 年，并处罚金人民币 10 万元。经减刑于 2019 年 5 月 31 日刑满释放，2020 年 5 月 23 日病故。

××省××市人民法院于 2014 年 8 月 28 日作出（2014）×刑二初字第 00259 号刑事判决，认定被告人刘某明犯诈骗罪，判处有期徒刑 6 年，并处罚金人民币 10 万元；追缴被告人刘某明违法所得，上缴国库。宣判后，刘某明不服，提出上诉。××市中级人民法院于 2014 年 12 月 23 日作出（2014）×刑二终字第 241 号刑事裁定，撤销原判，发回重审。××市人民法院重审后，于 2015 年 12 月 18 日作出（2015）×刑二初字第 00096 号刑事判决，认定被告人刘某明犯诈骗罪，判处有期徒刑 6 年，并处罚金人民币 10 万元；追缴被告人刘某明违法所得，上缴国库。刘某明不服，提出上诉。××市中级人民法院于 2016 年 10 月 20 日作出（2016）辽 03 刑终第 53 号刑事裁定，驳回上诉，维持原判。判决发生法律效力后，刘某明妻子梁某娟向××市中级人民法院提出申诉，鞍山市中级人民法院予以驳回。刘某明于 2019 年 5 月 31 日刑满释放，于 2019 年 11 月 4 日向××省高级人民法院提出申诉。××省高级人民法院审理此案后，撤销了××省××市中级人民法院（2016）×03 刑终第 53 号刑事裁定和××省××市人民法院（2015）海刑二初字第 00096 号刑事判决，宣告原审被告人刘某明无罪。

通过本案谈谈你对刑事再审程序的认识。

八、实训文书

（一）申诉状

申诉书

申诉人：高某某，男，1972 年 4 月 4 日生于辽宁省某某县，汉族，居民身份证号：×××××××××××××，原系某某县东城镇卫生院院长，住某某县东城镇南街零组。

续表

申诉人因受贿一案，对某某县人民法院 2013 年 10 月 24 日作出的 (2013) 某刑初字第 277 号刑事判决书提出申诉。

申诉事由：请求申诉受理法院依法撤销 (2013) 某刑初字第 277 号刑事判决，对本案予以再审，并依法判决对申诉人免予刑事处罚。

事实与理由：申诉人认为 (2013) 某刑初字第 277 号刑事判决量刑过重，理由如下：

一、申诉人收受他人财物数额较小。申诉人收受贿赂共计人民币 29 268 元，数额相对较小。

二、申诉人具有自首情节，并主动上缴全部收受款项。

申诉人于 2013 年 4 月 4 日主动到某县人民检察院反贪污贿赂局自首，并上缴了全部受贿款。因此，申诉人具有自首情节，且主动上缴了全部赃款，此节在量刑时应当予以考量。

三、申诉人系初犯、偶犯，主观恶性较小。

申诉人平时一贯表现良好，努力完成工作，无违法犯罪记录，故其主观恶性较小，在量刑上应当酌情减轻处罚。

四、申诉人认罪态度好。

申诉人在案发后积极诚恳地悔罪，配合相关部门调查，并主动弥补单位损失，庭审中也自愿认罪，故应对其酌情减轻处罚。

综上，申诉人收受贿赂数额较小，主观恶性较轻，认罪态度好，主动弥补单位损失，且系初犯、偶犯，恳请贵院对该案予以再审，对申诉人免予刑事处罚。

此致

某某市中级人民法院

申诉人：高某某

×××× 年 ×× 月 ×× 日

（二）再审判决书实例

××省××市中级人民法院

刑事判决书

（2012）×刑再终字第 5 号

抗诉机关××省××县人民检察院。

被害人袁×芳。

委托代理人肖×友。

委托代理人严×宏，××××律师事务所律师。

原审被告人肖×俊。

××省××县人民检察院指控被告人肖×俊犯故意杀人罪一案，××县人民法院于 2011 年 10 月 31 日作出（2011）××刑初字第 264 号刑事判决（简称原审判决），以被告人肖×俊犯故意杀人罪，判处有期徒刑八年。该判决发生法律效力后，被害人袁×芳不服，向××县人民法院提出申诉。××县人民法院于 2012 年 3 月 12 日作出（2012）××刑监字第 1 号再审决定，对该案进行再审。2012 年 7 月 26 日，××县人民法院作出（2012）××刑再初字第 1 号刑事判决（简称再审判决），维持××县人民法院（2011）××刑初字第 264 号刑事判决。2012 年 8 月 9 日，××县人民检察院作出金检刑抗（2012）1 号刑事抗诉书，提起抗诉。本院受理后，依法组成合议庭，公开开庭进行了审理。成都市人民检察院指派代理检察员王沿琰出庭支持抗诉，被害人袁×芳及其诉讼代理人肖×友、严×宏，原审被告人肖×俊到庭参加诉讼。本案现已审理终结。

原审查明，2011 年 8 月 10 日 8 时许，被告人肖×俊因听母亲说与袁×芳发生纠纷被打，便携带杀猪刀找袁×芳报复，在到达位于××县五凤镇白风村 5 组袁×芳家门前时与袁×芳相遇，被告人肖×俊遂将袁×芳按倒在地，用杀猪刀砍向袁×芳头部、面部，因袁×芳反抗，被告人肖×俊对其全身乱砍，致袁×芳全身 30 余处刀伤。经法医初步鉴定，被害人袁×芳全身多处被砍伤，造成双侧上肢多处开放伤并伴随有血管、神经、肌腱（肉）损伤、双侧膝部多处开放伤并伴有血管、神经、肌腱损伤、左侧肱骨外上髁撕脱性骨折，折片向外分离、左侧尺骨茎突骨折，骨块向下分离，目前构成轻伤。案发后，被告人肖×俊的家人主动赔偿了被害人袁×芳医疗费人民币 44961 元。

上述事实，被告人肖×俊在原审开庭审理过程中亦无异议，且有被害人袁×芳的陈述；证人肖某四、唐某品、肖某、卢某珍、刘某清、肖某中、周某利、肖某友、肖某玉、肖某君、陈某清等人的证言；公安机关制作的现场图、拍摄现场的照片、被害人的伤情照片、被告人指认作案工具照片及扣押物品清单；××县公安局物证鉴定室关于被害人袁×芳身体损伤情况的说明及赔偿款单据；被告人肖×俊、被害人袁×芳的常住人口信息；公安机关关于本案的案件来源及抓获经过的说明等证据予以证明，原审予以确认。

原审认为，被告人肖×俊因生活纠纷持刀向被害人袁×芳身体砍杀多达三十余刀，欲非法剥夺他人的生命，其行为已构成故意杀人罪。公诉机关指控被告人肖×俊犯故意杀人罪罪名成立，本院予以支持。被告人肖×俊非法剥夺他人生命，因意志以外的原因而未得逞，系未遂，依法可比照既遂犯从轻或减轻处罚。案发后，被告人肖×俊自动投案，并如实供述犯罪事实，系自首，依法可从轻或减轻处罚。被告人肖×俊于案发后在其家属的帮助下赔偿了被害人部分经济损失，可酌情从轻处罚。原审依照《中华人民共和国刑法》第二百三十二条、第二十三条、第六十七条第一款，《最高人民法院、最高人民检察院、司法部关于适用普通程序审理"被告人认罪案件"的若干意见》第九条的规定，判决：被告人肖×俊犯故意杀人罪，判处有期徒刑八年。

再审审理中，原公诉机关××县人民检察院认为，原审被告人肖×俊故意非法剥夺他人生命犯罪事实清楚，原审判决后，被害人袁×芳经鉴定构成重伤，应当以故意杀人罪追究原审被告人的刑事责任。原审被告人具有自首情节，请依法判处。

被害人袁×芳称，原审被告人肖×俊犯罪手段极其残忍，情节极为恶劣。被害人身体损伤程度经鉴定构成重伤、四级伤残，原判认定被害人为轻伤，对原审被告人判处有期徒刑八年，属事实不清、重罪轻判，请求人民法院依法判处。

肖×俊及其辩护人的辩护意见为，肖×俊无杀害被害人的故意，应以故意伤害罪对其判处刑罚；肖×俊有自首情节，并赔偿了被害人部分经济损失，请求人民法院对肖×俊从轻或者减轻处罚。

再审查明的事实及证据，除对被害人袁×芳的身体损伤程度的事实及证据外，其余事实及证据与原审一致。原审确认的"××县公安局物证鉴定室关于被害人袁×芳身体损伤情况的说明"的证据材料，由于不属于鉴定结论，再审对该份证据材料不予认定。原审在判决中列举的其他认定本案事实的证据，经原审当庭出示和质证，再审中被害人袁×芳、原审被告人肖×俊亦无异议，再审予以确认。

再审另查明，一、原审被告人肖×俊与被害人袁×芳在同村同组相邻居住，与被害人袁×芳的丈夫肖渊友系同辈亲戚关系。二、原审判决后，××县公安局委托××华西法医学鉴定中心对袁×芳损伤程度及伤残等级进行鉴定。××华西法医学鉴定中心于2011年11月29日作出法临：2011—4904法医学鉴定书，该鉴定书载明委托日期为2011年11月16日。鉴定意见为：袁×芳双侧上肢多处开放伤并血管神经肌腱损伤，双侧膝部多处开放伤并血管神经肌腱损伤等致关节功能严重障碍构成重伤；其伤残状况综合评定为四级伤残。三、原审被告人肖×俊现在××省川西监狱服刑，服刑期间无重新犯罪，无减刑、假释等情形。

上述事实有以下证据证实：1. 被害人的陈述及原审被告人的供述，证明双方系邻里亲戚关系；2. ××县公安局金公刑鉴字（2011）018号鉴定聘请书，证明委托鉴定的事实；3. ××华西法医学鉴定中心于2011年11月29日作出的法临：2011—4940法医学鉴定书，证明被害人构成重伤，伤残状况为四级伤残；4. ××省川西监狱狱内侦查科2012年5月3日

续表

的回复函，证明原审被告人在服刑期间无重新犯罪，无减刑、假释等情形。

再审认为，原审被告人肖×俊与被害人袁×芳因生活琐事发生纠纷后，原审被告人持杀猪刀向被害人身体砍杀，欲非法剥夺被害人的生命，其行为已构成故意杀人罪。原审被告人向被害人身体砍杀，致被害人全身多达三十余处刀伤，造成被害人重伤，四级伤残，其手段残忍，依照《中华人民共和国刑法》第二百三十二条的规定，应处死刑、无期徒刑或者十年以上有期徒刑。原审被告人在砍杀被害人过程中，因被害人反抗及证人肖某四制止原审被告人的行为等意志以外的原因而未得逞，系未遂，依法可比照既遂犯从轻或者减轻处罚。案发后原审被告人自动投案，并如实供述犯罪事实，系自首，依法可从轻或者减轻处罚。原审被告人案发后在其家属的帮助下赔偿了被害人部分经济损失，可酌情从轻处罚。

原审被告人及其辩护人所提原审被告人没有杀害被害人的主观故意，原审被告人的行为构成故意伤害罪的辩解及辩护意见。再审认为，原审被告人事前有准备的持杀伤力极大的杀猪刀砍向被害人头部、面部，因被害人反抗，原审被告人对其全身乱砍，致被害人全身30余处刀伤。足以反映出原审被告人意欲致死被害人的主观故意，应当以故意杀人罪追究原审被告人的刑事责任。故原审被告人的辩解及其辩护人的辩护意见不能成立，不予采纳。对辩护人所提原审被告人有自首情节，并赔偿了被害人部分经济损失，请求人民法院对原审被告人从轻或者减轻处罚的辩护意见，与审理查明的事实相符，予以采纳。

原判在无鉴定结论的情况下，仅依据××县公安局物证鉴定室出具的关于袁×芳身体损伤情况的说明，认定被害人"经法医初步鉴定……目前构成轻伤"，不符合《中华人民共和国刑事诉讼法》第四十二条、第一百二十条、第一百二十一条的规定。原判生效后，经××县公安局委托××华西法医学鉴定中心鉴定，被害人身体损伤程度构成重伤，其伤残状况综合评定为四级伤残。故原判在认定被害人身体损伤程度情况方面事实不清，应予纠正。

续表

再审认为，原审被告人罪行虽然严重，但本案系因邻里纠纷矛盾激化引起的犯罪，且犯罪未遂，原审被告人有自首、认罪、悔罪及案发后在其家人的帮助下积极赔偿被害人部分经济损失等法定、酌定从宽处罚情节。综合本案原审被告人犯罪的事实、性质、情节、手段、后果和对社会的危害程度，结合原审被告人的主观恶性等因素全案考虑，本案对原审被告人判处有期徒刑八年，符合宽严相济的刑事政策。故原判虽然在认定被害人身体损伤情况方面事实不清，但对原审被告人判处有期徒刑八年，并未重罪轻判。再审依照《中华人民共和国刑法》第二百三十二条、第二十三条、第六十七条第一款，《中华人民共和国刑事诉讼法》第，最高人民法院《全国审判监督工作座谈会关于当前审判监督工作若干问题的纪要》第 7 条的规定，判决：维持本院（2011）××刑初字第 264 号刑事判决。

××县人民检察院抗诉认为，再审判决认定事实清楚，定性准确，但适用法律错误，量刑畸轻。理由：1. 原审认定被害人袁×芳构成轻伤，判处肖×俊有期徒刑八年，而再审纠正被害人人身损伤程度为重伤，四级伤残，却在其他量刑情节不变的情况下仍然维持原判，违背了罪责刑相适应原则，显然属于量刑不当。2. 被告人肖×俊作案手段特别残忍，后果严重，并且事后没有取得被害人的谅解。虽然肖×俊有自首、犯罪未遂的法定从轻、减轻情节，但结合本案的犯罪事实、性质、情节和对社会的危害程度，应当对肖×俊判处十年以上有期徒刑。

被害人袁×芳同意抗诉机关的抗诉意见。

原审被告人肖×俊辩称，1. 其是出于教训的目的，没有杀害被害人的故意，其行为不属于故意杀人罪；2. 对原审认定被害人为轻伤，而再审却认定被害人为重伤有异议；对判决认定其行为造成被害人 30 多处刀伤有异议。

本院二审认定的事实及证据与再审认定的事实及证据一致。

本院认为，原审被告人肖×俊与被害人因琐事发生纠纷后，为泄私愤而持刀对被害人全身多处进行砍杀，在被害人呼救和丧失反抗能力后即停止砍杀行为，结合案发起因及砍杀的部位、力度等，原审被告人肖×俊具有非法损害他人身体健康的主观故意，客观上实施的是不计后果的故意伤害行为，造成了被害人重伤的损害结果，肖×俊的犯罪行为符合故意伤害罪的构成要件，构成故意伤害罪。原审及再审认为原审被告人肖×俊有非法剥夺他人生命的直接故意，其行为构成故意杀人罪，与审理查明的事实不符，属于定罪错误，应予纠正。原审被告人肖×俊所提没有杀害被害人的故意，不构成故意杀人罪的辩解与审理查明的事实相符，本院予以采纳。

关于肖×俊所提被害人损伤程度鉴定的异议及受伤情况的异议问题。原审审理时，被害人尚在治疗中，××县公安局物证鉴定室的《关于袁×芳身体损伤情况的说明》明确"袁×芳目前已达轻伤"，但建议临床治愈后再行人体损伤程度鉴定。被害人在治疗终结后，××县公安局委托××华西法医学鉴定中心进行鉴定，其所受身体损伤程度构成重伤，伤残状况综合评定为四级伤残。该鉴定符合法定程序，合法有效。再审判决依据该鉴定结论对被害人的身体损伤程度及伤残等级的认定，符合法律规定。原审及再审依据医院病历及2011—4940法医学鉴定书对袁×芳受伤情况的认定，符合法律规定。因此，肖×俊关于被害人身体损伤程度鉴定及受伤情况的异议不能成立。

原审被告人肖×俊作案手段特别残忍，造成了被害人重伤及四级伤残严重残疾的严重后果，应当依照《中华人民共和国刑法》第二百三十四条第二款的规定，"处十年以上有期徒刑、无期徒刑或者死刑"。原审被告人肖×俊犯罪后自动投案，如实供述自己的犯罪事实，系自首，依法可从轻处罚。案发后，肖×俊在其家属的帮助下赔偿了被害人部分经济损失，酌情可从轻处罚。综合全案情节，应对原审被告人肖×俊从轻处罚。原审及再审判决判处肖×俊有期徒刑八年属量刑不当。抗诉机关所提再审判决适用法律错误，量刑畸轻的意见成立，本院予以采纳。

综上所述，再审判决认定事实清楚、程序合法，但定罪错误，量刑不

续表

当，应予纠正。原审判决认定事实不清、定罪错误，量刑不当，应予撤销。

据此，依照《中华人民共和国刑法》第六十七条第一款、第二百三十四条，《中华人民共和国刑事诉讼法》第一百八十九条第一款第（二）项、第二百零六条之规定，判决如下：

一、撤销××县人民法院（2012）××刑再初字第 1 号刑事判决和（2011）××刑初字第 264 号刑事判决。

二、被告人肖×俊犯故意伤害罪，判处有期徒刑十年。

（刑期从判决生效之日起计算。判决执行以前先行羁押的，羁押一日折抵刑期一日，即自 2011 年 8 月 10 日起至 2021 年 8 月 9 日止）。

本判决为终审判决。

审判长　罗×

代理审判员　陈×

代理审判员　张×

二〇一二年十二月七日

书记员　汪×

九、实训法规

1.《中华人民共和国刑事诉讼法》第 252—258 条

2.《最高人民法院关于适用〈中华人民共和国刑事诉讼法〉的解释》第 451—474 条

3.《人民检察院刑事诉讼规则》第 583—601 条

详见

第六章

涉外刑事诉讼程序与刑事司法协助实训

第一节　涉外刑事诉讼程序

一、实训目标

通过本节课的学习，学生了解涉外刑事诉讼程序的概念、特点及适用原则，掌握涉外刑事案件办理程序。

二、实训素材

案例一

被告人陈某甲，男，1989 年 3 月 29 日出生，户籍地为四川省古蔺县。

被告人陈某乙，男，1995 年 1 月 29 日出生，户籍地为广东省雷州市。

被告人文某某，男，1998 年 7 月 16 日出生，户籍地为广东省潮州市。

被告人谢某某，男，1995 年 12 月 10 日出生，户籍地为广东省饶平县。

被告人周某某，男，1998 年 9 月 4 日出生，户籍地为广东省雷州市。

2021 年 3 月初，被告人陈某甲在其位于四川省古蔺县的家中，通过刷单、股票聊天群认识了发布招聘广告昵称为"菠萝"的微信网友。"菠萝"提出让陈某甲到"金三角"地区做销售，待遇保底八千加提成，并答应为其支付路途中的一切费用，同时承诺陈某甲另外带人到国外后有提成。陈某甲明知到"金三角"地区是从事赌博或电信诈骗等违法犯罪活动，但经不起高薪诱惑，表示同意。陈某甲随后又以在国外可领取高薪为由拉拢、引诱被告人陈某乙一同到国外工作，后陈某乙又联系被告人周某某、文某某、谢某某一同前往。后陈某甲按照"菠萝"的安排，与陈某乙、文某某、谢某某、周某某及其他3名偷渡人员张某某（另案处理）、王某某（另案处理）、彭某某（另案处理）在云南昆明碰面，分段乘车准备偷渡到缅甸。这期间，上述人员的一切花费均由"菠萝"通过微信转予陈某甲和张某某，由二人负责支付。同年3月21日凌晨，陈某甲等人在偷渡途中，被云南省关坪边境检查站挡获劝返。

2021年4月3日，公安机关对本案立案侦查，并于同年7月19日移送人民检察院审查起诉。同年8月19日，人民检察院依法对陈某甲以涉嫌组织他人偷越国境罪，对陈某乙、文某某、谢某某、周某某以偷越国境罪提起公诉。同年10月26日，人民法院对陈某甲、陈某乙分别判处有期徒刑10个月、6个月，并处罚金人民币8000元、5000元；对文某某、谢某某、周某某分别判处有期徒刑6个月至7个月，缓刑1年，并处罚金3000元。

案例二

2021年2月，被告人高某因受"高薪"引诱，偷渡至缅甸加入电信网络诈骗犯罪集团。该诈骗集团层级分明，分为若干团队，各团队设有团长、总监、经理、组长、业务员等不同等级，并制定具体的诈骗目标数额，对于不服从管理或未完成目标数额的业务员，通过罚款、体罚、殴打等方式予以惩戒。高某加入诈骗集团后，根据上级安排，冒用他人身份打造"高端"人设，通过K歌类娱乐软件寻找女性作为诈骗目标，诱导被害人至社交软件聊天，使用内部"话术"与对方培养感情。待取得被害人信任后，以投资名义诱使被害人在该诈骗集团控制的App平台充值、投资，此后再以交税和保证金为由诱骗被害人继续充值。经查，高某在参加诈骗集团期间诈骗金额共计17余万美元。此后，高某欲从犯罪集团逃跑，但未能成功，被抓回殴打，之后其联系国内家人向诈骗集团支付高额"赎金"才得以回国。

2021年8月31日，被告人高某接到公安机关电话后，主动到公安机关投案，并如实供述了上述犯罪事实。同时，其还供称该诈骗集团通过强制"团建"、吸毒等手段控制集团成员，并要求业务提成只能用于电信诈骗园区消费，不允许邮寄回国。

案例三

2020年12月下旬，被告人艾某、余某、杨某在一起商议，从越南购买水牛后到中国销售赚取差价。经艾某与越南人联系后，三人共同出资向越南人购买了5头水牛。2020年12月29日20时30分左右，余某携带资金前往金平县金河镇某村岔路口进行交易，随后越南人返回越南，余某将购买的5头水牛赶到金平县金河镇某村大坡坡地等候运输。2020年12月30日7时许，艾某联系了驾驶员尤某商谈拉牛事宜，经商谈后以人民币1000元的运费将5头水牛运输到老勐镇，随即尤某驾驶货车去接货装车，装车后杨某坐在副驾驶位上负责押车一同前往老勐镇，艾某驾车在前面放风，余某返回金平县城，货车行驶至金河镇某路段时被金平警方查获，当场从货车上查获水牛5头。经称重，查获的5头水牛净重1875千克，经认定，共计价值人民币63 750元。

人民法院经审理后依法作出判决：（1）被告人艾某犯走私国家禁止进出口的货物、物品罪，判处有期徒刑10个月，并处罚金人民币3000元。（2）被告人余某犯走私国家禁止进出口的货物、物品罪，判处有期徒刑9个月，并处罚金人民币3000元。（3）被告人杨某犯走私国家禁止进出口的货物、物品罪，判处有期徒刑8个月，并处罚金人民币3000元。

三、实训准备

（1）教师指定学生阅读《刑事诉讼法》教材中关于涉外刑事诉讼程序的内容，要求学生查阅《刑事诉讼法》《最高人民法院关于适用〈中华人民共和国刑事诉讼法〉的解释》《人民检察院刑事诉讼规则》《刑法》《最高人民法院、最高人民检察院关于办理妨害国（边）境管理刑事案件应用法律若干问题的解释》《人民检察院检察建议工作规定》等法律法规中关于涉外刑事诉讼程序的有关规定。

（2）教师课前将进行实训的案情资料传发给学生，要求检索有关程序法和实体法方面的法律依据，根据具体实训案例结合实体法的内容明确案件中当事人的刑事责任。学生自主学习后，要求提交书面形式的报告。

（3）教师将学生分成小组，以小组为单位对将要实训的案件进行讨论。

四、实训要点

涉外刑事诉讼程序是指国家专门机关在诉讼参与人的参加下办理涉外刑事案件所遵守的方式、方法和步骤。涉外刑事案件主要包括以下几种情况：（1）中国公民在中国领域内对外国公民、无国籍人及外国法人犯罪的案件。在此类案件中，外国人、无国籍人或者外国法人是被害人。（2）外国公民、无国籍人或外国法人在中国领域内对中国国家、组织或者公民实施犯罪的案件。此类案件的犯罪嫌疑人、被告人是外国公民或法人。（3）外国公民、无国籍人或者外国法人在中国领域内侵犯外国公民、无国籍人或者外国法人的合法权利，触犯我国《刑法》，构成犯罪的案件。犯罪行为没有危害中国国家、组织和公民的利益，但犯罪地点在中国境内，中国司法机关具有管辖权。此类案件的被害人、犯罪嫌疑人、被告人都是外国人，但只有根据我国《刑法》规定构成犯罪的行为，才适用涉外刑事诉讼程序予以追究。（4）中国缔结或者参加的国际条约所规定的，中国有义务管辖的国际犯罪行为。根据这些公约和中国国内法的有关规定，凡中国有义务管辖的国际犯罪案件，均适用涉外刑事诉讼程序。（5）外国人、无国籍人、外国法人在中国领域外对中国国家或公民实施按照我国《刑法》规定最低刑为 3 年以上有期徒刑的犯罪案件，但按照犯罪地法律不受处罚的除外。此类案件的犯罪嫌疑人、被告人是外国人，犯罪地也不在中国境内，但因为犯罪行为是针对中国国家或中国公民实施的，按照保护管辖原则，我国有权依照涉外刑事诉讼程序追究其刑事责任。（6）某些刑事诉讼活动需要在国外进行的非涉外刑事案件。包括中国公民在中国领域之外犯罪的案件；中国公民在中国领域内犯罪、犯罪后潜逃出境的案件；犯罪嫌疑人、被告人、被害人均为中国公民，但证人是外国人且诉讼时已出境的案件。在上述案件中，如取证等某些诉讼活动需要在国外进行，而中国的司法机关又不能直接到国外去行使职权，故需要按照国际条约或者互惠原则等规定，请求外国司法机关予以协助。（7）外国司法机关管辖的，根据国际条约或者互惠原则，外国司法机关请求中国司法机关为其提供刑事司法协助的案件。

（一）涉外刑事诉讼程序的特有原则

涉外刑事诉讼程序的特有原则，是指国家专门机关及诉讼参与人进行涉外刑事诉讼活动时所应遵守的基本准则。公安司法机关在办理涉外刑事诉讼时除了要遵守我国刑事法律规定外，还要遵守以下几项原则：

1. 国家主权原则

我国《刑法》规定，凡在中国领域内犯罪和在中国领域外犯罪，需要依照我国《刑法》追究刑事责任的，都适用我国《刑法》定罪量刑。我国《刑事诉讼法》也规定，对于外国人犯罪应当追究刑事责任的，适用我国《刑事诉讼法》的规定。对于享有外交特权和豁免权的外国人犯罪应当追究刑事责任的，通过外交途径解决。

国家主权是一个国家处理对内对外事务的最高权力，司法权是国家主权的重要组成部分。国家主权的独立，当然包括司法权的独立。我国是一个主权独立的国家，因此，我国司法机关办理涉外刑事案件时，除法律有特别规定的以外，一律适用我国法律；我国司法机关独立行使侦查权、检察权和审判权，不受任何外国势力的干涉和影响，也不接受任何不平等的歧视或限制，更不允许在我国境内存在治外法权或领事裁判权。

涉外刑事诉讼中的国家主权原则，主要表现在两个方面：第一，外国人在我国境内进行刑事诉讼，一律适用我国法律，依照我国法律规定的诉讼程序进行。但享有外交特权和豁免权的外国人的刑事责任问题，通过外交途径解决。第二，依法应由我国司法机关管辖的涉外刑事案件，一律由我国司法机关受理，外国司法机关无管辖权。

2. 适用中国刑事法律和信守国际条约相结合原则

适用中国刑事法律和信守国际条约相结合原则，是指司法机关及诉讼参与人在进行涉外刑事诉讼时，除了要遵守中国法律外，还应当遵守中国缔结或者参加的国际条约中有关刑事诉讼程序的具体规定，除非中国对该条款有保留。如果中国的刑事法律与中国缔结或者参加的国际条约发生冲突，应当适用国际条约的有关规定。

涉外刑事诉讼适用中国法律，是我国独立行使刑事司法管辖权的标志，我国司法机关无论在涉外案件的各个诉讼阶段，还是协助外国司法机关完成诉讼任务，都必须适用中国法律，绝不允许任何外国国家、组织或者公民以任何形式进行干涉。国际条约是主权国家之间订立的多边或双边协议。我国对于自己参加或者缔结的国际条约，历来是认真信守的。我国法律虽然没有明确要求司法机关及诉讼参与人在涉外刑事诉讼中，在遵守中国刑事诉讼法律的同时也要遵守中国参加或缔结的国际条约，但是，司法机关在刑事诉讼实践中一贯坚持这一原则。

3. 使用中国通用的语言文字进行诉讼原则

使用中国通用的语言文字进行诉讼原则是指国家专门机关在办理涉外刑事案件过程中，应当使用中国通用的语言、文字进行诉讼活动，对于外国籍诉讼参与人，应当为他们提供翻译。使用本国通用的语言文字进行涉外刑事诉讼，是各国涉外刑事诉讼程序中普遍采用的一项原则。

根据我国现有立法规定，使用中国通用的语言文字进行诉讼原则具体包括以下内容：

（1）国家专门机关办理涉外刑事案件，使用中华人民共和国通用的语言、文字进行诉讼活动，应当为外国籍当事人提供翻译。翻译人员应在翻译文件上签字。

（2）国家专门机关的诉讼文书用中文撰写，外国籍当事人不通晓中文的，应当附有外文译本，译本不加盖我国专门机关印章，以中文本为准。

（3）外国籍当事人通晓中国语言、文字，拒绝他人翻译，或者不需要诉讼文书外文译本的，应当由其本人出具书面声明。拒绝出具声明的，应当记录在案；必要时，应当录音录像。

国家专门机关在贯彻执行使用中国通用的语言文字进行诉讼原则时，应当注意以下几个问题：

第一，不能以使用中国通用的语言文字进行诉讼为理由，强迫外国籍当事人尤其是通晓中国通用的语言文字的外国籍当事人使用中国通用的语言文字和司法人员沟通，应当允许他们使用其所在国通用的或者他们通晓的语言文字。

第二，不能在使用中国通用的语言文字方面无原则地迁就外国籍当事人，如外国籍当事人以不懂中国通用的语言文字为由拒收诉讼文书或者拒绝签名，送达人在有见证人在场的情况下，把诉讼文书留在他的住处或者羁押场所，并记录在卷，即视为已经送达。

第三，翻译费用由外国籍当事人承担。如果外国籍当事人无力承担翻译费用，不能因此而拒绝其要求提供翻译的请求。在外国籍当事人无力支付翻译费用的情况下，应为其免费提供翻译。

4. 外国籍当事人委托中国律师辩护或代理原则

外国籍当事人委托中国律师辩护或代理原则是指外国籍当事人如欲委托律师辩护或代理，必须委托在中国注册的律师，不允许委托外国律师。律师制度是国家司法制度的重要组成部分。一国的司法制度只能在本国领域内适用，不能延伸至他国，这是公认的准则。该原则主要包括四方面含义：

（1）外国籍被告人委托律师辩护，或者外国籍附带民事诉讼当事人、自诉人委托律师代理诉讼的，应当委托具有中国的执业律师。

（2）外国籍被告人在押的，其监护人、近亲属或者其国籍国驻华使（领）馆可以代为委托辩护人。其监护人、近亲属代为委托的，应当提供与被告人关系的有效证明。

（3）外国籍当事人委托其监护人、近亲属担任辩护人、诉讼代理人的，被委托人应当提供与当事人关系的有效证明。经审查，符合有关法律规定的，司法机关应当准许。

（4）外国籍被告人没有委托辩护人的，司法机关可以通知法律援助机构为其指派律师提供辩护。被告人拒绝辩护人辩护的，应当由其出具书面声明，或者将其口头声明记录在案；必要时，应当录音录像。被告人属于应当提供法律援助情形的，依照法律规定处理。

（二）国籍的确定

根据我国法律规定，确认外国人国籍的方法主要有以下几点：

（1）根据其入境时持用的有效证件确认。如果被告人通过海关进入我国境内时持有两国甚至多国护照或身份证明，应当以其通关时所持用的国籍证件为认定国籍的依据。

（2）国籍不明的，根据公安机关或者有关国家驻华使（领）馆出具的证明确认。

（3）国籍无法查明的，以无国籍人对待，在裁判文书中写明"国籍不明"。

（三）管辖的确定

1. 侦查管辖

外国人犯罪的案件，由犯罪地的县级以上公安机关立案侦查。

犯罪嫌疑人是享有外交特权或者领事特权和豁免权的外国人的，应当层报公安部，同时告知同级人民政府外事办公室，必要时，由公安部和外交部通过外交途径办理。

外国人犯中国缔结或者参加的国际条约规定的罪行后进入我国领域内的，由该外国人被抓获地的设区的市一级以上公安机关立案侦查。

外国人在中国领域外的中国船舶或者航空器内犯罪的，由犯罪发生后该船舶或者航空器最初停泊或者降落地、目的地的中国港口的县级以上交通或民航公安机关或者该外国人居住地的县级以上公安机关立案侦查；未设交通或者民航公安机关的，由地方公安机关管辖。

外国人在国际列车上犯罪的，由犯罪发生后列车最初停靠的中国车站所在地、目的地的县级以上铁路公安机关或者该外国人居住地的县级以上公安机关立案侦查。

外国人在中国领域外对中国国家或者公民犯罪，应当受刑罚处罚的，由该外国人入境地或者入境后居住地的县级以上公安机关立案侦查；该外国人未入境的，由被害人居住地的县级以上公安机关立案侦查；没有被害人或者对中国国家犯罪的，由公安部指定管辖。

2. 审判管辖

外国人犯罪的刑事案件，除了依照《刑事诉讼法》规定由中级人民法院管辖的以外，一律由基层人民法院管辖，进行第一审审判。

外国人、无国籍人犯危害国家安全罪、恐怖活动犯罪的第一审刑事案件以及外国人、无国籍人犯其他罪可能判处无期徒刑、死刑的第一审刑事案件，由中级人民法院管辖；对于重大或特别重大的涉外刑事案件，如情节特别严重、案情疑难复杂、在全省或全国范围内有重大影响或者可能引起外交交涉的案件，也可以由高级人民法院或者最高人民法院进行第一审审判。

（四）强制性措施的适用

国家专门机关在办理涉外刑事案件过程中，为保障诉讼活动的顺利进行，可以依法对外国籍犯罪嫌疑人、被告人采取有关的强制性措施。公安司法机关在采取强制性措施时应当遵守以下特别规定：

对外国籍犯罪嫌疑人依法作出取保候审、监视居住决定或者执行拘留、逮捕后，应当在 48 小时内层报省级公安机关，同时通报同级人民政府外事办公室。重大涉外案件应在 48 小时内层报公安部，同时通报同级人民政府外事办公室。

对外国籍犯罪嫌疑人依法作出取保候审、监视居住决定或者执行拘留、逮捕后，由省级公安机关根据有关规定，将其姓名、性别、入境时间、护照或者证件号码、案件发生的时间、地点，涉嫌犯罪的主要事实，已采取的强制措施及其法律依据等，通知该外国人所属国家的驻华使（领）馆，同时报告公安部。外国人在侦查期间或者执行刑罚期间死亡的，有关省级公安机关应该通知该外国人国籍国的驻华使（领）馆，同时报告公安部。未在我国设立使（领）馆的国家，可以通知其代管国家的驻华使（领）馆。无代管国家或者代管国家不明的，可以不通知。

外国人、无国籍人涉嫌危害国家安全犯罪的案件或者涉及国与国之间政治、外交关系的案件以及在适用法律上确有疑难的案件，需要逮捕犯罪嫌疑人的，按照《刑事诉讼法》关于管辖的规定，分别由基层人民检察院或者设区的市级人民检察院审查并提出意见，层报最高人民检察院审查。最高人民检察院认为需要逮捕的，经征求外交部的意见后，作出批准逮捕的批复；认为不需要逮捕的，作出不批准逮捕的批复。基层人民检察院或者设区的市级人民检察院根据最高人民检察院的批复，依法作出批准或者不批准逮捕的决定。在层报过程中，上级人民检察院经审查认为不需要逮捕的，应当作出不批准逮捕的批复。报送的人民检察院根据批复依法作出不批准逮捕的决定。

在侦查羁押期间，经公安机关批准，外国籍犯罪嫌疑人可以与其近亲属、监护人会见、与外界通信。在侦查终结前，外国驻华外交、领事官员要求探视被监视居住、拘留、逮捕或者正在看守所服刑的本国公民的，应当及时安排有关探视事宜。犯罪嫌疑人拒绝其国籍国驻华外交、领事官员探视的，可以不予安排，但应当由其本人提出书面声明。

涉外刑事案件审判期间，人民法院决定对外国籍被告人采取强制措施的，应当将采取强制措施的情况，包括外国籍当事人的姓名、性别、入境时间、护照或者证件号码、采取的强制措施及法律依据、羁押地点等，及时通报同级人民政府外事主管部门，并通知有关国家驻华使（领）馆。

对涉外刑事案件的被告人，人民法院可以决定限制出境；对开庭审理案件时必须到庭的证人，可以要求暂缓出境。作出限制出境的决定，应当通报同级公安机关或者国家安全机关；限制外国人出境的，应当同时通报同级人民政府外事主管部门和当事人国籍国驻华使（领）馆。人民法院决定限制外国人和中国公民出境的，应当书面通知被限制出境的人在案件审理终结前不得离境，并可以采取扣留护照或者其他出入境证件的办法限制其出境；扣留证件的，应当履行必要手续，并发给本人扣留证件的证明。

对需要在边防检查站阻止外国人和中国公民出境的，受理案件的人民法院应当层报高级人民法院，由高级人民法院填写口岸阻止人员出境通知书，向同级公安机关办理交控手续。控制口岸不在本省、自治区、直辖市的，应当通过有关省、自治区、直辖市公安机关办理交控手续。紧急情况下，确有必要的，也可以先向边防检查站交控，再补办交控手续。

经公安机关批准，被采取强制措施的外国嫌疑人可以和近亲属、监护人会见、通信。外国驻华外交官员要求探视被监视居住、拘留、逮捕或者正在看守所服刑的本国公民的，应当及时安排有关探视事宜。犯罪嫌疑人拒绝其国籍国驻华外交官员探视的，公安机关可以不予安排，但应当由其本人提出书面声明。

涉外刑事案件审判期间，外国籍被告人在押，其国籍国驻华使（领）馆官员要求探视的，可以向受理案件的人民法院所在地的高级人民法院提出。

人民法院应当根据我国与被告人国籍国签订的双边领事条约规定的时限予以安排；没有条约规定的，应当尽快安排。必要时，可以请人民政府外事主管部门协助。

涉外刑事案件审判期间，外国籍被告人在押，其监护人、近亲属申请会见的，可以向受理案件的人民法院所在地的高级人民法院提出，并依照相关规定提供与被告人关系的证明。人民法院经审查认为不妨碍案件审判的，可以批准。被告人拒绝接受探视、会见的，应当由其本人出具书面声明。拒绝出具书面声明的，应当记录在案；必要时，应当录音录像。探视、会见被告人应当遵守我国法律规定。

（五）文书送达

我国司法机关向中国领域外居住的诉讼参与人送达刑事诉讼文书，可以采用下列方式：

（1）根据受送达人所在国与中国缔结或者共同参加的国际条约规定的方式送达。

（2）通过外交途径送达。

（3）对中国籍当事人，可以委托我国驻受送达人所在国的使（领）馆代为送达。

（4）自诉案件的自诉人或者附带民事诉讼原告人，可向有权代其接受送达的诉讼代理人送达。

（5）当事人是外国单位的，可向其在中国领域内设立的代表机构或者有权接受送达的分支机构及业务代办人送达。

（6）受送达人所在国法律允许的，可以邮寄送达；自邮寄之日起满 3 个月，送达回证未退回，但根据各种情况足以认定已经送达的，视为送达。

（7）受送达人所在国法律允许的，可以采用传真、电子邮件等能够确认受送达人收悉的方式送达。

（8）人民法院与同我国建交国家的法院通过外交途径相互请求送达法律文书的，除该国同我国已有司法协助协定的依协定外，依据互惠原则办理。

（六）涉外刑事案件的辩护与代理

外国籍犯罪嫌疑人、被告人委托辩护人，或者外国籍附带民事诉讼当事人、自诉人委托律师代理诉讼的，应当委托具有中国律师资格并依法取得执业证书的律师。外国籍被告人在押的，其监护人、近亲属或者其国籍国驻华使（领）馆可以代为委托辩护人。其监护人、近亲属代为委托的，应当提供与被告人关系的有效证明。外国籍当事人委托其监护人、近亲属担任辩护人、诉讼代理人的，被委托人应当提供与当事人关系的有效证明。经审查，符合《刑事诉讼法》、有关司法解释规定的，人民法院应当准许。外国籍被告人没有委托辩护人的，人民法院可以通知法律援助机构为其指派律师提供辩护。被告人拒绝辩护人辩护的，应当由其出具书面声明，或者将其口头声明记录在案；必要时，应当录音录像。被告人属于应当提供法律援助情形的，依照相关规定处理。外国籍当事人从中华人民共和国领域外寄交或者托交给中国律师或者中国公民的委托书，以及外国籍当事人的监护人、近亲属提供的与当事人关系的证明，必须经所在国公证机关证明，经所在国中央外交主管机关或者其授权机关认证，并经我国驻该国使（领）馆认证，或者履行我国与该所在国订立的有关条约中规定的证明手续，但我国与该国之间有互免认证协定的除外。

外国籍犯罪嫌疑人、被告人委托和指定辩护的其他要求，依据《刑事诉讼法》以及相关法律的规定进行。

（七）对境外证据材料的审查认定

对来自境外的证据材料，应当对材料来源、提供人、提取人、提取时间等进行审查。经审查，能够证明案件事实且符合《刑事诉讼法》规定的，可以作为证据使用，但提供人或者我国与有关国家签订的双边条约对材料的使用范围有明确限制的除外；材料来源不明或者其真实性无法确认的，不得作为定案的根据。

当事人及其辩护人、诉讼代理人提供来自境外的证据材料的，该证据材料应当经所在国公证机关证明，经所在国中央外交主管机关或者其授权机关认证，并经我国驻该国使（领）馆认证，或者履行我国与该所在国订立的有关条约中规定的证明手续，但我国与该国之间有互免认证协定的除外。

（八）涉外刑事案件的侦查、起诉、审判和执行

公安部和最高人民法院对涉外刑事案件的侦查、审判和执行做了以下一

些特殊的规定，各级司法机关在办理涉外刑事案件时应当严格遵守：

外国人在公安机关侦查或者执行刑罚期间死亡的，有关省级公安机关应当通知该外国人国籍国的驻华使（领）馆，同时报告公安部；未在华设立使（领）馆的国家，可以通知其代管国家的驻华使（领）馆；无代管国家或者代管国家不明的，可以不予通知。

人民法院受理涉外刑事案件后，应当告知在押的外国籍被告人享有与其国籍国驻华使、领馆联系，与其监护人、近亲属会见、通信，以及请求人民法院提供翻译的权利。外国籍被告人在押，其国籍国驻华使、领馆官员要求探视的，可以向受理案件的人民法院所在地的高级人民法院提出。人民法院应当根据我国与被告人国籍国签订的双边领事条约规定的时限予以安排；没有条约规定的，应当尽快安排。外国籍被告人在押，其监护人、近亲属申请会见的，可以向受理案件的人民法院所在地的高级人民法院提出，并提供经过公证与认证的与被告人关系的证明。人民法院经审查认为不妨碍案件审判的，可以批准。被告人拒绝接受探视、会见的，可以不予安排，但应当由其本人出具书面声明。

涉外刑事案件审判期间，人民法院应当将开庭的时间、地点、是否公开审理等事项，以及宣判的时间、地点及时通报同级人民政府外事主管部门，并通知有关国家驻华使（领）馆。外国籍当事人国籍国驻华使（领）馆官员要求旁听的，可以向受理案件的人民法院所在地的高级人民法院提出申请，人民法院应当安排。外国籍当事人国籍国驻华使（领）馆要求提供裁判文书的，可以向受理案件的人民法院所在地的高级人民法院提出，人民法院可以提供。

涉外刑事案件宣判后，人民法院应当及时将处理结果通报同级人民政府外事主管部门；对外国籍被告人执行死刑的，死刑裁决下达后执行前，应当通知其国籍国驻华使（领）馆。外国籍被告人在案件审理中死亡的，应当及时通报同级人民政府外事主管部门，并通知有关国家驻华使（领）馆。

对判处独立适用驱逐出境刑罚的外国人，省级公安机关在收到人民法院的《刑事判决书》《执行通知书》的副本后，应当指定该外国人所在地的设区的市一级公安机关执行。被判处徒刑的外国人，主刑执行期满后应当执行驱逐出境附加刑的，省级公安机关在收到执行监狱的上级主管部门转交的《刑事判决书》《执行通知书》副本或者复印件后，及时指定该外国人所在地的设区的市一级公安机关执行。

五、实训过程

1. 教师讲解涉外刑事诉讼程序的基本原理。
2. 教师通过投影仪和学生共同回顾实训素材的基本案情。
3. 以小组为单位讨论实训素材的案例，由学生代表发言。
4. 教师对学生的表现进行点评。

六、实训点评

1. 案例一点评要点

本案犯罪嫌疑人实施犯罪行为在"金三角"地区，不属于我国领土范围。首先要确定犯罪嫌疑人的国籍，通过犯罪嫌疑人所持护照判断其是我国公民，按照属人管辖原则，我国司法机关应该对其追究刑事责任。

某些行为人明明知道国外许诺的高薪与电信诈骗、网络赌博等违法犯罪活动有关，但在金钱诱惑面前突破法律底线，只顾来钱多、来钱快，而未考虑自己的行为给社会带来的危害后果，亦在可能面临相关处罚时心存侥幸，以身试法。某些行为人不仅自己偷渡，还在境外人员的领导指挥下，拉拢其他人员偷渡，实施组织偷渡行为，产生更加严重的社会影响。这些行为均应予依法严惩。

2. 案例二点评要点

境外诈骗犯罪集团往往以所谓的"高工资、低门槛、工作时间灵活"等虚假招聘信息，诱惑境内人员非法偷渡至境外"淘金"。行为人到达境外犯罪窝点后，自愿或被迫从事电信网络诈骗活动，不仅触犯法律，自身生命财产安全也遭到严重威胁，最终害人害己。

本案是一起受"高薪"诱惑偷渡至境外参加电信诈骗集团的典型案例。被告人高某明知偷渡至缅甸系从事违法犯罪活动，仍积极赴境外诈骗窝点从事"杀猪盘"诈骗，欲逃离回国时被限制人身自由、殴打，直至缴纳高额

"赎金"才得以回国。人民法院根据高某参与诈骗的具体情况认定其构成诈骗罪，并综合考虑其从犯地位及自首、认罪认罚等情节予以从宽处罚，在对跨境电信网络诈骗犯罪"毫不姑息""绝不手软"的同时，充分贯彻宽严相济刑事政策，确保罪责刑相适应。

3. 案例三点评要点

走私案件严重侵害了我国进出口管理秩序和税收制度。根据《禁止从动物疫病流行国家/地区输入的动物及其产品一览表》，我国禁止从越南进口偶蹄动物及其产品，猪、野猪及其产品，禽类及其产品。通过走私方式入境的动物、冻品、产品来源不明，存在疫病、食品安全隐患，影响人民群众的生活和社会经济秩序，打击此类走私犯罪，对于食品安全保护非常重要。

七、实训拓展

2017 年 7 月至 2019 年 5 月，被告人谢某浩、陈某旺多次违反国（边）境管理法规，在我国云南省与缅甸佤邦交界处往返偷渡。自 2018 年 6 月起，以谢某浩、陈某旺为首的犯罪集团长期盘踞于缅甸北部，并从国内纠集大量人员实施跨国电信网络诈骗犯罪活动。其中，谢某浩负责人员接送、业务培训、协调当地关系等；陈某旺作为部门主管，负责人员管理、账目核对等；另有他人负责人员招募。该犯罪集团成员利用网络聊天软件添加被害人为好友后，诱使被害人到"TNT 国际娱乐""鼎吉国际""红玺国际"等平台进行赌博，之后通过后台操控的方式，先让被害人获取蝇头小利，待被害人加大充值投注后，再将被害人资金转入犯罪集团控制的银行账户。2018 年 6 月至 2018 年 12 月、2019 年 2 月至 2019 年 5 月间，谢某浩诈骗金额共计人民币 1051 万余元，陈某旺诈骗金额共计人民币 997 万余元。2018 年，被告人林某明知被告人谢某浩处理的资金系犯罪所得，仍数次使用他人多张银行卡帮助谢某浩转账，共转移诈骗资金人民币 907 万余元。

本案经江西省万年县人民法院一审，江西省上饶市中级人民法院二审，现已发生法律效力。法院认为，被告人谢某浩、陈某旺多次违反国（边）境管理法规，偷越国（边）境，情节严重，其行为均已构成偷越国（边）境罪。谢某浩、陈某旺伙同他人以非法占有为目的，在缅甸组织电信网络诈骗集团，骗取他人财物，数额特别巨大，其行为均已构成诈骗罪，依法应数罪并罚。谢某浩、陈某旺在共同犯罪中系主犯。综上，对被告人谢某浩以诈骗罪、偷越国（边）境罪数罪并罚，决定执行有期徒刑十五年，并处罚金人民币53万元；对被告人陈某旺以诈骗罪、偷越国（边）境罪数罪并罚，决定执行有期徒刑13年，并处罚金人民币32万元。被告人林某明知是犯罪所得而予以转移，情节严重，以掩饰、隐瞒犯罪所得罪判处有期徒刑6年，并处罚金人民币10万元。

根据以上案例，分析本案的诉讼程序。

八、实训法规

1. 《中华人民共和国刑事诉讼法》第17—18条

2. 《最高人民法院关于适用〈中华人民共和国刑事诉讼法〉的解释》第40—68条

3. 《最高人民法院、最高人民检察院关于办理妨害国（边）境管理刑事案件应用法律若干问题的解释》

详见

第二节　刑事司法协助

一、实训目标

通过本节课的学习，学生了解刑事司法协助的概念、特点及主要内容，掌握刑事司法协助的程序要求，尤其需要注意刑事司法协助和国内诉讼的差异。

二、实训素材

案例一

被告人黄×金，男，1955年2月出生，汉族，户籍所在地为上海市杨浦区。

1993年10月，黄×金与孟×平（男，上海市人，殁年42岁）在日本结识，后成为朋友。2004年1月，黄×金与妻子持旅游签证赴日投靠孟×平（非法滞留境外务工），并与孟×平一同居住。2004年7月19日中午，因被告人黄×金未陪同被害人孟×平外出购物，二人发生争执，孟×平要求黄×金立即搬出其住所，随后发生肢体冲突。黄×金持刀追刺孟×平至公寓门前的道路，追上后持刀连续刺入孟×平的胸部及背部等处。经鉴定，孟×平系因前胸部心脏刺创导致的瞬间大量失血过多而死亡，该前胸部心脏刺创系致命伤。

2004年12月17日，东京地方法院以被告人黄×金犯故意杀人罪、非法滞留罪，合并判处其有期徒刑11年。被害人孟×平家属认为日本法院判罚过轻，坚持要求我国司法机关追究被告人黄×金的刑事责任。

2014年12月2日，黄×金在日本被假释。同年12月12日，上海市公安局在虹桥国际机场将被日本遣返回国的黄×金抓获，以涉嫌故意杀人罪对黄×金刑事拘留，羁押于上海市看守所。黄×金在接受上海市公安局侦查员讯问时，辩称日本司法机关伪造证据、制造假案，情绪激动，但黄×金在日本法院接受审判时认罪态度较好，且从移送的证据材料看，黄×金所谓日方制造假案的辩解没有任何依据。对此，上海市公安局认为有必要对其进行精神病鉴定，2014年12月17日至2016年1月4日，申请并委托复旦大学医学院司法鉴定中心对犯罪嫌疑人黄×金进行精神病司法鉴定，鉴定结论为：黄×金目前无精神病，具有受审能力。

2015年1月28日，上海市公安局根据《中华人民共和国和日本国关于刑事司法协助的条约》，通过公安部（条约规定的中方中央机关）向日本法务省（条约规定的日方中央机关）提出刑事司法协助请求，拟与上海市人民检察院第二分院共同组成工作小组赴日本调取黄×金故意杀人案的证据材料。赴日前，检察机关针对案件事实提出调查核实建议，会同公安机关拟定了《黄×金故意杀人案赴日工作提纲》，先行将该工作提纲提供给日方，拟从提取物证、现场调查、询问证人、询问鉴定人、了解黄×金假释情况等方面开展调查，并专门和工作组主检法医商定了询问司法解剖执刀医生的方案。2015年12月7日至12月12日，上海市公安局刑侦部门与上海市人民检察院第二分院侦查监督部门组成联合工作组，赴日本调查核实证据。在日期间，日本警方根据联合工作组的要求，对担任本案司法解剖的执刀医生、鉴定书制作人以及侦查人员进行询问，赴案发现场再次勘查周边地形环境、被害人被害位置以及目击证人案发时所处位置，并出具相应的答复书、报告书。上述材料以及日本转递的东京地方法院判决认定的相关证据均依照中日刑事司法协助条约规定的方式获取，并由日本法务省盖章确认，具备了相应的证据资格。

2016年1月12日，上海市人民检察院第二分院批准逮捕黄×金。2016年5月24日，上海市杨浦区人民检察院以被告人黄×金犯故意杀人罪向上海市杨浦区人民法院提起公诉。2017年4月6日，上海市杨浦区人民法院经审理认为，被告人黄×金持刀故意非法剥夺他人生命，符合我国《刑法》关于故意杀人罪的规定，公诉机关指控的罪名成立，鉴于被告人黄×金已在外国受过刑罚处罚，以故意杀人罪判处黄×金有期徒刑八年。黄×金不服一审判决，提出上诉。2017年6月7日，上海市第二中级人民法院裁定驳回上诉，维持原判。

案例二

被告人李×南，男，1991年9月16日出生，汉族，户籍所在地为上海市浦东新区。

被告人李×南与被害人邵某2011年在北京相识，2012年两人赴美国留学，双方发展为恋爱关系。2014年9月5日，两人入住美国艾奥瓦州艾奥瓦市一旅馆，当晚因感情问题发生争执，后李×南通过同学预订回国的单程机票。次日，李×南趁邵某回学校之际，到超市购买一个行李箱和两个哑铃，放置于其驾驶的丰田凯美瑞轿车后备箱内。9 月 7 日凌晨，被告人李×南在旅馆内再次与邵某发生争执，遂将其扼颈致死，将尸体装入行李箱藏于其驾驶的轿车后备箱内并放入哑铃欲沉尸河中，后放弃沉尸，将车停放在其租住的公寓附近。9 月 8 日，李×南乘坐事先订好的航班潜逃回国。

案发后，我国驻芝加哥总领事馆向国内通报了相关情况，公安部指定温州市公安局立案侦查。2015 年 5 月 13 日，李×南主动向温州市公安局投案。由于犯罪嫌疑人已逃回中国，我国通过外交途径向美国司法部提出刑事司法协助请求，请美方将相关记录和证据材料等移交我方，美方表示同意。

温州市人民检察院与公安机关多次召开案件讨论会，模拟还原案发现场，就案件可能涉及的证据材料进行评估分析，积极引导侦查机关境外取证，制定调查取证提纲，商定赴境外取证方案。

2015 年 5 月 31 日，温州市人民检察院与公安机关共同组成中方工作组，前往美国开展调查取证工作。在美国期间，温州市人民检察院检察官认真听取美方侦查人员对案件侦破情况的详细介绍、美方法医对死因的具体分析，并赴案发旅馆、抛尸现场及犯罪嫌疑人、被害人就读的学校等地进行了现场查看，对美方提取的行李箱、哑铃、被害人衣物等相关物证及提取程序逐一确认。因美方提取的相关证据十分庞杂，检察官指导我方侦查人员围绕庭审所需的证据进行了针对性挑选。特别是言辞证据方面，因美国警方移交的访谈报告是以警方为第一人称的形式，未经被访谈人签字确认，温州市人民检察院检察官对重要证人逐一谈话，确保美方侦查人员访谈报告内容的真实性。

2015 年 6 月 20 日，李×南被批准逮捕。同年 12 月 27 日，温州市人民检察院以李×南涉嫌故意杀人罪向温州市中级人民法院提起公诉。2016 年 3 月 23 日，温州市中级人民法院公开审理了本案。2016 年 6 月 14 日，温州市中级人民法院作出一审判决，以故意杀人罪，依法判处被告人李×南无期徒刑，剥夺政治权利终身。被告人李×南以量刑过重为由提出上诉。2016 年 11 月 14 日，浙江省高级人民法院二审裁定驳回上诉，维持原判。

三、实训准备

1. 教师指定学生阅读《刑事诉讼法》教材中关于刑事司法协助的内容，

要求学生查阅《刑事诉讼法》《最高人民法院关于适用〈中华人民共和国刑事诉讼法〉的解释》《人民检察院刑事诉讼规则》《刑法》《人民检察院检察建议工作规定》等法律法规中关于刑事司法协助程序的有关规定。

2. 教师课前将进行实训的案情资料传发给学生，要求检索有关程序法和实体法方面的法律依据，根据具体实训案例结合实体法的内容明确案件中当事人的刑事责任。学生自主学习后，要求提交书面形式的报告。

3. 教师将学生分成小组，以小组为单位对将要实训的案件进行讨论。

四、实训要点

刑事司法协助包括国际刑事司法协助和区际刑事司法协助两种。国际刑事司法协助是不同国家之间的刑事司法协助，区际刑事司法协助是同一国家不同司法区域之间的刑事司法协助。本书的刑事司法协助仅指国际刑事司法协助。

国际刑事司法协助，是指中华人民共和国和外国在刑事案件调查、侦查、起诉、审判和执行等活动中相互提供协助，包括送达文书，调查取证，安排证人作证或者协助调查，查封、扣押、冻结涉案财物，没收、返还违法所得及其他涉案财物，移管被判刑人以及其他协助。

（一）刑事司法协助的主体

根据职能分工的不同，刑事司法协助的机关可分为对外联系机关、主管机关和办案机关。

司法部是开展刑事司法协助的对外联系机关。我国和外国之间开展刑事司法协助，通过对外联系机关联系。司法部等对外联系机关负责提出、接收和转递刑事司法协助请求，处理其他与国际刑事司法协助相关的事务。中国和外国之间没有刑事司法协助条约的，通过外交途径联系。

国家监察委员会、最高人民法院、最高人民检察院、公安部、国家安全部等部门是开展刑事司法协助的主管机关，按照职责分工，审核向外国提出的刑事司法协助请求，审查处理对外联系机关转递的外国提出的刑事司法协助请求，承担其他与国际刑事司法协助相关的工作。在移管被判刑人案件中，司法部按照职责分工，承担相应的主管机关职责。

办理刑事司法协助相关案件的机关是国际刑事司法协助的办案机关，负责向所属主管机关提交需要向外国提出的刑事司法协助请求、执行所属主管机关交办的外国提出的刑事司法协助请求。

（二）刑事司法协助的依据

我国和外国之间开展刑事司法协助，依照《中华人民共和国国际刑事司法协助法》（以下简称《国际刑事司法协助法》）进行。执行外国提出的刑事司法协助请求，适用《国际刑事司法协助法》《刑事诉讼法》及其他相关法律的规定。对于请求书的签署机关、请求书及所附材料的语言文字、有关办理期限和具体程序等事项，在不违反我国法律的基本原则的情况下，可以按照刑事司法协助条约规定或者双方协商办理。

（三）刑事司法协助的原则

我国和外国按照平等互惠原则开展国际刑事司法协助。

开展刑事司法协助所需经费由国家保障。我国和外国相互执行刑事司法协助请求产生的费用，有条约规定的，按照条约承担；没有条约或者条约没有规定的，按照平等互惠原则通过协商解决。

国际刑事司法协助不得损害中国的主权、安全和社会公共利益，不得违反中国法律的基本原则。

非经中国主管机关同意，外国机构、组织和个人不得在中国境内进行中国国际刑事司法协助法规定的刑事诉讼活动，中国境内的机构、组织和个人不得向外国提供证据材料和中国国际刑事司法协助法规定的协助。

（四）刑事司法协助请求的提出、接收和处理

1. 向外国请求刑事司法协助

办案机关需要向外国请求刑事司法协助的，应当制作《刑事司法协助请求书》并附相关材料，经所属主管机关审核同意后，由对外联系机关及时向外国提出请求。

向外国的刑事司法协助请求书，应当依照签订的刑事司法协助条约的规定提出；没有签订条约或者条约没有规定的，应当在请求书中载明下列事项

并附相关材料：请求机关的名称；案件性质、涉案人员基本信息及犯罪事实；本案适用的法律规定；请求的事项和目的；请求的事项与案件之间的关联性；希望请求得以执行的期限；其他必要的信息或者附加的要求。

在没有签订刑事司法协助条约的情况下，请求国应当作出互惠的承诺。请求书及所附材料应当以中文制作，并附有被请求国官方文字的译文。被请求国有特殊要求的，在不违反中华人民共和国法律的基本原则的情况下，可以按照被请求国的特殊要求提出。

被请求国就执行刑事司法协助请求提出附加条件，不损害中华人民共和国的主权、安全和社会公共利益的，可以由外交部作出承诺。被请求国明确表示对外联系机关作出的承诺充分有效的，也可以由对外联系机关作出承诺。对于限制追诉的承诺，由最高人民检察院决定；对于量刑的承诺，由最高人民法院决定。在对涉案人员追究刑事责任时，有关机关应当受所作出的承诺的约束。对外联系机关收到外国的有关通知或者执行结果后，应当及时转交或者转告有关主管机关。外国就其提供刑事司法协助的案件要求通报诉讼结果的，对外联系机关转交有关主管机关办理。

2. 向我国请求刑事司法协助

外国向我国提出刑事司法协助请求的，应当依照签订的刑事司法协助条约的规定提出请求书。没有签订条约或者条约没有规定的，应当在请求书中载明下列事项并附相关材料：请求机关的名称；案件性质、涉案人员基本信息及犯罪事实；本案适用的法律规定；请求的事项和目的；请求的事项与案件之间的关联性；希望请求得以执行的期限；其他必要的信息或者附加的要求。在没有刑事司法协助条约的情况下，请求国应当作出互惠的承诺。请求书及所附材料应当附有中文译文。

外国向我国提出的刑事司法协助请求，有下列情形之一的，可以拒绝提供协助：根据我国法律，请求针对的行为不构成犯罪；在收到请求时，在我国境内对于请求针对的犯罪正在进行调查、侦查、起诉、审判，已经作出生效判决，终止刑事诉讼程序，或者犯罪已过追诉时效期限；请求针对的犯罪属于政治犯罪；请求针对的犯罪纯属军事犯罪；请求的目的是基于种族、民族、宗教、国籍、性别、政治见解或者身份等方面的原因而进行调查、侦查、起诉、审判、执行刑罚，或者当事人可能由于上述原因受到不公正待遇；请求的事项与请求协助的案件之间缺乏实质性联系；其他可以拒绝的情形。

对外联系机关收到外国提出的刑事司法协助请求，应当对请求书及所附材料进行审查。对于请求书形式和内容符合要求的，应当按照职责分工，将请求书及所附材料转交有关主管机关处理；对于请求书形式和内容不符合要求的，可以要求请求国补充材料或者重新提出请求。对于刑事司法协助请求明显损害中华人民共和国的主权、安全和社会公共利益的，对外联系机关可以直接拒绝协助。

主管机关收到对外联系机关转交的刑事司法协助请求书及所附材料后，应当进行审查，并分别作出以下处理：根据我国《国际刑事司法协助法》和刑事司法协助条约的规定认为可以协助执行的，作出决定并安排有关办案机关执行；根据我国《国际刑事司法协助法》或者刑事司法协助条约的规定，认为应当全部或者部分拒绝协助的，将请求书及所附材料退回对外联系机关并说明理由；对执行请求有保密要求或者有其他附加条件的，通过对外联系机关向外国提出，在外国接受条件并且作出书面保证后，决定附条件执行；需要补充材料的，书面通知对外联系机关要求请求国在合理期限内提供。

执行请求可能妨碍我国有关机关正在进行的调查、侦查、起诉、审判或者执行的，主管机关可以决定推迟协助，并将推迟协助的决定和理由书面通知对外联系机关。外国对执行其请求有保密要求或者特殊程序要求的，在不违反我国法律的基本原则的情况下，主管机关可以按照其要求安排执行。

办案机关收到主管机关交办的外国刑事司法协助请求后，应当依法执行，并将执行结果或者妨碍执行的情形及时报告主管机关。办案机关在执行请求过程中，应当维护当事人和其他相关人员的合法权益，保护个人信息。

外国请求将通过刑事司法协助取得的证据材料用于请求针对的案件以外的其他目的的，对外联系机关应当转交主管机关，由主管机关作出是否同意的决定。

对外联系机关收到主管机关的有关通知或者执行结果后，应当及时转交或者转告请求国。对于我国提供刑事司法协助的案件，主管机关可以通过对外联系机关要求外国通报诉讼结果。外国通报诉讼结果的，对外联系机关收到相关材料后，应当及时转交或者转告主管机关，涉及对我国公民提起刑事诉讼的，还应当通知外交部。

（五）刑事司法协助的主要内容

1. 送达文书

（1）向外国请求送达文书

我国司法机关需要外国协助送达传票、通知书、起诉书、判决书和其他司法文书的，应当制作刑事司法协助请求书并附相关材料，经所属主管机关审核同意后，由对外联系机关及时向外国提出请求。

向外国请求送达文书的，请求书应当载明受送达人的姓名或者名称、送达的地址以及需要告知受送达人的相关权利和义务。

（2）向我国请求送达文书

外国可以请求我国协助送达传票、通知书、起诉书、判决书和其他司法文书。我国协助送达司法文书，不代表对外国司法文书法律效力的承认。

请求协助送达出庭传票的，应当按照有关条约规定的期限提出。没有条约或者条约没有规定的，应当至迟在开庭前 3 个月提出。

对于要求我国公民接受讯问或者作为被告人出庭的传票，我国不负有协助送达的义务。

外国向我国请求送达文书的，请求书应当载明受送达人的姓名或者名称、送达的地址以及需要告知受送达人的相关权利和义务。

负责执行协助送达文书的人民法院或者其他办案机关，应当及时将执行结果通过所属主管机关告知对外联系机关，由对外联系机关告知请求国。除无法送达的情形外，应当附有受送达人签收的送达回执或者其他证明文件。

2. 调查取证

（1）向外国请求调查取证

办案机关需要外国就下列事项协助调查取证的，应当制作《刑事司法协助请求书》并附相关材料，经所属主管机关审核同意后，由对外联系机关及时向外国提出请求：查找、辨认有关人员；查询、核实涉案财物、金融账户信息；获取并提供有关人员的证言或者陈述；获取并提供有关文件、记录、电子数据和物品；获取并提供鉴定意见；勘验或者检查场所、物品、人身、尸体；搜查人身、物品、住所和其他有关场所；其他事项。请求外国协助调查取证时，办案机关可以同时请求在执行请求时派员到场。

向外国请求调查取证的，请求书及所附材料应当根据需要载明下列事项：被调查人的姓名、性别、住址、身份信息、联系方式和有助于确认被调查人的其他资料；需要向被调查人提出的问题；需要查找、辨认人员的姓名、性别、住址、身份信息、联系方式、外表和行为特征以及有助于查找、辨认的其他资料；需要查询、核实的涉案财物的权属、地点、特性、外形和数量等具体信息，需要查询、核实的金融账户相关信息；需要获取的有关文件、记录、电子数据和物品的持有人、地点、特性、外形和数量等具体信息；需要鉴定的对象的具体信息；需要勘验或者检查的场所、物品等的具体信息；需要搜查的对象的具体信息；有助于执行请求的其他材料。

被请求国要求归还其提供的证据材料或者物品的，办案机关应当尽快通过对外联系机关归还。

（2）向我国请求调查取证

外国可以请求我国协助调查取证的事项以及请求书及所附材料应当根据需要载明的事项，参照上述我国向外国请求调查取证的相关规定。

外国向我国请求调查取证时，可以同时请求在执行请求时派员到场。经同意到场的人员应当遵守我国法律，服从主管机关和办案机关的安排。办案机关要求请求国保证归还其提供的证据材料或者物品，请求国作出保证的，可以提供。

3. 安排证人作证或者协助调查

（1）向外国请求安排证人作证或者协助调查

我国司法机关需要外国协助安排证人、鉴定人来国内作证或者通过视频、音频作证，或者协助调查的，应当制作《刑事司法协助请求书》并附相关材料，经所属主管机关审核同意后，由对外联系机关及时向外国提出请求。

我国司法机关向外国请求安排证人、鉴定人作证或者协助调查的，请求书及所附材料应当根据需要载明下列事项：证人、鉴定人的姓名、性别、住址、身份信息、联系方式和有助于确认证人、鉴定人的其他资料；作证或者协助调查的目的、必要性、时间和地点等；证人、鉴定人的权利和义务；对证人、鉴定人的保护措施；对证人、鉴定人的补助；有助于执行请求的其他材料。

协助调查的外国籍证人、鉴定人在离境前，其入境前实施的犯罪不受追诉；除因入境后实施违法犯罪而被采取强制措施的以外，其人身自由不受限制。证人、鉴定人在条约规定的期限内或者被通知无须继续停留后 15 日内没有离境的，上述规定不再适用，但是由于不可抗力或者其他特殊原因未能离境的除外。

来我国作证或者协助调查的证人、鉴定人，我国司法机关应当依法给予补助。

来我国作证或者协助调查的人员系在押人员的，由对外联系机关会同主管机关与被请求国就移交在押人员的相关事项事先达成协议。主管机关和办案机关应当遵守协议内容，依法对被移交的人员予以羁押，并在作证或者协助调查结束后及时将其送回被请求国。

（2）向我国请求安排证人作证或者协助调查

外国司法机关可以请求我国相关部门协助安排证人、鉴定人赴外国作证或者通过视频、音频作证，或者协助调查。外国向我国请求安排证人、鉴定人作证或者协助调查的，请求书及所附材料应当载明的事项，可以参照向外国请求安排证人、鉴定人作证或者协助调查的相关规定。

请求国应当书面保证以下内容：安排作证或者协助调查的证人、鉴定人在离境前，其入境前实施的犯罪不受追诉；除因入境后实施违法犯罪而被采取强制措施的以外，其人身自由不受限制。证人、鉴定人在条约规定的期限内或者被通知无须继续停留后 15 日内没有离境的，上述保证内容不再适用，但是由于不可抗力或者其他特殊原因未能离境的除外。

证人、鉴定人书面同意作证或者协助调查的，办案机关应当及时将证人、鉴定人的意愿、要求和条件通过所属主管机关通知对外联系机关，由对外联系机关通知请求国。安排证人、鉴定人通过视频、音频作证的，主管机关或者办案机关应当派员到场，发现有损害中华人民共和国的主权、安全和社会公共利益以及违反中华人民共和国法律的基本原则的情形的，应当及时制止。

外国请求移交在押人员出国作证或者协助调查，并保证在作证或者协助调查结束后及时将在押人员送回的，对外联系机关应当征求主管机关和在押人员的意见。主管机关和在押人员均同意出国作证或者协助调查的，由对外联系机关会同主管机关与请求国就移交在押人员的相关事项事先达成协议。在押人员在外国被羁押的期限，应当折抵其在中华人民共和国被判处的刑期。

4. 查封、扣押、冻结涉案财物

（1）我国向外国请求查封、扣押、冻结涉案财物

我国司法机关需要外国协助查封、扣押、冻结涉案财物的，应当制作《刑事司法协助请求书》并附相关材料，经所属主管机关审核同意后，由对外联系机关及时向外国提出请求。

外国对于协助执行中华人民共和国查封、扣押、冻结涉案财物的请求有特殊要求的，在不违反中华人民共和国法律的基本原则的情况下，可以同意。需要由司法机关作出决定的，由人民法院作出。

向外国请求查封、扣押、冻结涉案财物的，请求书及所附材料应当根据需要载明下列事项：需要查封、扣押、冻结的涉案财物的权属证明、名称、特性、外形和数量等；需要查封、扣押、冻结的涉案财物的地点；资金或者其他金融资产存放在金融机构的，应当载明金融机构的名称、地址和账户信息；相关法律文书的副本；有关查封、扣押、冻结以及利害关系人权利保障的法律规定；有助于执行请求的其他材料。

外国确定的查封、扣押、冻结的期限届满，我国司法机关需要外国继续查封、扣押、冻结相关涉案财物的，应当再次向外国提出请求。司法机关决定解除查封、扣押、冻结的，应当及时通知被请求国。

（2）外国向我国请求查封、扣押、冻结涉案财物

外国可以请求我国相关机构协助查封、扣押、冻结在我国境内的涉案财物。外国向我国请求查封、扣押、冻结涉案财物的，请求书及所附材料应当载明的事项，参照向外国请求查封、扣押、冻结涉案财物的相关规定。主管

机关经审查认为符合下列条件的，可以同意查封、扣押、冻结涉案财物，并安排有关办案机关执行：查封、扣押、冻结符合我国法律规定的条件；查封、扣押、冻结涉案财物与请求国正在进行的刑事案件的调查、侦查、起诉和审判活动相关；涉案财物可以被查封、扣押、冻结；执行请求不影响利害关系人的合法权益；执行请求不影响我国有关机关正在进行的调查、侦查、起诉、审判和执行活动。我国司法机关应当及时通过主管机关通知对外联系机关，由对外联系机关将查封、扣押、冻结的结果告知请求国。必要时，办案机关可以对被查封、扣押、冻结的涉案财物依法采取措施进行处理。

查封、扣押、冻结的期限届满，外国需要继续查封、扣押、冻结相关涉案财物的，应当再次向我国对外联系机关提出请求。外国决定解除查封、扣押、冻结的，我国对外联系机关应当通过主管机关通知办案机关及时解除。

利害关系人对查封、扣押、冻结有异议，我国司法机关经审查认为查封、扣押、冻结不符合条件的，应当报请主管机关决定解除查封、扣押、冻结并通知对外联系机关，由对外联系机关告知请求国。对案件处理提出异议的，我国司法机关可以通过所属主管机关转送对外联系机关，由对外联系机关向请求国提出。由于请求国的原因导致查封、扣押、冻结不当，对利害关系人的合法权益造成损害的，办案机关可以通过对外联系机关要求请求国承担赔偿责任。

5. 没收、返还违法所得及其他涉案财物

（1）我国向外国请求没收、返还违法所得及其他涉案财物

我国司法机关需要外国协助没收违法所得及其他涉案财物的，应当制作《刑事司法协助请求书》并附相关材料，经所属主管机关审核同意后，由对外联系机关及时向外国提出请求。请求外国将违法所得及其他涉案财物返还我国或者返还被害人的，可以在向外国提出没收请求时一并提出，也可以单独提出。

外国对于返还被查封、扣押、冻结的违法所得及其他涉案财物有特殊要求的，在不违反我国法律的基本原则的情况下，可以同意。需要由司法机关向外国请求没收、返还违法所得及其他涉案财物的，请求书及所附材料应当根据需要载明下列事项：需要没收、返还的违法所得及其他涉案财物的名称、

特性、外形和数量等。需要没收、返还的违法所得及其他涉案财物的地点。资金或者其他金融资产存放在金融机构的，应当载明金融机构的名称、地址和账户信息。没收、返还的理由和相关权属证明。相关法律文书的副本。有关没收、返还以及利害关系人权利保障的法律规定。有助于执行请求的其他材料。

外国协助没收、返还违法所得及其他涉案财物的，由对外联系机关会同主管机关就有关财物的移交问题与外国进行协商。对于请求外国协助没收、返还违法所得及其他涉案财物，外国提出分享请求的，分享的数额或者比例，由对外联系机关会同主管机关与外国协商确定。

（2）外国向我国请求没收、返还违法所得及其他涉案财物

外国可以请求我国司法机关协助没收、返还违法所得及其他涉案财物。外国向我国请求协助没收、返还违法所得及其他涉案财物的，请求书及所附材料应当载明的事项，参照向外国请求没收、返还违法所得及其他涉案财物的相关规定。

我国主管机关经审查认为符合下列条件的，可以同意协助没收违法所得及其他涉案财物，并安排有关办案机关执行：没收违法所得及其他涉案财物符合我国法律规定的条件。外国充分保障了利害关系人的相关权利。在我国有可供执行的财物。请求书及所附材料详细描述了请求针对的财物的权属、名称、特性、外形和数量等信息。没收在请求国不能执行或者不能完全执行。主管机关认为应当满足的其他条件。

外国请求我国协助没收违法所得及其他涉案财物，有下列情形之一的，可以拒绝提供协助，并说明理由：我国或者第三国司法机关已经对请求针对的财物作出生效裁判，并且已经执行完毕或者正在执行；请求针对的财物不存在，已经毁损、灭失、变卖或者已经转移导致无法执行，但请求没收变卖物或者转移后的财物的除外；请求针对的人员在我国境内有尚未清偿的债务或者尚未了结的诉讼；其他可以拒绝的情形。外国请求返还违法所得及其他涉案财物，能够提供确实、充分的证据证明，主管机关经审查认为符合我国法律规定的条件的，可以同意并安排有关办案机关执行。返还前，办案机关可以扣除执行请求产生的合理费用。

对于外国请求协助没收、返还违法所得及其他涉案财物的，可以由对外联系机关会同主管机关提出分享的请求。分享的数额或者比例，由对外联系机关会同主管机关与外国协商确定。

6. 移管被判刑人

（1）我国向外国移管被判刑人

我国可以向外国移管外国籍被判刑人，外国可以向我国请求移管外国籍被判刑人。我国向外国移管被判刑人应当符合下列条件：被判刑人是该国国民；对被判刑人判处刑罚所针对的行为根据该国法律也构成犯罪；对被判刑人判处刑罚的判决已经发生法律效力；被判刑人书面同意移管，或者因被判刑人年龄、身体、精神等状况确有必要，经其代理人书面同意移管；我国和该国均同意移管。

向外国移管被判刑人，请求书及所附材料应当根据需要载明下列事项：请求机关的名称；被请求移管的被判刑人的姓名、性别、国籍、身份信息和其他资料；被判刑人的服刑场所；请求移管的依据和理由；被判刑人或者其代理人同意移管的书面声明；其他事项。

我国司法机关应当对被判刑人的移管意愿进行核实。外国请求派员对被判刑人的移管意愿进行核实的，我国司法机关可以作出安排。

外国向我国提出移管被判刑人的请求的，或者我国司法机关认为需要向外国提出移管被判刑人的请求的，司法机关应当会同相关主管部门，作出是否同意外国请求或者向外国提出请求的决定。作出同意外国移管请求的决定后，对外联系机关应书面通知请求国和被判刑人。

移管被判刑人由司法机关指定刑罚执行机关执行。移交被判刑人的时间、地点、方式等执行事项，由司法机关与外国协商确定。

被判刑人移管后对原生效判决提出申诉的，应当向我国有管辖权的人民法院提出。人民法院变更或者撤销原生效判决的，应当及时通知外国相应机构。

（2）外国向我国移管被判刑人

我国可以向外国请求移管中国籍被判刑人，外国也可以请求我国移管中国籍被判刑人。移管的具体条件和办理程序，参照向外国移管被判刑人的有关规定执行。被判刑人移管回国后，由主管机关指定刑罚执行机关先行关押。

人民检察院应当制作《刑罚转换申请书》并附相关材料，提请刑罚执行机关所在地的中级人民法院作出刑罚转换裁定。

人民法院应当依据外国法院判决认定的事实，根据《刑法》规定，作出刑罚转换裁定。对于外国法院判处的刑罚性质和期限符合我国法律规定的，按照其判处的刑罚和期限予以转换；对于外国法院判处的刑罚性质和期限不符合我国法律规定的，按照下列原则确定刑种、刑期：转换后的刑罚应当尽可能与外国法院判处的刑罚相一致；转换后的刑罚在性质上或者刑期上不得重于外国法院判处的刑罚，也不得超过《刑法》对同类犯罪所规定的最高刑期；不得将剥夺自由的刑罚转换为财产刑；转换后的刑罚不受《刑法》对同类犯罪所规定的最低刑期的约束。

我国被判刑人回国服刑前被羁押的，羁押一日折抵转换后的刑期一日。人民法院作出的刑罚转换裁定，是终审裁定。

我国刑罚执行机关根据刑罚转换裁定将移管回国的被判刑人收监执行刑罚。刑罚执行以及减刑、假释、暂予监外执行等，依照中华人民共和国法律办理。

我国被判刑人移管回国后对外国法院判决的申诉，应当向外国有管辖权的法院提出。

五、实训过程

1. 教师讲解涉外刑事诉讼程序的基本原理。
2. 教师通过投影仪和学生共同回顾实训素材的基本案情。
3. 以小组为单位讨论实训素材的案例，由学生代表发言。
4. 教师对学生的表现进行点评。

六、实训点评

案例一

根据我国《刑法》属人管辖原则，我国司法机关对本案具有管辖权。虽然日本司法机关已经追究黄×金刑事责任，但根据我国《刑法》第10条规定，凡在中国领域外犯罪，依照本法应当负刑事责任的，虽然经过外国审判，仍然可以依照本法追究，但是在外国已经受过刑罚处罚的，可以免除或者减轻处罚。本案中，尽管日本法院已按照日本刑法相关规定判处黄×金有期徒刑11年，但黄×金拒不承认犯罪事实，在境外服刑后毫无悔改之意，也未获得被害人家属谅解，检察机关依法以故意杀人罪继续追究黄×金的刑事责任确有必要。审判机关考虑被告人已经在境外受过刑罚处罚，故减轻刑罚，判处其有期徒刑8年，符合法律规定。

中国与外国有刑事司法协助条约的，双方依条约开展刑事司法协助。侦查机关和检察机关与外国执法、司法机关开展刑事司法合作，双方签订了刑事司法协助条约的，应依照条约规定的途径和程序进行。本案侦查机关通过条约指定的中方对外联系机关（公安部），以书面形式向日方提出了刑事司法协助请求。公安机关和检察机关组成的联合工作组在日方协助下，以条约规定的程序和方式获取了相关证据材料。条约规定的日方中央机关（法务省）盖章确认证据材料的真实性，对其提供的材料也没有做不能用于中方刑事诉讼的限制，为案件成功办理奠定了基础。

检察机关在境外取证中积极发挥引导作用。当案件关键证据位于境外，侦查机关赴境外取证时，检察机关可介入侦查，必要时可以随同并引导侦查机关赴境外取证。本案中，检察机关与公安机关组成联合工作组，在案件侦查阶段共同赴日取证。赴日取证前，检察机关针对案件事实提出调查核实建议，并会同公安机关拟定赴日工作提纲，为全面调取证据做了充分准备；赴日取证期间，检察机关依照我国法律及相关司法解释，借助日本警方询问外方执法人员、实地勘查等方式，对证据来源、证据材料真实性进行了核实，在对境外证据审查方面发挥了积极作用。

案例二

根据我国《刑法》属人管辖原则，我国司法机关对本案具有管辖权；美国司法执法机关根据其"属地管辖"原则，亦具有管辖权。本案犯罪嫌疑人在美国犯罪后逃回中国，依照《中华人民共和国引渡法》规定，中国不能将本国公民引渡给他国，美国司法机关对本案实际上已无法行使管辖权。在此情况下，中国司法机关请求美国将该案移交给中国进行追诉，属于国际刑事司法协助中的国际刑事诉讼转移。依据国际法"或引渡或起诉""本国公民不引渡"的原则，一国有义务对在外国犯罪的本国公民进行追诉，刑事诉讼随之发生转移。

按照我国刑事诉讼标准审查境外取得的证据。对境外取得的证据，检察机关应针对证据的不同特点，按照国内刑事诉讼标准严格进行审查。对于言词证据，如条件允许，检察机关可引导侦查机关在外方配合下，重新对言词证据提供人进行询问或讯问并制作笔录。如无法再次询问或讯问，可请言词证据提供人在相关谈话记录上签名确认，甚至对该过程进行录音录像。同时，通过其他方式对其所谈内容进行核实。对于客观性证据，检察机关应在证据来源、证据内容以及移交方式等方面严格审查，确保证据的合法有效。本案中，检察机关提前介入侦查，对境外取证工作做了充分的准备，并按照国内刑事诉讼标准对境外取得的言词证据和客观性证据进行了严格审查、核实和补充，保障了境外取得证据的效力。

正确理解刑事司法协助条约内容，灵活适用开展国际刑事司法协助的多种渠道。《中华人民共和国政府和美利坚合众国政府关于刑事司法协助的协定》第 2 条规定，"双方应各自指定一个中央机关，负责依照本协定提出和接收请求"。同时，该协定第 21 条规定，"本协定规定的协助和程序不妨碍任何一方通过其他可适用的国际协议中的条款或通过本国法律的条款向另一方提供协助。双方也可根据任何其他可适用的安排、协助或惯例提供协助"。本案中美双方开展司法协助所使用的外交途径、警务合作途径等，均符合该协定规定。

七、实训拓展

被告人朱×，男，1973 年 9 月 15 日出生，汉族，无业，户籍所在地为安徽省蚌埠市五河县，系安徽省五河县农民。

被告人韦×粉（VI THI BUN），女，1984 年 4 月 30 日出生，国籍不明，案发前与朱利同居。

被告人武×乔（VO THI KIEU），女，1986年10月5日出生，越南公民，案发前住河北省邯郸市磁县。

被告人朱×贡（CHU VAN COONG），男，1994年2月7日出生，越南公民，案发前住河北省邯郸市磁县。

同案被告人陈×春、王×永、阮×静春（NGUYEN THI CAM XUAN）等5人基本信息略。

被告人朱×多年前收买被告人韦×粉，双方以夫妻名义共同生活，并育有子女。2016年初，被告人武×乔、朱×贡等多名越南人与韦×粉、朱×联系，以介绍婚姻为名，将阮×静春等多名越南女子带至韦×粉与朱×居住地暂住，再通过被告人陈×春、王×永等媒人寻找当地需要收买越南妇女为妻的未婚男青年，多名当地未婚男青年以3万元至5万元不等价格收买越南女为妻，其中大部分越南妇女与收买者共同生活后不久即逃离。2018年6月19日，因越南妇女柯×玲被收买人看管太严，找不到机会逃跑，遂报警称自己被拐卖，导致案发。

本案由蚌埠市固镇县公安局侦查终结，并于2019年1月11日向蚌埠市蚌山区人民检察院移送审查起诉。侦查机关将涉案16起犯罪事实认定为拐卖妇女犯罪，将3起犯罪事实认定为诈骗犯罪，认为朱×贡、武×乔涉嫌组织偷越国（边）境罪。

检察机关审查发现，涉案外籍妇女的身份以及她们是被拐卖的还是来骗婚的难以判断；朱×贡、武×乔涉嫌组织偷越国（边）境罪的证据严重不足。为此，检察机关两次退查，要求侦查机关补充涉案人员国籍证明、外籍妇女遣返记录、同村村民证言等证据，查明涉案外籍妇女的真实目的和行为以及朱×贡、武×乔涉嫌组织偷越国（边）境罪的犯罪事实。

按照检察机关退查提纲的要求，侦查机关请求越南驻华大使馆协助提供相关涉案人员身份信息，并根据使馆提供的信息，查明朱×贡、武×乔等8名人员具有越南国籍。检察机关依据涉案越南妇女在介绍婚姻时的状态、对收取钱财的处理、买方家庭有无虐待行为、逃跑的方式和时机等方面的证据，甄别本案中多起跨国买卖婚姻行为是拐卖妇女罪还是诈骗犯罪，认定朱×、韦×粉等人以非法牟利为目的实施9起拐卖妇女犯罪事实，假借婚姻之名实施 11 起诈骗事实。因证据不足，检察机关没有认定朱×贡、武×乔组织偷越国（边）境的犯罪事实。

2019 年 6 月 19 日，蚌埠市蚌山区人民检察院依法向蚌山区人民法院提起公诉。2019 年 12 月 25 日，蚌埠市蚌山区人民法院判决认定被告人朱×、韦×粉、陈×春、王×永犯拐卖妇女罪、诈骗罪，分别判处有期徒刑 5 年至 18 年 6 个月，并处罚金；被告人武×乔、朱×贡、阮×静春等人犯诈骗罪，分别被判处 2 年 3 个月至 4 年 6 个月不等的有期徒刑，刑满释放后驱逐出境。

根据以上案例，分析本案的诉讼程序。

八、实训法规

《中华人民共和国国际刑事司法协助法》

详见